Arnim Kaiser/Ruth Kaiser
Studienbuch Pädagogik

W0176815

ARNIM KAISER · RUTH KAISER

Studienbuch Pädagogik

Grund- und

Prüfungswissen

SCRIPTOR

Diese Ausgabe ist inhaltlich identisch
mit der 8., aktualisierten und erweiterten Auflage.

Quellenverzeichnis der Karikaturen und Abbildungen:
S. 101: AKG, Berlin
S. 102: Bildagentur Superbild, Berlin
S. 181: betrifft: erziehung 3 / 1975, S. 48 © Wieland Sternnagel, München
S. 320: betrifft: erziehung 8 / 1976, S. 60 © Gerhard Seyfried, Berlin

Cornelsen online http://www.cornelsen.de

Gedruckt auf chlorfrei gebleichtem Papier
ohne Dioxinbelastung der Gewässer

Die Deutsche Bibliothek – CIP-Einheitsaufnahme:

Kaiser, Arnim:
Studienbuch Pädagogik: Grund- und Prüfungswissen / Arnim Kaiser; Ruth Kaiser, –
9. Aufl. – Berlin: Cornelsen Scriptor, 1998
  ISBN 3-589-21098-2
  NE: Kaiser, Ruth:

12.	11.	10.	9.	Die letzten Ziffern bezeichnen
01	2000	99	98	Zahl und Jahr des Drucks.

Umschlaggestaltung: Vera Bauer, Berlin
Satz: Bibliomania GmbH, Frankfurt am Main
Druck und Bindearbeiten: Clausen & Bosse GmbH, Leck
Printed in Germany
ISBN 3-589-21098-2
Bestellnummer 210982

Inhalt

Verzeichnis der Struktur- und Schaubilder, Tableaus und Tabellen

Vorwort

Mit diesem Studienbuch hoffen wir zwei Zielsetzungen zu realisieren: Zum einen sollen die wichtigsten systematischen Teilgebiete der Erziehungswissenschaft repräsentiert sein. Sie haben einen so grundsätzlichen Stellenwert, daß sie als Studienbereiche auch Bestandteil zahlreicher Prüfungsordnungen zum Begleit- und Fachstudium sowie zur Zweiten Staatsprüfung für die Lehrämter in verschiedenen Bundesländern sind. Zum anderen sollen diese Teilgebiete unter didaktisch-methodischen Gesichtspunkten aufgearbeitet und dargestellt werden.

Dafür schien uns folgendes notwendig: eine möglichst klare Sprache, Beispiele – häufig aus Alltagsbereichen – zur Verdeutlichung des Gedankengangs, Strukturbilder zur schematischen Vereinfachung, Tableaus zum schnellen Überblick, Arbeitsaufgaben mit Lösungsvorschlägen und Lerntafeln, die den Gedankengang eines (Teil-) Kapitels auf einer Seite zusammenfassen.

Beide Intentionen – die mehr fachwissenschaftlich darstellende und die stärker didaktisch-einführende – waren nicht von einem Autor zu leisten. Bei der Arbeit sind daher unsere unterschiedlichen Kompetenzen zum Zuge gekommen: A. KAISER hat als Erziehungswissenschaftler den sachlichen Grobentwurf des Buches erstellt, R. KAISER – als Lehrerin und Fachleiterin – hat den Vorentwurf in didaktisierender Absicht zu einem Studienbuch umgeschrieben. Die Verwendung des Plural ‚wir‘ erfährt von daher eine Begründung.

Die verschiedenen Textversionen sind bei unterschiedlichen Gelegenheiten (Einführungsvorlesung, Seminare, Fachseminare in der Zweiten Ausbildungsphase) und mit verschiedenen Adressatengruppen (Studenten, Referendare) evaluiert und neu überarbeitet worden.

Siegburg, im Juli 1981
Arnim und Ruth Kaiser

Vorwort zur 5., erweiterten und überarbeiteten Auflage

Das Studienbuch hat mittlerweile einen festen Platz in der Pädagogischen Literatur und der Ausbildung eingenommen. 10 Jahre nach der 1. Auflage erschien es erforderlich, auf einige neuere Aspekte der erziehungswissenschaftlichen Diskussion einzugehen bzw. Gesichtspunkte auszuweiten, die bisher nur kurz angesprochen oder gestreift waren.

Der größere Teil des Studienbuchs jedoch konnte unverändert in die Neuauflage übernommen werden, da es sich um grundsätzliche, systematische Erörterungen und nicht um Gesichtspunkte kurzlebiger Modediskussionen handelt. Und dort, wo die Ausführungen mit konkreten Zeitbezügen verbunden sind, handelt es sich um Illustrierungen grundlegender Gedanken, so daß der Verweis auf die betreffende Zeit sekundär ist.

Neben der inhaltlichen Erweiterung ist nun auch das Spektrum unterschiedlicher institutioneller Felder pädagogischen Handelns bewußt angesprochen. Neben Verweisen auf Schule sind auch solche auf Erwachsenenbildung und berufliche Bildung aufgenommen. Dies bot sich an angesichts der Tatsache, daß im Studienbuch Grundstrukturen pädagogischen Handelns dargestellt sind, die in allen institutionellen Feldern Geltung haben und dort lediglich ihre besondere Färbung erhalten.

Trier/München,
im Dezember 1990
Arnim und Ruth Kaiser

Vorwort zur 8., überarbeiteten und aktualisierten Auflage

Das Studienbuch Pädagogik hat seit seinem Erscheinen im Jahr 1981 seine Position in der pädagogischen Literatur behaupten können. Seine Leser hegen offensichtlich die Erwartung, aber auch den Anspruch, hier über grundlegende und aktuelle Diskussionslagen in der Erziehungswissenschaft informiert zu werden.

Aus diesem Grund ist das Buch jetzt zum zweiten Mal überarbeitet. Leitend war dabei zum einen der Gesichtspunkt, Aktualität im Sinne einer Darstellung umfassender Argumentationszusammenhänge der gegenwärtigen sozialwissenschaftlich-pädagogischen Diskussion zu sichern. Keinesfalls ist Aktualität im Sinn kurzatmiger Tagesaufregung verstanden. Vor dem Hintergrund dieses Kriteriums sind die Kapitel über Lernen als Informationsverarbeitung sowie Bildung in der Moderne und Postmoderne neu aufgenommen.

Der zweite Gesichtspunkt betrifft die weitere konzeptionelle Umakzentuierung. Neben Schule ist zunehmend der zweite Bildungsbereich thematisiert, die Erwachsenenbildung / Weiterbildung. So finden Sie nun ein eigenes Kapitel über ihre Grundlagen, Geschichte und Strukturmerkmale.

Einzelne Literaturempfehlungen wurden aktualisiert, darüberhinaus sind weitere neue Werke dann aufgenommen, wenn sie gewandelte Diskussionsgrundlagen in ihrer Gesamtheit darstellen.

Im Studienbuch ist weiterhin vom Lehrer, dem Kursleiter oder dem Schüler die Rede. Dahinter steht keine Ablehnung des mehr als berechtigten Anliegens, die Gleichwertigkeit beider Geschlechter hervorzuheben. Um Formulierungsungetüme zu vermeiden, sind wir jedoch bei der herkömmlichen Form geblieben. Betrachten Sie daher bitte die entsprechenden Begriffe als Bezeichnung für Personen gleich welchen Geschlechts.

Trier / München, September 1996
Arnim und Ruth Kaiser

Hinweise zur Arbeit mit dem Studienbuch

Das Buch ist nicht bloß als ‚Lesebuch‘, sondern sehr viel stärker als Arbeits- und Lernbuch konzipiert. Hierzu einige Hinweise.

1. Kapitelaufbau

Die meisten Kapitel sind auf eine zentrale Frage bezogen, die gleichsam das Hauptproblem umschreibt, das im Text behandelt wird. Bei der Darstellung des Sachverhaltes haben wir versucht, die Dinge soweit zu vereinfachen, daß auch komplexe Zusammenhänge faßbar werden. Häufig sind Argumente noch einmal stichwortartig in Form einer Tabelle einander gegenübergestellt. Der Grundgedanke wird – wo es sich anbietet – in Strukturbildern festgehalten. Sie sollen aus Gründen der besseren Merkfähigkeit eine optisch aufnehmbare Struktur des Sachverhaltes bieten.

Beim Bemühen um Vereinfachung und Transparenz entstand für uns gelegentlich dann Unbehagen, wenn die Didaktisierung sicherlich auch eine Simplifizierung bedeutete. Stellt man den Sachverhalt im Gespräch dar, etwa in einer Einführungsvorlesung oder in einer Fachseminarsitzung, springt diese Tendenz nicht so stark ins Auge, als wenn man etwas schwarz auf weiß vor sich sieht. Aber da wir gerade bei einem Studienbuch diese ‚Transformation‘ für unumgänglich halten, nehmen wir auch das Risiko des Vorwurfs in Kauf, hier und da sei die Komplexität des Problems doch etwas vereinfacht. Allerdings stieß eine rigide Einhaltung dieses Prinzips an Grenzen auch unserer Bereitschaft: Dort, wo man den komplexen Sachverhalt in der stark didaktisierten Darstellung nicht mehr wiederentdeckt hätte, wurde der Text nochmals umgeschrieben; das Kapitel zum Bildungsbegriff beispielsweise ist nach unserer Auffassung nicht noch weiter in elementare Gedankenschritte zerlegbar.

Vom Versuch eines formal gleichen Aufbaus aller Kapitel sind wir schnell abgekommen. Die Fragen, ob der Gedankengang sukzessiv aufgebaut oder zunächst ein allgemeiner Überblick mit anschließender Analyse gegeben werden sollte, ob eine akribische Didaktisierung oder eine komplex angelegte Darstellungsweise bevorzugt werden sollte, diese Fragen wurden unter Berücksichtigung des jeweiligen Inhalts immer wieder neu entschieden. Wir glauben, daß eine gewaltsame Formalisierung sowohl der Kapitel als auch – darauf bezogen – der Lerntafeln den Intentionen des Buches widersprochen hätte.

Im Bemühen um permanente Erklärung wird man redundant. Wichtig war uns aber, daß der Leser an jeder Stelle Transparenz darüber erhält, warum der Gedankengang so aufgebaut wurde, wie er sich aus dem Vorhergehenden entwickelt. Für dieses didaktische Anliegen haben wir die erwähnte Gefahr bewußt in Kauf genommen.

Da die Sachverhalte möglichst stringent und nachvollziehbar entwickelt werden sollten, finden Sie im Text keine Fußnoten, die das Lesen häufig stören;

auch sind Verweise auf Autoren, die mit einem Begriff in Verbindung gebracht werden können, knapp gehalten, um gerade für den Anfänger die Aufnahme des Gedankens nicht durch eine zusätzliche Fülle von zunächst verwirrenden Namen zu blockieren.

Fachtermini sind im Text nach ihrer Bedeutung hervorgehoben: halbfett gedruckt sind wichtige Schlüsselbegriffe (z. B. der der Bildung) sowie Grundbegriffe, die meist anschließend definiert werden; kursiv gedruckt sind vom Gedankengang her nahegelegte Hervorhebungen.

Grau unterlegt werden jene Fragen, die ein Kapitel eröffnen und das Problem umreißen, sowie die darauf bezogenen zentralen Antworten und die Lerntafeln.

2. Die *Lerntafeln* sind so aufgebaut, daß sie den Gedankenablauf des Kapitels in seinen wichtigsten Schritten wiedergeben. Wer daher nach der Lektüre des Kapitels die Lerntafeln auswendig lernt, hat eine gedankliche Struktur zur Verfügung, mit deren Hilfe er leicht die entsprechenden Sachverhalte anreichern und reproduzieren kann.

Der Aufbau der Tafeln ist formal nicht einheitlich, er variiert je nach Anlage des betreffenden Kapitels. Auch die Anordnung folgt keinem festen formalen Schema; vielmehr stehen nach inhaltsdichten und komplexen Gedankengängen häufiger Lerntafeln, während sie sonst in größeren Abständen eingefügt wurden.

3. Die *Arbeitsvorschläge* sind als Möglichkeit gedacht, sich mit den angesprochenen Problemen noch einmal auseinanderzusetzen. Sie beziehen sich nicht punktuell auf einen Teilaspekt, sondern auf umfangreichere Sachverhalte des Kapitels. Die Lösungsvorschläge sind nur als *eine* Sicht der Dinge anzusehen, nicht aber als einzig richtige und unumstößliche Beantwortung. Es ist auch nicht der Anspruch erhoben, das Problem vollständig beantwortet zu haben, sondern es soll nur die Richtung angegeben werden, in der man sich möglicherweise mit dem Thema des Arbeitsvorschlags auseinandersetzen kann. Wir haben in bescheidenem Rahmen bewußt auch neue Information aufgenommen, da die Arbeitsvorschläge nicht im Sinne eines Tests angelegt sind, sondern Denkanstöße möglich machen sollen.

Bei der Lösung wollten wir die subjektive Seite mitberücksichtigen und haben den eigenen Vorschlag so formuliert, wie das auch ein aufmerksam lesender Anfänger leisten könnte.

4. Wer stärker auf *Detailfragen* bezogen arbeiten will, etwa zur Vorbereitung von Klausuren oder Prüfungen, der kann sich nach der Lektüre die am Schluß des Buches zusammengestellten Prüfungsfragen vornehmen. Sie beziehen sich eng auf den Text, zum Teil sind sie ihm wörtlich entnommen. Die Antworten können auf den angegebenen Seiten des Studienbuchs noch einmal überprüft werden.

5. Die *Literaturangaben* sind nach drei Gesichtspunkten zusammengestellt. Oberstes Prinzip war, Sie nicht mit einer unsinnigen Fülle von Titeln zu er-

schlagen. Statt dessen ist zu jedem Kapitel nur ein Werk als Überblicksliteratur genannt, das den behandelten Sachverhalt übersichtlich und informativ aufarbeitet.

Bei den mit Bezug auf den Text zusammengestellten Literaturhinweisen sind jene Titel durch ein Sternchen (*) gekennzeichnet, die man zur Vertiefung des Gedankens heranziehen sollte; die restlichen Titel verweisen eher auf spezielle Aspekte am Thema, die im Text mit einem Literaturbeleg versehen waren.

Gelegentlich ist im Text nur ein Name angetippt, damit man einen Begriff mit einem Autor in Verbindung bringen kann. Das kann für einen Studienanfänger nun wirklich nicht heißen, daß er das Buch als erstes lesen sollte; deshalb ist die bibliographische Angabe weggelassen.

Die nach einem Exkurs angegebene Spezialliteratur ist in den Literaturüberblick nach jedem Kapitel nicht nochmals aufgenommen.

Noch ein Wort zu den ausgewählten Autoren. Sie werden öfter Autoren finden, die schon vor 100 oder sogar 1000 Jahren gelesen wurden. Dahinter stehen zwei Intentionen: Das Studienbuch will grundlegende Phänomene der Wissenschaft Pädagogik angehen, es soll in einigen Jahren ebenso aktuell über diese Dinge Aussagen machen können und nicht bloß darlegen, wie Anfang der 80er oder mittlerweile der 90er Jahre dieser oder jener Autor dachte. Viele der im Buch behandelten Sachverhalte stellen Dauer-Probleme der Pädagogik dar, und es gibt Autoren, die hierzu Substantielles gesagt haben. Diese Autoren sollte man in einem Studienbuch auch kennenlernen.

Darüber hinaus ist es eine Binsenwahrheit in der Wissenschaft, daß viele 'Neuansätze' sich auf die Klassiker zurückführen lassen; deshalb sollten Sie – wo es sich anbietet – die Quellen kennenlernen und nicht die sprachlich häufig verklausulierten Gedankengänge der Nachfolger.

6. *Exkurse* dienen der Problemanreicherung und sollen verdeutlichen, daß viele Fragen, die hier im Interesse der Verständlichkeit von Gedankengängen oft sehr eindeutig und klar beantwortbar erscheinen, natürlich noch vertieft werden müssen. Die Exkurse wollen daher zur weiteren Einarbeitung in einen Problemkreis anregen und die Richtung der Fragestellungen andeuten; in diesem Sinn ist unmittelbar nach dem Exkurs zentrale Literatur angegeben. Da es sich um ein Studienbuch handelt, das eigentlich immer wieder neu gelesen werden kann, mag es für den Anfänger durchaus sinnvoll sein, sich beim ersten Durchgang die Exkurse zu ersparen.

1. Grundlagen der Erziehung

Womit fängt man am besten an? – Ein Problem, vor dem Sie wahrscheinlich schon oft bei der Erstellung eines Referats gestanden haben und das sich ebenso hartnäckig auch für ein Buch stellt. Manchmal ist die Sache schnell geklärt, dann, wenn es schon nahezu ritualisierte Anfänge gibt, die längst zu heiligen Kühen geworden sind. Die Wissenschaft, also auch die Pädagogik, führt eine Herde solcher heiliger Kühe mit sich, und eine daraus ist die Stellung der **Anthropologie** am Anfang einer Einführung in die Erziehungswissenschaft bzw. eines Studienbuches.

Hin und wieder aber lassen sich Sachgründe finden, die verständlich machen, warum eine solche Kuh als heilig erklärt wurde. Glücklicherweise ist dies bei der Anthropologie der Fall, sodaß sie auch in diesem Studienbuch am Anfang stehen darf.

Bevor man nämlich über Erziehung, über Lernen, über Bildungsinstitutionen und anderes sprechen kann, sollte die wohl fundamentalste Frage des ganzen Unternehmens geklärt sein:

Wieso ist überhaupt davon auszugehen, daß der Mensch erzogen werden *kann* und *muß*?

Es wäre sicherlich peinlich, wenn sich hierauf keine befriedigende Antwort finden ließe. Jedoch man hat schnell – zumindest vorläufig – einen Rettungsring bei der Hand durch den Verweis auf empirische Belege für die Erziehungstatsache:

Welche menschlichen Gesellschaften man auch immer betrachtet – vergangene oder zeitgenössische, entwickelte oder primitive – überall wurde und wird erzogen. Die Formen und die Inhalte sind dabei recht verschieden, das **Phänomen der Erziehung** aber ist dasselbe:

Es geht darum, *der nachwachsenden Generation die in einer Gesellschaft vorhandenen und für ihren Bestand und ihre Weiterentwicklung als wichtig angesehenen Fähigkeiten, Fertigkeiten und Einstellungen zu vermitteln.*

Dabei ist es lediglich eine Frage des gesellschaftlichen Entwicklungsstandes, ob sich eine solche Fähigkeit beispielsweise auf die Beherrschung des Tanzes zur Einleitung des großen Schweineschlachtfestes im Hochland von Neuguinea oder zur Eröffnung der winterlichen Ballsaison in Wien bezieht.

So reiches Anschauungsmaterial der empirische Weg auch liefert, in einem wesentlichen Punkt ist er doch unbefriedigend. Man hat zwar ihm Laufe der Forschung eine Fülle von Belegen und Zeitdokumenten in der Hand, nur bleibt damit die Frage offen, ob denn auch tatsächlich immer und überall erzogen worden sei und ob es auch so bleiben müsse. Danach befragt, muß der *empirisch* vorgehende Erziehungswissenschaftler zugeben, daß er das nicht wisse und dies

auch gar nicht beantworten könne. Denn es handelt sich hier um eine *wissenschaftstheoretische Grundfrage:*
Aufgrund der *bisher bekannten Fälle* schließt man vertrauensvoll auf *alle Fälle,* ohne diesen Schluß aber jemals empirisch prüfen zu können. Man nennt dieses Vorgehen eine *unvollständige Induktion,* die so gesehen nie endgültige Einsichten liefern kann (s. a. Kap. 7.2). Dieser Hinweis ist an sich nicht weiter beunruhigend. In der Wissenschaft geschieht so manches aufgrund von wohlmeinenden Annahmen, einfachen Setzungen und Mehrheitsbeschlüssen (letzteres nennt man dann ‚Wahrheitsfindung durch Konsens‘). Nur wenn man es wie hier mit den Grundlagen, den Voraussetzungen der weiteren Arbeit zu tun hat, sollte man schon einmal genau sein und Bedenken gegen die empirische Begründung anmelden. Bleibt der zweite Weg, der ohnehin vielversprechender ist: den Tatbestand der Erziehung nicht bloß durch empirische Hinweise belegen, sondern ihn *philosophisch* begründen. Also danach zu fragen, was eigentlich das Wesen des Menschen, was seine Stellung in der Natur ausmacht, um so die Bedingungen seiner Erziehungsbedürftigkeit und -fähigkeit aus seiner gattungsspezifischen Eigenart bestimmen zu können, und zwar nicht allein für diesen Zeitraum und jene Kultur, sondern *prinzipiell.*

Diese Aufgabe zu bewältigen, ist Absicht der anthropologischen Betrachtung in der Pädagogik *(Anthropologie:* anthropos – Mensch; logos – Wort, Lehre; *Lehre vom Wesen des Menschen).*

1.1 Anthropologische Voraussetzungen der Erziehung

Die zentrale Frage der Pädagogischen Anthropologie lautet also:
Wieso ist der Mensch überhaupt erziehbar?
Die korrespondierende Frage dazu:
Warum muß der Mensch erzogen werden?

Man muß also zum einen klären, welche Dispositionen der Mensch mitbringt, um erzogen werden zu können, und zum andern überlegen, woraufhin anthropologisch gesehen Erziehung ihrer Intention nach angelegt ist.

Eine mögliche Antwort auf diese Grundfragen lautet: *Der Mensch kann und muß erzogen werden, weil er ein nicht-festgestelltes Tier ist* (NIETZSCHE).

In dieser Bemerkung ist neben der Aussage über die Stellung des Menschen zugleich auch das methodische Vorgehen der anthropologischen Forschung angesprochen: Erkenntnis über den Menschen wird aus der Kontrastierung seiner Eigenheiten mit denen des Tieres gewonnen.

Das Tier lebt in einer festen *Umwelt,* der Mensch dagegen hat ‚*Welt*‘, hebt M. SCHELER (1947, S. 36 f) hervor.

Zur Begriffsabklärung sollte hier kurz darauf hingewiesen werden, daß der Umweltbegriff nicht im Sinne der aktuellen ökologischen Diskussion auf den Lebensraum des Menschen, sondern als terminus technicus der anthropologischen Theorie auf den des Tieres bezogen ist.

Mit seiner je artspezifischen Instinktausstattung ist das Tier in einen Verhaltenszusammenhang eingelagert, steht es in einer nur ihm zukommenden *„Merkwelt'* (UEXKÜLL).

UEXKÜLL veranschaulicht diesen Gedanken am Beispiel der Pilgermuschel (Nichtbiologen kennen vielleicht zumindest ihre Schale, die als Ragoutschüsselchen dient).
Ihre Merkwelt ist ganz auf den Seestern oder Seeigel, ihren Feind, ausgerichtet.

„Der Seestern setzt sich für die Pilgermuschel aus folgenden Merkmalen zusammen: Erstens Bewegung, zweitens ein allgemeines chemisches Merkmal, das wir nicht weiter analysieren können, und drittens dem Druck, der bei der Berührung des Seeigels mit den Tentakeln der Pilgermuschel auftritt. Es kommt aber noch eines dazu, nämlich die Reihenfolge, in der diese Merkmale nacheinander bei der Annäherung des Seesternes auf die Pilgermuschel wirken. Erst wirkt die Bewegung des Seesternes auf die Augen. Dann werden die Tentakeln der Pilgermuschel ausgestreckt, welche sowohl chemische wie taktile Sinnesorgane tragen. Von diesen werden erst die chemischen, dann die taktilen gereizt.
Durch diese Merkmalskombination wird der Feind vom Organismus mit Sicherheit wahrgenommen, und nun sendet das Zentralnervensystem eine Erregungswelle zum großen Bewegungsmuskel der Schalen, und die Muschel schwimmt davon.
Es gehen von dem Seesterne immer die gleichen Wirkungen aus, die sowohl optischer, wie chemischer, wie taktiler Art sind. Aber wie anders ist die Auslese dieser Reize bei uns und bei der Pilgermuschel. Gänzlich andere Reize werden in beiden Fällen zu Merkmalen verwendet. Wir bilden aus den von uns wahrgenommenen Merkmalen einen ganz anderen Gegenstand ‚Seestern' als die Pilgermuschel."
aus: UEXKÜLL 1913, S. 70/71

Die übrigen Lebewesen machen sich für das betreffende Tier zwar auch durch optische und chemische Reize bemerkbar, werden aber nicht von einem anderen beliebigen Hindernis – etwa einem Stein – unterschieden, da sie nicht zu seiner spezifischen Merkwelt gehören.

In diesem auf das Tier bezogenen Sinn hat der Mensch keine ihm eigene Umwelt, da ihm schon die fundamentalste Voraussetzung hierfür abgeht, nämlich die entsprechende Instinktausstattung. Der Mensch ist *instinktreduziert,* instinktarm, und dort, wo sein Verhalten noch von Instinkten mitgeprägt ist, sind diese unspezifisch (z.B. Sexualtrieb). Bleibt man mit der Betrachtung noch auf der Ebene der bloß naturhaften Ausstattung des Menschen im Vergleich zum Tier, muß er neben dem Mangel an Instinktausrüstung auch den einer *ungenügenden Organausstattung* hinnehmen. Er hat keine natürlichen Waffen oder Werkzeuge, er ist der Natur vergleichsweise ungeschützt ausgeliefert, so daß er –

immer in Opposition zum Tier gesehen – geradezu ein **Mängelwesen** darstellt (HERDER 1972, S. 26 f, GEHLEN 1967, S. 35).

– So fehlt beispielsweise dem Menschen Behaarung (Hautkleid) und damit ein natürlicher Witterungsschutz,
– er hat keine natürlichen Angriffsorgane und keine auch zur Flucht geeignete Körperbildung,
– die meisten Tiere übertreffen ihn an Schärfe der Sinne,
– er unterliegt in der Phase des Heranwachsens einer überaus langen Schutzzeit.
(vgl. GEHLEN 1987, S. 35)

Aber der Mensch bringt eine wesentliche Disposition zum Ausgleich dieser Mängelsituation mit: seinen *Verstand,* der es ihm ermöglicht, handelnd in der Welt zu leben (statt instinktgeleitet auf Umwelt zu reagieren). Die Fähigkeiten zum Handeln, d. h. aufgrund von durchdachten Entwürfen plan- und absichtsvoll in die Welt einzugreifen, stellt den Ausgleich zur Gefährdung des Menschen im Vergleich zum Tier dar; *mit* **Handeln** *kompensiert der Mensch seine organisch bedingte Gefährdung.*

Der Hinweis auf Handeln als Ausgleich der Gefährdung des Menschen ist vor allem von A. GEHLEN herausgestellt worden. An der nur biologisch interpretierten Ausgleichsfunktion von Handeln ist allerdings in der wissenschaftlichen Diskussion heftig Kritik geübt worden. So wirft ihm beispielsweise Th. LITT vor, seine Anthropologie sei eigentlich eine Bioanthropologie, die das Tun des Menschen auf bloße Lebensdienlichkeit und Überlebensbemühungen zurückschraubt (reduziert). Damit aber ist etwa das Phänomen der Kunst (als einer Form des Handelns von Menschen) nicht befriedigend zu erklären, ebensowenig das Phänomen der reinen Theorie (Wissen um des Wissens willen). So ist zwar als Motiv für unsere weiteren Überlegungen der Hinweis GEHLEN's auf die geistige, d. h. von Vorstellungen geleitete Auseinandersetzung des Menschen mit seiner Welt festzuhalten, dieser Prozeß kann aber nicht auf bloße Lebensdienlichkeit reduziert werden. Überhaupt verliert man bei einer solch eingeengten Betrachtungsweise aus dem Blick, daß der Mensch auch **reflexives Wesen** ist, daß er, bildlich gesprochen, aus unmittelbar lebensbezogenen Zweckzusammenhängen heraustreten und ,sich neben sich stellen' kann, er sich somit selbst betrachten und zu sich ,Ich' zu sagen vermag. Der Anthropologe PLESSNER spricht daher von einer *exzentrischen Stellung des Menschen in der Naturordnung* (PLESSNER 1965, S. 290).

Daß sich hier ein ganzer Komplex von philosophischen Fragen nach der Reflexivität des Menschen anschließt, soll nur angedeutet, aber nicht weiter verfolgt werden. Wer hierüber weiteren Aufschluß erhalten möchte, sei auf das Buch von H. ZDARZIL, Pädagogische Anthropologie, Graz, Wien, Köln 1978 verwiesen.

Für unseren Gedankengang halten wir fest:
Die Stellung des Menschen in der Welt ist eine gefährdete, ist risikoreich. Der Mensch steht vor einer Vielzahl von Problemen: sei es das der täglichen Nahrungssicherung in einem primitiven Stamm oder das der Entwicklung von Lebensqualität in einer fortgeschrittenen Gesellschaft. Diese Probleme stellen sich für die betreffenden Menschen als permanente Fragen dar: Was muß getan

werden, um dies zu ermöglichen, jenes zu sichern, etwas anderes abzuwehren?

Einen Großteil solcher Fragen löst der Mensch – erst recht in seinem Alltagsleben – durch Routine; er hat hier die Antworten auf eine Reihe von Alltagsfragen ohne großes Nachdenken bei der Hand. In anderen Fällen jedoch muß er eigens Lösungspläne (Handlungspläne) entwerfen, sie an der Wirklichkeit ausprobieren und eventuell modifizieren. Dabei kommt ihm Sprache zustatten, die ihn vom unmittelbaren Umsetzen und Ausprobieren seiner Handlungspläne entlastet.

Das aus Problemen und dem Bemühen um ihre Bewältigung resultierende Handeln des Menschen ist also sowohl von ihm nach Vorstellungen entworfen (es ist sinnvoll), als aber auch zugleich den Gegebenheiten seiner natürlichen Umgebung unterworfen, durch die es unter Umständen als fehlerhaft, unangemessen, unvollständig hingestellt werden kann. Wir können damit als erstes Zwischenergebnis festhalten:

Der Mensch muß sich, instinktreduziert wie er ist, mit seiner Welt auseinandersetzen. Dies ist ihm möglich, weil er handelndes Wesen ist, d.h. weil er als Vernunftwesen Welt mittels Sprache sinnvoll gestalten kann.

Die Beantwortung unserer Grundfrage nach der Erziehbarkeit des Menschen wird sich im folgenden also auf den Begriff der *Handlung,* des *Sinns* und der *Sprache* stützen müssen.

Vorher sollte aber eine weitere Absicherung des hier Gesagten erfolgen. Wir müssen nicht ganz auf die Empirie verzichten, denn die hier mehr philosophisch entwickelten Zusammenhänge sind auch durch empirische Untersuchungen untermauert, besonders durch die des Anthropologen A. Portmann.

Er unterscheidet auch bei Säugetieren hinsichtlich der Situation bei der Geburt bzw. der Entwicklung in der Zeit kurz danach *Nesthocker* und *Nestflüchter* (Benennungen, die eigentlich nur zur Bezeichnung der Zustände bei Vögeln dienen und die Portmann beibehalten hat, obwohl der Hinweis auf das Nest bei Säugetieren nicht zutrifft). **Nesthocker** weisen als gemeinsame Merkmale auf:

– wenig spezialisierter Körperbau,
– geringe Entwicklung des Gehirns,
– kurze Tragezeiten,
– hohe Nachkommenzahl bei jedem Wurf,
– hilfloser Zustand des Jungtieres im Geburtsmoment,
– meist unbehaart,
– noch keine Öffnung der Sinnesorgane im Jugendstadium.

Demgegenüber ist bei den **Nestflüchtern**

– der Körperbau spezialisiert,
– das Gehirn weist eine reichere Ausbildung auf,
– die Entwicklung im Mutterleib dauert lange,

– die Nachkommenzahl pro Wurf ist auf zwei oder eins reduziert,
– die Neugeborenen sind weit entwickelt und den Alten in Gestalt und Gebaren recht ähnlich,
– sie verfügen über die Elemente der ihre Art kennzeichnenden Kommunikation.
aus: PORTMANN 1969, S. 27 ff.

(1) Tableau: *Ontogenetische Beziehungen bei Säugetieren*

	Niedrige Organisationsstufe	Höhere Organisationsstufe*
Tragzeit	sehr kurz (z. B. 20–30 Tage)	lang, mehr als 50 Tage
Zahl der Jungen pro Wurf	groß (z. B. 5–22)	meist 1–2 (selten 4)
Zustand der Jungen bei der Geburt	Nesthocker	Nestflüchter
Beispiele	viele Insectivoren, Nager und marderartige Raubtiere	Huftiere, Robben und Wale, Affen und Halbaffen

* Ähnlich der höheren Organisationsstufe verhalten sich auch manche Säuger von extrem spezialisierter Organisation, aber relativ niedriger Ausbildung des Gehirns, so z. B. Faultiere, Ameisenbären, Fledermäuse. Unsere Übersicht will lediglich den Blick auf zuweilen wenig beachtete Zusammenhänge lenken, die zur Zeit Gegenstand der entwicklungsgeschichtlichen Forschung sind.
aus: PORTMANN 1969, S. 29. © Schwabe & Co. Verlag, Basel

Der neugeborene Mensch nimmt auch hier eine Sonderstellung ein: Er ist ein *„hilfloser Nestflüchter"*. Auf ihn treffen zwar Merkmale der Nestflüchterorganisation zu, in vollem Umfang aber erst etwa ein Jahr nach der Geburt. Erst zu diesem Zeitpunkt erlangt das Neugeborene den Ausbildungsgrad, den es als echter Nestflüchter schon zur Zeit der Geburt verwirklichen müßte, besonders: Körperproportionen, die denen des Erwachsenen ähnlich sind, aufrechte Körperhaltung und Grundelemente der Kommunikation.

Sollte der Mensch so ausgeformt zur Welt kommen, müßte die Schwangerschaft ca. 21 Monate dauern. Auf diese Überlegung bezogen, nennt PORTMANN den Menschen eine *„physiologische Frühgeburt"*. Der Mensch – obwohl seinem Grundplan nach ein Nestflüchter – gerät dadurch in Abhängigkeit von Pflege und besonderer Aufzucht. Für das hier angesprochene Phänomen fand PORTMANN übrigens den Begriff des **sekundären Nesthockers**.

Der Mensch verbringt – immer bezogen auf Säugetiere vergleichbar hoher Organisation – einen Teil seiner foetalen Reifung außerhalb des Mutterleibes: das erste Lebensjahr erscheint somit als *„extrauterine Frühzeit"*.

Dieser Befund kann nun nach zwei Seiten ausgelegt werden:

(a) Der Mensch kommt unfertig zur Welt, er muß sich seine menschliche Verfassung erst aneignen, er bringt sie nicht schon als vollendet mit;

(b) er kann sich als Mensch nur entwickeln, wenn er tatsächlich auch entwicklungsfähig oder, anders ausgedrückt, *bildsam* ist.

Die Frühgeburt des Menschen kann als Gefährdung (der Mensch ist noch nicht Mensch), zugleich aber auch als Chance angesehen werden: der Mensch kann nur deshalb Mensch werden, weil er es noch nicht ist, weil er im Sinne NIETZSCHES noch nicht-festgestellt ist.

Und weiter: Da der Mensch unfertig, damit gefährdet ist, bedarf er der Zuwendung anderer Menschen; er steht mit jedem seiner Schritte hin zur Menschwerdung immer schon notwendig im *sozialen Kontext, d. h. in einer Sprachgemeinschaft und in einem Gefüge sinnhafter, gesellschaftlich akzeptierter Institutionen.* Man könnte daher – mit Bezug auf das extrauterine Frühjahr – die Gesellschaft als den zweiten Mutterleib des Menschen ansehen.

Exkurs

Andererseits aber ist durch diesen gesellschaftlich geprägten Entwicklungsprozeß des Menschen der Hinweis auf seine Welt- statt Umwelt-Bezug kräftig relativiert. Er ist zwar nicht – wie die Pilgermuschel – in einem klar umrissenen Verhaltenszusammenhang fixiert, er ist also weltoffen; daher muß er sich seine Welt erst schaffen oder – im weitesten Sinn des Wortes – erarbeiten. Indem er sich aber Welt schafft, indem er damit auch die Handlungssicherheit erreicht, durch die seine fehlende Instinktausstattung kompensiert wird, wird diese Welt für ihn zu seiner ‚Umwelt': Sie prägt ihn, sie verpflichtet ihn auf sich, sie legt ihm bestimmte Verhaltensweisen und Orientierungen als verbindlich nahe. Man kann daher sagen, „daß die ursprüngliche biologische Weltoffenheit der menschlichen Existenz durch die Gesellschaftsordnung immer in eine relative Weltgeschlossenheit umtransponiert wird, ja, werden muß."(BERGER / LUCKMANN 1995, S. 55).

Verfolgt man diese Überlegung noch weiter, dann muß man berücksichtigen, daß der Mensch als *Gattungswesen* eigentlich ein Abstraktum, eine bloß gedankliche Konstruktion darstellt, daß demgegenüber der Mensch nur als *Einzelwesen in* seiner je historisch und gesellschaftlich bedingten Existenzweise wirklich ist.

Diese relativierende Sicht geht vor allem auf K. MARX zurück, der konsequent betont, daß man von dem ‚Menschen an sich' nicht reden könne, daß es diesen außer im Kopf einiger Philosophen nicht gebe.

Auch MARX sieht den Menschen in einem prinzipiellen Gegensatz zum Tier, sofern er aufgrund von Vorstellungen ‚arbeitet', d. h. seine Welt und die Natur verändert. Dies bleibt bei MARX aber keine allgemein-überzeitlich bezogene Äußerung, sondern heißt zugleich, daß diese Art der Auseinandersetzung des Menschen mit der Natur immer eine *bestimmte* ist, daß sie in bestimmte gesellschaftliche und politische Verhältnisse eingelagert ist, die nun aus der je historisch gegebenen Art der Produktion des Lebens mitbedingt sind.

Die Voraussetzungen, von denen MARX her denkt, sind also „keine willkürlichen, keine Dogmen, es sind wirkliche Voraussetzungen, von denen man nur in der Einbildung abstrahieren kann. Es sind die wirklichen Individuen, ihre Aktionen und ihre materiellen Lebensbedingungen, sowohl die vorgefundenen wie die durch ihre eigene Aktion erzeugten."

aus: MARX 1968, S. 346

Man kann den Gedanken bis zu dieser Stelle zusammenfassen und beide Stränge, den empirischen und den philosophischen, in eine ausgeweitete Zwischenantwort auf unsere Ausgangsfrage aufnehmen:

Der Mensch hat eine risikoreiche Sonderstellung in der Natur. Er ist biologisch und geistig ein unfertiges, ein nicht-festgestelltes Wesen, er verbringt ein extra-uterines Frühjahr im zweiten Mutterleib, der Gesellschaft. Er lernt, die Gefährdung seiner natürlichen und geistigen Existenz aufgrund seiner Vernünftigkeit durch *Handeln* zu meistern, d. h. durch *sprachlich* vermittelte *sinnvolle* Tätigkeit, die bis zu einem gewissen Grad durch seine konkrete historisch-gesellschaftliche Situation bestimmt ist.

Für uns ergibt sich jetzt die Aufgabe, diese zentralen Begriffe der Handlung, des Sinns und der Sprache abzuklären.

1.1.1 Strukturmerkmale des Handelns

Der Mensch – so wurde hervorgehoben – gleicht seine organisch bedingte Mängelstruktur durch die Möglichkeit zum Handeln aus. Es stellt sich die Frage, wie diese Fähigkeit genauer zu beschreiben ist: Was kennzeichnet den Begriff des Handelns?

Eine erste, noch sehr allgemein gehaltene Antwort:

Handeln kann verstanden werden als *Realisieren einer Absicht (eines Ziels).*

Damit sind zwei Dimensionen am Handlungsbegriff hervorgehoben:

(a) die Dimension der Ziel*setzung* und

(b) die der Ziel*realisierung.*

Beschäftigen wir uns zunächst mit (a).

Der *Prozeß der Zielsetzung* ist wesentlich ein Entscheidungsprozeß, bei dem das Votum für ein Ziel abhängt von

– den *Mitteln,* die man zu seiner Realisierung zur Verfügung hat oder meint, sich beschaffen zu können;

– den *Werten und Normen,* die als Bestimmungsgründe (als ‚Ursachen') für die eigenen Anschauungen, Vorlieben, Wertungen, Einstellungen etc. anzusehen sind.

Beispiel:

Es geht um die Entscheidung über das Ziel nachschulischer Ausbildung. Soll man studieren oder eine Lehre beginnen oder aussteigen und auf einen Beruf verzichten?
Die Entscheidung für eines dieser Ziele, beispielsweise Studieren, hängt zum einen ab von den Mitteln, die man hat bzw. einsetzen können wird: Geld, Zeit, Intelligenz, Schulabschluß.
Zum andern wird das Votum auch vor dem Hintergrund der persönlich akzeptierten und vertretenen Werte und Normen gefällt: Bejahung von Leistung, Höherschätzung von Kopfarbeit gegenüber Handarbeit, Ansehen, Tradition der Familie („alle waren Akademiker").

Ist ein Ziel gesetzt, muß es durch die Handlung *realisiert* werden (Punkt b). Wie dieser Prozeß genau abläuft, schildert der alte ARISTOTELES recht präzise und anschaulich – im Gegensatz zu vielen sprachdrechselnden modernen Handlungstheoretikern.

„Wir überlegen uns weiterhin nicht die Ziele, sondern das, was zu den Zielen führt. Denn der Arzt überlegt nicht, ob er heilen soll, noch der Redner, ob er überzeugen soll, noch der Politiker, ob er eine gute Staatsordnung schaffen soll, noch überhaupt jemand hinsichtlich des Zieles. Sondern wir setzen das Ziel an und erwägen dann, wie und durch welche Mittel wir es erreichen, und wenn sich mehrere Wege zeigen, so wird geprüft, welcher der schnellste und schönste sei; wenn aber ein Weg eingeschlagen wird, so fragt man, wie das Ziel durch diesen Weg erreicht wird, und dann wieder, wie man auf jenen Weg gelangt, bis man zur ersten Ursache kommt, die im Fragen das Letzte ist.
... und das Letzte in der Analyse ist das Erste im Werden. Und wenn man auf etwas Unmögliches stößt, so verzichtet man, etwa wenn man Geld braucht und sich dies nicht zu beschaffen vermag. Wenn es sich aber als möglich erweist, dann beginnt man zu handeln."
aus: ARISTOTELES, 1112 b 10–25

Zunächst: Bei der *Realisierung eines Zieles* (bei der Handlung) sind zwei *gegenläufige Phasen* voneinander abgehoben:
– der *Handlungsentwurf:* den geeigneten, zeit- und kraftsparenden Weg zu finden;
– die *Ausführung:* die eigentliche Handlung, die Realisierung des Ziels durch Einsatz der gewählten Mittel.
Beim Handlungsentwurf geht man *gedanklich* vom Ziel aus, sucht den geeigneten *Weg* und klärt die Frage nach den hierfür benötigten *Mitteln.* Die Mittel selbst stehen in einer Reihenfolge, wobei eines das andere voraussetzt. So gesehen, werden die einzelnen Mittel jeweils zu *Zwischenzielen* bei der Handlung. Sieht man es umgekehrt: Ist *ein* Mittel nicht verfügbar, kann man auch an die anderen nicht herankommen. Es taucht damit ein Hindernis auf. Ist es nicht zu beseitigen, so wird die Handlung auf diesem Weg und mit diesen Mitteln unausführbar; läßt es sich dagegen bewältigen bzw. stellt sich nichts hindernd in den Weg, so gelangt man in der Analyse zu einem ‚letzten' Mittel: Es ist *End-*

punkt der gedanklichen Gliederung des Entwurfs, aber *Anfangspunkt der Handlung* selbst, die jetzt konkret in der Ausführung den Weg wieder aufsteigt von Mittel zu Mittel bis hin zum Ziel.

Beispiel:

Man kann den Weg zur Uni nicht zu Fuß bewältigen und hat sich entschieden, mit dem Auto zu fahren. Dafür muß eins angeschafft werden (Mittel und zugleich Zwischenziel). Als *Wege* kommen in Frage: ein Auto kaufen – sich eins schenken lassen – eins stehlen.

Der letzte Weg wird als zu riskant oder moralisch unvertretbar ausgeschlossen, der zweite wird ebenfalls fallengelassen, wenn weder ein reicher Vater noch ein wohlwollender Verwandter in Sicht sind. Bleibt der erste Weg, der leider auch der aufwendigste ist: das Auto muß gekauft werden.

Als unverzichtbares *Mittel* ist Geld nötig, das auch noch selbst beschafft werden muß. Im Toto tippen und auf einen Gewinn hoffen ist zu unsicher; bleibt die Möglichkeit, zu jobben. Das kollidiert aber mit dem Studium, da für beides recht viel Zeit draufgeht. Ist die Zeitfrage (Zeit ist hier ein Mittel bei der Handlung) nicht zu klären, muß der Plan aufgegeben werden. Läßt sich das Problem lösen – etwa durch eine bestimmte Zeitaufteilung – kann der Handlungsentwurf weiter durchgeführt werden. Etwa indem die Veranstaltungen an der Uni geballt auf den Morgen gelegt werden und man spätnachmittags und abends in einer Kneipe kellnert.

Das letzte in der Analyse ist dann das erste bei der Ausführung: Einen Job in einer Kneipe besorgen und dann den Weg wieder hinauf zum Ziel gehen.

Das gleiche Handlungsmuster wie in diesem Alltagsbeispiel unterliegt auch den großen Zielen, die die Menschheit bewegen: den Frieden sichern, die Energieversorgung gewährleisten, den Hunger beseitigen. Diesen Gefährdungen seiner Existenz begegnet der Mensch durch Handeln, durch plan- und absichtsvollen Eingriff in die Wirklichkeit.

Der Mensch geht seine Handlungen also *zweimal* durch: *in Gedanken und in der Tat.*

Die gedankliche Analyse kann man als einen *Probelauf* für die Handlung ansehen, der anthropologisch betrachtet einige Vorteile mit sich bringt:

– Der Mensch muß sich nicht unmittelbar dem Risiko des Scheiterns aussetzen und braucht nicht ausschließlich nach dem Prinzip von Versuch und Irrtum zu lernen.

– Er kann sein Tun somit aussetzen (suspendieren), in Gegensatz zum Tier, das immer im Vollzug, in der direkten Reaktion auf bestimmte Reizkonstellationen steht.

– Er kann schließlich auch auf sein Tun und seine eigene Rolle dabei reflektieren.

Was aber macht es dem Menschen überhaupt möglich, Handlungsvollzüge gedanklich durchzugehen?

Greifen wir noch einmal kurz auf das Beispiel des Autokaufs zurück. Bei dem Handlungsentwurf ist mit Begriffen, mit sprachlichen Zeichen operiert worden, die aus ihrer Einlagerung in entsprechende Handlungsfelder wie dem des Studierens oder des Jobbens ihren Sinn erhielten. Oder abstrakter ausgedrückt: *Die Handlungsanalyse und die Realisierung vollzogen sich im Medium von Sinn und mittels Sprache.*

Nach dem Begriff der Handlung müssen also jetzt die beiden komplementären Begriffe des Sinns und der Sprache näher untersucht werden.

1.1.2 Sinn und Sprache

Sinn kann umschrieben werden als *die Fähigkeit des Menschen, seinem Tun, seinem Handeln, kurz: seiner Praxis Bedeutung zu unterlegen.*

Der Mensch handelt und kann nur handeln aufgrund von Vorstellungen, die er sich von seinem Tun und seiner Rolle dabei macht.

Beispiel ‚Grüßen':

Treffen sich zwei Menschen, so äußern sie keine artbedingten Knurr- oder Schnurrlaute, sondern die Begrüßungshandlung erfolgt aufgrund von Vorstellungen über die Situation. Man ‚entwirft' einen Begrüßungsplan: Wie zuvorkommend soll man grüßen, wie korrekt oder wie lässig soll man sich geben, welche Grußformel soll man wählen, bleibt man stehen und wechselt noch ein paar Worte usf.?

Es kommt also eine Reihe von Vorstellungs- oder Sinnaspekten zusammen, die in ihrer Gesamtheit die Bedeutung des Grüßens ausmachen und die Handlung erst ermöglichen.

Dabei ist zu beachten: Der einzelne *‚schafft'* zwar die bestimmte Bedeutung dieser Situation, er ist so gesehen durchaus kreativ. Er wählt Aspekte aus dem Sinnreservoir für ‚Grüßen' aus, kombiniert sie und kreiert diese bestimmte, gerade jetzt ablaufende Situation. Andererseits aber steht er auch immer schon in *vorgefundenen Sinnzusammenhängen,* die gesellschaftlich geschaffen und für den einzelnen relativ verbindlich sind. Er findet Sinnwelten als seine gesellschaftliche Umwelt vor, daher die Rede von der relativen Weltgeschlossenheit.

Die individuellen Begrüßungsarten sind nicht absolut eigene Kreationen oder abstrakter ausgedrückt: der einzelne schafft nicht völlig neu gesellschaftlichen Sinn. So kann man einen Vorgesetzten meist nicht mit „Hallo, ça va!" begrüßen und nicht zu einem Freund sagen „Darf ich Ihnen einen angenehmen Tag wünschen". Vielmehr liegt in diesen Fällen die Sinnverwendung fest, es ist weitgehend geregelt, wer mit welchen Worten in welcher Situation begrüßt wird.

Dann aber wieder zeigt ein Blick auf die verschiedenen Kulturkreise recht unterschiedliche Arten des Grüßens, d. h. recht abweichende Sinnkonstrukte für das gleiche Phänomen menschlichen Umgangs: Die einen verhalten sich englisch steif, die anderen umarmen einander mit südländischem Temperament, und wieder andere strecken die Zunge heraus.

Wir sollten festhalten:

Der Mensch handelt im Gegensatz zum Tier, das sich verhält. Er handelt aufgrund von Vorstellungen im Kontext seiner Gesellschaft und nicht als Folge von Instinktreaktionen.

Graphisch dargestellt:

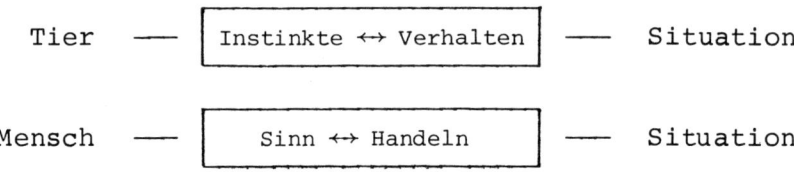

Aus anthropologischer Perspektive heißt Sinn:
– *Gestalten der Welt* durch den Menschen aufgrund von Vorstellungen (Mensch als *Gattungswesen*),
– *Gestaltetsein der Welt* für den Menschen aufgrund von verfügbaren Vorstellungen (Mensch als historisch-konkretes *Einzelwesen*).

Wo aber wird Sinn eigentlich vorgefunden, wie ist er ‚gelagert‘, und wie erhält man Kenntnis von ihm? Sinn wird in **Symbolsystemen** festgehalten und vermittelt, Sinn ist immer symbolisch fixiert, wobei das wichtigste Symbolsystem die *Sprache* ist.

Beispiel:

Der Sinn der Vorstellung Gerechtigkeit ist in einem Bildsymbol fixiert – in der Waage der Justitia, er ist in Büchern festgehalten, entweder abstrakt in Gesetzestexten oder konkret-anschaulich in Erzählungen, beispielsweise der über Michael Kohlhaas. Dort, wo Sinn in optischen oder akustischen Systemen ‚gelagert‘ ist, kann er prinzipiell in Sprache übersetzt werden (denken Sie an das optische Zeichen der Waage).

So gesehen ist Sprache ein besonders ausgezeichnetes *Symbolsystem*, und zwei ihrer wichtigsten Leistungen unter anthropologischem Aspekt sind hier zu erwähnen:

Sprache fixiert und tradiert Sinn.

Sie hält Sinn fest, und in ihr kann er weitergegeben werden; einmal erworbene Sinnzusammenhänge können auch in Zukunft Auskunft geben, wie sich die Menschen einer bestimmten Gesellschaft mit der Natur, ihren Mitmenschen und mit sich selbst bisher auseinandergesetzt haben. Dieser Erfahrungsbestand geht auch im Generationenwechsel nicht verloren.

Die zweite Leistung von Sprache in anthropologischer Hinsicht ist ihre **Entlastungsfunktion**.

Der Mensch – so wurde gesagt – setzt sich handelnd mit seiner (Um-)Welt auseinander, um so Einsicht, Erfahrung, Lerngewinn zu erzielen. Konkret verstanden wäre die immer nur handelnde Auseinandersetzung mit der Welt ein sehr umständlicher, beschwerlicher und nicht selten auch gefährlicher Weg.

Umständlich, da jede Handlung immer wieder neu vollzogen und – was wichtig ist – neu erfahren werden müßte, womit auch immer wieder das Risiko des Scheiterns verbunden wäre.

Beschwerlich, sofern eine Reihe von Handlungen großen Einsatz an Mitteln und Kräften (an Ressourcen) verlangt und es unökonomisch wäre, dies immer wieder von neuem in vollem Umfang leisten zu müssen.

Gefährlich, als Handlungsvollzüge mit Gefahr für Leib und Leben verbunden sein können.

Die Verwendung der Sprache erspart dem Menschen oft diese Mühen, weil sie als allgemeines Symbolsystem nicht notwendigerweise an die betreffende Handlungssituation gebunden ist:

Man kann nämlich *sprachlich operieren,* ohne immer wieder neu handeln zu müssen;

man kann *sprachlich Handlungsabläufe* durchgehen, ohne sie konkret ausführen zu müssen;

man kann *sprachlich Konsequenzen* ermitteln, ohne sie erst am eigenen Leib gespürt zu haben.

Dies alles ist mit ‚Entlastungsfunktion von Sprache‘ gemeint, die übrigens eng mit dem Aspekt der Fixierung und Tradierung von Sinn zusammenhängt: Indem nämlich Erfahrung festgehalten und weitergegeben wird, kann man sie sich sprachlich aneignen und ist so zunächst von unmittelbarem Handlungsdruck entlastet.

Wie bedeutsam die Rolle der Sprache im Erziehungsprozeß des Menschen ist, wird besonders bei Fehlentwicklungen deutlich. Eine solche Situation wird im ‚Fall Isabelle‘ geschildert.

Der Fall Isabelle
Ein bezeichnender Fall, der die Bedeutung der Sprache für die Formung menschlichen Verhaltens illustriert, wurde von K. Davis berichtet. Ein Mädchen namens Isabelle, ein uneheliches Kind, hatte faktisch mit ihrer taubstummen Mutter in einem einzigen Raum allein gelebt, bis sie ungefähr sechseinhalb Jahre alt war. Ihr Verhalten wurde beschrieben als nahezu „das eines wilden Tieres, das viel Furcht und Feindseligkeit zeigte. Anstatt zu sprechen, gab sie nur einen seltsamen krächzenden Laut von sich. In vieler Hinsicht verhielt sie sich wie ein ganz kleines Kind.“ Von einem Psychologen, der sie untersuchte, wurde gesagt, daß „sie offensichtlich Beziehungen jeglicher Art überhaupt nicht wahrnahm.“ Zunächst war kaum festzustellen, ob sie fähig war zu hören oder nicht, weil sie Lauten gegenüber so unempfänglich war. Als Tests erwiesen, daß sie nicht taub war,

neigten Spezialisten, die mit ihr arbeiteten, zu der Annahme, daß sie schwachsinnig und „gänzlich unerziehbar" und daß der Versuch, sie sprechen zu lehren, zwecklos sei. Ihr Testergebnis, selbst bei nonverbalen Tests, war außerordentlich niedrig. Ein ... Test ergab ein Intelligenzalter von neunzehn Monaten, obwohl ihr Lebensalter über viermal so hoch war, und ordnete sie der Kategorie hochgradigen Schwachsinns zu.

Trotz pessimistischer Erwartungen hinsichtlich des Ergebnisses wurde Isabelle einem systematischen Training unterzogen. Es dauerte eine Woche, bevor sie den ersten Vokalisationsversuch machte; aber nach zwei Monaten begann sie, Sätze zu bilden. Neun Monate später konnte sie gut schreiben, eine Geschichte, die sie gehört hatte, wiedererzählen und Wörter und Sätze auf bedrucktem Papier wiedererkennen. Sieben Monate später besaß sie ein Vokabular zwischen 1500 bis 2000 Wörtern. In zwei Jahren hatte sie die Lernstadien hinter sich gebracht, die gewöhnlich sechs Jahre erfordern, und ihr Intelligenzquotient hatte sich verdreifacht. Als Davis über sie berichtete, war sie vierzehn Jahre alt, hatte die sechste Klasse der Volksschule durchlaufen und verhielt sich wie ein normales Kind.

aus: LINDESMITH/STRAUSS 1974, S. 129/130

Isabelle wurde zwar physisch versorgt, wuchs aber in einer a-sozialen Situation auf: Sie hatte außer zu ihrer Mutter keine Kontakte zu anderen Menschen, und – was wohl das Entscheidende war – zwischen beiden bestand keine sprachliche Beziehung. Damit waren Isabelle grundlegende soziale und kommunikative Lernerfahrungen vorenthalten. Sie war nicht in der Lage, sich auf ein Vis-à-vis einzustellen, und ihre Denkfähigkeit stand auf einem äußerst niedrigen Niveau.

Man kann daher sagen: *Der Mensch wird erst in der kommunikativen Beziehung zu anderen zum Menschen, da Haltungen, Anschauungen, Erfahrungen ihm immer nur sprachlich vermittelt werden können.*

1.1.3 Anthropologie und Verhaltensforschung

Als Ergebnis der bisherigen Überlegungen ist festzuhalten: Handeln, damit verbunden Sprache und Denken, ist als spezifisch menschliches Gattungsmerkmal hervorzuheben.

Kann man aber den Trennstrich zwischen Mensch und Tier tatsächlich so scharf ziehen? Belegen nicht etliche Befunde aus der Verhaltensforschung (Ethologie), daß auch Tiere Intelligenz besitzen und sich sogar Sprache im Sinne menschlicher Kommunikationsfähigkeit aneignen können?

Diesen Einwänden soll im Rückgriff auf zwei berühmte Experimente, das KÖHLERS zur Intelligenzprüfung und das GARDNERsche Sprachexperiment, nachgegangen werden.

KÖHLER experimentierte in den 20er Jahren auf Teneriffa mit Schimpansen, wobei für ihn die Frage, ob Affen zu intelligentem Verhalten fähig sind, im

Vordergrund stand. Ein besonders gelehriger und findiger Schimpanse war Sultan, mit dem folgendes Experiment durchgeführt wurde.

„Ihm stehen als Stäbe zwei hohle, aber feste Schilfrohre zur Verfügung, wie die Tiere sie schon oft zum Heranziehen von Früchten verwendet haben. Das eine hat soviel kleineren Querschnitt als das andere, daß es sich in dessen beide Öffnungen leicht einschieben läßt. Jenseits eines Gitters liegt das Ziel so weit entfernt, daß das Tier mit den (etwa gleich langen) einzelnen Rohren nicht ankommen kann. – Trotzdem gibt es sich zunächst große Mühe, mit einem oder dem andern das Ziel zu erreichen, indem es die rechte Schulter weit zwischen den Gitterstäben vordrängt. Als alles umsonst ist, begeht Sultan einen ‚schlechten Fehler‘ oder, deutlicher gesprochen, eine kräftige Dummheit, die sich bei ihm auch sonst bisweilen zugetragen hat: Er zerrt aus dem Hintergrunde des Raumes eine Kiste ans Gitter; von dort schiebt er sie allerdings gleich wieder zurück, da sie nichts nützt oder vielmehr im Wege steht. Gleich danach setzt ein zwar praktisch nutzloses, im übrigen aber unter die ‚guten Fehler‘ zu rechnendes Verfahren ein: Er führt das eine Rohr soweit wie möglich hinaus, nimmt darauf das andere und schiebt mit ihm das erste vorsichtig auf das Ziel zu, indem er es, am hinteren Ende langsam stoßend und drängend, sorgfältig in der Richtung auf die Früchte zu hält. Freilich gelingt das nicht immer, aber ist er auf diese Art einigermaßen weit gekommen, dann wird die Vorsicht besonders groß, er schiebt ganz sacht, berücksichtigt recht gut die Bewegungen des liegenden Rohres und bringt dieses wirklich mit der Spitze bis an das Ziel. Damit ist auf eine Art, die hier zum erstenmal ganz unvermittelt auftritt, der Kontakt Tier–Ziel hergestellt, und Sultan findet – man kann es auch als Mensch nachfühlen – sichtlich eine gewisse Befriedigung darin, über die Früchte wenigstens insofern Gewalt zu haben, als er sie durch Vermittlung des geschobenen Stockes anstößt und leicht bewegen kann.“
aus: Köhler 1963, S. 90 f

Nach etlichen Wiederholungen, die alle ohne Erfolg blieben, stellt Sultan seine Bemühungen ein. Da der Versuch später wieder aufgenommen werden soll, bleibt für alle Fälle ein Wärter als Beobachter am Käfig.

„Bericht des Wärters: „Sultan hockt zuerst gleichgültig auf der Kiste, die etwas rückwärts vom Gitter stehengeblieben ist; dann erhebt er sich, nimmt die beiden Rohre auf, setzt sich wieder auf die Kiste und spielt mit den Rohren achtlos herum. Dabei kommt es zufällig dazu, daß er vor sich in jeder Hand ein Rohr hält, und zwar so, daß sie in einer Linie liegen; er steckt das dünnere ein wenig in die Öffnung des dickeren, springt auch schon auf ans Gitter, dem er bisher halb den Rücken zukehrte, und beginnt eine Banane mit dem Doppelrohr heranzuziehen. Ich rufe den Herrn; inzwischen fällt dem Tier das eine Rohr vom andern ab, da es sie sehr wenig ineinandergeschoben hat, und sogleich setzt es sie wieder zusammen.“

Der Bericht des Wärters bezieht sich auf einen Zeitraum von knapp 5 Minuten, die seit Abbruch des Versuches vergangen sind. Von dem Mann herbeigerufen, habe ich selbst weiter gesehen:

Sultan hockt am Gitter, ein Rohr hält er hinaus, und auf der Spitze hängt lose das zweite weitere Rohr, gerade im Abfallen; es fällt wirklich, Sultan zieht es heran, schiebt sofort mit der größten Sicherheit das dünnere wieder hinein, so daß jenes einigermaßen fest darauf sitzt, und holt mit dem verlängerten Werkzeug eine Frucht heran. Das breitere Rohr ist jedoch etwas zu weit gewählt, und so fällt es in der Folge noch mehrmals von der Spitze des dünneren herunter; jedesmal setzt Sultan die Rohre sofort wieder zusammen, indem er links das breite auf sich zu, rechts etwas zurück das dünnere hält und dieses in jenes einführt … Das Verfahren scheint ihm außerordentlich zu gefallen; er macht einen sehr lebhaften Eindruck, zieht alle Früchte nacheinander ans Gitter, ohne sich zum Fressen Zeit zu nehmen, und holt, als ich dann den Doppelstock noch einmal auseinandernehme, mit den schnell wieder zusammengefügten Rohren ganz gleichgültige Gegenstände aus der Ferne an das Gitter heran."

aus: Köhler 1963, S. 91 f

In Köhlers Erklärung zu Verlauf und Ausgang des Experimentes ist zunächst einmal betont, daß Sultan intelligentes Verhalten zeigt, sofern man unter Intelligenz die Fähigkeit versteht, eine Schwierigkeit zu bewältigen. Um eine derartige Leistung zu erbringen, muß die Schwierigkeit als solche erfaßt sein und durch eine adäquate Auswahl aus bestehenden Handlungsmöglichkeiten erfolgreich angegangen werden. Beides trifft auf Sultan zu: Er erkannte die Notwendigkeit, eine räumliche Distanz mit Hilfsmitteln, mit ‚Werkzeugen' überbrücken zu müssen, um an den gewünschten Gegenstand heranzukommen, und es gelang ihm, die dazu geeigneten und zum Erfolg führenden Handlungsmittel zu finden und anzuwenden.

Allerdings – so Köhler – war Sultan zur Leistungserbringung erst in der Lage, als die Stöcke in optischer Passung zum möglichen Verwendungszweck standen. Man könnte sagen, Sultan benötigte in seinem Wahrnehmungsfeld auffindbare, in es integrierte Lösungshilfen.

Plessner, der schon erwähnte Philosoph und Anthropologe, führte Köhlers Einschränkung noch einen Schritt weiter. Zwar müsse man bei Sultan von intelligentem Verhalten sprechen, dies aber mit dem Hinweis versehen, daß Sultan nur schwer in der Lage ist, einzelne Gegebenheiten in seinem Wahrnehmungsfeld planmäßig so zueinander in Beziehung zu setzen, daß ein für die Lösung des Problems förderliches Gesamtbild entsteht. Man bezeichnet dieses Gesamtbild in der Kognitionspsychologie als ‚Gestalt' und kann daher sagen, bei Sultan sei eine **Gestaltschwäche** zu bemerken. Über das Experiment mit Sultan hinaus und durch es gestützt fragt Plessner generell, ob sie nicht als ein grundsätzlicher Mangel des tierischen Bewußtseins anzusehen sei.

In diesem Punkt schon anklingende gedanklich-intellektuelle Schwächen des Tieres gegenüber dem Menschen sieht Plessner – gestützt auf andere Experimente – mit Blick auf weitere kognitive Bereiche bestätigt. So z. B. haben Affen, die einen an der Decke des Käfigs hängenden Gegenstand erreichen wollten, Kisten, die ihnen als denkbare Hilfen verfügbar waren, an die Wand zu heften versucht. Sie hatten zwar richtig erfaßt, daß zwischen ihnen und dem

Gegenstand eine ‚Zwischenstufe' konstruiert werden mußte, verkannten aber völlig die Eigenschaften der Kiste als eines Körpers, der nur auf einer festen Unterlage stehen kann. Befand sich beim gleichen Experiment eine Leiter im Käfig, die aber flach an dessen Wand angelehnt stand, haben die Tiere sie nicht als Möglichkeit wahrgenommen, mit ihrer Hilfe die erforderliche ‚Zwischenstufe' herstellen zu können. Ähnlich ratlos sind Tiere, wenn sie vor Hindernissen stehen, die nur durch Wegräumen überwunden werden können. Zwar zeigen sie einiges Geschick darin, ein Hindernis positiv in die Feldstruktur einzubeziehen und es zu umgehen, zu überspringen u. a. Sie sind jedoch kaum in der Lage, die Schwierigkeit zu bewältigen, indem das Hindernis beseitigt wird. PLESSNER folgert daraus: „Dem intelligentesten Lebewesen in der Tierreihe, dem menschenähnlichsten, fehlt der Sinn für's Negative. Dies ist das sichere Ergebnis der Untersuchungen Köhlers, der gewiß nicht gegen tierische Intelligenz und für einen unüberbrückbaren Wesensunterschied von Mensch und Tier voreingenommen war" (PLESSNER 1975, S. 270). Dem Tier fehlt damit die fundamentale Voraussetzung zur Begriffsbildung, nämlich jene ‚scharfbegrenzte Leere', die den Rahmen abgibt, in den die Fülle konkret-sinnlicher Einzelgestalten hineinpaßt. Das Tier ist zwar fähig zur sinnlichen Abstraktion und es ist fähig, Anschauungen des Runden, das Spitzen, Viereckigen zu bilden, aber sie bleiben eingebunden in die Struktur des jeweils vorliegenden Gesamtfeldes. Man kann folglich sagen, *daß das Tier fähig ist zur Einsicht in Feldverhalte, aber nicht zu der in Sachverhalte,* d. h. in Zusammenhänge, die vom konkreten Fall, von einem bestimmten Wahrnehmungsfeld und -kontext gelöst sind und als Dinge unabhängig von einer solchen Einbindung betrachtet werden.

Trotz aller Einschränkungen konnten bei Sultan rudimentäre Formen intellektuellen Verhaltens und elementarer Denkleistungen nachgewiesen werden. Damit ist in diesem Bereich die Diskrepanz zwischen Mensch und Tier zumindest gemildert. Bleibt die Frage, ob nicht die Sprachfähigkeit eine derart genuine menschliche Eigenschaft ist, daß hier die eigentliche Differenz zwischen Mensch und Tier besteht.

Allerdings wird auch diese Annahme erschüttert angesichts der recht beeindruckenden Leistungen des Schimpansenweibchens Washoe, das nach entsprechenden Experimenten des Ehepaars GARDNER in der Lage war, sprachlich zu kommunizieren.

Die GARDNERS brachten Washoe in einer 22 Monate dauernden Lern- und Übungsphase Elemente der (amerikanischen) Taubstummensprache bei. Das Tier beherrschte nach dieser Zeit ca. 30 Gesten, die es dem jeweiligen Sprachzeichen eindeutig und fehlerfrei zuordnen konnte. Nach drei Jahren verfügte es über 85 Gesten bzw. Worte.

(2) Tableau: *Gesten und Wortbedeutung von Washoe*

Zeichen	Beschreibung	Kontext
Komm – gib (come – give)	Bettelbewegung mit ausgestreckter, nach oben geöffneter Hand und Bewegung von Handgelenk und Fingerknöcheln (natürliche Spontangeste der Schimpansen)	Angewandt auf Personen, Tiere, Objekte außerhalb Reichweite. Oft kombiniert mit »Komm kitzeln«
Mehr (more)	Fingerspitzen zusammenbringen, gewöhnlich über dem Kopf	Wunsch nach Fortsetzung oder Wiederholung von Tätigkeiten wie Schaukeln oder Kitzeln; mehr Essen; mehr Saltos usw.
Auf–aufwärts (up)	Arm aufwärts, auch mit gestrecktem Zeigefinger	Will hochgehoben werden, um etwas, z. Trauben oder Blätter, zu erreichen; möchte auf die Schulter gehoben werden; möchte den Topf verlassen
Süß (sweet)	Zeige- oder Zeige- und Mittelfinger berühren die wackelnde Zungenspitze	Für Nachtisch, spontan am Ende der Mahlzeit. Auch für Bonbons
Offen – öffnen (open)	Handflächen nebeneinander nach unten, dann Handflächen nach oben rotiert	Öffnen von Türen (Haus, Zimmer, Auto, Kühlschrank, Wandbord), Gefäßen, Wasserhähnen
Kitzeln (tickle)	Zeigefinger einer Hand über Handrücken des anderen streichen	Für Gekitzeltwerden und Kriegenspielen

aus: Eibl-Eibesfeldt 1986, S. 218

Allein der Hinweis auf den von Washoe angeeigneten Vorrat würde nicht ausreichen, von einer Fähigkeit zur Kommunikation zu sprechen. Dazu ist erforderlich, daß das Tier in spezifischen Situationen seine konkreten Absichten und Wünsche äußert oder Ereignisse benennt. Und erst recht kann man von Kommunikation dann sprechen, wenn A und B, der Verhaltensforscher und das Tier, in einen Dialog eintreten. Nach den Schilderungen Gardners hat Washoe beide Leistungen ebenfalls erbracht. Wollte sie aus dem Garten gehen, ‚sagte‘ sie ‚open door‘, wollte sie weiter gekitzelt werden, ‚sagte‘ sie ‚more tickle‘, um das Tor zu einem Blumengarten geöffnet zu bekommen, ‚sagte‘ sie ‚open flower‘ (vgl. Gardner/Gardner 1969, S. 666).

Auch zu einfachen Dialogen war Washoe fähig, wie das folgende Beispiel zeigt:

Washoe: Please
Person: What do you want?
Washoe: out

Washoe: come
Person: What do you want?
Washoe: open

Washoe: more
Person: What more?
Washoe: tickle

Washoe: out out
Person: Who out?
Washoe: you
Person: Who more
Washoe: me

nach: EIBL-EIBESFELDT 1986, S. 222

Denkbar wäre gegenüber diesem Experimentbericht der Einwand, Washoe habe vermutlich vom Experimentator unbewußt gesendete Körpersignale aufgenommen, um das jeweils richtige Wort oder die richtige Antwort zu finden. Diesem Einwand wurde mit einem sogenannten *Doppelblindversuch* begegnet. Ein Experimentator, der hinter einem Vorhang saß und den Washoe nicht sehen konnte, zeigte Dias mit solchen Szenen, die Washoe benennen konnte (z. B. Robert kitzelt – Washoe sagt beim Sehen des Bildes ‚Robert tickle‘). Des weiteren war bei diesem Experiment ein unabhängiger Beobachter so plaziert, daß er zwar Washoe, aber nicht die Dias sehen konnte. Bei jedem Bild, das Washoe sah, notierte der Beobachter Washoes Taubstummengeste, d. h. er notierte, was Washoe ihm über das Bild bzw. die dargestellte Szene sagte. So läßt sich anschließend prüfen, ob Washoe – unbeeinflußt von ihrem Lehrer, angeregt nur von der dargestellten Situation – in der Lage war, einen Dritten ‚sprachlich‘ zu informieren, was sie tatsächlich tat.

Wie ist nun mit diesen Experimentbefunden umzugehen? Ist Washoes Leistung menschlichem Sprachvermögen gleichzusetzen – etwa, was Syntax und Umfang des Vokabulars anbelangt, einer frühkindlichen Sprachleistung?

In der Tat gibt es weitgehende Parallelen, etwa die Setzung von Subjekt und Prädikat, die sprachliche Verknüpfung von Handeln und Wirkung, die von Wunsch und Aufforderung. Andererseits ist aber auch auf Einschränkungen hinzuweisen, etwa auf die Tatsache, daß Washoe nicht über artikulierte Sprache verfügt, die Mitteilungen eng an die Situation (sympraktisch) gebunden und die syntaktischen Strukturen recht rudimentär sind (so verfügt Washoe beispielsweise nicht über die Konjunktivform).

Grundsätzlich betrachtet:
Menschliche Sprache ist gekennzeichnet durch Stimmlaute, die
– artikuliert sind,
– eine konventionelle Bedeutung haben,
– etwas bezeichnen,
– in einer Intention geäußert werden (z. B. als Mitteilung, Aufforderung, Darstellung),
– in vielfältigen Kombinationen verknüpfbar sind.

Bezogen auf diese Merkmale stellt sich tierische Sprache als wesentlich eingeschränkt dar:
– *„Stimme:* Die überwiegende Mehrheit der Tiere – einschließlich der meisten Wirbeltiere – ist stumm.
– *Artikulation:* Silben werden zusammengefügt. Das ist unmöglich, wenn die Laute durch andere Organe als durch den Mund hervorgebracht werden. Bei den höheren Tieren, die Stimme besitzen, gibt es im allgemeinen keine Verknüpfung von Silben. Nur die Menschen verbinden Silben zu Wörtern.
– *Konventionelle Bedeutung:* Es gibt, mit wenigen Ausnahmen, keine direkte Beziehung zwischen der Bedeutung und der Beschaffenheit des Lautes. Sogar bei den höheren Tieren sind die Laute angeboren und typisch für die gesamte Spezies.
– *Bezeichnung:* Mit Hilfe der konventionellen Bedeutung wird es möglich, etwas – ein Objekt, eine Situation und so weiter – zu bezeichnen. Bei Tieren benennen Laute nicht Objekte oder Situationen, sondern drücken ‚Empfindungen' und ‚Gefühle' aus.
– *Intention:* Tierlaute werden in der Regel ohne Bezugnahme auf andere Lebewesen geäußert. Obwohl nicht in der Absicht hervorgebracht, andere zu beeinflussen, können diese Laute bei anderen Tieren Reaktionen hervorrufen.
– *Verknüpfung zu neuen Kombinationen:* Die Verbindung von Wörtern zu Sätzen kommt bei Tieren nicht vor; das vermag nur der Mensch.“
aus: Lindesmith/Strauss 1974, S. 118/119; die Zahlen im Original wurden durch einen Spiegelstrich ersetzt.

Zusammenfassung

Die **Pädagogische Anthropologie** stellt die Frage nach der Erziehungsfähigkeit und -bedürftigkeit des Menschen: Wieso *kann* und *muß* der Mensch erzogen werden?

Da der Mensch im Vergleich zum Tier *nicht-festgestellt,* sondern **weltoffen** ist, da er organisch betrachtet ein **Mängelwesen** und damit in seiner physischen Existenz hochgradig *gefährdet* ist, da der Mensch biologisch betrachtet als ‚**sekundärer Nesthocker**' bezeichnet werden kann, muß er hinsichtlich seiner gattungsmäßigen Existenz zwar als unfertig, aber zugleich auch in seinen Konstitutionsbedingungen als formbar angesehen werden.

Der Mensch *kann* also erzogen werden, da er nicht schon ‚fertig' zur Welt kommt, er *muß* erzogen werden, da er nur so seine gattungsmäßige Existenzform erreicht und nur so existenzfähig wird.

Dabei richtet sich, anthropologisch gesehen, die Erziehungsaufgabe auf die *Handlungsfähigkeit* des Menschen mittels *Sinn* und *Sprache*. Der Mensch setzt sich handelnd mit der Welt auseinander, im Handeln gleicht er seine Gefährdung aus, sofern er nämlich in der Lage ist, Welt in **Symbolsystemen** (Sprache) über Sinn zu begreifen, zu ordnen und zu bearbeiten. Tiere sind zwar ebenfalls zu intelligenter Leistung und Sprachverhalten fähig, aber diese Kompetenzen bleiben **sympraktisch** gebunden.

1.1.4 Lerntafel

Grundfrage:
Wieso *kann* und *muß* der Mensch erzogen werden?
Antwort:
Da der Mensch ein **Mängelwesen** und zum **Handeln** befähigt ist.
Er ist nicht-festgestellt, er steht nicht in festen Instinkt–Umwelt–Bezügen, sondern kann aufgrund seiner Vernünftigkeit ‚Welt‘ entwerfen.

Folgen:
Gefährdung seiner Existenz, aber auch
Chance, seine Existenzformen selbst zu gestalten.

Voraussetzung hierfür ist **Erziehung**:
Um eine ihm gemäße Existenzform zu erlangen, *muß* der Mensch erzogen werden;
weil er keine festen Reaktionsformen mitbringt, weil er also weltoffen ist, *kann* er überhaupt erzogen werden.

Worauf ist Erziehung anthropologisch gesehen ausgerichtet?
– Auf die *Handlungsfähigkeit* des Menschen.
Denn: Der Mensch bewältigt Welt nicht aufgrund von Instinkten, sondern *handelnd*, d. h. mittels *Sinn*, den er in **Symbolsystemen** (Sprache) zur Verfügung hat und weitergeben kann.

1.2 Strukturmomente erzieherischen Handelns

Im ersten Kapitel über die anthropologischen Grundlagen der Erziehung ging es um die Frage: Wieso ist Erziehung möglich und nötig?
  Geht man einen Schritt weiter, so will man Aufschluß über die Frage erhalten:
  Was ist Erziehung?
  Wodurch ist sie gekennzeichnet? Was sind wesentliche Aspekte an diesem Handlungstyp?

Diese globalen Fragen machen zu ihrer Beantwortung einen Zwischenschritt notwendig. Denn bevor geklärt werden kann, was Erziehung ist, muß man sich über den Weg Klarheit verschaffen, auf dem man zum Ziel gelangen will. Es ist weiter zu überlegen, ob es überhaupt *das* pädagogische Handeln gibt oder ob es sich hierbei nicht um jeweils ganz unterschiedliche, nicht vergleichbare Einzelhandlungen handelt.

Vergegenwärtigt man sich einzelne Situationen, die man vom Alltagsverständnis her als erzieherisch ansieht – beispielsweise die Verbesserung einer Schülerantwort durch den Lehrer, die Ermahnung einer Mutter, die Kontrolle der Hausaufgaben durch den Vater, die Diskussion mit Erwachsenen in einem Volkshochschulkurs – so haben sie auf den ersten Blick wenig miteinander zu tun. Sie laufen in unterschiedlichen Institutionen ab: in der Schule, Familie, Volkshochschule; die Handlungsträger sind jeweils andere: Lehrer, Mutter, Vater, Dozent, und die Vorgänge sind verschieden: verbessern, ermahnen, kontrollieren, diskutieren.

Läßt man aber diese Besonderheiten einmal beiseite und versucht, das Charakteristische bzw. das Gemeinsame dieser Situationen zu erfassen, so wird man sie dem gleichen Handlungstyp, dem der **Erziehung**, zuordnen können.

Wie geht man hierbei vor? – Man sondert aus der Vielzahl der einzelnen Handlungen das Zufällige, Einmalige, Nebensächliche (*Akzidentelle*) ab und konzentriert sich auf das Wesentliche; man reduziert die konkrete Situation so weit, bis dieses Wesentliche, das *Strukturelle* sichtbar wird. Dieses Verfahren nennt man *phänomenologische Reduktion,* und es soll auch für uns als Vorgehensweise bei der Analyse des folgenden Beispiels dienen.

Das Beispiel ist dem ‚Emile‘, einem Erziehungsroman von Rousseau entnommen. Der junge Emile, der von Jean-Jacques erzogen wird, ist inzwischen etwa 12–13 Jahre alt. Für Rousseau drängt nun nach der Erziehung des Körpers, der Sinne und Kräfte die des Verstandes in den Vordergrund: nicht jedoch weil der Erzieher meint, so solle es sein, sondern weil es in der Entwicklung der menschlichen Natur liegt. Das Prinzip dieser Phase, der Jugend, ist die Neugier, die Freude an der Entdeckung der näheren und weiteren Umgebung. Auf dem Erziehungsplan für Emile stehen daher geographische, physikalische, astronomische, also naturkundliche Studien. Im Anschluß an ein Lehrgespräch über den Lauf der Sonne und die Möglichkeiten, sich zu orientieren, stellt Emile – uninteressiert am bloßen Vortrag des Erziehers – die ihn in seinem Alter allein bewegende Frage: „Wozu ist das alles gut?"

„Wir stellten gerade die Position des Waldes nördlich von Montmorency fest, als er mich wieder mit der Frage belästigte: *Wozu ist das gut?* Du hast recht, sagte ich, wir wollen in Ruhe darüber nachdenken, und wenn wir das als nutzlose Anstrengung erkennen, werden wir nicht mehr darauf zurückkommen, wir haben noch genug anderen nützlichen Zeitvertreib. Dann beschäftigen wir uns mit etwas anderem, und für den Rest des Tages wird von Geographie nicht mehr gesprochen.

Am nächsten Morgen schlage ich ihm einen Spaziergang vor dem Mittagessen vor – nichts ist ihm lieber als das. Kinder sind jederzeit bereit, zu laufen, und dieses hier hat gute Beine. Wir steigen zum Wald hinauf, laufen kreuz und quer durch die Champeaux, verirren uns und wissen nicht mehr, wo wir sind; als wir umkehren wollen, finden wir den Weg nicht mehr. Die Zeit vergeht, es wird heiß, wir haben Hunger; wir beeilen uns, wir irren vergeblich bald in die eine, bald in die andere Richtung, nirgends sehen wir etwas anderes als Wald, Steinbrüche, ebene Flächen – nichts, woran wir uns orientieren könnten. Völlig erhitzt, erschöpft und ausgehungert verlaufen wir uns immer mehr. Schließlich setzen wir uns hin, um uns auszuruhen und Rat zu halten. Emile, den ich mir wie jedes andere Kind erzogen vorstelle, überlegt nicht, er weint; er weiß nicht, daß wir dicht vor Montmorency sind, daß bloß ein Dickicht es uns verbirgt; aber dieses Dickicht ist für ihn ein Wald, ein so kleiner Mensch wie er fühlt sich schon in einem Gebüsch wie im tiefsten Grab.

Nach ein paar Augenblicken des Stillschweigens sage ich mit beunruhigter Miene: Was sollen wir machen, um hier herauszukommen, Emile?

Emile. *(schweißtriefend unter heißen Tränen)*. Ich weiß nicht. Ich bin so müde; ich habe Hunger; ich habe Durst; ich kann nicht mehr.

Jean-Jacques. Glaubst du, mir ginge es besser als dir? und denkst du, ich möchte nicht auch nach Herzenslust weinen, wenn meine Tränen mir mein Mittagessen ersetzen könnten? Es hat keinen Zweck zu weinen, wir müssen uns zurechtfinden. Sieh auf deine Uhr; wie spät ist es?

Emile. Es ist Mittag, und ich habe noch nichts gegessen.

Jean-Jacques. Richtig, es ist Mittag, und ich habe noch nichts gegessen.

Emile. Ach, was für einen Hunger Sie haben müssen!

Jean-Jacques. Das Unglück ist, daß mein Mittagessen mir nicht hierher nachläuft. Jetzt ist es zwölf Uhr, genau die Zeit, wo wir gestern von Montmorency aus die Lage des Waldes feststellten. Wenn wir doch genauso vom Wald aus die Lage von Montmorency feststellen könnten! ...

Emile. Ja; aber gestern haben wir den Wald gesehn, und von hier aus können wir die Stadt nicht sehn.

Jean-Jacques. Das ist ja das Schlimme ... Wenn wir nur ihre Lage feststellen könnten, ohne sie selbst zu sehen! ...

Emile. Oh! Liebster Freund!

Jean-Jacques. Sagten wir nicht, daß der Wald ...

Emile. ... nördlich von Montmorency läge.

Jean-Jacques. Also muß Montmorency ...

Emile. ... südlich des Waldes liegen.

Jean-Jacques. Wir haben doch zur Mittagszeit ein Mittel, um Norden festzustellen?

Emile. Ja, durch die Richtung des Schattens.

Jean-Jacques. Aber den Süden?

Emile. Ja, wie macht man das?

Jean-Jacques. Der Süden liegt genau dem Norden gegenüber.

Emile. Das stimmt; man braucht nur die dem Schatten gegenüberliegende Seite zu suchen. Oh! Da, da ist Süden! Bestimmt liegt Montmorency auf der Seite dort.

Jean-Jacques. Da kannst du recht haben-gehen wir doch diesen Pfad durch den Wald hinunter.

Emile. *(klatscht in die Hände und stößt einen Freudenschrei aus).* Ah! Ich sehe Montmorency! Da, direkt vor uns liegt es. Gehen wir essen, laufen wir, rasch – die Astronomie ist doch zu etwas gut.

Merkt euch, daß, wenn er diesen letzten Satz auch nicht ausspricht, er ihn doch denken wird. Das macht nichts, wenn nur nicht ich es bin, der ihn sagt. Ihr könnt sicher sein, daß er die Lehre dieses Tages zeit seines Lebens nicht mehr vergessen wird, während ein Vortrag, der ihm das alles in seinem Zimmer nur in der Vorstellung gegeben hätte, schon am nächsten Tag vergessen gewesen wäre. Soweit eben möglich soll man durch Handlungen reden und nichts sagen, was man nicht in die Tat umsetzen könnte."

aus: Rousseau 1965, S. 382–384

(a) Die Schilderung der Situation bei Rousseau ist gleichsam eingerahmt von der leitenden Frage, unter der das ganze Unternehmen steht: Wozu ist das gut? Der Spaziergang, die Verirrung der beiden dient letztlich dem Ziel, Emile den Zweck der Astronomie einsichtig werden zu lassen. Erzieher und Zögling stehen also in einem **Interaktionsverhältnis**, das **zielgerichtet (intentional)** ist. Die Zieldimension dieses pädagogischen Handelns ist allerdings etwas vielschichtiger, als es zunächst scheinen mag: vordergründig geht es sicherlich um das Ziel, die Nützlichkeit astronomischen Wissens zu belegen. So betrachtet, handelt es sich darum, eine bestimmte Einsicht bei Emile zu erreichen. Von der Struktur der Situation her wird aber noch ein anderes Ziel mitgetragen, nämlich die Fähigkeit, Probleme durch Anwendung von Regeln oder Gesetzen zu lösen, was wiederum einiges an konkretem Wissenserwerb voraussetzt.

Die Stellung der beiden Interaktionspartner kann als ungleich angesehen werden. Sie beruht auf unterschiedlichen Gegebenheiten, etwa dem umfangreicheren Wissen des Jean-Jacques, seiner größeren Erfahrung und Umsicht, also auf einem im Einzelfall noch genauer zu bestimmenden *Wissens-, Erfahrungs- und Verantwortungsgefälle* zwischen beiden. Diese Differenz setzt sich aber nicht in ein direktes Herrschafts- und Befehlsverhältnis um: Der eine ordnet an, der andere gehorcht. Eher tendiert sie zu einem Ausgleich, zu einer partnerschaftlichen Beziehung, bei der Jean-Jacques die Situation und ihre Gefährdung zumindest aus Emiles Perspektive mit ihm teilt, ihm hilft, ihn als Freund ansieht. Dies wird denn auch in der zentralen Phase der Szene, bei der Problemlösung vor allem auf der sprachlichen Ebene deutlich. Zwar ist Jean-Jacques die aktivere Person, er ordnet mit seinen Fragen die Suche nach der Lösung; er tut dies aber nicht etwa, um sich in seiner überlegeneren Rolle bestätigt zu sehen, sondern um Emile auf den Sprung zu helfen, selber die Lösung zu finden. Denkt man dies mit den Intentionen des ganzen Unterfangens zusammen, ergibt sich folgendes Bild:

Eine ‚überlegenere' Person setzt ihren Wissens-, Erfahrungs- und Verantwortungsvorsprung ein, um dem anderen aus seiner ‚unterlegenen' Stellung herauszuhelfen; sie setzt ihn ein, um den anderen am Wissen partizipieren zu lassen, um ihm selbständiges Urteil und Erfahrungsgewinn zu ermöglichen. Im

Grunde tendiert der Erzieher dazu, das ungleichgewichtige Verhältnis zwischen beiden auszugleichen. In einer gebräuchlicheren Formulierung ausgedrückt: *Das erzieherische Verhältnis hat von seiner gesamten intentionalen Struktur her die Tendenz, sich selbst aufzuheben.*

(b) Die Realisierung dieser Ziele wird aber nicht dem Zufall überlassen. Vielmehr wird der Weg dorthin hinsichtlich der erforderlichen **Lernprozesse geplant**, indem eine entsprechende Situation arrangiert wird.

In diesem Fall ist sie vom Erzieher aus der überlegeneren Position des Wissenden dem nichtwissenden oder uneinsichtigen Schüler gegenüber bewußt herbeigeführt. Dabei hat der Erzieher versucht, wichtige Lernbedingungen zu nutzen: etwa die, daß Emile umso interessierter bei der Sache ist, je eher Lernen und Tun miteinander verbunden sind; oder auch die, daß ernsthafter Situationsdruck die Bereitschaft erhöht, sich mit dem Problem auseinanderzusetzen.

Ins Prinzipielle erhoben kann man sagen: *Pädagogische Situationen werden arrangiert*, werden methodisch konzipiert, wobei die Lernbedingungen des Adressaten, die Lernumstände, das Anregungspotential der Situation, Lernhilfen etc. mitüberlegt werden.

(c) Wenn man von Erzieher und Lernendem spricht, so geht es bei unserer Szene um Jean-Jacques und Emile, um bestimmte Personen, die eine typische Rolle übernommen haben: die Lehrer- bzw. Erzieherrolle einerseits, die des Lernenden oder zu Erziehenden andererseits. Wie nun diese Rollen genau aussehen, welche Rechte und Pflichten jeder hat, in welchem Rollengefüge die Personen stehen, wie sie zu ihren Rollen kommen, all dies hängt vom *jeweiligen Charakter der* **Institution** *‚Erziehung'* ab.

So sind die Rollen von Erzieher und Lernendem beispielsweise auch dadurch bestimmt, ob sie sich in einer Pflichtschule oder in einem privaten Internat befinden, ob die entsprechende Bildungsinstitution staatlich getragen oder von freien Verbänden unterhalten wird; wesentlich für die Definition der Rollen ist auch die Frage, welchen Einfluß Eltern, Öffentlichkeit, Bürokratie auf die Institution haben, wie also das Rollengefüge beschaffen ist.

(d) Die je bestimmte Ausprägung der Institution ‚Erziehung' ist wiederum nur faßbar aus ihrer Einlagerung in dem umfassenden **gesellschaftlich-politischen Kontext** ihrer Zeit.

Ob also der Lehrer ein privater Hauslehrer oder ein vom Staat bestallter Beamter ist, ob er eine gute Allgemeinbildung oder bloß das Spezialwissen für ein bestimmtes Fach besitzt, ob er aufgrund eines guten Leumunds oder einer staatlich anerkannten Prüfung zur Anstellung gekommen ist, all dies verweist auf die historisch-gesellschaftliche Situation, in der Erziehung stattfindet. Dies sieht, auf unser Beispiel bezogen, im Frankreich des 18. Jahrhunderts anders aus als in der Bundesrepublik von heute.

So ist beispielsweise eine Einrichtung wie die des Hauslehrers auch zu sehen in Verbindung mit dem priviligierten politischen und ökonomischen Status entsprechender Sozialschichten im Zeitalter des Absolutismus bzw. des Ancien Régime.

(e) Schließlich ist auch noch hervorzuheben, daß die Ziele des erzieherischen Handelns, in unserem Beispiel das der Problemlösungsfähigkeit oder das der Einsicht in den Zweck der Astronomie, nicht unmittelbar, sondern indirekt über die Auseinandersetzung mit einem **Inhalt**, mit einem Gegenstand erreicht werden. In unserem Fall sind es astronomische ‚Gegenstände': die Sonne, die Himmelsrichtungen, die Tageszeit. Der Bezug zu einem Gegenstand, einem Inhalt ist also ebenfalls wesentlich für die Interaktion zwischen beiden. Verallgemeinert heißt das: ein weiterer wichtiger Faktor erzieherischen Handelns ist der Bezug auf einen Gegenstand oder einen Inhalt, der eine doppelte Funktion hat: Er ist einmal *Selbstzweck* – es geht hier um Einsichten in die Astronomie; er ist aber zugleich auch *Mittel zum Zweck* – das Wissen um astronomische Regeln und Gesetze ist Mittel zum Zweck des Erwerbs von Problemlösungskapazität für den Lernenden und damit verbunden Mittel zur Einsicht in die Nützlichkeit astronomischen bzw. noch allgemeiner naturkundlichen Wissens.

Erzieherisches Handeln ist durch folgende Merkmale gekennzeichnet:

(a) Die Interaktion von Lernendem und Lehrendem ist intentional (zielgerichtet), wobei das Erziehungsgeschehen von seiner intentionalen Struktur her letztendlich darauf angelegt ist, sich selbst aufzuheben.

(b) Die Ziele werden im Rahmen von Lernprozessen realisiert, die auf die Lernbedingungen des Adressaten hin methodisch arrangiert sind und bei denen Wissen über den Ablauf von Lernvorgängen zur Anwendung gelangt.

(c) Erzieher und Lernender treten einander auch als Träger von spezifischen Rollen gegenüber, deren Rollenmerkmale sich aus dem jeweiligen Charakter der Institutionen ‚Erziehung' ergeben.

(d) Die gesamte Interaktion, einschließlich des Rollenverhaltens und der intentionalen Dimension, ist in den umfassenden geschichtlich-gesellschaftlichen Kontext einbezogen. Sie ist damit auch in ihren Teilaspekten von den sozialen, ökonomischen und politischen Bedingungen ihrer Zeit geprägt.

(e) Die Zielverwirklichung erfolgt indirekt, d. h. in der Auseinandersetzung mit einem Gegenstand (Lerninhalt).

Graphisch kann der Zusammenhang der einzelnen Strukturmerkmale folgendermaßen dargestellt werden:

(3) Strukturbild: *Strukturmomente erzieherischen Handelns*

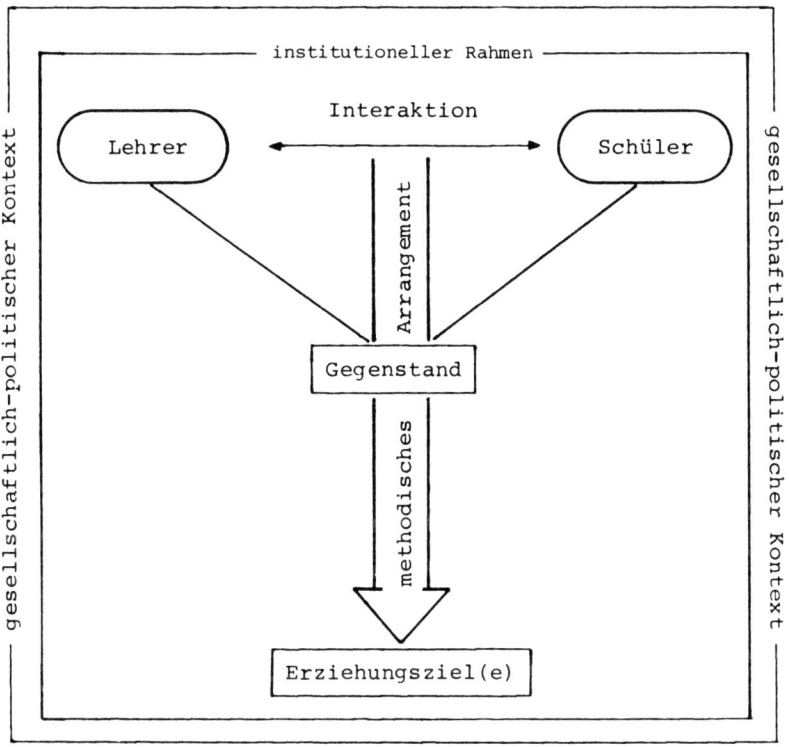

Mit den Strukturmomenten sind grob die wichtigsten Dimensionen am Erziehungshandeln festgehalten. Da Pädagogik als Wissenschaft sich letztlich auf das Phänomen der Erziehung richtet und seine einzelnen Dimensionen, d. h. seine Strukturmomente theoretisch aufarbeitet, ist hiermit auch die weitere Kapitelfolge des Studienbuches festgelegt.

Erziehung ist
– intentionales Geschehen:
 Aufarbeitung des Zielaspektes in Kap. 2.

– in seinem Ablauf von Lernprozessen geprägt:
 Überblick über die wichtigsten Lerntheorien in Kap. 3.

– soziale Interaktion von Rollenträgern im Rahmen einer bestimmten Institution:
Aspekte schulischer Sozialisation und Interaktion in Kap. 4.

– in einen größeren gesellschaftlichen Rahmen einbezogen und steht mit anderen Bereichen in Verbindung:
Betrachtung der institutionell-gesellschaftlichen Stellung von Erziehung und Bildung in Kap. 5.

– in seiner didaktisch-methodischen Dimension auf die Auswahl von Inhalten und die Auseinandersetzung mit ihnen gerichtet:
Überlegungen zur didaktisch-methodischen und curricularen Fragestellung in Kap. 6.

– und schließlich als Wissenschaft auch daran interessiert, sich über ihr eigenes Vorgehen, ihre Voraussetzungen, ihren Zweck Klarheit zu verschaffen:
Daher gehört zu diesem Studienbuch auch die wissenschaftstheoretische Reflexion in Kap. 7.

1.3 Literatur

Zur Anthropologie:

ARISTOTELES, Nikomachische Ethik, dtv text-bibliothek, München 1975
*P. L. BERGER / TH. LUCKMANN, Die gesellschaftliche Konstruktion der Wirklichkeit, Frankfurt/Main [12]1995
J. EIBL-EIBESFELDT, Grundriß der vergleichenden Verhaltensforschung – Ethologie, 7. vollst. durchges. u. erw. Aufl., München, Zürich 1986
R. A. GARDNER/B. T. GARDNER, Teaching Sign Language to a Chimpanzee, in: Science, 1969, Vol. 165, No. 3894, S. 664–672
*A. GEHLEN, Der Mensch. Seine Natur und seine Stellung in der Welt, Frankfurt/Main [13]1987
*ders., Anthropologische Forschung, Reinbek 1967
J. G. HERDER, Abhandlung über den Ursprung der Sprache (1772), in: Sämtliche Werke V, hrsg. v. B. SUPHAN, Hildesheim 1967
W. KÖHLER, Intelligenzprüfung an Menschenaffen, Berlin 1963
A. LINDESMITH/A. STRAUSS, Symbolische Bedingungen der Sozialisation I, Düsseldorf 1974
TH. LITT, Mensch und Welt, Heidelberg [2]1961
K. MARX, Die Frühschriften, hrsg. v. S. LANDSHUT, Stuttgart 1968
H. PLESSNER, Die Stufen des Organischen und der Mensch, Berlin 1965
*A. PORTMANN, Biologische Fragmente zu einer Lehre vom Menschen, Basel 1951
M. SCHELER, Die Stellung des Menschen im Kosmos, München 1947
J. B. VON UEXKÜLL, Bausteine zu einer biologischen Weltanschauung, München 1913

Überblicksliteratur

H. ZDARZIL, Pädagogische Anthropologie, Graz, Wien, Köln 1978

Zu den Strukturmomenten erzieherischen Handelns:

FUNK-KOLLEG Erziehungswissenschaft, Band 1, Das pädagogische Verhältnis
(W. KLAFKI), S. 55 ff, Frankfurt 1971
J.-J. ROUSSEAU, Emile oder über die Erziehung, hrsg. v. M. RANG, Stuttgart 1965 (Reclam-
Ausgabe)

Überblicksliteratur

N. KLUGE (Hrsg.), Das pädagogische Verhältnis, Darmstadt 1973

2. Erziehungsziele

In der Emile-Szene wurde die intentionale Struktur des Erziehungsvorgangs erst in Umrissen deutlich. Nun soll genauer herausgearbeitet werden, welche Aufgabe Ziele beim Erziehungshandeln erfüllen, wo sie herkommen und wie sie konkret angestrebt werden (2.1), warum sie Wandlungen unterliegen (2.2), wieso sie umstritten sind, wie sie legitimiert werden (2.3) und in welcher Beziehung sie zum Bildungsbegriff stehen (2.4).

2.1 Funktion von Erziehungszielen

Wir wollen ein Beispiel anführen, das den *Zielbezug des Erziehungshandelns* klarer zur Sprache bringt, als die Emile-Szene dies leistet.

Bei den Manus, einem Lagunenstamm in Neuguinea „wo Besitz als heilig gilt und man um verlorene Dinge jammert wie um einen Toten, wird den Kindern Respekt vor dem Besitz von den ersten Jahren an beigebracht. Ehe sie noch laufen können, werden sie getadelt und bestraft, wenn sie irgend etwas anfassen, was ihnen nicht gehört.

Ein Kleinkind ist brav, wenn es niemals etwas anfaßt; ein größeres Kind ist brav, wenn es niemals etwas anfaßt und niemals etwas verlangt, das ihm nicht gehört. Das ist das einzige, was an sittlichem Verhalten von den Kindern gefordert wird.

Jedes Zerbrechen von Sachen, jede Unachtsamkeit wird bestraft. Die Eltern gehen nicht das eine Mal über das Zerbrechen eines Topfes hinweg, weil er bereits einen Sprung gehabt hat, und bekommen das andere Mal einen Wutanfall, weil ein unbeschädigter Topf zerbrochen wurde – so wie amerikanische Eltern dem Kind erlauben, einen Kalender oder das Telefonbuch zu zerreißen, und sich dann wundern, warum es nicht versteht, daß es die Familienbibel nicht zerreißen darf. Einen Fischschwanz, ein Stückchen Taro, eine halbverfaulte Betelnuß darf man sich ebensowenig ungestraft aneignen wie eine Schüssel Festmahlzeit. Mit gleicher Unerbittlichkeit werden Diebstähle untersucht. Von der kleinen zwölfjährigen Mentun hieß es, sie sei eine Diebin, und manchmal wurde sie deshalb von anderen Kindern verhöhnt. Warum? Sie war dabei beobachtet worden, wie sie auf dem Wasser schwimmende Gegenstände, etwas Eßbares, eine Banane, an sich nahm, die offenbar aus einem der nahegelegenen Häuser heruntergefallen waren. Solche Beute sich anzueignen, ohne vorher die Runde bei den etwaigen Eigentümern zu machen, wird als Diebstahl angesehen. Mentun mußte in den folgenden Monaten die größte Vorsicht walten lassen, wenn ihr nicht in aller Zukunft jedes Verschwinden einer Sache zur Last gelegt werden sollte."
aus: MEAD 1979, S. 35/36

Der Text stellt recht grundsätzlich die Erziehungssituation bei den Manus dar. Ähnlich wie auch schon bei der Emile-Szene können hier unterschiedliche Erziehungsziele festgestellt werden:
– nicht anfassen, was einem nicht gehört,

– achtsam sein im Umgang mit Gegenständen,
– den Besitz achten,
– bei gefundenen Dingen immer zuerst nachforschen, ob sie vielleicht jemand aus dem Dorf gehören.

Auffällig ist, daß diese Erziehungsziele – logisch betrachtet – nicht alle auf der gleichen Ebene stehen: einige sind *konkreter,* andere *abstrakt.* Das allgemeinste Ziel ist wohl das, den Besitz zu achten, konkreter sind dagegen die anderen Ziele (nichts anfassen, nachfragen, sorgsam mit Gegenständen umgehen). Die Frage muß nun sein, wie das Verhältnis beider Typen von Erziehungszielen – der abstrakten und der konkreten – genauer zu bestimmen ist, ob es strukturelle (wesentliche) Unterschiede zwischen ihnen gibt.

Die vielleicht wesentlichste Differenz zwischen beiden Zieltypen betrifft ihren *Realisierungsgrad.* Die konkreteren Ziele versucht man in Erziehungssituationen unmittelbar zu realisieren – etwa dadurch, daß bestimmte Situationen arrangiert sind und die entsprechenden Reaktionen des Kindes erwartet werden. So berichtete MEAD, daß dem Kind niemals leicht gemacht wurde,

„weniger von sich zu verlangen, als es geben kann. Nie werden Dinge, die das Kind nichts angehen, aus seiner Reichweite genommen. Die Mutter breitet ihre kleinen, hell schimmernden Perlen neben dem herumkriechenden Kind auf seiner Matte, in einer flachen Schale oder auf dem Boden aus, und dem Kind wird beigebracht, sie nicht zu berühren." (Bd. 2, S. 35).

Die Mutter bzw. die Eltern können in einer solchen Situation sehen, ob das Kind Gegenstände, die es nichts angehen, berührt oder nicht, ob es in einer anderen Situation nach dem Besitzer fragt oder nicht und ob es mit den Dingen, die zu nehmen es befugt ist, sorgsam umgeht oder nicht. Alle Einzelziele werden jedoch in einer letztlich anderen, umfassenderen Intention angestrebt: sie sollen zu einer *Haltung* führen, die den Besitz als heilig ansieht.

Wichtig ist die Differenz zwischen *Haltung* und *Verhaltensäußerung.* Bedeutsam für das gesellschaftliche Handeln ist letztlich die Haltung, die grundlegende, relativ konstante, in allen entsprechenden Situationen zum Tragen kommende *Einstellung* (habit, Handlungsmotivation) dem Besitz gegenüber. Sie kann aber nicht direkt, nicht unmittelbar, nicht durch bloß einmalige Belehrung vermittelt werden, sondern sie kann nur über einzelne Teilschritte, über einzelne Teilleistungen sukzessiv aufgebaut werden; sie drückt sich auch nicht unmittelbar aus, sondern wird in entsprechenden *Verhaltensweisen* manifest, von denen man auf die Haltung rückschließen kann.

In all den konkreten Erziehungszielen ist das allgemeine Ziel aber *präsent,* oder – was den gleichen Sachverhalt ausdrückt – alle Einzelziele sind an dem allgemeinen Ziel ausgerichtet, orientiert bzw.: *Das allgemeine Ziel reguliert die Einzelziele.* Das allgemeine Ziel ist Orientierungspunkt für die Einzelziele, kurz: es ist **regulatives Prinzip** des konkreten alltäglichen Erziehungshandelns.

Berücksichtigt man zudem noch, daß – auf einer niederen Ebene – die Erziehungsziele ihrerseits Orientierungspunkte sind, nämlich Zielpunkte für das aktuelle situationsspezifische Handeln, dann haben wir graphisch gesehen folgenden Zusammenhang vor uns:

(4) Strukturbild: *Funktion von Erziehungszielen*

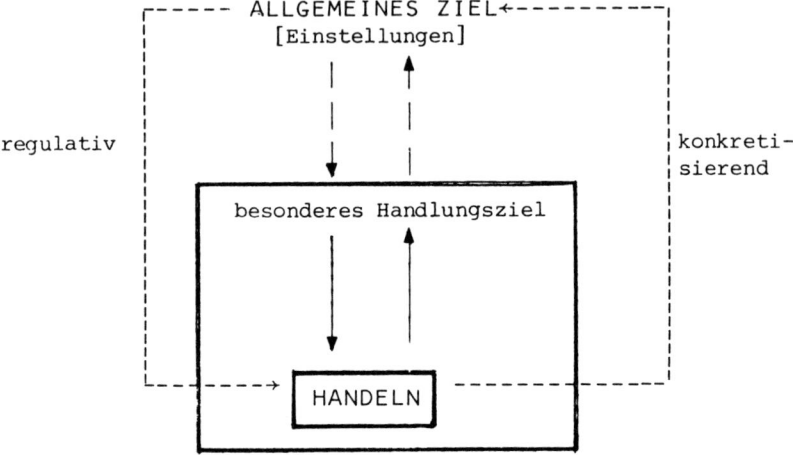

Die Handlung vollzieht sich im engen Verweis von *Handlungszielen* und *Handlungsausführungen*, wobei die Handlungsausführung die Realisation des Ziels darstellt. Intervenierend kommt zu diesem je umgrenzten Tun das allgemeine Ziel hinzu als *Richtschnur*, als genereller Bestimmungsgrund des konkreten Tuns. Die je spezifische Handlung ist so betrachtet die Konkretisierung des allgemeinen Ziels in besonderen Situationen oder: Das Handeln in der Situation ist an dem allgemeinen Ziel als seiner grundlegenden **Handlungsnorm** ausgerichtet.

Damit wäre eine weitere Bestimmung des Verhältnisses beider Zieltypen gewonnen. Das allgemeine Erziehungsziel hat die Funktion einer Handlungsnorm, die sich in einzelnen Teilgeboten und -verboten konkretisiert. Dem entspricht folgender Funktionszusammenhang, verdeutlicht am Beispiel der Manus:

Handlungsnorm: Der Besitz ist als heilig anzusehen oder:
Der Besitz ist heilig.

Handlungsgebote bzw. Mit Gegenständen soll man nicht u..acht-
Handlungsverbote: sam umgehen. Es dürfen keine Gegenstände
beschädigt werden. Man darf gefundene
Gegenstände nicht an sich nehmen, ohne
die Nachbarn zu fragen, ob sie vielleicht ihnen gehören.

Als Erziehungsziele formuliert:

Allgemeines Erziehungsziel: Das Kind soll lernen, den Besitz als
heilig anzusehen.

Teilziele: Das Kind soll fähig und bereit sein
- mit Gegenständen achtsam umzugehen,
- nicht unbefugt Gegenstände zu berühren,
- bei gefundenen Gegenständen die Nachbarn zu befragen, bevor es sich den Gegenstand aneignet.

Allerdings muß bei dem Beispiel der Gesellschaft von Manus die relativ einfache Sozialstruktur berücksichtigt werden. Sie ist einfach im Vergleich zu Gesellschaftsystemen:

– in denen kein unbefragt geltender *Konsens über die obersten Handlungsnormen* (und damit über die Erziehungsziele) besteht;

– bei denen sich vielfältige *Subsysteme* entwickelt haben, die ganz unterschiedliche Handlungskompetenzen erfordern und normative Erwartungen stellen (z. B. Subsystem der Erziehung, der Wissenschaft, des Militärs, des Rechtswesens, der Freizeit usw.);

– in denen sich der Bereich der *sekundären Erfahrung* ausgeweitet hat (vor allem bedingt durch Massenkommunikationsmittel) und in denen die Handlungszusammenhänge zusehends komplizierter, z. T. auch undurchschaubarer geworden sind.

Insgesamt führt ein solches pluralistisches, differenziertes und für den einzelnen nicht mehr voll überschaubares Gesellschaftssystem zu entsprechenden Konsequenzen auf dem Erziehungssektor: Die allgemeinen Ziele der Erziehung verweisen auf unterschiedliche Handlungsnormen und streben *verschiedene Handlungskompetenzen* an; sie können zudem nicht mehr mit der gleichen Selbstverständlichkeit auf Zustimmung rechnen und mit der fraglosen Verbindlichkeit auftreten, wie dies in einfachen Gesellschaftssystemen meist der Fall ist. Statt dessen treten verschiedene Erziehungsziele mit konkurrierendem Anspruch auf und versuchen sich in der Kontroverse gegenüber anderen Zielvorstellungen zu behaupten.

Schließlich muß auch darauf hingewiesen werden, daß Erziehungsziele gerade wegen ihrer sozialen Bedingtheit dem gesellschaftlichen Wandel ebenso unterliegen wie alle anderen Teilbereiche von Gesellschaft auch.

2.1.1 Lerntafel

1. **Erziehungsziele** – können hierarchisch auf einer Skala angeordnet werden, deren oberster und unterster Punkt den logischen Kategorien *,abstrakt'* bzw. *,konkret'* entspricht.

2. Beide Zieltypen (allgemeine Ziele, konkrete Teilziele) unterscheiden sich
(a) nach dem *Realisierungsgrad:*
Konkrete Ziele werden in der Situation unmittelbar umgesetzt,
allgemeine Ziele dagegen werden in Eriehungssituationen indirekt angestrebt.
(b) nach dem *Internalisierungsgrad*
allgemeine Ziele bezeichnen **Haltungen** (habits), die im Laufe des Erziehungsprozesses vom Lernenden allmählich übernommen (internalisiert) werden sollen.
Konkrete Ziele dagegen beschreiben Teilleistungen, die der Lernende ausführen können muß und die als Zwischenstationen auf dem langen Weg zum allgemeinen Erziehungsziel anzusehen sind. Um im Bild zu bleiben: Sie sind Kontrollmarken (Ortsschilder, Kreuzungspunkte), die zu prüfen ermöglichen, ob man noch auf dem richtigen Weg ans Ziel ist.

3. Allgemeine Erziehungsziele werden über Teilziele schrittweise konkretisiert und realisiert und umgekehrt: Die Teilziele bauen in ihrem Nacheinander die im allgemeinen Erziehungsziel formulierte Haltung beim Lernenden allmählich auf.

4. Inhaltlich betrachtet sind allgemeine Erziehungsziele auf das Gebiet der Erziehung übertragene Handlungsnormen einer Gesellschaft. Sie legen die Richtung des Erziehungshandelns fest, für das sie Orientierungspunkt und Leitlinie sind. Sie regulieren das Erziehungshandeln, sie sind also **regulatives Prinzip** des erzieherischen Handelns.

2.2 Erziehungsziele im Wandel

Es wurde festgestellt, daß Erziehungsziele aus dem sozialen Kontext heraus mit Bezug auf dort geltende Handlungsnormen entwickelt und begründet werden. Damit unterliegen diese Ziele auch den Entwicklungstendenzen sozialer Gegebenheiten, also auch der des sozialen Wandels. Geklärt werden soll daher in diesem Kapitel, in welchen Bereichen sich der Wandel bei Erziehungszielen bemerkbar macht und von welchen *gesellschaftstheoretischen Grundannahmen* her er interpretiert werden kann.

Wenden wir uns der ersten der beiden wichtigen Fragen dieses Abschnitts zu: **Welche Faktoren bedingen wesentlich den Wandel von Erziehungszielen?**

Zum Vorgehen hierbei: Einzelne ausgewählte Erziehungsziele aus zum Teil weit auseinanderliegenden Epochen werden nebeneinandergestellt, damit die Veränderungen in dieser unmittelbaren Kontrastierung umso deutlicher werden.

Beispiel 1
Ziel des Unterrichts nach COMENIUS, einem Barockpädagogen,
Kontrastierung: Ziel des Unterrichts nach dem ‚Gesetz über das einheitliche sozialistische Bildungssystem‘ der ehemaligen DDR.

„– Ebenbild Gottes sein endlich heißt, die Vollkommenheit seines Urbilds wirklich nachahmen; so wie Gott selbst sagt: Ihr sollt heilig sein, denn ich bin heilig, ich, euer Gott (3. Mos. 19,2).
– Daraus ergeben sich die angestammten Bedürfnisse des Menschen, nämlich daß er 1. aller Dinge kundig sei, 2. die Dinge und sich selbst beherrsche, 3. sich und alles auf Gott als den Ursprung aller Dinge zurückführe. Diese drei Bedürfnisse bezeichnen wir mit allgemein bekannten Worten als
– gelehrte Bildung (eruditio),
– Tugend oder Sittlichkeit (mores),
– Frömmigkeit oder Religiosität (religio).
Dabei verstehen wir unter gelehrter Bildung die Kenntnis aller Dinge, Künste und Sprachen; unter *Sittlichkeit* nicht nur den äußeren Anstand, sondern das ganze innere und äußere Verhalten; unter *Religiosität* jene innere Verehrung, durch welche der Geist des Menschen mit der höchsten Gottheit sich verknüpft und vereinigt."
aus: COMENIUS 1966, S. 34/35; die Zahlen im Original wurden durch einen Spiegelstrich ersetzt.

Grundsätze und Ziele des einheitlichen sozialistischen Bildungssystems und gesellschaftliche Erziehungsfaktoren
„§ 1 (1) Das Ziel des einheitlichen sozialistischen Bildungssystems ist eine hohe Bildung des ganzen Volkes, die Bildung und Erziehung allseitig und harmonisch entwickelter sozialistischer Persönlichkeiten, die bewußt das gesellschaftliche Leben gestalten, die Natur verändern und ein erfülltes, glückliches, menschenwürdiges Leben führen.

(2) Das sozialistische Bildungssystem trägt wesentlich dazu bei, die Bürger zu befähigen, die sozialistische Gesellschaft zu gestalten, die technische Revolution zu meistern und an der Entwicklung der sozialistischen Demokratie mitzuwirken. Es vermittelt den Menschen eine moderne Allgemeinbildung und eine hohe Spezialbildung und bildet in ihnen zugleich Charakterzüge im Sinne der Grundsätze der sozialistischen Moral heraus. Das sozialistische Bildungssystem befähigt sie, als gute Staatsbürger wertvolle Arbeit zu leisten, ständig weiter zu lernen, sich gesellschaftlich zu betätigen, mitzuplanen und Verantwortung zu übernehmen, gesund zu leben, die Freizeit sinnvoll zu nutzen, Sport zu treiben und die Künste zu pflegen."
aus: FROESE 1969, S. 197/198

Schon der knappe Auszug aus der Didactica Magna des COMENIUS verdeutlicht den christlich-religiösen Hintergrund seiner Überlegungen zur Aufgabe von Schule und Unterricht. Er sieht den Menschen als *Ebenbild Gottes* und leitet aus diesem bestimmten *Menschenbild* die drei grundlegenden Ziele ab: das der Bildung, der Sittlichkeit und der Frömmigkeit.

Vor dem Hintergrund eines anderen, vor allem durch MARX entwickelten *Menschenbildes* müssen die Ausführungen im ‚Gesetz zum einheitlichen sozialistischen Bildungssystem' gesehen werden. Der Mensch ist für MARX *arbeitendes Wesen,* wobei der Begriff der Arbeit weit gefaßt ist als tätige, von Vorstellungen getragene Auseinandersetzungen des Menschen mit der Natur, mit seinen Mitmenschen und mit sich selbst. Arbeit in ihrem vollen Sinn wird also nicht auf mechanisches, stumpfes Ausführen reduziert, denn das wäre entfremdete Arbeit, sondern ist eine Einheit von Denken und Tun. Der Mensch bringt aber die Fähigkeit zur Arbeit nicht schon bei der Geburt fertig entfaltet mit, er muß sie sich erst erwerben; und zwar muß er sich diejenigen konkreten Fähigkeiten aneignen, die die Arbeit seiner Zeit fordert (vgl. auch noch einmal grundsätzlich die anthropologischen Überlegungen in Kap. 1.1).

Schule, Unterricht und Weiterbildung sind dann darauf anzulegen, in der Verbindung von Denken und Tun, in der Einheit von Lernen und Arbeit, den Menschen zum Menschen zu bilden. Auf unsere Zeit bezogen: In der Einheit von Lernen und Arbeiten unter industriell-technischen Bedingungen soll der Mensch zur ‚allseitig gebildeten' Persönlichkeit werden, die in der Fähigkeit zu sinnvoller Arbeit ihre Bestimmung verwirklicht. Dieses Konzept nennt man das der ‚Polytechnischen Bildung'. Fundament ist letztlich das Bild vom ‚sozialistischen Menschen', das auf der Sicht von Arbeit als einer gesellschaftlichen Form der Bewältigung von Welt gründet.

Man kann also vorläufig festhalten:
Ein Faktor, durch den der Wandel von Erziehungszielen bedingt ist, bezieht sich auf die Änderung von Auffassungen im Bild des Menschen innerhalb verschiedener Epochen oder Weltanschauungen.

Beispiel 2
Aufgabenkatalog des Kultusministers von ALTENSTEIN,
Kontrastierung: Qualifikation 1 der RICHTLINIEN Politik, Nordrhein-Westfalen,
2.Fassung 1974,

1829 formuliert der preußische Kultusminister von ALTENSTEIN mit Zustimmung des Königs folgenden Aufgabenkatalog:

„Die Volksschulen ... haben nach meiner Ansicht nur dahin zu wirken, daß das Volk
– den christlichen Glauben einfach und dem Evangelio gemäß, aber mit Lebendigkeit und Innigkeit auffasse und ergreife;
– in diesem Glauben den Grund und Antrieb zu einem sittlichen und durch festen christlichen Glauben glücklichen Leben finde;
– innerhalb des ihm von Gott angewiesenen, beschränkten Kreises klar und wahr denke;
– seine Gedanken in diesem Kreise kurz und bündig auszusprechen;
– fremde, seine Sphäre berührende und betreffende Gedanken leicht und richtig aufzufassen vermöge;
– daß es lesen, schreiben, rechnen und singen lerne;
– daß es seinen Regenten und sein Vaterland liebe, mit dessen Einrichtungen, Gesetzen usw. nach Bedürfniß und Maßgabe seines Standpunktes bekannt, mit seinem Zustande zufrieden sei und in seiner Sphäre ruhig und befriedigt lebe;
– die unerläßlichen gemeinnützigen Kenntnisse von der Natur, deren Behandlung und Benutzung, Gesunderhaltung des Leibes usw. erlange;
– daß es in Summa mit einem kräftigen, gewandten Leibe, geweckten Geiste und richtigen Gefühle Gott, dem Könige und dem Vaterlande und sich selbst dienen könne und wolle."
aus: LESCHINSKY/ROEDER 1976, S. 73, die Zahlen im Original sind durch einen Spiegelstrich ersetzt.

„Qualifikation 1:
Fähigkeit und Bereitschaft, gesellschaftliche und politische Ordnungen einschließlich ihrer Zwänge und Herrschaftsverhältnisse nicht ungeprüft hinzunehmen, sondern auf ihren Sinn, ihre Zwecke und Notwendigkeiten hin zu befragen und die ihnen zugrunde liegenden Interessen, Normen und Wertvorstellungen kritisch zu überprüfen."
aus: RICHTLINIEN [2]1974, S. 15

Der preußische Aufgabenkatalog ist seiner Grundintention nach darauf ausgerichtet, die Rolle des ‚einfachen' Untertanen im Obrigkeitsstaat festzulegen. Grundlage ist eine religiöse Haltung, die auf Demut und Zufriedenheit mit der jeweiligen Lebenslage angelegt ist. Beides sind zugleich Tugenden, die auch politisch gesehen ein hohes Maß an Ruhe, Dienstbereitschaft und Einordnung in die vorgegebenen Sozialstrukturen garantieren. Man kann sagen, daß der Unterricht über den Weg religiöser Erziehung letztlich auf den *politischen Zweck der Systemstabilisierung* ausgerichtet ist.

Anders 150 Jahre später, unter völlig gewandelten politischen Bedingungen: Nicht der Untertan, sondern der nach demokratischen Prinzipien selbständig urteilende Bürger ist gefordert. Nicht Einordnung sondern *kritisches Befragen und Fähigkeiten zur gesellschaftlichen Veränderung* sollen durch Unterricht angestrebt werden. Man kann sagen: Der Wandel politischer Bedingungen der Herrschaft, in unserem Beispiel der Wandel vom preußischen Obrigkeitsstaat zum demokratischen Rechts- und Sozialstaat, haben auch einen Wandel in der Zielsetzung von Unterricht und Schule nach sich gezogen.

Als ein weiterer Wandlungsfaktor neben dem Menschenbild kann somit der Bereich politischer Herrschaftsverhältnisse festgehalten werden.

Beispiel 3
Gliederung des Schulaufbaus nach ZEDLITZ (1787),
Kontrastierung: Gliederung des Schulwesens nach dem RAHMENPLAN des Deutschen Ausschusses (1959).

„Wenn der Schulunterricht den Endzweck haben soll: die Menschen besser, und für ihr bürgerliches Leben brauchbarer zu machen; so ist es ungerecht, den Bauer wie ein Thier aufwachsen, ihn einige Redensarten, die ihm nie erklärt werden, auswendig lernen zu lassen; und es ist eine Thorheit, den künftigen Schneider, Tischler, Krämer, wie einen künftigen Konsistorialrath oder Schulrektor zu erziehen, sie alle lateinisch, griechisch, hebräisch zu lehren, und den Unterricht in Kentnissen, die jene nöthig haben, ganz zu übergehen, oder diese Kenntnisse für sie unverständlich und unanwendbar vorzutragen. Daraus folgt also: daß der Bauer anders als der künftige, Gewerbe oder mechanische Handwerke treibende Bürger, und dieser wiederum anders als der künftige Gelehrte oder zu höhern Aemtern des Staats bestimmte Jüngling unterrichtet werden muß. Folglich ergeben sich drei Abtheilungen aller Schularten des Staats; nemlich:
– Bauer-
– Bürger- und
– Gelehrte Schulen."
aus: HERRLITZ 1973, S. 90/91

„Der Ausschuß hat sowohl die Argumente erwogen, die für die überlieferte Gliederung des allgemeinbildenden deutschen Schulwesens sprechen, als auch die Tendenzen, die seine Struktur den neuen Erfordernissen öffnen wollen. Das Ergebnis läßt sich auf drei Hauptthesen bringen, die einander im Prinzip nicht ausschließen:
    Die unterschiedlichen Bildungsanforderungen, die unsere arbeitsteilig entfaltete Gesellschaft an ihren Nachwuchs stellt, und die Unterschiede in der Bildungsfähigkeit dieses Nachwuchses zwingen dazu, an drei Bildungszielen unseres Schulsystems festzuhalten, die nach verschieden langer Schulzeit erreicht werden: an einem verhältnismäßig früh an Arbeit und Beruf anschließenden, einem mittleren und einem höheren. Der Schulaufbau muß gestatten, die Bildungsziele so zu heben und den geistigen Wandlungen unserer Zeit so entsprechen zu lassen, daß in jedem Kinde menschliche Grundkräfte geweckt, dann aber für die Übernahme verschiedenartiger Aufgaben und Verantwortungen in der modernen Welt gebildet werden. Er muß deshalb drei Wege der Bildung öffnen, ihr Verhältnis zueinander so ordnen und jedem so viel Zeit zubilligen, daß sich die ihm zugehörigen Bildungsgehalte und -methoden in ihrer Eigenart entfalten können.

– Die Pflicht zu sozialer Gerechtigkeit und der vermehrte Bedarf der modernen Gesellschaft an höher gebildetem Nachwuchs machen es nötig, jedem Kinde den Weg zu
öffnen, der seiner Bildungsfähigkeit entspricht."
aus: FROESE 1969, S. 313. Die Zahlen in beiden Originalen sind durch einen Spiegelstrich
ersetzt.

ZEDLITZ argumentiert aus der Situation des noch vorrevolutionären Stände-
staates; die Bildungsaufgaben von Schule sind *auf die mit den Ständen eng verbundenen ökonomischen Funktionen zugeschnitten.* Unterricht soll – auch für die beiden
unteren Stände – zumindest ein Minimum an Wissen vermitteln. Dahinter steht
einerseits eine aufklärerische Haltung (niemanden mehr im Dunkel des Nicht-
wissens zu belassen), andererseits aber wohl auch die Einsicht, daß Untertanen
nur dann zu ‚brauchbaren Menschen' werden, wenn sie auch über entsprechende
nutzbringende Kenntnisse und Fertigkeiten verfügen.

Aus der Erfahrung einer ganz anders gelagerten ökonomischen (und auch
politischen) Situation argumentiert der RAHMENPLAN. Die Gesellschaft wird als
arbeitsteilig entfaltet dargestellt, es wird auf einen vermehrten Bedarf an ‚höher
gebildetem' Nachwuchs hingewiesen. Parallel zu dieser ökonomischen Begründung kommen auch politische Vorstellungen zum Tragen: Jedem Kind sollen
entsprechend seiner Bildungsfähigkeit, also nicht nach Standes- oder besser
Schichtzugehörigkeit, die verschiedenen Schulformen offenstehen.

Wir halten fest:

Neben Wandlungen in der Auffassung vom Bild des Menschen und Veränderungen auf politischem Gebiet stellt auch der Wandel ökonomischer Verhältnisse einen weiteren wichtigen Faktor der Veränderung von Erziehungszielen dar.

Die Wandlungstendenz kann grob beschrieben werden als eine Entwicklung,
die von der Aneignung einfacher, wirtschaftlich erforderter Grundkenntnisse
(Lesen, Rechnen, Schreiben) hin zu speziellen und theoretisch abgesicherten
Detailkenntnissen einerseits sowie vielseitig verwendbaren, auf Flexibilität angelegten Grundqualifikationen andererseits fortschritt.

Ausdrücklich ist noch ein Gesichtspunkt hervorzuheben, der ebenfalls den
Beispielen entnommen werden kann: Die Faktoren prägen nicht isoliert als
einzelne Schule und ihre Erziehungsziele, sondern wirken als *Faktorenensemble.*
Politische *und* ökonomische *und* weltanschaulich-anthropologische Faktoren hängen eng miteinander zusammen und beeinflussen alle zugleich Schule, so daß
der Wandel von Erziehungszielen nur durch die Interdependenz aller dieser Faktoren erklärt werden kann.

Zur Übersicht sollen die wichtigsten Stichworte und Wandlungsfaktoren noch
einmal in einem Tableau zusammengefaßt werden.

(5) Tableau: *Wandel von Erziehungszielen*

Faktoren des Wandels	Beispiele möglicher Entwicklung von ———→ zu	
MENSCHENBILD	christlich	sozialistisch
	Gottesbildlichkeit, Frömmigkeit, Welt als Bereich zur Bewährung des Menschen im Hinblick auf das Jenseits.	Mensch ist Wesen der Arbeit; sinnlich-geistige Einheit; steht solidarisch im Kollektiv der Mitmenschen zur Schaffung optimaler gesellschaftlicher Verhältnisse im Diesseits.
	COMENIUS, Didactica Magna	Konzept der POLYTECHNISCHEN BILDUNG
POLITISCHE VERHÄLTNISSE	obrigkeitsstaatlich	demokratisch-pluralistisch
	Bürger als Untertan; Ausschluß von polit. Partizipationsmöglichkeiten; Einordnung des Untertans an staatlich vorgegebene Wertsysteme. Aufgabenkatalog des Kultusministers von ALTENSTEIN	Bürger als Träger des Staates; Autonomie und Selbstbestimmung; kritisches Befragen vorgegebener Wertsysteme Qualifikation 1 der RICHTLINIEN Politik, NW
ÖKONOMISCHE VERHÄLTNISSE	frühkapitalistisch	spätkapitalistisch
	beginnende Industrialisierung, nützliches Wissen (Grundfertigkeiten: Lesen, Rechnen, Schreiben) ZEDLITZ 1787	beschleunigter techn. und ökon. Wandel, hoher Maschinisierungsgrad der Produktion, vielseitiges Wissen (substituierbare Qualifikationen) RAHMENPLAN 1959

Exkurs

Fragt man nun noch einen Schritt weiter zurück, nämlich wieso sich diese Faktoren – Menschenbild, politische Verhältnisse, kulturelle und ökonomische Bedingungen – ihrerseits wandeln, ist man auf umfassendere *Theorien des sozialen Wandels* bzw. auf *geschichtsphilosophische Überlegungen* verwiesen: Es taucht dann die Frage nach dem Lauf der Geschichte und den in ihr wirkenden Kräften auf.

Erfolgt der geschichtlich-gesellschaftliche Wandel (und davon abhängig auch der über Erziehungsvorstellungen) nach einem ‚verborgenem Plan der Natur‘, der auf die Verbesserung der Menschheit angelegt ist? Zumindest nimmt KANT an, „daß da das menschliche Geschlecht beständig im Fortrücken in Ansehung der Cultur, als dem Naturzwecke desselben, ist, es auch im Fortschreiten zum Besseren in Ansehung des moralischen Zwecks seines Daseins begriffen sei, und daß dieses zwar bisweilen unterbrochen, aber nie abgebrochen sein werde." (KANT VIII, S. 308/309). Ist die Geschichte damit ein permanenter Wandel hin auf einen „Fortschritt im Bewußtsein der Freiheit" (HEGEL); ist sie ein Prozeß bei dem – durch Klassenkämpfe vorangetrieben – das Privateigentum an Produktionsmitteln aufgehoben wird und sich in der Verfügung aller über diese Mittel die menschliche Emanzipation des Menschen realisiert (MARX)?

Oder ist der Wandel in seiner Richtung nicht vorhersagbar, ist der Weg der Geschichte offen, kann man wissenschaftliche Aussagen über geschichtliche Abläufe (damit auch über Erziehung) nur ex post, nur im nachhinein treffen, und wird man hierfür eine Vielzahl von Faktoren als Erklärungsmöglichkeit heranziehen: neben ökonomischen Wandlungstendenzen, die aus Fortschritten des naturwissenschaftlich-technischen Denkens resultieren, auch ideengeschichtliche Faktoren, politische Machtkonstellationen, kulturelle Entwicklungen, ohne sie aber letztlich einem determinierenden Faktor unterzuordnen? Dieser Bereich der eher geschichtsphilosophischen Betrachtung sollte hier nur angedeutet, aber nicht en détail entwickelt werden. Für denjenigen, der hier konsterniert einen den Rahmen des Studienbuchs sprengenden Höhenflug vermutet, soll darauf hingewiesen werden, daß die angeschnittene Fragestellung von Studenten einer Einführungsvorlesung an dieser Stelle ins Spiel gebracht wurde.

Deshalb erlauben wir uns für den interessierten Leser folgende Literaturhinweise:

I. KANT, Abhandlungen nach 1781, Akademie-Textausgabe Band VIII, Berlin 1968

G. W. F. HEGEL, Philosophie der Geschichte, Reclam-Ausgabe, Stuttgart 1975 (dort auch die sehr wichtige Einführung von TH. LITT)

K. MARX, Die Frühschriften, hrsg. v. S. LANDSHUT, Stuttgart 1968

Als aktueller Theorieband:

W. ZAPF (Hrsg.), Theorien des sozialen Wandels, Köln/Berlin 1971

2.2.1 Lerntafel

Ausgangspunkt:

Wenn allgemeine Erziehungsziele den wichtigsten Handlungsnormen einer Gesellschaft entsprechen,

dann unterliegen sie – wie die Normen auch – dem Wandel.

Der Wandel von Erziehungszielen ist zunächst erklärbar durch die Änderung der Bezugsgrößen, durch die Erziehungsziele festgelegt sind: Durch

– *das Menschenbild einer Gesellschaft* (oder einer Gruppe)

– *politische Verhältnisse* (bzw. die von der Politik an Erziehung gestellten Anforderungen)

– *ökonomische Bedingungen* (die zu einer bestimmten Zeit an die nachwachsende Generation gestellten Qualifikationserfordernisse) und schließlich

– *kulturelle Faktoren* (Entwicklungen auf dem Gebiet der Zivilisation, Kultur, Wissenschaft)

Zum Exkurs:
Will man den Wandel dieser Bezugsgrößen von Erziehungszielen selbst erklären, muß man auf umfassende *Theorien des sozialen Wandels* oder *geschichtsphilosophische Erklärungen* zurückgreifen. Etwa derart, daß man behauptet
– die gesellschaftliche Entwicklung sei auf das Ziel zunehmender Freiheit angelegt;
– die Geschichte sei jetzt und in Zukunft eine Geschichte der Klassenkämpfe;
– die Art und Richtung des Wandels sei überhaupt nicht im voraus anzugeben,
  nur die Bedingungen sozialen Wandels könnten erfaßt werden.

2.2.2 Arbeitsvorschlag

Bitte analysieren Sie den Wandel in der Auffassung über die Aufgaben von Schule vor
dem Hintergrund der in diesem Kapitel entwickelten Kategorien.

Aufgaben der Schule
Bei einer empirischen Untersuchung zum Bildungsbewußtsein von Erwachsenen ist
1958 die folgende Frage gestellt und in einer neuerlichen Untersuchung 1973 wieder
aufgegriffen worden.

Frage: „Was sollten nach Ihrer Meinung die Kinder auf der Schule ganz allgemein in
erster Linie mitbekommen? Bitte wählen Sie auf dieser Karte die drei Punkte aus,
die Ihnen am wichtigsten erscheinen."

	%
Persönliche Selbständigkeit	34
Ordnung und Disziplin	28
Kenntnisse für den Beruf	38
Lebensfreude	9
Gute Umgangsformen	23
Eigene Urteilsfähigkeit	36
Achtung vor den Mitmenschen	29
Sicheres Selbstbewußtsein	21
Vielseitiges Wissen	51
Keine Angaben	5

Die Gesamtzahl der Nennungen zeigt, daß wieder die weitaus meisten Befragten die
dreifache Wahlmöglichkeit ausgeschöpft haben. Das kann als Bestätigung für das Interesse
der Befragten und die Zuverlässigkeit der Frage gelten. Aufschlußreich ist zunächst der
folgende Vergleich zwischen 1958 und 1973.

Aufgaben der Schule.
Rangfolgen der Antworten 1958 und 1973

1958 (1850 F)	%	1973 (4150 F)	%
1. Ordnung und Disziplin	59	1. Vielseitiges Wissen	51
2. Achtung vor den Mitmenschen	49	2. Kenntnisse für den Beruf	38
3. Vielseitiges Wissen	42	3. Eigene Urteilsfähigkeit	36
4. Kenntnisse für den Beruf	35	4. Persönliche Selbständigkeit	34
5. Gute Umgangsformen	33	5. Achtung vor den Mitmenschen	29
6. Persönliche Selbständigkeit	32	6. Ordnung und Disziplin	28
7. Eigene Urteilsfähigkeit	15	7. Gute Umgangsformen	23
8. Sicheres Selbstbewußtsein	13	8. Sicheres Selbstbewußtsein	21
9. Lebensfreude	12	9. Lebensfreude	9

aus: SCHULENBERG 1979, S.79

2.3 Kontroversität und Legitimität von Erziehungszielen

Wurde der Wandel von Erziehungszielen dadurch erklärt, daß im Laufe der Geschichte unterschiedliche Normen sich ablösend eine bestimmte Epoche beherrschten, so ist daneben in einer synchronen Betrachtungsweise – im Schnitt durch eine Epoche – darauf hinzuweisen, daß auch innerhalb eines umrissenen Zeitraums miteinander *rivalisierende Wertvorstellungen* gleichzeitig nebeneinander bestehen. Dieser Sachverhalt gilt speziell für plural aufgebaute Gesellschaften, in denen eine Vielzahl von Vorstellungen über Normen und Werte existiert. Bei der Durchsetzung von Geltungsansprüchen wird es zu Kontroversen zwischen den einzelnen Gruppen kommen, und sie werden sich bemühen, die **Legitimität** ihrer Normen und Werte herauszustellen. Da nun Erziehungsziele auf solche Normen hin entworfen sind, stehen sie selbst auch in diesem Prozeß der Auseinandersetzung und Rechtfertigung.

Die Kontroversen über Erziehungsziele verweisen dabei auf grundlegende Divergenzen, etwa über das ideale Menschenbild oder über die Frage, wie Staat und Gesellschaft begriffen werden sollen. Deutlich wird dies beispielsweise bei der Gegenüberstellung des gleichen Lehrplans in zwei Versionen, in seiner 1. und 2. Auflage. Hier werden nicht etwa die eben beschriebenen Wandlungstendenzen im Menschenbild und in den politischen, kulturellen und ökonomischen Bereichen manifest, die Zeitspanne zwischen beiden Versionen beträgt nur gut 1 Jahr; hier spiegelt sich daher weniger ein tiefgreifender historischer Wandel, als vielmehr eine *Kontroverse um die Legitimationsgrundlagen des Lehrplans bzw. der Erziehungsziele* wider.

Es handelt sich um die RICHTLINIEN für den politischen Unterricht in Nordrhein-Westfalen. Aufschlußreich ist hier die – exemplarisch zu verstehende – Gegenüberstellung einzelner Formulierungen aus der Qualifikation 2.

In der Neufassung ergaben sich Verschiebungen in der Zählweise, die aber nicht von Belang sind, da es sich um inhaltlich vergleichbare Passagen handelt.

1. Fassung

2.2.4 Fähigkeit, Argumente der Staatsgewalt und gesellschaftlicher Gruppen zur Aufrechterhaltung von Systemzwängen zu analysieren, sie zu bewerten und sich ihnen gegebenenfalls zu widersetzen.

2.3 Fähigkeit, den politischen Handlungsspielraum zu erweitern und damit für sich und andere ein größeres Maß an Bedürfnisbefriedigung und Selbstbestimmung zu erreichen.

2.3.1 Fähigkeit, Machtgruppen zu erkennen, die dazu tendieren, individuelle Handlungsmöglichkeiten einzuengen.

2.3.3 Bereitschaft, zur Veränderung der bestehenden politischen Ordnung auf demokratischem Wege beizutragen, falls diese Freiheitschancen ungenutzt läßt, die bereits realisierbar sind.

2. Fassung

2.2.5 Fähigkeit, Argumente der Staatsgewalt und gesellschaftlicher Gruppen zur Aufrechterhaltung von Systemzwängen zu analysieren, sie zu bewerten und sich mit ihnen auseinanderzusetzen.

2.3 Fähigkeit und Bereitschaft, den politischen Handlungsspielraum zu erweitern und damit für sich und andere ein größeres Maß an Selbstbestimmung zu erreichen.

– weggefallen –

2.3.2 Bereitschaft, zu politischen Entscheidungen auf demokratischem Wege beizutragen, falls Freiheitschancen ungenutzt bleiben.

aus: Richtlinien für den Politischen Unterricht, [1]1973, S. 12 und [2]1974, S. 17

Wie kann man grob die Unterschiede festhalten? Die zweite Fassung ist entschärft, ist *neutraler*. Aus „sich ... widersetzen" ist eine ‚gedankliche Auseinandersetzung' geworden; der Hinweis auf „Veränderung" ist gestrichen, statt dessen verweist man zurückhaltend auf Entscheidungsverfahren.

Die zweite Fassung ist *gereinigter:* Von Bedürfnisbefriedigung ist keine Rede mehr, und die obskuren Machtgruppen sind auch verschwunden. Dies ist jedoch nicht bloß Kosmetik, auch keine Folge einer besseren sachlichen Einsicht, sondern das Ergebnis der Zuspitzung einer parteipolitischen Kontroverse und damit Konsequenz einer politisch-legitimatorischen Notwendigkeit.

Unter **Legitimation** soll der *Nachweis verstanden werden, eine gesellschaftliche Ordnung (Staat), ein gesellschaftliches Teilsystem (z. B. Erziehung), eine gesellschaftliche Maßnahme (z. B. Erlaß von Richtlinien) als rechtens darzustellen.*

Der Begriff der Legitimation meint also im pädagogischen Kontext den Vorgang der politisch-rechtlichen, genauer: verfassungsrechtlichen Begründung von Entscheidungen (z. B. Schulneustrukturierungen wie Koop-Schule oder Orientierungsstufe; Reformplänen; Richtlinien).

Das Begründungsmuster läuft im Grunde sehr einfach ab, nämlich im Nachweis, daß die entsprechende Maßnahme demokratisch-rechtsstaatlichen Prinzipien entspricht.

Etwa: Ein allgemeines Erziehungsziel wie: Fähigkeit und Bereitschaft zur Prüfung, ob und wo selbstbestimmter Handlungsspielraum in politisch-gesellschaftlichen Bereichen eingeschränkt ist, wird legitimiert mit dem Verweis auf das Demokratiegebot des Grundgesetzes, meist Art. 20 GG: die Bundesrepublik ist ein demokratischer und sozialer Bundesstaat; häufig im Verbund mit Art. 2 GG über die freie Entfaltung der Persönlichkeit.

Liest man diese Begründung in umgekehrter Richtung: Aus dem Grundgesetz wird ein Demokratiegebot interpretiert und damit ein entsprechendes Erziehungsziel legitimiert.

Aber dieser Vorgang der Legitimation ist nur scheinbar so einfach. In Wirklichkeit wird die Sachlage von den Beteiligten (Eltern, Politikern, Öffentlichkeit) äußerst kontrovers aufgenommen und zwar deshalb, weil die Grundgesetzartikel keine eindeutig festlegenden Anweisungen enthalten, sondern in gewissem Rahmen *interpretationsfähig und -bedürftig* sind.

Beispiel:

Ein fundamentaldemokratisch verstandenes *Demokratiegebot* gibt es im Grundgesetz nicht. Man kann den Art. 20 höchstens so interpretieren.

Er ist aber zugleich auch so auslegbar, daß man sagt: Mit Demokratisierung ist nur der im engen Sinn politische Bereich angesprochen, in gesellschaftlichen Bereichen dagegen (z. B. Medizin, Schule, Militär) gelten zwar auch demokratische Prinzipien, aber einen höheren Stellenwert hat hier die *sachbegründete Entscheidungskompetenz* der entsprechenden Handlungsträger.

Es stehen sich also kontrovers gegenüber:

Alle Bereiche (gesellschaftliche und politische) sind nach demokratischen Prinzipien zu strukturieren.	*Nur der politische Bereich* ist konsequent demokratisch zu strukturieren; in gesellschaftlichen Bereichen gelten zwar auch zum Teil demokratische Prinzipien, in erster Linie jedoch zählt die Kompetenz der Entscheidungsträger.

Man sieht, hier ist eine Einigung so ohne weiteres nicht möglich; in der politischen Kontroverse führt dies dann häufig bei den Kontrahenten zum wechselseitigen Vorwurf der mangelnden oder gar verfehlten Legitimationsgrundlage bzw. zu umfassenden Rechtfertigungsversuchen der eigenen Position.

Deutlich wird dies am folgenden Landtagsprotokoll aus Nordrhein-Westfalen: Im Zeichen der damals aufgenommenen Terrorismusdiskussion kamen auch die Richtlinien ‚Politik' wieder zur Sprache (Sitzung vom 9. 11. 1977).

Der Abgeordnete DAMMEYER, SPD: „Meine Damen und Herren, auf Emanzipation abzielendes Lehren und Lernen, das Kennenlernen von Konflikten, Kenntnisse über gesellschaftliche Zusammenhänge, harmonische und kontroverse, und auch die Erklärung, die Ihnen und Ihrem partnerschafts- und herrschaftsideologischen Denken nicht paßt, nämlich die von dem antagonistischen Gegensatz von Kapital und Arbeit und ihren Organisationen, sind nicht nur legitim, sondern auch richtig... Und wir werden nicht zulassen, daß Sie unter dem Vorwand, den Terrorismus bekämpfen zu wollen, in Wahrheit gegen sozialistische Auffassungen zu Felde ziehen." (Plenarprotokoll 8/59, S. 3402). Demgegenüber Dr. Heimes, CDU: „Und wir werden hellwach sein müssen, wenn die Klassenkämpfer – auch im Gewand der Konflikttheoretiker, Herr Hinrichs – Einlaß in die Schulen suchen und schon Richtlinien und Lehrpläne bestimmen. Konflikte gibt es – wer hätte das je geleugnet? – , und Konfliktfähigkeit ist eine sehr wichtige Fähigkeit. Aber wir wollen nicht die einseitige Auslegung des Konfliktdenkens im Sinne des Neomarxismus, so wie wir sie aus manchen Richtlinien erkennen konnten." (a. a. O. S. 3398/ 3399). Deutlich wird der Bezug auf eine Gemeinschaftsideologie, wenn der Konfliktbegriff durch den Rückbezug auf die Geborgenheit in der Familie relativiert wird. Dr. Heimes, CDU: „Wenn die jungen Menschen frei, selbstbewußt und selbständig denkend, aber in der Wärme der Zuneigung ihrer Eltern und Geschwister die Tugend einüben konnten, auch einen Andersdenkenden anzunehmen und sich mit ihm kritisch auseinanderzusetzen, ... so kann ein Denkstil wachsen, der Kritik ausspricht, ... der Konflikte zu bewältigen versteht, ohne Rücksichtslosigkeit zum Gesetz zu erheben... Ich erkläre in diesem Zusammenhang: Wer ein gesundes Gemeinwesen will, wird die Familie fördern müssen, damit sie im staatsfreien Raum in ihrem privaten Dasein imstande ist, ihre funktionale Erziehungsmächtigkeit auch wirklich zu leben." (a. a. O. S. 3400)

Man sieht: Emanzipation, Konflikt, antagonistische Sicht von Arbeit und Kapital sind *legitim*.

Nein: dies sind Neomarxismen, klassenkämpferische Begründungen, daher sind sie *illegitim*.

Es fragt sich:

Wieso können mit Bezug auf dasselbe Phänomen (Konflikt und Erziehung) im Rahmen des gleichen Auslegungsrahmens (Grundgesetz) solche vehementen Kontroversen und gegenseitige Vorwürfe auftreten?

Die Antwort:

Weil *die politisch-ideologischen Grundlagen,* die sogenannten **Grundwerte**, unterschiedlich sind und weil damit der gleiche Tatbestand von ganz unterschiedlichen Voraussetzungen (Vorverständnissen) her interpretiert wird.

Denn:

Wer Gesellschaft eher auf einem *gemeinsamen Wertefundament* gegründet sieht, wer gesellschaftliche Gruppen als *Partner* begreift, wer der *Familie* eine wichtige staatstragende Rolle zuweist, der bezieht die Aufgabe von Erziehung auf andere Legitimationsgrundlagen als derjenige, der Gesellschaft *antagonistisch strukturiert* sieht – in *zwei große Klassen* gespalten, die einander feindlich gegenüberstehen – und der die Rolle des Staates in der Parteinahme für die ‚Unterdrückten' sieht.

Es stehen sich daher hier eine Auffassung vom allgemeinen Ziel der Erziehung gegenüber, bei der auf eine *kritisch-loyale Erfüllung* der gesellschaftlichen und politischen Aufgaben Wert gelegt wird, und eine andere, nach der das Ziel der Erziehung darauf angelegt ist, in ständig *kritisch-konfliktbezogenem Handeln* demokratische Prinzipien auf alle Lebensbereiche auszudehnen.

Diese Auffassungen beispielsweise über Schule, Familie, Gesellschaft werden vor dem Hintergrund umfassender politisch-ideologischer Positionen vertreten, die den verschiedenen *politischen Traditionen* entstammen: der christlich-konservativ-sozialen Entwicklungslinie, der demokratisch-sozialistischen und – was dem Beispiel nicht zu entnehmen ist, hier aber auch erwähnt werden muß – dem liberalen Traditionsstrang. Würden Richtlinien von dieser zuletzt genannten politischen Position her konzipiert, dann würde pointiert auf individuelle Entfaltungsmöglichkeiten abgehoben, würden Staat und Gesellschaft eher als Konkurrenzdemokratie verstanden (gleichberechtigte Stellung von Gruppen, die um die Durchsetzung ihrer Interessen miteinander konkurrieren) und wäre gleichwertig neben eine politische Kategorie wie die des Konflikts die des Konsens gestellt.

2.3.1 Lerntafel

1. In pluralistischen Gesellschaftssystemen resultieren die *Kontroversen* über Erziehungsziele aus unterschiedlichen Legitimationsmustern oder genauer: aus unterschiedlichen Interpretationen der Verfassungsnormen als Legitimationsbasis für alle politischen – damit auch bildungspolitischen – Entscheidungen.

2. Die Interpretationen, die die einzelnen gesellschaftlichen Gruppen vornehmen, sind durch deren **Grundwerte** bestimmt; Grundwerte bestimmen das ideologische Selbstverständnis der (meist politischen) Gruppen und spiegeln ihre verschiedenen *politisch-historischen Traditionen* wider.
Für die Bundesrepublik sind dies vor allem
– **konservativ-christlich-soziale Traditionen**:
  Grundwerte: Partnerschaft, Gemeinschaft (Betonung des Individuums und kleiner Verbände wie Familie, Kommune), Subsidiarität, verstanden als Hilfe zur Selbsthilfe.
– **sozialdemokratisch-sozialistische Traditionen**:
  Grundwerte: Solidarität als gemeinsames Klassenbewußtsein, Gleichheit im Sinne gleicher materieller Chancen, Demokratisierung als umfassender politisch-sozialer-ökonomischer Prozeß (Demokratisierung aller Lebensbereiche). Konflikt als Antagonismus zwischen Kapital und Arbeit.

– **liberale Traditionen:**
Grundwerte: Entfaltung und Erhaltung des Individuums, Pluralität von
Gruppen und Anschauungen, Beschränkung des staatlich-administrativen
Eingriffs in den gesellschaftlich-ökonomischen Bereich, Leistung und Wett-
bewerb.

2.4 Erziehungsziele und Bildungsbegriff

Nach den Ausführungen über die Funktion von Erziehungszielen, über ihre
Wandelbarkeit und Kontroversität, stellt sich für den Erziehungswissenschaftler
die Frage, ob man sich mit Feststellungen etwa über den Wandel von Erziehungszielen und über kontroverse Standpunkte bei Zielkonflikten begnügen
muß, oder ob man darüber hinaus unterschiedliche Erziehungsziele auch einer
Wertung unterziehen kann. Stehen Maßstäbe zur Verfügung, um beispielsweise
Ziele nationalsozialistischer Erziehung als unpädagogisch und humanistische
Erziehungsziele als pädagogisch vertretbar zu bewerten? Allgemein ausgedrückt:

Gibt es einen Maßstab, gibt es Kriterien nach denen man Ziele bewerten,
beurteilen und über ihre Annehmbarkeit oder über ihre Ablehnung entscheiden
kann?

Dabei muß von vornherein jedoch klar sein, daß diese Maßstäbe nicht selbst
wieder in der politischen Tagesdebatte stehen können, da sie dann unter die
gleiche Relativität fallen wie die von ihnen bewerteten Ziele.

Wir meinen, es gibt solche Bezugspunkte, Maßstäbe, nach denen über die
Wertigkeit von Erziehungszielen – zumindest ausgrenzend – entschieden werden kann. Dann sind wenigstens Aussagen darüber möglich, ob ein Ziel pädagogischen Kriterien nicht genügt.

Als solche Maßstäbe können die in der pädagogischen Tradition entwickelten
und in der Problemgeschichte angereicherten Begriffe der **Bildung, Mündigkeit** und **Emanzipation** gelten.

Diese Begriffe sind nicht so aufzufassen, als stünden sie *absolut* überzeitlich
am Begriffsfirmament und leuchteten auf die pädagogische Erde herab. Wohl
sind es Begriffe, die dann notwendig angenommen werden müssen, wenn man
den Menschen als ein Wesen versteht, das nicht blind auf Reize reagiert, sondern
das in der Lage ist, aufgrund eigener Entscheidungen zu handeln.

Zwar wird das konkrete Verständnis von Bildung, Mündigkeit und Emanzipation auch von Zeitumständen oder vorausgehenden Denktraditionen mit
beeinflußt, dies stellt aber nicht ihre prinzipielle Gültigkeit in Frage.

Will man es formelhaft ausdrücken:
Sie sind zeitunabhängig insofern, als sie notwendige Aussagen über den Menschen als selbstbestimmtes Wesen machen.
Sie sind zeitabhängig insofern, als die konkrete inhaltliche Füllung dieser Begriffe auch vor dem Hintergrund historisch-gesellschaftlicher Gegebenheiten
vorgenommen wird; daraus resultiert die unterschiedliche Akzentuierung der
Teilmomente.

Vermutlich ahnen Sie schon nach diesen Vorbemerkungen, was spätestens nach der Lektüre der nächsten Seiten unübersehbar wird: Es handelt sich hier um einen eher speku-
lativen Gedankengang, der – so meinen wir nach langen Überlegungen – auch nur in
dieser philosophisch orientierten Art der Darstellung in seiner Komplexität faßbar wird.
Insofern ist die stark didaktisierte Darstellungsweise des Studienbuches vorübergehend
aufgeweicht – eine Erschwerung, die Sie als Leser dennoch nicht abhalten sollte, auch
den Rest des Kapitels aufzuarbeiten.

2.4.1 Bildung – Mündigkeit – Emanzipation

Der **Bildungsbegriff** ist in seiner Problemgeschichte seit ROUSSEAU mit einem
kritisch-distanzierenden Moment verbunden: Erziehung – betont ROUSSEAU – hat
es nicht mit Bürgern und Soldaten, sondern mit Menschen zu tun. Dieses
Moment wird ebenfalls von HUMBOLDT hervorgehoben, wenn er fordert, daß
„die freieste, so wenig als möglich schon auf die bürgerlichen Verhältnisse ge-
richtete Bildung des Menschen überall vorangehen müßte" (HUMBOLDT 1964,
S. 10).
Also: Bildung wendet sich gegen Vereinnahmung des Lernenden für gesellschaftliche, ökonomische oder politische Zwecke. Bildung kennzeichnet das
Bemühen, den Menschen grundsätzlich in die Lage zu versetzen, sich selber für
oder gegen solche Anforderungen entscheiden zu können.
Damit hängt ein zweites Bestimmungsmerkmal von Bildung zusammen: Sie
ist *individuell,* auf den einzelnen bezogen, auf konkret diesen Lernenden ausgerichtet.
Aber: Der einzelne darf und kann nicht als isoliertes Subjekt betrachtet,
sondern muß im Zusammenhang mit seinen Mitmenschen gesehen werden.
Bildung ist somit auch auf die *soziale Dimension* verwiesen. Dies kann in einer
eher trivialen Art bedeuten, daß Bildung, sofern sie auf Handeln bezogen ist,
sich immer im sozialen Kontext realisiert. Es kann aber auch so verstanden
werden, daß Bildung in der bestimmten gesellschaftlichen Situation Bedingungen vorfindet, die Grenzen ihrer Realisierung bedeuten. Bildung hat sich dann
auf die Veränderung eben dieser Voraussetzungen zu beziehen; das Handeln
steht dabei unter dem Anspruch der Erzielung und *Ausweitung des demokratischen
Handlungsspielraums,* der insofern eine Grundvoraussetzung für Bildung dar-

tellt, als Bildung mit *Autonomie* und *Selbstbestimmung* des Menschen zusammengedacht werden muß.

Es ergeben sich als **Begriffsmerkmale von Bildung**:
– sie zielt auf kritisch-distanzierende Haltung des Individuums,
– sie ist auf den einzelnen bezogen (individuelles Moment der Bildung)
– und steht in politisch-sozialer Verwiesenheit.

Der zweite Begriff in der Trias möglicher Zielbestimmungen ist der der Mündigkeit. **Mündigkeit** ist mit dem Bemühen um Aufklärung verbunden. Aufklärung besteht nach KANT im „Ausgang des Menschen aus seiner selbst verschuldeten Unmündigkeit. Unmündigkeit ist das Unvermögen, sich seines Verstandes ohne Leitung eines anderen zu bedienen." (KANT VIII, S. 35). Entsprechend bezieht sich Mündigkeit gerade auf den Einsatz des eigenen Verstandes, nicht um *irgendeinen* Gebrauch davon zu machen, sondern um *öffentliche Gegebenheiten* kritisch zu überdenken. Allerdings ist hierzu eine Voraussetzung erforderlich, auf die KANT selbst hinweist:

„Daß aber ein Publicum sich selbst aufkläre, ist eher möglich; ja es ist, wenn man ihm nur Freiheit läßt, beinahe unausbleiblich... Zu dieser Aufklärung aber wird nichts erfordert als F r e i h e i t; und zwar die unschädlichste unter allem, was nur Freiheit heißen mag, nämlich die: von seiner Vernunft in allen Stücken ö f f e n t l i c h e n G e b r a u c h zu machen" (KANT VIII, S. 36).

Mündigkeit beinhaltet also die Forderung nach *eigenständigem Denken*, das aber nicht bloß auf die privat-individuelle Sphäre begrenzt ist, sondern sich auch auf politisch-öffentliche Belange bezieht.

Der Begriff tritt aber auch in einer mehr rechtsphilosophischen oder – vielleicht noch allgemeiner gesagt – in einer moralischen Variante auf. Mündigkeit bezieht sich dabei auf einen Status des Menschen, in dem dieser *Verpflichtbarkeit* und *Verantwortungsfähigkeit* zeigt (RITZEL 1973, S. 51). Verantwortungsfähig und verpflichtbar ist der Mensch aber nur, wenn er aufgrund von Einsicht handelt. Dies erfordert die Fähigkeit zum Urteil, so daß beide – *Einsicht und Urteilsfähigkeit* notwendige Voraussetzungen von Mündigkeit darstellen.

Damit ist – auf Lernprozesse umgedacht – die Inhaltsdimension von Erziehungsvorgängen impliziert, denn Einsicht und Urteilsfähigkeit gründen letztlich auf der Auseinandersetzung mit Inhalten; Mündigkeit setzt Wissen voraus.

Aus dem Gesagten resultieren folgende **Begriffsmerkmale von Mündigkeit**:
– die eigene Urteilsfähigkeit,
– die Verpflichtung, von seinem Urteilsvermögen auch öffentlich Gebrauch zu machen,
– Verantwortungsfähigkeit, die Einsicht und Urteilsfähigkeit voraussetzt, was wiederum Sachkenntnis impliziert.

Der dritte Begriff ist der der **Emanzipation**. *Philosophisch* findet er sich bei MARX in den Frühschriften entwickelt. Emanzipation meint dort die *Aufhebung von Entfremdung,* bezeichnet den Prozeß, durch den der Mensch sich wieder als Mensch zurückgewinnt (,menschliche Emanzipation des Menschen'). Emanzipation ist der Vorgang der Selbstbefreiung der Gattung durch Beseitigung der die Entfremdung bedingenden Ursachen, also vor allem durch die Aufhebung des Privatbesitzes an Produktionsmitteln und Beseitigung der Arbeitsteilung, besonders der von Kopf- und Handarbeit, da sie den Menschen in seiner körperlich-geistigen Einheit auseinanderreißt.

Von diesem Bedeutungszusammenhang kann zweitens der *historische* oder *sozialhistorische* Gebrauch des Begriffes abgehoben werden. Der Emanzipationsbegriff meint in diesem Kontext die *Freiheitsbestrebungen bestimmter sozialer Schichten* im konkreten historischen Ablauf, z.B. die Emanzipation des Bürgertums in der Auseinandersetzung mit dem Feudalsystem. In dieser Bedeutung taucht er dann auch bei MARX auf als historische Aufgabe des Proletariats im Kampf gegen die herrschende Klasse.

Wird der Emanzipationsbegriff drittens in seiner *politischen* Dimension gesehen, so bedeutet er das *Erkämpfen und Ausweiten von Freiheitspielräumen,* die im politischen Grundrechtskatalog enthalten sind. Emanzipation verweist damit auf die Distanzierung von Selbst- und Mitbestimmung hindernder Fremdbestimmung: Allerdings ist hier eine Ergänzung wichtig. Fremdbestimmung ist mit dem Phänomen der *Herrschaft* verbunden, die, so kann man wohl annehmen, in der menschlichen Gesellschaft nicht aufhebbar ist. Emanzipation kann nicht im Sinne absoluter Aufhebung von Herrschaft verstanden werden. Jede Aufhebung von Zwängen, von repressiven Sozialverhältnissen führt immer in neue soziale Verhältnisse und hebt sie somit nicht grundsätzlich auf. Wird aber einerseits das Phänomen der Herrschaft als unabdingbar angenommen und sind andererseits Emanzipationsbemühungen aus demokratischen Überlegungen unaufgebbar, so kann der Widerspruch nur so gelöst werden, daß Emanzipationsbemühungen dazu tendieren, *fremdbestimmte* Herrschaftsverhältnisse zunehmend in *selbstbestimmte* zu übersetzen, wie das etwa in der ROUSSEAUschen Formulierung des ,Contrat Social' als Forderung festgehalten ist (vgl. hierzu auch Kap. 5.2.1).

Schließlich läßt sich viertens eine *soziologische* Bedeutung des Begriffs abheben. Er wird hier auf die *Aufhebung struktureller Benachteiligungen sozialer Gruppen oder Institutionen* bezogen; man spricht z.B. von der Emanzipation der Frau und meint die Aufhebung repressiver Rollenschemata oder von der Emanzipation der Pädagogik vom Einfluß durch Kirche, Staat und Stand, wie es NOHL einmal ausgedrückt hat, wenn er die Autonomie der Pädagogik, ihre Befreiung von religiösen oder politisch-gesellschaftlichen Einflüssen forderte (vgl. NOHL 1933, S. 15). Diese Betrachtungsweise ist eine soziologsiche und insofern von MARX abgehoben, als bei einer solchen Verwendung des Begriffs nicht die klassenantagonistischen Implikationen der MARXschen Theorie mitgedacht sind, sondern der Emanzipationsgedanke von recht unterschiedlichen Motiven getragen ist. Im ersten Fall etwa gründet er sich auf die Forderung nach Einlösung des im Grundgesetz verbürgten Gleichheitsanspruchs, im zweiten Fall zielt er auf Realisierung eines bestimmten wissenschaftlichen und institutionellen Autonomieanspruchs ab.

Voneinander abzuheben sind demnach folgende **Begriffsmerkmale von Emanzipation:**
– *Philosophische Bedeutung:*
  Aufhebung von Entfremdung (MARX) durch Beseitigung des Privatbesitzes an Produktionsmitteln und der Trennung von Kopf- und Handarbeit (menschliche Emanzipation des Menschen)
– *Historische (sozialhistorische) Bedeutung:*
  Freiheitsbestrebungen bestimmter Sozialschichten (z.B. des Bürgertums oder der Arbeiterschaft)
– *Politische Bedeutung:*
  Erkämpfen von Freiheitsspielräumen (wie sie etwa im Grundrechtskatalog oder der Charta der Menschenrechte fixiert sind)
– *Soziologische Bedeutung:*
  Aufhebung sozialstruktureller Benachteiligungen von sozialen Gruppen (etwa Emanzipation der Frau oder der von Minderheiten)

Wir haben uns nun die Frage zu stellen, welcher Zusammenhang zwischen diesen drei Begriffen besteht. Eine Möglichkeit, sie sinnvoll miteinander zu verknüpfen, ist es, **Bildung** als übergeordneten Begriff, **Mündigkeit** und **Emanzipation** als seine Teilmomente anzusehen, da Bildung alle Merkmale umfaßt, die in den beiden anderen Begriffen jeweils nur zum Teil enthalten sind.

Damit bezeichnet **Bildung** als allgemeines Ziel der Erziehung einen *Persönlichkeitszustand,* der den *einzelnen* befähigt, sein *Handeln* auf *Einsicht* und *Sachkompetenz* zu gründen und es kritisch-prüfend unter dem Prinzip der *Selbstbestimmung* zu *verantworten.*

Befassen wir uns genauer mit den Teilmomenten der Definition:
(a) Festgehalten ist der Aspekt der *Verantwortung.* Der einzelne hat sein Handeln zu vertreten, er kann es aber nur verantworten, sofern er eine Entscheidung zu treffen in der Lage ist. Dies kann er wiederum nur aufgrund von Einsicht

in und Urteil über den Handlungszusammenhang (beides setzt *Sachkompetenz* voraus).

Kurz: Er kann nur Verantwortung in diesem vollen Sinn als mündige Person übernehmen (Aspekt der Mündigkeit).

(b) Als *Handelnder* (und nicht bloß als denkender, als kontemplativer) steht der einzelne notwendig im sozialen Zusammenhang, und zwar nicht nur angepaßt-nachahmend, sondern immer auch kritisch-prüfend, wobei Maßstab der Kritik die Vorstellung von *Selbstbestimmung* ist.

Kurz: Er kann sein Handeln nur kritisch-prüfend realisieren, sofern er es auf einen Maßstab bezieht. Oberster Bezugspunkt ist das Prinzip der Selbstbestimmung (Aspekt der Emanzipation).

Exkurs: Zur dialektischen Konstruktion des Bildungsbegriffs

Das Vorgehen, nach dem hier der Bildungsbegriff entwickelt ist, kann man als dialektisch bezeichnen und sagen, der Bildungsbegriff sei die ‚aufgehobene Wahrheit von Mündigkeit und Emanzipation'.

Es gibt mehrere dialektische Denkfiguren; eine davon ist die hier verwendete der ‚Aufhebung', eine andere, die sich auf das Verhältnis von Wesen und Erscheinung bezieht, ist in Kap. 7.3 erwähnt.

Der Begriff der Aufhebung kann dreifach verstanden werden:
– Aufheben als ‚vernichten' (tollere).

Die Einseitigkeiten der beiden Teilbegriffe (Mündigkeit und Emanzipation) werden im Bildungsbegriff vernichtet, ein möglicher Widerspruch zwischen ihnen wird damit auch aufgehoben. So wird beispielsweise im Bildungsbegriff die Einseitigkeit einer bloß privat-innerlichen, auf das isolierte Subjekt bezogenen eigenständigen Denkhaltung ebenso aufgehoben (vernichtet) wie die nur einseitige Haltung der Distanz, Kritik und permanenten Veränderung.

– Aufheben als ‚emporheben' (elevare).

Bleibt man auf die ‚untere' Ebene der Betrachtung ausgerichtet, so stehen sich Mündigkeit, insbesonders in ihrer rechtsphilosophisch-moralischen Variante, und Emanzipation in ihrer distanzierend-verändernden Bedeutung unvereinbar gegenüber. Verpflichtung und Verantwortung implizieren eine Haltung der Anerkennung, der Übernahme, des bewußten Akzeptierens. Dagegen erfordert Veränderung von Zuständen, die Selbstbestimmung einengen, eine distanzierende, zurückweisende, kritisierende, hinterfragende Haltung.

Aufgehoben wird dieser Widerspruch erst auf der ‚höherem Ebene' im Bildungsbegriff, bei dem Akzeptieren und Distanzieren nur Teilmomente einer beides umfassenden Gesamthaltung sind.

– Aufheben als ‚bewahren' (conservare).

Wenn auch Einseitigkeiten vernichtet und Widersprüche aufgehoben werden, so bleiben die wesentlichen Momente von Mündigkeit und Emanzipation doch im Bildungsbegriff bewahrt, denn er setzt sich ja gerade aus deren Teilaspekten zusammen. Das Motiv der Eigenständigkeit im Denken und der Verantwortungsbereitschaft sind hinsichtlich des

Mündigkeitsbegriffs bewahrt, der Verweis auf Handeln (statt nur Denken) und auf das mit dem Selbständigkeitsprinzip in Verbindung gebrachte prüfend-distanzierende Moment sind vom Emanzipationsbegriff entnommen und ebenfalls im Bildungsbegriff bewahrt.

Nun werden auch Verkürzungen an diesem Zielkomplex sichtbar, sobald eines der diesen Begriff dialektisch aufbauenden Momente überbetont bzw. unterdrückt wird.

Wird das Emanzipationsmoment überbetont (und das der Mündigkeit vernachlässigt), entstehen leicht Fehlformen, wie beispielsweise die Forderung
– alle Bildung müsse politisch sein,
– Bildung müsse permanent alles in Frage stellen,
– Bildung sei nur Aktion.

Vergessen wird hier, daß Bildung als umfassende Handlungsfähigkeit des Menschen auch Bejahung einschließt, auch Anerkennung, auch Sachkompetenz, auch Urteilsvermögen, auch nicht-politische Dimensionen (z. B. ästhetische, bewegungsmäßige, sensorische, gedanklich-kontemplative).

Hebt man dagegen allein den Mündigkeitsbegriff hervor, so wird Bildung vorschnell gleichgesetzt mit
– Individualismus,
– nur reiner Urteilsfähigkeit (die Handlungsdimension gerät zu kurz),
– Innerlichkeit.

Vergessen wird hier, daß sich Bildung auch auf die politisch-soziale Dimension bezieht, daß sie nicht allein die innere Vollkommenheit des Menschen intendiert, der sich aus allem auf sich selbst zurückgezogen hat, daß sie nicht nur Denken oder interesselosen ästhetischen Genuß, sondern auch eine auf die Bewältigung und Veränderung von Wirklichkeit bezogene Handlungskompetenz beinhaltet, daß Bildung damit nicht nur Anerkennung und verpflichtende Übernahme, sondern auch Kritik und Distanzierung fordert.

Bei alledem ist eines wichtig zu beachten: Wie alle allgemeinen Erziehungsziele stellt auch das der Bildung ein **regulatives Prinzip** dar, und zwar in zweifachem Sinn:

(a) *Es orientiert die konkreten Erziehungsziele oder besser: Man kann sie an ihm prüfen.*

(b) *Es ist nie voll realisierter Bezugspunkt pädagogischen Handelns überhaupt.* Kein Mensch ist jemals voll gebildet: Dazu müßte er alles wissen, was für sein Handeln erforderlich ist, er müßte in jeder Situation aufgrund eigener Entscheidung und kraft eigenen Urteils handeln, vor dem Hintergrund nie erlahmender kritisch-prüfender Haltung und Ausweitung seiner Selbstbestimmungsmöglichkeit. Aber kein Mensch ist in allen Bereichen seiner Zeit sachkompetent, kein Mensch entscheidet permanent und prüft ununterbrochen kritisch. Ein großer – vielleicht der größte – Bereich beim menschlichen

Handeln ist von Routine, ungeprüften Annahmen, Vorurteil, sich Verlassen auf andere geprägt.

Wichtig ist nur: *Prinzipiell muß die Bereitschaft und Möglichkeit bestehen, gegebenenfalls sein Handeln aufgrund eigenen Urteils selbstbestimmt entwerfen zu können.*

2.4.2 Formale und materiale Bildungstheorie

Daneben ist ein anderer Gedankenstrang zu verfolgen. Im Begriff von Bildung sind zwei Motive zusammengefaßt, die in der Geschichte des pädagogischen Denkens häufig auseinandergerissen und gegeneinandergestellt wurden: der Gedanke der **formalen** und der der **materialen Bildung**.

In der *formalen Bildungstheorie* geht es um die Entwicklung der Kräfte und Fähigkeiten des Lernenden als Ziel von Erziehung. Wie ROUSSEAU es ausdrückt: Ein gut entwickelter Verstand, nicht ein voller Kopf ist Ziel der Erziehung. In der Terminologie des STRUKTURPLANS für das Bildungswesen: Aufgrund der hohen Veralterungsrate des Wissens liegt ein Schwerpunkt der Bildungsarbeit nicht allein in der Vermittlung von Kenntnissen und Fertigkeiten, sondern auch in der Fähigkeit, „immer wieder neu zu lernen, sei es in anderen Gegenstandsbereichen, sei es im gleichen Gegenstandsbereich, jedoch auf höherem Anspruchsniveau." (STRUKTURPLAN 1971, S. 33) *Formales Bildungsziel ist hier das Lernen des Lernens.*

Allerdings sprechen ernstzunehmende Einwände gegen eine Vereinseitigung nur zu diesem Pol hin:

– Die Inhalte werden zu *bloßen Übungsmitteln,* sie werden mediatisiert und in ihrer Aussage gleichgültig. Was ein geeigneter Inhalt ist, bestimmt sich allein danach, wie gut an ihm ‚Kräfteentwicklung' geübt werden kann. Übersehen wird dabei jedoch, daß Inhalte immer auch mit ihrer Inhaltlichkeit wirken, daß es beispielsweise nicht gleichgültig ist, ob man die Fähigkeit zur Analyse eines Textes an einem Romanauszug aus ‚Der Untertan' von H. MANN oder einer Passage aus einem Roman von H. COURTHS-MAHLER übt.

– Das Theorem der Kräfteentwicklung setzt voraus, daß es tatsächlich im Menschen klar abgegrenzte *Kräfte* gibt, die – ähnlich wie ein Muskel – durch Übung trainiert werden. Aber solche Abgrenzungsversuche scheitern an der Beliebigkeit der Einteilung, da es keine gesicherte Grundlage hierfür gibt: Die Kräftetabelle kann reichen von *einer Grundkraft* (z. B. Neugierkraft) bis hin zu einem mehr oder weniger umfangreichen *Ensemble von Kräften,* wozu dann etwa eine Denk-, Vorstellungs-, Anschauungs-, Empfindungskraft gehören, vielleicht noch mit Unterkräften wie vergleichende, strukturierende, beziehende (Denk-, Vorstellungs- usw.)-Kraft.

– Die Theorie der formalen Bildung muß auf *erhebliche Transferannahmen* zurückgreifen, um ihr Konzept aufrechterhalten zu können. Allerdings hat die Transferforschung erwiesen, daß Übungsübertrag nur unter bestimmten, zum Teil eingeschränkten Bedingungen stattfindet, nämlich
– bei inhaltlich und
– bei strukturell ähnlichen Elementen sowie
– bei methodisch ähnlichen Vorgehensweisen.

Kurz: Die Inhaltsseite kann beim Bildungsprozeß nicht in der Vereinseitigung zu einem rein formalen Verständnis gleichgültig werden.

Daher akzentuieren *materiale Ansätze* gerade den Inhaltsaspekt. Bildung gründet auf der Inhaltsvermittlung, auf der Auseinandersetzung mit eigens dazu ausgewählten Inhalten, da nur auf diesem Weg die Grundlagen für sachbezogenes Urteil und Entscheidungsfähigkeit geschaffen werden.

Aber auch hier liegen die Einwände schnell auf der Hand:
– Es können *nicht alle Inhalte* vermittelt werden, die für Urteilsfähigkeit und Sachkompetenz erforderlich sind.
– In pluralistischen Gesellschaften ist *kaum noch Konsens* über die als unverzichtbar anzusehenden Inhalte zu erlangen.
– Bei gesteigertem wissenschaftlichem Fortschritt wandeln sich die Inhalte sehr schnell *(Veralterung* von schulischem Wissen).
– Der Ansatz riskiert leicht, in einen *Enzyklopädismus* (Vielwisserei) abzugleiten. Ein Zeichen hierfür sind im schulischen Bereich die Lehrplanaufblähungen durch eine Vielzahl von verbindlich zu lehrenden Fächern.

Beide Einseitigkeiten sollten in der hier entwickelten Formulierung des Bildungsbegriffs vermieden werden:

Inhaltsbezug ist als Grundlage für Urteil und Entscheidung unentbehrlich. Sein Korrektiv erhält er aber an dem formalen Prinzip der auf Selbstbestimmung bezogenen Kritik- und Handlungsfähigkeit, durch die der Lernende Kompetenzen erwerben soll, um unterschiedliche Situationen bewältigen zu können.

Ohne einen eigens ausgewiesenen Inhaltsbereich wird Bildung schwammig, ohne Erwerb formaler Fähigkeiten dagegen starr.

Die Aussagen zur Bedeutung des Inhaltsbereichs bleiben hier aufgrund der prinzipiellen Erörterung des Bildungsbegriffs noch abstrakt. Konkret und detailliert wird die Inhaltsfrage aber in Kap. 6 entwickelt, das sich eigens mit diesem Aspekt auseinandersetzt.

2.4.3 Lerntafel

Bildung
bezeichnet einen Persönlichkeitszustand, der den einzelnen befähigt, sein Handeln auf Einsicht und Sachkompetenz zu gründen und es kritisch-prüfend unter dem Prinzip der Selbstbestimmung zu verantworten.

Der Bildungsbegriff ist entwickelt als dialektische Synthese aus den Begriffen der **Mündigkeit** und der **Emanzipation**:
Bewahrt sind die Motive des individuellen, der Urteils- und Verantwortungsfähigkeit (Mündigkeitsaspekt) sowie die der Selbstbestimmung, des Kritischen und der Verwiesenheit des Individuums auf den politisch-sozialen Kontext (Emanzipationsaspekt).
Vermieden (aufgehoben) sind die Einseitigkeiten eines bloßen Individualismus als auch eines kurzschlüssigen Aktionismus.
Vermieden ist ebenfalls die ausschließliche Betonung entweder nur des *formalen Moments* (Bildung als Kompetenzerwerb) oder nur des *materialen Aspekts* (Bildung als Wissenserwerb). Der Bildungsbegriff enthält beides: Er vermittelt formale Fähigkeiten einer Handlungskompetenz mit dem fundierten Erwerb von Sachwissen.

Funktionen des Bildungsbegriffs:
- Er ist grundlegender Orientierungspunkt allen erzieherischen Handelns (**regulatives Prinzip**).
- Er ermöglicht die Kritik und Bewertung der in Richtlinien, Lehrplänen, Programmen usw. vorliegenden allgemeinen Erziehungsziele.
- Er stellt eine nie abschließbare Aufgabe dar. Bildung ist ein lebenslanger Prozeß.

2.4.4 Arbeitsvorschlag

Bewerten Sie mit Bezug auf den Bildungsbegriff und seine Teilmomente den in Kap. 2.2 auf S. 53 aufgeführten Katalog von Erziehungszielen des Kultusministers von ALTENSTEIN.

2.4.5 Bildung in der Moderne

Im vorangegangenen Kapitel wurde allgemein über Merkmale von Bildung gesprochen. Nun kann man kritisch einwenden, Bildung erfolge nicht allgemein, abstrakt, sondern sei eingebunden in eine Zeit, eine Epoche, abhängig von dort gegebenen kulturellen, gesellschaftlichen, politischen Verhältnissen. Wer also darüber etwas aussagen wolle, was Bildung heute bedeutet, der müsse ihre Situation in der Moderne thematisieren.

Auf diesen berechtigten Einwand wollen wir im folgenden Kapitel eingehen. Allerdings: Man muß sich dann mit einem der gefürchteten Dschungelthemen befassen. Man betritt einen Begriffsurwald, ohne zu wissen, ob man je wieder herauskommt und wenn doch, an welcher Stelle dies sein wird. Der Begriff der Moderne differenziert sich nämlich in *Moderne der Neuzeit, Spätmoderne, Postmoderne*; in Konzepte wie das der *Individualisierung* oder – gegenteilig – *Pluralisierung* und daraus werden Botschaften abgeleitet, wie etwa die vom Ende der Pädagogik.

Ehe wir auf Kennzeichen der Moderne eingehen, sollte vorab ihre zeitliche Gliederung festgehalten werden:

Ab der Renaissance, also etwa mit Beginn des 15. Jahrhunderts, spricht man von *Neuzeit* in Abhebung zum Mittelalter. Ihr Kennzeichen: die ‚Entdeckung‘ des Individuums als autonomes Subjekt, seine zunehmende Herauslösung aus der mittelalterlichen Ordnung, die Entwicklung von Wissenschaft auf der Grundlage empirischer Verfahren.

Mit dem Terminus *Moderne der Neuzeit* ist insbesondere auf die Aufklärung, also primär das 18. Jahrhundert verwiesen. Ihr Kennzeichen: Propagierung des Freiheitsgedankens, Glaube an den Fortschritt statt an religiöse Vorgaben, Anerkennung der Wissenschaft als Ausdruck rationaler Erklärung von Welt.

Von diesem Zeitabschnitt hebt man die *Moderne des 20. Jahrhunderts* ab. Damit sind die Entwicklungen angesprochen, die mit der Industrialisierung im 19. Jahrhundert einsetzten, aber im 20. Jahrhundert voll zum Durchbruch kamen: Enormer Aufschwung von Wissenschaft und Technik, hohe Mobilität der Arbeitskräfte, Anwachsen der Städte (Urbanisierung), Bildung für alle.

Je nachdem worauf man den Akzent legt, sind die zwei bis drei letzten Jahrzehnte unseres Jahrhunderts entweder als *spätmoderne* bzw. *postindustrielle* Zeit oder als *Postmoderne* bezeichnet.

Betont man den Dienstleistungscharakter westlicher Gesellschaften und den Stellenwert von Informationen, spricht man mit D. Bell eher von der *postindustriellen* oder auch *spätmodernen* Epoche. Hebt man die Entwicklung hervor, die zu einer radikalen Pluralisierung von Lebensstilen, Milieus und Sinndeutungen, dem ‚Ende der großen Erzählungen‘ und damit zur Auseinandersetzung mit und zwischen diesen Konzepten, zum ‚Widerstreit‘ führte, kann man mit F. Lyotard von der *Postmoderne* sprechen.

Hierzu später mehr, vorab einmal soll das Tableau auf Seite 75 eine erste Übersicht ermöglichen.

Sicher sind Ihnen angesichts dieser groben Zeiteinteilungen schon Ungereimtheiten aufgefallen:

– Es wurde schon erwähnt, daß der gleiche Zeitabschnitt, etwa die letzten Jahrzehnte unseres Jahrhunderts, sowohl als spätmodern/postindustriell als auch als postmodern bezeichnet werden kann, je nachdem welche Gesichtspunkte als prägend angesehen werden.

– Die skizzierten Zeiträume überschneiden sich, Elemente der einen Epoche spielen in die nächste hinein beziehungsweise sind dort noch lange auffindbar.

Die letzte Bemerkung führt zu einem weiteren Hinweis. Moderne ist nicht einfach gegeben. Sie ist vielmehr als ein Prozeß zu begreifen, innerhalb dessen sich grundlegende Wandlungen vollziehen und Widersprüchlichkeiten produziert werden. Beide Aspekte werden im folgenden genauer behandelt:

(6) Tableau: *Epochen der Moderne*

Zeitrahmen	Merkmale
Neuzeit Renaissance – Aufklärung 15. bis Beginn 18. Jahrhundert	‚Entdeckung' des Individuums Entwicklung nationalstaatlicher Strukturen Aufkommen von Wissenschaft
Moderne der Neuzeit Aufklärung 18. Jahrhundert	Glaube an die Kraft der Rationalität Entwicklung von Wissenschaft Kritik an religiöser, politischer Bevormundung Fortschrittsutopie
Moderne des 20. Jahrhunderts Industrialisierung bis Beginn des letzten Drittels im 20. Jahrhundert	Gesteigerte Entwicklung von Wissenschaft und Technik Mobilität der Arbeitskraft Bildung für alle Urbanisierung
Letztes Drittel des 20. Jahrhunderts, je nach Perspektive: *Spätmoderne, postindustrielle Epoche*	Dienstleistungsgesellschaft Macht durch Information (Info-Eliten)
oder *Postmoderne*	Ende der großen Erzählungen radikaler Pluralismus Widerstreit

– der Wandlungsprozeß, verstanden als *Modernisierung* und
– dabei auftretende Widersprüche, gefaßt im Begriff der *Paradoxien von Modernisierung*.

Womit wir dann im Dschungel angekommen wären. Im Sinne der Vermittlung von Grund- und Prüfungswissen haben wir eine bewußte Selektion auf die Hauptstränge und auch -begriffe modernitätstheoretischer Diskussion vorgenommen und weniger Relevantes oder allzu Differenziertes beiseitegelassen. Gleiches gilt auch im Blick auf die Antworten der Pädagogik. Wer sich hier genauer informieren will, findet im Literaturverzeichnis zu diesem Themenkreis weiterführende Hinweise.

Wir versuchen also, mit nur vier großen Schritten das Gestrüpp wenigstens ansatzweise zu durchdringen und verständnisfördernde Schneisen zu schlagen:

- Zunächst soll eine Theorie der Modernisierung skizziert werden,
- anschließend sind daraus Folgerungen für die Pädagogik zu ziehen,
- danach ist kurz auf den Ansatz der Postmoderne einzugehen und
- abschließend muß auch hier nach den Konsequenzen gefragt werden, die sich daraus für die Pädagogik ergeben.

2.4.5.1 *Modernisierung*

In einer klaren und überzeugenden Darstellung ist der **Modernisierungsprozeß** von VAN DER LOO/VAN REIJEN (1992) beschrieben. Sie gehen von folgender Überlegung aus:

Jede Gesellschaft, ob modern oder vormodern, besteht und entwickelt sich auf der Grundlage sozialen Handelns. Durch wechselseitig aufeinander ausgerichtetes Handeln bewahren Menschen ihre Gesellschaft, bringen neue Elemente ins Spiel, modifizieren und verändern Gesellschaft. Daher bietet es sich an, den Modernisierungsvorgang über den Begriff des sozialen Handelns zu erfassen. Genauer: Man versucht herauszufinden, welche Aspekte an sozialem Handeln sich im Rahmen von Modernisierungsprozessen gewandelt haben.

Dies erfordert Klarheit zunächst darüber, in welche Aspekte sich **soziales Handeln** differenziert. Analytisch betrachtet ist es durch vier zentrale Momente gekennzeichnet:

Soziales Handeln läuft ab innerhalb einer sozialen *Struktur*, ist eingebettet in eine *Kultur*, getragen von (einer) *Person*(en) und abhängig von der *Natur*.

Unter *Struktur* ist das Gefüge sozialer Rollen verstanden, die wechselseitig aufeinander bezogen sind. Daraus entstehen Zuschreibungen an die eigene Rolle und Erwartungen an das Handeln des anderen. Soziales Handeln wird dadurch kalkulierbar (man weiß, wie sich der Träger einer bestimmten Rolle vermutlich verhalten wird), kontrollierbar (die bei rollenabweichendem Verhalten einsetzenden Sanktionen stabilisieren die Rollenausführung) und regelmäßig (die Rollenausführung hängt nicht vom subjektiven Belieben ab, sondern ist sozial relativ dauerhaft fixiert).

Kultur umfaßt das Insgesamt von Normen, Werten, Ideen, Symbolen einer Gesellschaft oder eines ihrer Teilsysteme. Im Bereich der Kultur ist festgelegt, warum eine Handlung richtig oder falsch ist, wie man sich in bestimmten Situationen, in verschiedenen Handlungsbereichen verhält.

Der Aspekt der *Person* verweist auf die subjektiven Bedingungen sozialen Handelns, auf seine Abhängigkeit von individuellem Wissen, Können, von Anschauungen.

Mit *Natur* schließlich ist die biologische Abhängigkeit des oder der Handelnden gemeint, also die Tatsache, daß wir bei aller sozialen und kulturellen Überformung primären biologischen Erfordernissen unterworfen sind. Dazu zählt etwa

Nahrung oder physischer Schutz. Hierher gehört auch, daß in unser Handeln, erst recht in unser Verhalten entwicklungsgenetisch bedingte Relikte hineinspielen, etwa in Form von Drohgebärden oder Demonstrationsverhalten.

Diese vier Dimensionen sozialen Handelns können nun auf den Modernisierungsprozeß hin ‚übersetzt‘ werden, indem man fragt, was unter der jeweiligen Perspektive – Struktur, Kultur, Person und Natur – Modernisierung heißt. Modernisierung stellt sich dar

– als Prozeß der **Differenzierung** im Bereich der Struktur,
– im Kontext von Kultur als Vorgang der **Rationalisierung**,
– mit Blick auf die Person als **Individualisierung** und
– hinsichtlich der Natur als **Domestizierung**.

Diese Wandlungstendenzen setzten mit Beginn der Neuzeit mehr oder weniger intensiv ein, machten sich aber verstärkt erst ab der Industrialisierung und dann vor allem im 20. Jahrhundert bemerkbar.

(7) Tableau: *Dimensionen von Modernisierung*

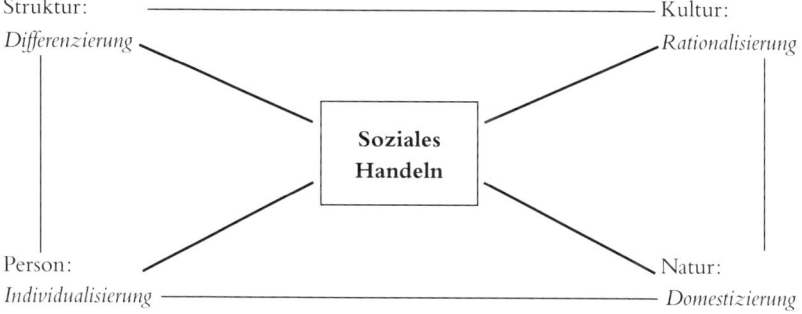

Dieses Begriffsgeflecht wird durchsichtiger, wenn es kurz erläutert und vor allem anhand von Beispielen verdeutlicht ist:

Struktur: *Modernisierung als Prozeß der Differenzierung*
Differenzierung verweist auf das Entstehen vielfältiger gesellschaftlicher Teilsysteme, Institutionen und Organisationen mit je eigenen Zielen und Strukturen.

Man kann sich den Vorgang veranschaulichen im Vergleich einer heutigen Kleinfamilie mit einer mittelalterlichen Handwerksfamilie. Vom Mittelalter bis in die beginnende Neuzeit waren bei diesem Familientyp Wohnen, Erziehen und Wirtschaften räumlich und funktional nicht getrennt. Werkstatt und die privaten Räume der Familie befanden sich im gleichen Haus, Kinder wuchsen in beiden Bereichen auf, wobei sie mit zunehmendem Alter an der Arbeit der Eltern beteiligt wurden. Die dazu erforderlichen Kenntnisse erwarben sie durch Beobachten und Nachmachen.

Im Laufe der Modernisierung ist dieser Zusammenhang aufgebrochen. Der Beruf ist in

Betriebe ausgelagert, die eine eigene Struktur (z. B. Herstellung, Vertrieb, Marketing), ein eigenes Rollengefüge (Abteilungsleiter, Meister, Arbeiter) und eigene Ziele (Gewinnmaximierung, Umweltfreundlichkeit) vorweisen. Wohnen findet davon räumlich getrennt statt, hat ebenfalls eigene Ziele und Interaktionsmuster, die vor allem auf Aufrechterhaltung emotionaler Beziehungen zwischen den Familienmitgliedern angelegt sind. Erholung und Entspannung, wichtig für den Erhalt der Arbeitskraft, finden oft entweder in separaten Institutionen wie Freizeitparks statt oder werden von einer Unterhaltungsindustrie in Angriff genommen, die dann von außen bis ins Wohnzimmer ‚ausstrahlt'. Die Ausbildung der Kinder ist ebenfalls an spezielle Institutionen abgegeben. Sollten sich hier Probleme in Form von Lernschwierigkeiten oder Verhaltensauffälligkeiten zeigen, bietet sich zu ihrer Aufarbeitung wiederum eine eigene Einrichtung an, etwa schulpsychologischer Dienst oder Familienberatung.

Kultur: *Modernisierung als Vorgang der Rationalisierung*
Mit *Rationalisierung* ist eine Haltung angesprochen, nach der Wirklichkeit im Rückgriff auf Wissenschaft begrifflich-theoretisch entschlüsselt wird. Zurückgedrängt wird dadurch der Glaube als Medium der Welterklärung. Wirklichkeit wird statt dessen nüchtern, sachlich, rational betrachtet, sie wird ‚entzaubert' und damit zunehmend vorhersehbar und beherrschbar. Man erarbeitet sich Gesetzeswissen in Form von *Wenn-Dann-Aussagen*. Sie geben die Bedingungen an, unter denen Ereignisse eintreten. Will man sie bewußt ablaufen lassen, muß man folglich nur die entsprechenden Ausgangsbedingungen gezielt herbeiführen.

Anschaulich belegen läßt sich dieser Wandel am Beispiel des Strafrechts, insbesondere im Vergleich der Hinrichtungsrituale in Mittelalter und früher Neuzeit mit Maßnahmen in der heutigen Strafpraxis.

Van Dülmen erwähnt in seinem Beitrag über ‚Das Schauspiel des Todes', daß damals die Strafe primär eine symbolische Bedeutung hatte. Er verdeutlicht dies am Fall eines Hirten, der 1659 in Nürnberg wegen Sodomie verbrannt wurde. Mit der Verbrennung wollte man den Verbrecher, das Verbrechen und jede Erinnerung daran völlig vernichten. Aus diesem Grund wurde selbst die Asche entweder vergraben oder in den Fluß geworfen. Damit ‚die gedächtnüß einer so schandbaren That gänzlich vertilget werde', erfolgte bei Sodomie auch die Verbrennung des Tieres (vgl. van Dülmen 1984, S. 227f). Das Feuer sollte die Tat verbrennen, die Hinrichtung stellte einen Selbstreinigungsakt der Gesellschaft dar, sollte Gottes Zorn besänftigen und seine Strafe von Stadt und Land abwenden.

Die heutige Strafpraxis hat sich von diesen Mystifikationen gelöst, hat den symbolisch verstandenen Vorgang entzaubert. Die Strafe soll nicht mehr die Tat ‚verbrennen', die Gesellschaft will sich nicht von der Befleckung reinigen und auch die Besänftigung des Zorns Gottes taucht nicht als Motiv auf. Das Verbrechen stellt vielmehr eine mehr oder minder starke Bedrohung des Funktionierens der Gesellschaft dar. Hierauf hat sie im Sinne ihrer Bestandswahrung zu reagieren.

Die Strafe selbst zielt – im Idealfall – auf die Rückführung des Delinquenten in die Gesellschaft. Da seine Hinrichtung nicht zur Diskussion steht, ist die Wiedereingliederung der für die Gesellschaft vorteilhafteste Verlauf: sie ist effizient (kein Gesellschaftsmitglied ist als Verlust abzubuchen) und ökonomisch (es entstehen keine Zusatzkosten für die Versorgung nicht effizienter Mitglieder). Um diesen Weg möglichst erfolgversprechend gehen zu können, werden wiederum rationale Zweck-Mittel-Überlegungen angestellt: *Wenn* die Tat beispielsweise mit negativen Persönlichkeitsmerkmalen erklärbar ist, die infolge zerrütteter Familienverhältnisse während der Kindheit des Täters entstanden, *dann* können diese über geeignete therapeutische Maßnahmen wie Übertragen von Verantwortung und Betreuung nach der Entlassung durch Sozialarbeiter verändert werden. Hintergrund aller dieser Maßnahmen sind Erkenntnisse und Gesetzeswissen entsprechender wissenschaftlicher Disziplinen, etwa der Kriminologie, Psychologie, Pädagogik, der Soziologie und der Medizin.

Person: *Modernisierung als Individualisierung*

Individualisierung thematisiert eine Entwicklungstendenz, nach der sich der einzelne nicht mehr in erster Linie in Klassen eingebunden sieht und von dorther Leitlinien für seine Lebensentscheidungen erhält. Statt dessen löst sich diese Zuordnung zunehmend auf, so daß das Individuum selbst Entscheidungen über Ziele und Verlauf seines Lebens treffen muß. In Schlagworten: Die *Normal*biographie, das heißt der sozial jeweils festgelegte und erwartbare Lebensweg eines Menschen aufgrund seines Geschlechts und seiner Zugehörigkeit zu einer sozialen Klasse, wird im Prozeß der Individualisierung zur *Wahl*biographie oder zur *Bastel*biographie: aus verschiedenen Sinnangeboten ,*puzzelt*' der einzelne *seinen* Tag, *sein* Leben, *seine* persönliche Identität (vgl. Hitzler 1988, S. 133 und 147).

In der Vormoderne verlief das Leben des Individuums in aller Regel nach dem Muster einer vorgezeichneten Normalbiographie. Sie war orientiert an seiner Zugehörigkeit zu einem bestimmten Stand mit den ihm eigenen Rechten, Pflichten, Normen und Zugriffen auf gesellschaftliche Ressourcen. Gehörte man etwa zum Bauernstand, war eben die ,Karriere' als Bauer oder Landarbeiter vorgezeichnet. Festgelegt waren damit auch Art und Umfang der Bildung, die politischen Rechte und Pflichten, das Ausmaß an Mobilität, die Wahl des Ehepartners.

In der Moderne bricht dieser enge Zusammenhang von Stand beziehungsweise sozialer Klasse und Lebenslauf zunehmend auf. Grundsätzlich – und diese generalisierte Aussage verkennt selbstverständlich nicht, daß die konkrete Einzelsituation völlig anders aussehen kann – muß und kann das Individuum wählen, hat Optionen, aber auch den Zwang zur Entscheidung. Der Mensch kann und muß selbst eine Berufswahl treffen, über Umfang und Höhe seiner formalen Qualifikation entscheiden, darüber, wo er wie lange leben will, welchen Partner er wählt, wo er politisch ,steht'. Begründung und Rechtfertigung all dieser Entscheidungen erfolgen nicht mehr entlang einer durchgängigen normativen Leitlinie, etwa der Religion oder einer bestimmten Gesellschaftsideologie. Vielmehr stehen mehrere miteinander konkurrierende ,Legitimationsvorräte' zur Verfügung, von individualistisch ausgelegten Lebenskonzepten über ökologisch-soziale Entwürfe bis hin zu esoterischen Lehren und Heilsbotschaften verschiedener Sekten.

Natur: *Modernisierung als Domestizierung*

Als *Domestizierung* bezeichnen van der Loo / van Reijen den Vorgang, in dem sich der Mensch zunehmend von seiner eigenen und der ihn umgebenden Natur unabhängig macht. Dieser Prozeß läuft in zwei Formen ab: einmal als *Optimierung*, zum anderen als *Zähmung*.

Optimierung bezeichnet den Versuch, vorhandene körperliche und geistige Fähigkeiten zu verbessern und zu effizienterem Einsatz zu bringen. Die Zähmung zielt auf die Beherrschung des ‚Tiers im Menschen' und richtet sich vor allem auf die Kontrolle von Trieben und Emotionen.

Beide Vorgänge waren in der Geschichte der Menschheit immer schon wirksam, sie entfalteten aber eine gesteigerte Dynamik in der Moderne. Mit der zunehmenden Differenzierung der Gesellschaft, vor allem bedingt durch Arbeitsteilung, haben die Menschen ihre Handlungsmöglichkeiten *optimiert*. Der oder die entsprechend Befähigte hat sich auf eine Tätigkeit spezialisiert und hier eine hohen Grad an Perfektion erreicht.

Zugleich sind die Menschen durch die Arbeitsteilung stärker aufeinander angewiesen. Sie müssen sich daher im Umgang miteinander *zähmen*, das heißt kontrollieren und Rücksicht aufeinander nehmen. Deutlich zeigt sich diese Entwicklung ab dem 16. Jahrhundert im Aufkommen von ‚Anstandsbüchern' mit Vorschriften über ‚gebührliches' Verhalten. Der Soziologe ELIAS spricht von einem *Prozeß der Zivilisation*, der verstärkt zu diesem Zeitpunkt einsetzt und für ihn als eines der Kennzeichen von Moderne festzuhalten ist.

Das Ineinanderspiel von Optimierung und Zähmung als den beiden Aspekten von Domestizierung läßt sich gut an der Technik belegen. Sie kann die Handlungsmöglichkeiten des Menschen ausdehnen, im Sinne einer umfassenderen Beherrschung der Natur optimieren. Zugleich aber wirkt die technische Entwicklung auf den Menschen zurück, indem sie seine Verhaltens- und Denkweisen durch Domestizierung im Sinne von Zähmung verändert. So fordert etwa die Beherrschung der modernen Automobiltechnik in Verbindung mit der Teilnahme am Straßenverkehr ein differenziertes Zusammenspiel von visuellen und motorischen Prozessen, Rücknahme eigener, unmittelbarer Impulse, Beherrschung von Ärger und Aggressionen zugunsten einer für jeden anderen Verkehrsteilnehmer berechenbaren Verhaltensweise.

Halten wir als Ergebnis des ersten Arbeitsschrittes, der Skizzierung einer Theorie der Modernisierung, fest:

> Modernisierungsprozesse lassen sich durch die Frage präzisieren, was an sozialem Handeln sich im Laufe der Moderne geändert hat: Die sozialen Strukturen und damit die Handlungsrollen haben sich zunehmend *differenziert*.
> *Rationalisierung* im Sinne wissenschaftlicher Durchdringung hat sich durchgesetzt, der einzelne hat sich von der Einbindung in Institutionen und Schichten zugunsten einer *individuellen Gestaltung* seines Lebens gelöst und menschliche Triebkräfte, seine Natur, wurden gezähmt, kontrolliert, kurz: *domestiziert*.

Wenn diese Darstellung des Modernisierungsprozesses auch auf den ersten Blick schlüssig wirkt, lassen sich bei genauerem Hinsehen doch widersprüchliche, unvereinbar scheinende Entwicklungstendenzen ausmachen. VAN DER LOO / VAN REIJEN werten sie im Blick auf jede der vier Dimensionen zugespitzt als *Paradoxien*. Es wird sich allerdings zeigen, daß es sich tatsächlich nur um scheinbare Unvereinbarkeiten handelt, da sie in Wirklichkeit die zwei Seiten derselben ‚Modernisierungsmedaille' darstellen.

2.4.5.2 Paradoxien der Modernisierung

Zum besseren Überblick und zur Erleichterung der Orientierung im folgenden Text sind die Ausführungen vorab in einem Tableau zusammengefaßt.

(8) Tableau: *Prozesse und Paradoxien von Modernisierungsprozessen*

Dimensionen sozialen Handelns	Prozesse der Modernisierung	Paradoxien der Modernisierung
Struktur	Differenzierung Entstehen einer stark gegliederten Sozialstruktur	*Maßstabsvergrößerung:* (multi)nationale Makroorganisationen *Maßstabsverkleinerung:* soziale Mikrogebilde
Kultur	Rationalisierung Zunehmende Verwissenschaftlichung	*Pluralisierung:* Vielfalt von Sinnangeboten und Sinnsystemen *Generalisierung:* Entstehen einheitlicher mundaner Kultursysteme
Person	Individualisierung Selbstgestaltung des Lebenslaufs aufgrund frei wählbarer Optionen	*Freiheit:* Existenz von Optionen im Lebenslauf *Ohnmacht:* Ausgeliefertsein an anonyme Großorganisationen
Natur	Domestizierung Beherrschung der menschlichen und der ihn umgebenden Natur	*Dekonditionierung:* Aufheben naturgegebener Abhängigkeit *Konditionierung:* zunehmende Abhängigkeit von Wissenschaft und Technik

Das Differenzierungsparadox

Die Differenzierung moderner Gesellschaft verläuft in zwei entgegengesetzten Richtungen: Einmal spalten sich bestehende gesellschaftliche Einheiten in kleine, voneinander abgehobene Teilbereiche mit eigenen Funktionen ab; VAN DER LOO / VAN REIJEN bezeichnen dies in Umkehrung der geographischen Festlegung als *Maßstabsverkleinerung*. Wird eine Karte in kleinem Maßstab, etwa 1 : 100 gezeichnet, sieht man zwar Einzelheiten recht gut, allerdings leidet der Überblick. Bei Maßstabsverkleinerung treten also die *Mikrogebilde* der Gesellschaft (soziale Gruppen, neue soziale Bewegungen, etwa Initiativen, kleine Netzwerke) deutlich hervor, aber die Einsicht in die Gesamtkarte ‚Gesellschaft' ist erschwert.

Gleichzeitig ist aber auch in Form von *Maßstabsvergrößerung* die gegenläufige Bewegung feststellbar: Bedingt durch zunehmende Arbeitsteilung und Speziali-sierung entstehen neue Großgebilde, die sich zu noch umfassenderen *Makroorga-nisationen* verflechten. Dies führt notwendig zu verstärkter Zusammenarbeit der separierten Bereiche untereinander, auch über regionale und nationale Grenzen hinweg, wie das etwa bei Konzernen oder Großorganisationen wie EU oder Nato der Fall ist. Die Makrogebilde, die aus diesen Verbindungen entstehen, kann man bei großem Maßstab (1 : 1 000 000) gut erkennen, allerdings sind dafür die Details aus der Gesellschaftskarte verschwunden.

Das Differenzierungsparadox äußert sich also im gleichzeitigen Aufkommen von sozialen Mikrogebilden, kleinen, ‚intimen', überschaubaren Gruppierun-gen, und ihrem Gegensatz, den sozialen Makrogebilden, also großen, unüber-schaubaren nationalen und transnationalen Organisationen.

Das Rationalisierungsparadox

Im Zuge der Differenzierung, wie sie gerade beschrieben wurde, entwickeln sich zahlreiche relativ selbständige soziale Einheiten mit eigenen Werten, Normen, Symbolen und Jargons, ein Vorgang, der als *Pluralisierung* bezeichnet wird. Für das Individuum geht damit eine leicht überschaubare, einheitliche Gesellschafts-struktur verloren, es sieht sich Unübersichtlichkeiten gegenüber. Partielle Orien-tierung gewinnt es nur noch im Rahmen spezifischer Milieus und kleinerer Grup-pierungen, die ihm zudem das Gefühl gemeinschaftlicher Geborgenheit bieten.

Denken Sie etwa an die Pluralisierung von Normen mit Blick auf die Rolle der Frau. Sie ist nicht mehr auf *ein* normatives Rollenmuster festgelegt, auf das der Ehefrau und Mutter, sondern hat ein breites Spektrum sozialer Normen zur Verfügung. Sie kann sie auf ganz unterschiedliche, selbst zu gestaltende Lebensentwürfe hin abbilden: Beruf und Karriere, Leben mit einem Partner, Leben allein mit ihrem Kind, Ausrichtung auf die gezielte Ent-wicklung eigener Talente und Interessen oder auch Leben im Rahmen traditioneller Fami-lienvorstellungen.

Zudem verstärkt eine zunehmend multikulturelle Zusammensetzung von Gesell-schaft diese Pluralisierung. Sie wird – gewollt oder ungewollt – gefördert durch entsprechende politische Rahmenentscheidungen, etwa Wegfall von Grenzkon-trollen, Bleiberecht für ausländische Arbeitnehmer aus den EU-Staaten oder für Aussiedler aus den Ostgebieten.

Dazu gegenläufig steht aber der gleichzeitig verlaufende Vorgang der *Generali-sierung*. Dabei vermischen sich auf weltweiter (*mundaner*) Ebene ursprünglich ge-trennte kulturelle Systeme. In der Folge werden auch die mit ihnen verbundenen Normen allgemeiner und verlieren an Aussagekraft.

Diese globalen Kultursysteme sind zudem abstrakt insofern, als sie die Reichhaltigkeit der Ursprungskulturen abgestreift und in gewissem Sinn ‚entsinnlicht' haben.

VAN DER LOO / VAN REIJEN belegen diese Entwicklung an der Popmusik. Hier fand eine Vermischung aller möglichen regionalen und nationalen Musikrichtungen statt, man nahm von hier dieses, von dort jenes auf. Im Zuge dieser ‚Sammlung' verloren die einzelnen Regionen ihre musikalisch ethnischen Besonderheiten. Es entstand schließlich eine konturlose, im Grunde austauschbare ‚weltumspannende' Musikart, die allgemeinen Normen gehorchte: gleichförmige Rhythmen, simple Texte mit uniformen Alltagsthemen, standardisierte Präsentation wie hohe Lautstärke, auffallende Outfits, Licht- und Lasereffekte.

Das Rationalisierungsparadox äußert sich in der Gleichzeitigkeit von Pluralisierung, also der Zunahme milieuspezifischer Werte, Normen, Symbole, Jargons und von Generalisierung als konturloser Vereinheitlichung kultureller Normen.

Das Individualisierungsparadox
Das Aufbrechen umfassender sozialer Systeme und das Entstehen pluraler mikrostruktureller Einheiten gibt dem Menschen die Chance zur *Freiheit*. Er ist nicht mehr fest an bestimmte Institutionen oder Organisationen gebunden. Er hat Optionen, er kann sich entscheiden und seinem Lebenslauf eine von ihm selbst bestimmte Richtung geben.

Diese Freisetzung von religiös-ideologischen Vorgaben manifestiert sich etwa im Bereich der familialen Lebensformen. Was eben für die Frau im besonderen angesprochen wurde, ist hier allgemein als Aufbrechen festgefügter sozialer Konstellationen beobachtbar: Heute gilt nicht mehr die Kernfamilie mit dem Gattenverhältnis und den Kindern als unverrückbare Norm. Es existiert vielmehr ein Ensemble, das neben der traditionellen Familie die kinderlose Ehe, die Partnerbeziehung, die Einelternschaft, das Singledasein umfaßt.

Auf der anderen Seite wird es unter diesen Umständen für den einzelnen schwieriger, Identität aufzubauen und zu wahren. Die Vielfalt der Angebote kann für den Menschen auch zu Orientierungslosigkeit führen, da ihm feste, vorgegebene Bezugspunkte verlorengehen. Bringt man zudem mit Blick auf das Differenzierungsparadox die Tendenz zur Maßstabsvergrößerung in Anschlag, werden für den einzelnen soziale Strukturen und Entscheidungsabläufe zu anonymen Größen. Er erfährt sich zwar als von ihnen abhängig, kann aber Einzelentscheidungen und ihr Zustandekommen nicht mehr nachvollziehen. In der Folge entstehen Gefühle der Machtlosigkeit, der *Ohnmacht*, der Beziehungslosigkeit.

Ein gutes Beispiel für dieses Gefühl bietet die ‚große' Politik mit den maßstabsvergrößerten Verflechtungen nationaler und internationaler Politik, aber auch einzelner Politikbereiche, etwa der Sozialpolitik, mit anderen Bereichen wie Wirtschafts-, Finanz- oder Arbeitsmarktpolitik. In der Folge entsteht die resignative Haltung, als einzelner nichts bewirken zu können, sondern ohnmächtig die komplexen Auswirkungen hinnehmen zu müssen.

Das Individualisierungsparadox stellt sich dar in dem spannungsvollen Widerspruch von Freiheit als der Möglichkeit, selbstbestimmt mit Optionen umgehen zu können, und der Ohnmacht, dem Gefühl der individuellen Machtlosigkeit gegenüber Makroorganisationen und unübersichtlichen gesellschaftlichen Teilsystemen mit ihren Verflechtungen.

Das Domestizierungsparadox

Der Mensch hebt, wie Sie aus dem Kapitel ‚Anthropologie' wissen, seine gefährdete (Mangel-)Situation durch Intelligenz und zweckgerichtetes Handeln auf. Er reduziert seine Abhängigkeit von der Natur durch die Entwicklung von Wissenschaft und Technik. Diesen Vorgang bezeichnen VAN DER LOO / VAN REIJEN als *Dekonditionierung*: Bisher bestehende Bedingungszusammenhänge (Konditionen) werden außer Kraft gesetzt (de-konditioniert).

In der Medizin kann dieser Prozeß an der Entwicklung von Kontrazeptiva verdeutlicht werden. Mit Erfindung der Antibabypille wurde ein unmittelbar geltendes Abhängigkeitsverhältnis von Mensch (Frau) und Natur aufgebrochen, dekonditioniert. Schwangerschaft muß nicht mehr als von der Natur bedingtes (konditioniertes) Schicksal hingenommen werden, sondern unterliegt nun der eigenen Entscheidung.

Im Gegenzug wird der Mensch allerdings immer abhängiger von den technischen Hilfsmitteln. Im Alltag macht sich diese Kehrseite in der Computerisierung alltäglicher Lebensbereiche bemerkbar. Die Anmeldung eines neuen Wohnsitzes, die Ausleihe eines Buches in der Bibliothek wie auch die Banküberweisung sind abhängig von funktionierenden Computersystemen. Treten hier Störungen auf, sind die Beteiligten schlichtweg handlungsunfähig. Massiver und noch bedrohlicher äußert sich die neue Abhängigkeit in den kaum noch kontrollierbaren Folgen industrieller Produktion, des Massenverkehrs oder der Kernenergie.

Zudem schlägt die Beherrschung der Natur durch Naturwissenschaft und Technik immer stärker um in eine Beherrschung des Menschen durch Menschen.

Diese Entwicklung läßt sich deutlich in der Kulturindustrie beobachten mit ihren Formen der direkten Einflußnahme über das Medium Fernsehen. Ob es sich um Werbung handelt, um indirekte politische Einflußnahme, um die mit verbindlichem Anspruch versehene Darstellung dessen, was ‚normal' ist; in allen Fällen werden die technischen Möglichkeiten des Mediums genutzt, um den Willen der betroffenen Menschen zu beeinflussen.

Das Domestizierungsparadox tritt einmal auf in Form von Dekonditionierung, also der Überwindung naturgegebener Abhängigkeiten, zum anderen als Konditionierung, als zunehmende Abhängigkeit des Menschen von seinen eigenen technischen Errungenschaften.

2.4.5.3 Modernisierung und ihre Folgen für die Pädagogik

Im ersten Schritt wurde das Konzept der Modernisierung geklärt. Dabei sind die vier Grunddimensionen sozialen Handelns auf die Situation in der Moderne hin übersetzt und als Differenzierung, Rationalisierung, Individualisierung und Domestizierung bestimmt worden. Diese Modernisierungsprozesse zeigten sich bei näherer Betrachtung als widersprüchlich auslegbar, sie ließen sich auf paradoxe, einander scheinbar entgegengesetzte Tendenzen hin ausdifferenzieren.

Mit dem nächsten Schritt kann man nun an diese Befunde, insbesondere an die Paradoxien des Modernisierungsprozesses anschließen und sich fragen:

Wie reagiert die Pädagogik auf die aufgezeigten Widersprüchlichkeiten, welche Zugriffe findet sie, um mit den jeweils aufgezeigten Problemen umgehen zu können?

Man kann die Suche nach Antworten auf diese Fragen dadurch erleichtern, daß man Paradoxien und daraus resultierende pädagogische Folgerungen einander zuordnet. In der nachstehenden Tabelle ist dies vorab überblickartig geschehen. Sie soll Ihnen die Orientierung im Text erleichtern, der die hinter den Stichworten stehenden Begründungszusammenhänge anschließend näher erläutert.

(9) Tableau: *Paradoxien von Modernisierung und die Antworten der Pädagogik*

Paradoxien	Antworten der Pädagogik
Differenzierung Maßstabsvergrößerung Maßstabsverkleinerung	Anleitung zu vernetztem Denken Rückgewinnung authentischer Erfahrungen
Rationalisierung Pluralisierung Generalisierung	Interkulturelles Lernen Ideologiekritik und Medienkritik; Rückgewinnung verlorengegangener Sinnlichkeit
Individualisierung Freiheit Ohnmacht	Biographiearbeit Umgang mit Komplexität
Domestizierung Dekonditionierung Konditionierung	Wissenschaftsorientierung Wissenschafts- und Technikkritik

Die pädagogische Antwort auf das Differenzierungsparadox:
Vernetztes Denken und erfahrungsorientiertes Lernen
Vergegenwärtigen Sie sich noch einmal kurz den Gedankengang: Das Differenzierungsparadox stellt sich in gegenläufigen Entwicklungen als Maßstabsvergrößerung wie auch -verkleinerung dar.

Maßstabsvergrößerung führt zu großen, häufig transnational organisierten sozialen Einheiten wie international operierenden Unternehmen, multinational aufgebauten militärischen Eingreiftruppen, den Einzelstaat übergreifenden politischen Institutionen. Soll der einzelne hier ein Mindestmaß an Einsicht und Überblick behalten, muß er kognitiven Zugang zu diesen komplexen und miteinander verwobenen Gebilden finden. Dazu ist in der Pädagogik das Konzept des **vernetzten Denkens** entwickelt worden.

Als Vernetzung beschreibt F. Vester die Verkoppelung eines Elements in einem System mit anderen und damit mittelbar mit allen anderen. Die Folge: Eingriffe an *einer* Stelle im System bleiben nicht auf diese Stelle begrenzt, sondern wirken sich – häufig ungewollt, weil nicht sorgfältig bedacht – auf mehrere und dann auf alle anderen Elemente aus.

Vester demonstriert diese Verkoppelung an einem gut gemeinten Projekt zur Bekämpfung der Tsetsefliege in der Sahelzone (vgl. Vester 1988, S. 25 ff). Es hatte zum Ziel, die durch das Insekt auf das Vieh übertragene und tödlich verlaufende Schlafkrankheit einzudämmen. Die sich daraus ergebenden Folgewirkungen sind in nachfolgendem Schaubild und erläuterndem Text verdeutlicht.

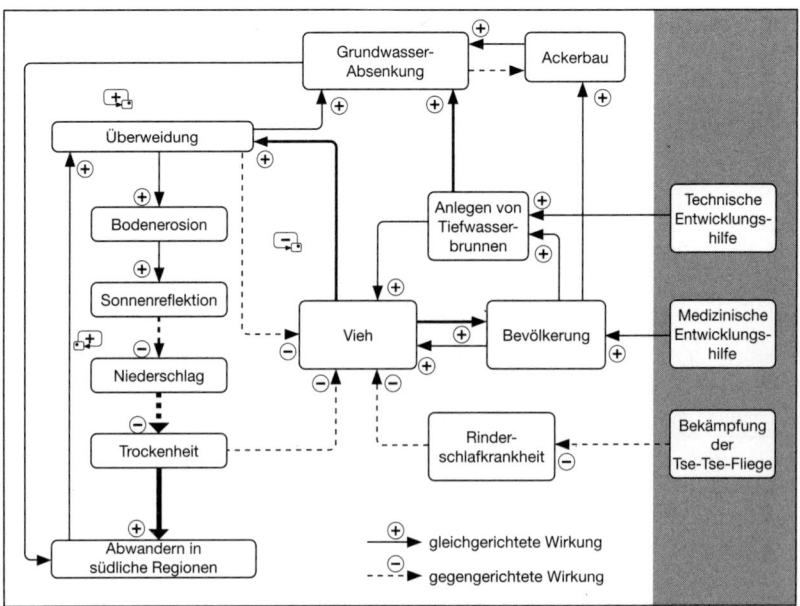

Netzwerk Sahelzone

In der Tat stellte sich der unmittelbare und beabsichtigte Effekt dieser Maßnahme ein und der Viehbestand nahm zu. Mit dem vermehrten proteinhaltigen Nahrungsangebot stieg die Bevölkerungszahl. Zugleich aber zog der erhöhte Viehbestand eine – nicht beabsichtigte –

Überweidung und größeren Trinkwasserbedarf nach sich. Deshalb wurden im Rahmen technischer Entwicklungshilfe Tiefwasserbrunnen angelegt. Diese bewirkten, zusammen mit der Überweidung und dadurch geförderten Bodenerosion, eine allgemeine Grundwasserabsenkung, die den als Alternative zur Viehzucht betriebenen Ackerbau beeinträchtigte, was die Bodenerosion weiter vorantrieb und die Wasserversorgung vollends gefährdete. Die in der Folge einsetzenden Vegetationsschäden hatten negative Auswirkungen auf das Klima, der karge Boden reflektierte verstärkt die Sonnenstrahlung und der Niederschlag ließ nach. Trockenheit und schließlich Abwanderung der Bevölkerung in südliche Regionen waren die Folge. Was als Rettungsmaßnahme gedacht war, endete in einem Desaster.

Unsere Wirklichkeit ist auf nahezu allen Gebieten durch eine solche Verkoppelung geprägt, weswegen Schule und Weiterbildung zunehmend die Fähigkeit zu vernetztem Denken vermitteln müssen. VESTER versteht darunter:

– *Überwinden eines ausschließlich abstrakt intellektuellen Lernens.*

Statt dessen ist Lernen wieder mit der Umwelt zu verbinden. Nur solches Lernen durchschaut ‚die tatsächlichen Vernetzungen und Wechselwirkungen' (vgl. VESTER 1988, S. 46). Diese Forderung verlangt einen Unterricht, der den Lernenden konkrete Erfahrungen als unmittelbare Auswirkung ihres Tuns ermöglicht. Beispielhaft ist diese Absicht mit Projektunterricht zu realisieren.

– *Lernen unter Einbezug aller anthropologischen Dimensionen, vor allem auch des Körpers.*

Ein Lernen, das den Körper und damit auch die Sinne ausschließt, schließt darüber auch Wechselwirkungen mit der Umwelt aus. Es ist ein ‚widernatürliches' und unökonomisches Lernen, denn der Mensch findet primären Zugang zur Welt und ihren Systemzusammenhängen über die Sinne (vgl. VESTER 1988, S. 50). Dieser Gesichtspunkt ist implizit mit dem ersten gegeben und im Hinweis auf projektorientierten Unterricht zu verdeutlichen. Projektarbeit fordert die Lernenden in der Tat mit all ihren Fähigkeiten, den intellektuellen wie den ästhetischen, praktischen, sozialen und den entsprechenden Sinnen.

Allerdings ist eine Einschränkung anzubringen: Wie die folgenden Überlegungen zur Generalisierung und ihren Konsequenzen für die Pädagogik hervorheben, stellen Systeme abstrakte, mit den Sinnen allein eben nicht mehr erfahrbare Netzwerke dar, weswegen pädagogisch gesehen besondere intellektuelle Zugriffsweisen notwendig werden.

– *Weniger Faktenwissen vermitteln, statt dessen Aneignung von Fähigkeiten zum Umgang mit Wissen.*

Wissen veraltet schnell aufgrund der rasanten Entwicklung, die Wissenschaft und Technik nehmen. Sinnvoller scheint es daher, formale Fähigkeiten zu vermitteln: Wissen aus Datenbanken abrufen, Informationen strukturieren, Einzelkenntnisse in erklärungshaltige Beziehungen setzen zu können. Diese Fähigkeiten sind zeitresistenter und lassen sich auch auf neues Wissen anwenden. (vgl. VESTER 1988, S. 51).

Als Fazit formuliert:
Vernetztes Denken zielt auf die Fähigkeit ab, angesichts verkoppelter Systeme die Folgen und Nebenfolgen von Maßnahmen absehen zu können. Die Herausbildung dieser Fähigkeit erfordert im Bereich des Lernens ganzheitlich angelegte

Bildungsprozesse und die Relativierung einer primären Ausrichtung an Inhalten zugunsten der Förderung formaler Fähigkeiten, die den *Umgang* mit Wissen ermöglichen.

Als gegenläufige Bewegung zum Entstehen sozialer Großgebilde wurde *Maßstabsverkleinerung* ausgemacht. Sie verweist auf das Entstehen und die zunehmende Verbreitung kleiner sozialer Einheiten und Initiativen wie Mietervereinigungen, Bürgerinitiativen, Selbsthilfegruppen, und die Einbindung des Handelnden in Alltagskontexte. Diese neuen sozialen Bewegungen bieten der Pädagogik die Chance zu einer Bildungsarbeit, die dem Menschen seinen Alltag, seine unmittelbaren Lebensräume, seine Mikrowelt und die damit verbundenen *Erfahrungen* wieder durchschaubar und begreifbar werden lassen. Man spricht daher in diesem Zusammenhang von **erfahrungsorientierter Bildungsarbeit**. Zu verstehen, warum dies so ist, erfordert einige Überlegungen in Form eines Exkurses.

Exkurs zum Alltagsbewußtsein
Der einzelne lebt und handelt im Rückgriff auf sein Alltagsbewußtsein. Es ist gekennzeichnet durch *Routinewissen*, das ‚immer wieder‘ auf soziales Handeln angewendet wird. Die Entstehung dieses Wissens ist dem einzelnen nicht immer nachvollziehbar, sondern es ist vorgefunden und wird von ihm instrumentalisiert benutzt: er kennt es, er weiß, wie man es einsetzt, aber er weiß nicht, wie es entstanden ist.

Weiter ist das Alltagsbewußtsein von *Stereotypen* geprägt, von *verallgemeinernden* Aussagen über die Wirklichkeit und den Mitmenschen. Damit erfassen diese Aussagen die Realität jedoch nicht mehr genau und differenziert. Wirklichkeit wird schablonisiert, und der Mitmensch nicht mehr authentisch als dieser individuelle Mensch, sondern als Typ, etwa als Deutscher, als Lehrer, als Hausfrau gesehen.

Schließlich ist Alltagsbewußtsein drittens durch die Erfahrung gekennzeichnet, daß grundlegende Handlungsmuster wiederholt einsetzbar sind. Man spricht hier auch von *Serialität*.

Alltagsbewußtsein hat zwar eine durchaus positiv zu sehende Funktion. Es wirkt handlungsentlastend, da man nicht in jeder Situation neu entscheiden muß, sondern auf bislang gut funktionierende Handlungsmuster zurückgreifen kann.

Bedenklich ist jedoch die Tatsache, daß Alltagsbewußtsein vorhandene allgemeine Auslegungen von Wirklichkeit, vorgegebene, immer wieder einsetzbare Routinen aufgreift, ohne sie sich als Ergebnis aktiver Verarbeitung von Erfahrung bewußt und geprüft angeeignet zu haben. Alltagsbewußtsein setzt diesen ‚echten‘ Erfahrungsprozeß außer Kraft (vgl. Pongratz 1988, S. 301).

Welcher Zusammenhang besteht nun im Kontext von Bildungsarbeit zwischen diesen Vorüberlegungen und dem Aufkommen sozialer Mikrogebilde?

Wenn Bildung darin besteht, Handlungschancen aufgrund selbständigen Urteils freizusetzen, dann findet sie angesichts der oben skizzierten Wirkung des Alltagsbewußtseins kaum einen Ansatzpunkt. Wie kann jemandem die Einsicht in Bedingungen und dabei vor allem in Restriktionen des eigenen Erfahrungsprozesses ermöglicht werden, wenn Erfahrung ihm immer schon als ‚fertig' begegnet, er folglich nicht durchschaut, wie sie zustandekam? Und noch schwieriger wird diese Bildungsabsicht, wenn der einzelne sich gar nicht auf das Befragen und die Prüfung seiner bisherigen alltäglichen, routinisierten, anonymisierten Erfahrung einlassen will. Dies führt nämlich zu enormen Verunsicherungen in seinem bisher so tadellos funktionierenden Zugriff auf Wirklichkeit. Wenn Bildung dennoch in einem kritisch prüfenden Sinn möglich sein soll, dann nur ‚in der Erfahrung verhinderter Erfahrung', wie PONGRATZ (1988, S. 308) formuliert. Was ist mit dieser Formel gemeint?

Bildungsprozesse haben dann große Chancen auf Erfolg, wenn der einzelne in speziellen Situationen einfach nicht länger übersehen *kann*, daß ihm vorgefertigte Handlungsmuster, vereinseitigte Erfahrungen und Auslegungen von Ereignissen aufgezwungen werden sollen. Dann kann ihm aufgehen, wie stark der Prozeß eines eigenen Erfahrungsaufbaus abgekürzt oder gar verhindert sein kann. Der Gedanke wird später an einem Beispiel konkretisiert, aber zunächst einmal ist *abstrakt* festzuhalten, daß es sich hierbei um Situationen handelt,
– in denen der einzelne reale Handlungsmöglichkeiten und selbst ausgelotete Handlungsgrenzen erkennt,
– in denen sich andere ihm gegenüber wahrhaftig, authentisch zeigen und ‚kein Theater spielen und ihre Maske wahren' (vgl. PONGRATZ 1988, S. 303), und
– in denen er praktische Solidarität mit anderen erfährt.
Diese Bedingungen scheinen – und jetzt schließt sich der Kreis – vorzugsweise in Kleingruppierungen wie etwa Bürgerinitiativen und Interessengemeinschaften gegeben zu sein, da sie von ihrem Selbstverständnis her gerade gegen die Anonymität einer Setzung, die Unverrückbarkeit einer Routine, einer Anschauung vorgehen.

Denken Sie beispielsweise an eine Mieterinitiative, die gegen Kündigung wegen Edelsanierung ihrer Wohnungen vorgehen will. Zunächst erfährt der einzelne, daß er die Kündigung keineswegs einfach hinnehmen muß, wie ihm der Rechtsbeistand des Vermieters vielleicht einleuchtend dargelegt hat, sondern dagegen angehen kann. Er sieht, daß er – selbst wenn das Unternehmen nicht erfolgreich sein sollte – Handlungsmöglichkeiten besitzt. Die Mitstreiter, ihm bislang kaum näher bekannte Nachbarn, erfährt er unverstellt ‚unmaskiert' in ihren Sorgen, Nachdenklichkeiten, aber auch in ihren Energien. Er sieht sie als ‚wirkliche' Menschen in ihrer Authentizität. Und nicht zuletzt lernt er Hilfe, Unterstützung, Aufmunterung, kurz: Solidarität der anderen angesichts des gemeinsamen Problems kennen.
Damit nähert sich erfahrungsorientierte Bildungsarbeit Formen politischen Lernens: Die Lernenden sollen erkennen, daß Anordnungen anderer *generell* nicht per se hinzunehmen, sondern auf ihre Berechtigung zu befragen und auf Modifikationsmöglichkeiten auszuloten sind. Sie sollen darüber hinaus erfahren, daß die Erfolgschancen von Handeln im öffentlichen Raum an die Koalition mit anderen gebunden sind. Sie lernen gemeinsam mit anderen, *eigene* Erfahrungen zu machen.

Man kann festhalten:
Erfahrungsorientierte Bildungsarbeit nutzt die Chance, die mit dem Entstehen sozialer Mikrogebilde verbunden ist: Der einzelne lernt, Erfahrungen bewußt zu machen in der Aufarbeitung problemhaltiger Situationen seines Alltags. Gestützt wird dieser Prozeß der Rückgewinnung von Erfahrung durch die Solidarität mit ebenfalls Betroffenen und durch die Einbettung des Bildungsprozesses in hieraus entstehende kleine Gruppierungen.

Die pädagogische Antwort auf das Rationalisierungsparadox:
Interkulturelles Lernen, Ideologiekritik und Rückgewinnung verlorener Sinnlichkeit

Auch hier zunächst noch einmal eine kurze Paraphrasierung des Rationalisierungsparadoxes. Im Kontext des *Rationaliserungsprozesses* ist auf die ambivalente Entwicklung der Modernisierung sowohl hin zu Pluralisierung als auch zur Generalisierung hingewiesen.

Pluralisierung bedeutet Ablösung *eines* verbindlich geltenden Kulturmusters mit seinen Normen, Werten, Symbolen zugunsten mehrerer verschiedener, durchaus auch miteinander unverträglicher Einzel- oder Teilkulturen. Seinen aktuellen Ausdruck findet dieser Vorgang in der Entwicklung hin zu einer multikulturellen Gesellschaft.

Der Begriff der **Multikulturalität** verweist nicht allein auf das Phänomen des Zusammentreffens fremder Ethnien innerhalb eines Gesellschaftssystems, also das Zusammenleben etwa von Türken, Deutschen, Kroaten, Russen in der bundesrepublikanischen Gesellschaft. Daneben ist auch auf das Faktum abgehoben, daß innerhalb des Gesamtsystems zunehmend auch mehr oder weniger unterschiedliche Teilsysteme in Form von Subkulturen bestehen. Das kann die andere ‚fremde' Generation sein, die ‚fremde' Sozialschicht, das ‚fremde' Milieu mit je andersartigen Normen, Anschauungen oder Spezialsprachen, selbst wenn es sich um die gleiche ‚Hauptkultur' handelt.

In dieser Situation steht die Pädagogik vor der Aufgabe, aber auch der Chance, **interkulturelles Lernen** zu ermöglichen. Es kann nach AUERNHEIMER (1995) begriffen werden als
- soziales Lernen mit dem Ziel, Empathie, Toleranz, Solidarität und Konfliktfähigkeit zu erwerben;
- politische Bildung in der Absicht, Geschichte, Religion, politische Beziehungen durch die Beschäftigung mit fremden Kulturen multiperspektivisch zu sehen;
- antirassistische Erziehung, die über Ursachen des Rassismus aufklären will, bemüht ist, Sensibilität für latente rassistische Botschaften in Medien, Literatur, Werbung freizusetzen und darauf abzielt, Angehörigen einer fremden Ethnie vorurteilsfrei zu begegnen;
- bikulturelle Bildung, die Angehörigen ethnolinguistischer Minderheiten ermöglichen will, ihre eigene (Immigranten-)Kultur anzunehmen, die Werte die-

ser Kultur wie auch der des Aufnahmelandes zu kennen, kritisch zu vergleichen und daraus eine eigene kulturelle Identität zu entwickeln.

Die Erreichung dieser Lernziele erfordert einen radikalen Perspektivwechsel von der Innensicht zur Außensicht in der *idealen*, weil nie ganz erreichbaren Absicht, die Welt vom Standpunkt der anderen Kultur begreifen zu wollen. Dieser angestrebte Perspektivwechsel verläuft über mehrere Stationen:

Ausgangspunkt ist eine sozusagen ‚naturwüchsige‘, weil nicht durchdachte Einstellung, die sich in einer Art ‚Innensicht‘, ohne den Blick weit werden zu lassen, auf die eigene Kultur ausrichtet, sie selbstverständlich, d. h. unreflektiert, unbefragt und ohne Zweifel als gut, hochstehend, anderen überlegen einschätzt. HOOPES (1979, S. 18ff) bezeichnet diese Stufe als *Ethnozentrismus*, der oft von Abgrenzungs- oder Abwehrhaltungen geprägt ist und bis hin zu einer militant eingesetzten Dichotomie reicht, die sich in der krassen Wahrnehmung von we / they manifestiert.

Soll interkulturelles Lernen in Gang kommen, muß diese erste Stufe zumindest insofern überwunden werden, als eine gewisse *Aufmerksamkeit* (awareness) entsteht. Man bemerkt an der anderen Kultur Phänomene, Vorgänge, die anders als bei der eigenen sind, und man nimmt die Andersartigkeit zunächst einmal hin, ohne sie vorschnell als augenfälligen Beleg für die Unterlegenheit der betreffenden Kultur anzusehen.

Wird dieser Vorgang des Aufmerkens fortgesetzt, ist der Weg frei zu einem rational getragenen *Verstehen* (understanding). Man erkennt, daß Gegebenheiten der fremden Kultur erklärbar sind, da sie sich beispielsweise in einen Ursache-Wirkungszusammenhang bringen lassen.

Diese Haltung kann sich fortsetzen zu einer *Akzeptanz* der anderen Kultur. Man bringt einzelnen überzeugenden Aspekten der Andersartigkeit einen gewissen Respekt entgegen (acceptance / respect). In der Fortentwicklung baut sich im nächsten Schritt *Wertschätzung* (appreciation / valuing) dahingehend auf, daß bestimmte Gegebenheiten der fremden Kultur als besonders sinnvoll und anerkennenswert beurteilt werden. Von hier ist dann nur noch ein kleiner Schritt erforderlich zur *Übernahme* einzelner solcher Aspekte (selective adaption) in das eigene kulturelle Handlungsrepertoire – sei es auf der individuellen oder der gruppenbezogenen Ebene.

Die Übernahme, die sich entweder *latent*, ‚unter der Hand‘ in Sozialisationsprozessen oder gezielt *intendiert* über Bildungsprozesse vollzieht, kann unterschiedlich intensiv ausfallen:

– als *Assimilation*, womit die Generationen dauernde Annahme der neuen Kultur bezeichnet ist, wie sie beispielsweise polnische Bergarbeiter im Ruhrgebiet um die Jahrhundertwende vollzogen,
– als *Adaption*, die die Fähigkeit zum kalkulierten role playing in der fremden Kultur beschreibt, etwa in einer fremden Kultur nach dort geltenden Verhaltensmustern Geschäftsverhandlungen zu führen und beispielsweise in Japan zunächst die ausführlichen Formeln zum Austausch von Höflichkeit zu beachten, statt direkt und massiv den Verhandlungszweck zu thematisieren;
– als *Bikulturation*, wenn sich allmählich zwei kulturelle Identitäten entwickeln, wie sich dies speziell bei Kindern von Eltern aus unterschiedlichen Kulturen

beobachten läßt, sofern diese Kinder am sprachlichen wie kulturellen Hintergrund beider Elternteile partizipieren;
– und als *Multikulturalismus*, der das Vermögen benennt, sich generell mit anderen Kulturen verständnisvoll und respektierend auseinandersetzen zu können.

Fazit:
Interkulturelle Erziehung zielt ab auf Bildung im Sinne
– des Erwerbs von Kenntnissen über die andere Kultur,
– des kritischen Vergleichs der eigenen mit der fremden Kultur und
– der Aneignung von Fähigkeiten und Einstellungen, den ‚Fremden‘ aus dem Horizont seiner Kultur zu verstehen und zu akzeptieren.

Der zweite Aspekt am Rationalisierungsparadox thematisiert die Entwicklung hin zu *Generalisierung*, dem Entstehen allgemeiner, abstrakter, kultureller Systeme wie etwa der Popmusik, des american way of life mit seiner ‚Coca Cola-Kultur‘, dem Hollywood-Film, der Seifenoper, einer Fernsehunterhaltung, wie sie uns etwa am frühen Abend ‚geboten‘ wird.

Hierauf antwortet die Pädagogik auf zweierlei Art: im Sinne von Ideologiekritik und im Rückgewinnen verlorengegangener Sinnlichkeit.

Zur ersten Antwort, der **Ideologiekritik**:
Gegenüber der mundan arbeitenden Bewußtseinsindustrie fühlt sich Bildung in ihrem kritischen, genauer ihrem ideologiekritischen Potential dann herausgefordert, wenn Vielfalt zugunsten *einer*, vielleicht sogar noch latent wirkenden Botschaft nivelliert wird.

Unter einer **Ideologie** kann man einen Zusammenhang von Behauptungen, Erklärungen, Wertungen verstehen, durch die Wirklichkeit in einer bestimmten, festliegenden Art interpretiert wird beziehungsweise werden soll. Die Wirkungsweise von Ideologie, nämlich die subjektive Wahrnehmung des einzelnen vorzuformen, zu *präformieren*, wird von ihm nicht mehr durchschaut. Ideologie wirkt auf ihn ein, er unterliegt ihrem Bewußtseinszwang, weiß es aber nicht.

Denken Sie beispielsweise an in diesem Sinn wirkende Botschaften der Werbeindustrie: Gesundheitsprobleme lassen sich durch entsprechende Medikamente leicht beheben, eigene Anstrengung oder gar Änderung der Lebensgewohnheiten sind nicht erforderlich. Die angepriesene Leberschutzkapsel wird alles regeln, ein Nachdenken über zu fettes Essen oder den Alkoholkonsum ist überflüssig, die Zigarette macht entgegen jeder medizinischen Forschung ebenso frei und lässig, wie das Trinken von Rum schön und sportlich. Die Grundbotschaft lautet: Sorge dich nicht, andere haben schon für dich gesorgt. Das gleiche versteckte, *latente* Muster findet sich in der Werbung von Automobilfirmen, Banken, Versicherungen oder Waschmittelherstellern.

Kritische Bildungsarbeit setzt an diesem Punkt an und versucht sichtbar, offensichtlich, *manifest* werden zu lassen, was latent transportiert wird. In diesem Sinn arbeiten Ansätze der Medienpädagogik, der Gesundheits- oder Verbraucherbildung. Ihr Ziel ist es, kulturelle Generalisierungen auf ihre Berechtigung, ihre Entstehungsbedingungen und ihre Wirkungsweise hin durchschaubar werden zu lassen.

Zur zweiten Antwort: **Rückgewinnung verlorengegangener Sinnlichkeit**
Das Interesse hieran begründet sich in doppelter Hinsicht:
a) angesichts kultureller Verarmung und Vereinheitlichung und
b) als Gegenbewegung zu einem nurmehr kognitiv-rational geleiteten Erfassen von Wirklichkeit.
Zu a) Generalisierung schafft umfassende, allgemeine, aber auch konturlose, schablonisierte kulturelle Teilsysteme.

Sie haben sich, wie am Beispiel der Popmusik gezeigt, von authentischen, in der lebendigen Alltagskultur wurzelnden kulturellen Objektivationen (in diesem Fall der nationalen Folkloremusik) entfernt. Mit dieser Distanznahme reduzieren sie auch den lebendig-unmittelbaren Umgang mit dem entsprechenden Kulturgut. Die sinnlich erlebbare Einheit von Gesang, Bewegung (Tanz), Kommunikation, Geselligkeit, wie sie häufig mit ursprünglicher Folkloremusik gegeben ist, löst sich in Videoclips auf, die den Verbraucher auf eine passive Konsumentenrolle reduzieren. Wie das Beispiel weiter unten deutlich werden läßt, will Bildungsarbeit dem Subjekt ermöglichen, einen aktiven Zugriff auf Wirklichkeit zurückzugewinnen und sie wieder in ihrem Facettenreichtum zu erfahren.

Zu b) Neben den Vereinheitlichungstendenzen generalisierter Kultur ist aber noch der zweite Gesichtspunkt zu bedenken, wenn von verlorengegangener Sinnlichkeit die Rede ist.

Wie an Kindern gut beobachtbar, reagiert der Mensch ursprünglich auf Ereignisse in seiner Umwelt direkt, affekthaft (angstvoll, freudig, aggressiv), ohne die sozialen Folgen seiner Reaktionen zu bedenken, etwa daß er sich damit bloßstellt oder andere in Verlegenheit bringt.

Im Prozeß der *Zivilisation*, womit der historische Entwicklungsgang angesprochen ist, oder im Prozeß der *Sozialisation*, womit auf die Soziogenese des Individuums abgehoben ist, werden solche unmittelbaren Reaktionen auf die Umwelt kontrolliert, das Gefühl wird beherrscht, über Kognition gesteuert. Dabei hilft insgesamt eine Einstellung, die Dinge dieser Welt nicht als ‚beseelt' anzusehen, sondern bei allem zunächst zu unterstellen, es gehorche rational erfaßbaren Wenn-Dann-Beziehungen.

Eine Wirklichkeitserfassung, die verstärkt auf diesem nur noch kognitiv getragenen Zugriff ruht, wird notwendigerweise arm und blaß. Der volle Reichtum menschlicher Sinnlichkeit, die den Körper, Empfindungen, Emotionen, Assoziationen, Phantasie einschließt, bleibt ungenutzt beziehungsweise wird unterdrückt. An dieser Entsinnlichung des Menschen zugunsten kontrollierter Kognitivität hat auch die Schule mitgearbeitet. Um ‚die übergangene Sinnlichkeit', so der bezeichnende Buchtitel von RUMPF, wieder in die Schule zurückzuholen, sind neue Lernformen, etwa solche handlungsorientierten Unterrichts, erfordert. Der Autor illustriert dies an einem von ihm übernommenen Beispiel aus dem Grundschulunterricht:

„In der Nähe der Wohngegend der Kinder war noch ein Stück unbebautes Land, mit einigen Bäumen und Büschen, aufgeschütteten Sandhügeln, Muttererde, verschiedenen Gräsern. Dieses Gelände war ihr Spielplatz, sie versteckten sich in den Sandhügeln, wenn sie Indianer oder Banküberfall spielten, sie kletterten in den Bäumen herum, buddelten im Sand. Doch nun haben sie erfahren, daß das Gelände eingeebnet wird, weil dort ein Parkplatz gebaut werden soll... Ihre Stellungnahmen sind hilflos und kläglich. Sie wissen nicht, was sie schreiben sollen und wie sie es schreiben sollen. Es kommt nicht viel mehr dabei heraus als folgendes Beispiel: ‚Wenn unser schöner Platz ein Parkplatz wird, dann wissen wir nicht, wo wir Indianer spielen sollen, denn das geht gerade auf dem Platz so gut...‘

...Wir gehen zusammen auf den Platz. Die Kinder lernen, alle sinnlichen Eindrücke sprachlich wiederzugeben. Wir erarbeiten z. B. einen Baum auf der Ebene des Tastsinns, Geruchssinns und Gesichtssinns. Die Kinder betasten die Rinde und sprechen dabei: ‚Sie ist holzig‘, ‚rissig‘, ‚krustig‘, ‚warm‘, ‚höckerig‘, ‚rauh‘. Sie riecht ‚nach Moos‘, ‚nach Holz‘, ‚nach Harz‘. ‚Sie sieht braun‘, ‚grünlich‘, ‚weiß‘, ‚gefleckt‘ aus...

Dann erarbeiten wir die Blätter auf die gleiche Weise. Die Kinder geben sich große Mühe, ihre Empfindungen so genau wie möglich wiederzugeben. Ein Kind beschreibt ein Blatt: ‚Das Blatt ist oben so glatt und unten so pelzig, so mollig, so behaart...‘ Danach schreiben die Kinder einen Aufsatz über das, was sie erfahren haben... Ein Kind schreibt z. B. ‚Ich stand mit beiden Füßen in einer Pfütze. Braunes Moorwasser lief in meine Schnürstiefel. Meine Zehen wurden kalt, weil meine Strümpfe naß geworden waren.‘

Am nächsten Tag gehen wir auf einen angelegten offiziellen Spielplatz, auf dem außer einem Eisengerüst und einer Rutsche und Sandkasten nichts ist. Gegenstand unsrer sinnlichen Wahrnehmung ist das Klettergerüst. ‚Es ist kalt‘, ‚glatt‘... ‚Es riecht nicht‘.

Es ist eben nur ‚glatt‘... ‚rund‘ und ‚rot‘... ‚das verändert sich nicht‘, ‚rostig wird es‘, ‚es lebt ja nicht‘, ‚es ist tot, da gibt es nicht so viele Wörter, gell?‘“ (MANN 1978, S. 105 f zitiert nach RUMPF 1981, S., 207 f)

Die pädagogische Antwort auf verlorengegangene Sinnlichkeit läßt sich also mit folgenden Stichworten umschreiben:
– Lernen durch aktives Tun statt passiver Aufnahme angebotener Inhalte,
– Lernen an verschiedenen Lernorten, etwa im Wohnviertel, auf dem Spielplatz und nicht nur im Klassenraum,
– Unmittelbare ‚sinnliche‘ Begegnung mit der Wirklichkeit statt eines primär indirekten, medial vermittelten Zugangs zu ihr,
– Freisetzung kritischen Denkens durch Aufarbeitung unterschiedlicher, sinnlich gemachter Erfahrung.

Die pädagogische Antwort auf das Individualisierungsparadox:
Biographiearbeit und systemisches Lernen

Sie erinnern sich: Der Individualisierungsprozeß äußert sich in den gegenläufigen Tendenzen zu mehr Freiheit, aber auch Ohnmacht des einzelnen.

Zum ersten Gesichtspunkt: Freiheit entsteht im Gefolge einer Maßstabsverkleinerung sozialer und der Pluralisierung kultureller Systeme. Der einzelne kann und muß wählen. Er hat Optionen. Zugleich aber riskiert er, sich in der Vielzahl denkbarer Möglichkeiten der Lebensgestaltung zu verlieren und orientierungslos zu werden. Damit ist seine Identität gefährdet.

Auf dieses Phänomen der Moderne reagiert die Pädagogik mit **Biographiearbeit**. Sie hat zum Ziel, Individuen mit ihrer und – kontrastiv dazu – mit der Lebensgeschichte anderer zu konfrontieren. Die Beschäftigung mit der eigenen wie der fremden Lebensgeschichte soll dem einzelnen die Möglichkeit bieten
– Fragen an seinen Lebensverlauf stellen zu können,
– sich bewußt zu werden, an welchem Punkt seiner Biographie Lebensentscheidungen getroffen wurden,
– zu erkennen, von welchen Überlegungen und Erwartungen sie getragen, wodurch sie bedingt waren,
– zu beurteilen, ob die jeweils damit verbundenen Hoffnungen realisiert wurden oder sich Befürchtungen bewahrheitet haben.

Die Auseinandersetzung mit diesen Aspekten seines Lebensverlaufs soll dem einzelnen helfen, sein Leben zu verstehen: Er soll sehen, daß letztendlich *er* Entscheidungen getroffen oder zu treffen vermieden hat und nicht etwa die Umstände. Er soll in der Lage sein, sein bisheriges Leben bilanzieren zu können (wie ist es heute tatsächlich – wie sollte es sein?), Lebensziele und Handlungschancen zu überdenken und im günstigsten Fall aktiv in sein individuelles Handeln zu übersetzen, feste Vorstellungen von der Gestaltung seines Lebens zu gewinnen. Die Summe dieser Möglichkeiten macht dann für ihn *Gewinnung von Identität*, von Bewußtsein seiner selbst und damit auch von Selbstbewußtsein aus.

Verbunden mit diesen Intentionen könnte folgender autobiographische Bericht Thema eines biographieorientierten Seminars sein. Er stammt von einer Frau und wurde im Rahmen eines 1987 in der DDR durchgeführten oral-history-Projektes erhoben.

„Auf meine Frage nach ihrem Verhältnis zur Politik beginnt Frau Hölscher ‚zu drucksen‘: sie sei nie in die SED eingetreten, weil sie nicht eine weiße Tür zu einer schwarzen erklären wollte, sie habe immer eine eigene Meinung gehabt, könne Vorgesetztes nicht einfach annehmen. Und sie könne die Politik ihres Staates auch ohne Mitgliedschaft in der SED jederzeit vertreten: ‚Keinen Krieg – für den Frieden und so weiter.‘ Aber all das, was ‚niedrige Funktionäre‘ so veranstaltet hätten, das habe ihr oftmals nicht gefallen." (v. PLATO 1991, S. 377)

Dieser Text kann etwa im Rahmen eines Seminars zum Thema ‚Leben mit der DDR‘ für die Berichtende oder andere Teilnehmer die Grundlage zur Auseinandersetzung mit dem eigenen Leben in diesem Staat und damit den Bezugspunkt autobiographischer Vergewisserung abgeben. Die Lernenden können sich fragen, wie ihr eigenes Verhältnis zu Staat und Partei war, ob sie auch so deutlich zwischen beidem eine Trennlinie ziehen konnten, was an der DDR für sie vertretenswert war, welche Lebensentscheidungen von dieser Einstellung beeinflußt wurden und wie stark sie tatsächlich oder nur vermeintlich abhängig von der Partei oder von ‚niedrigen Funktionären‘ waren.

Diese vom autobiographischen Bericht ausgelösten und an den einzelnen gerichteten Fragen lassen einen weiteren Gesichtspunkt deutlich werden: Biographiearbeit ist umfassend in dem Sinn, als sie das Einzelleben in größere, globale Kontexte, in einen politischen, gesellschaftlichen, ökonomischen Zusammenhang stellt und von hier Erklärungen für individuelles Handeln erschließt.

Ergebnis:
Biographiearbeit ermöglicht Lernenden, ihr Leben zu verstehen. Dies erfolgt in der bewußten Auseinandersetzung mit biographischen oder autobiographischen Berichten. Sie veranlassen den einzelnen, wichtige Lebensentscheidungen zu rekonstruieren, sie aus der betrachtenden Distanz zu bewerten, sein Leben zu bilanzieren und auf diese Weise Identität zu sichern.

Die Kehrseite des Individualisierungsprozesses zeigt sich in zunehmenden *Ohnmachtsgefühlen*, vor allem gegenüber Makroorganisationen. Als Folge stellt sich eine resignative, apathische, gleichgültige Haltung ein, gut beobachtbar an der Einstellung vieler Bürger zur Politik.

Hier steht Pädagogik vor der Aufgabe in **systemisches Denken** einzuführen und den Umgang mit diesen Makrogebilden zu vermitteln.

Einen praktisch umsetzbaren Ansatz zur Bearbeitung makrostruktureller Probleme hat MILLER (1995) vorgelegt und erprobt. Ausgangspunkt ist die simple, beim Auftreten von Problemen jedoch schwer handhabbare Tatsache, daß wir alle in Systeme eingebunden sind: in das der Familie, der Schule und Hochschule, in das System Firma, Partei und in gesellschaftliche Teilsysteme wie das Rechtssystem.

Mit Hilfe eines didaktischen Leitfadens, der aufeinander aufbauende Leistungsschritte entwickelt, lernen Teilnehmer an Bildungsveranstaltungen, mit Systemproblemen bewußt umzugehen.

Die wichtigsten Schritte sind:
Beschreibung der Problemsituation:
Benennen Sie präzise das Problem. Worum geht es genau?

Klare und konkrete Zielbestimmung:
Was streben Sie konkret an? Was möchten Sie erreichen / verändern?

Erschließung der für das Problem relevanten Systeme:
Benennen Sie diejenigen Systeme, die mit der Problemstellung in einem relevanten Zusammenhang stehen.

Die Lernenden sollen festlegen, welche Systeme den eigenen Zielen einmal eher kooperativ, zweitens eher neutral oder schließlich ablehnend gegenüber stehen. Sie sollen bestimmen, wie stark die Einflußnahme der verschiedenen Systeme ist, welche Querbeziehungen, welche Abhängigkeiten zwischen welchen Systemen mit Blick auf das eigene Problem bestehen. Und schließlich sollen sie auf der Grundlage dieser analytischen Bestimmungen entscheiden, mit welchem System sie sich konkret auseinandersetzen wollen, entweder weil von dort Unterstützung für das eigene Vorhaben zu erwarten ist oder weil von diesem System ausgehende negative Einwirkungen eingedämmt werden können.

Überlegungen zur Vorgehensweise:
Zu welchem System soll als erstes Kontakt aufgenommen werden? Wer sind Ansprechpartner? Welche Teilziele werden mit diesem Schritt verfolgt? Welche Folgemaßnahmen werden ins Auge gefaßt?

Antizipation von Folgewirkungen:
Welche Systemreaktionen sind zu erwarten beziehungsweise mittlerweile eingetreten? Welche Folgewirkungen (persönliche, sachliche, soziale, ökonomische, ökologische) könnten eintreten? Sind gegebenenfalls ursprüngliches Ziel oder zumindest Teilziele zu modifizieren?

Mit dieser Vorgehensweise wird mehreres erreicht:
- Die Lernenden erkennen die Bedeutung konkreter Zielformulierung.
- Sie lernen, sich flexibel auf neue systemische Konstellationen während des Bearbeitungsprozesses einzustellen.
- Sie erfahren die Wichtigkeit, Bündnispartner zu finden.
- Sie lernen, Gegebenheiten aus der Perspektive anderer Systeme wahrzunehmen.
- Zielvorstellungen und Erwartungen an Lösungen werden realistisch eingeschätzt: ihr Nichterreichen wird nicht unbedingt als individuelles Versagen interpretiert, überzogene Machbarkeitsvorstellungen werden relativiert.

Insgesamt fördert dieser Ansatz den Umgang mit Komplexität dahingehend, als in unübersichtliche Problemlagen gangbare Handlungsschneisen geschlagen werden, Folgewirkungen abgeschätzt und frühzeitig in Handlungsstrategien einbezogen werden können. Der Ansatz setzt den pädagogischen Anspruch um, Lernenden den Umgang mit komplexen, sich zunächst unübersichtlich darstellenden Problemlagen so weit zu ermöglichen, daß einerseits Ohnmachtsgefühl und Resignation vermindert werden und andererseits unrealistische Erwartungen an die Problembearbeitung nicht aufkommen.

Die pädagogische Antwort auf das Domestizierungsparadox:
Wissenschaftsorientierung und Wissenschaftskritik

Der Domestizierungsprozeß manifestiert sich in der Spannung von Dekonditionierung und Konditionierung.

Dekonditionierung ist eine Konsequenz der rasanten Entwicklung von Technik und Wissenschaft. Die Reaktion der Pädagogik hierauf besteht im hervorgehobenen Stellenwert, den sie wissenschaftsorientierter Bildung zuspricht. Näheres zu diesem Thema finden Sie im Kapitel 6.2.2.3. Deshalb an dieser Stelle nur Folgendes:

Wissenschaftsorientierte Bildung hat einem doppelten Anspruch nachzugehen: Sie hat sich einmal als Hinführung zur Wissenschaft, ihren Begriffen, Theorien und Methoden zu begreifen. Der Lernende soll mit der Denk- und Arbeitsweise von Wissenschaft vertraut werden, das Prinzip der Rationalisierung durchschauen. Es ist Basis des Umgangs von Wissenschaft mit der Welt, es

‚entzaubert' sie. Damit ist gemeint, daß Wissenschaft alle Erscheinungen der Wirklichkeit auf Erklärungsformeln reduziert, die dem Wenn-Dann-Prinzip unterliegen.

Als *Konditionierung* ist der Vorgang charakterisiert, bei dem der Mensch in die Abhängigkeit von Wissenschaft und Technik gerät. Er kann deren Ausmaß kaum noch kontrollieren und ihre Folgen nicht mehr kanalisieren.

Wissenschaftsorientierte Bildung sieht sich daher noch einem zweiten Auftrag verpflichtet: Sie ist nicht nur Hinführung zur Wissenschaft, sondern mit Blick auf Konditionierung auch *Kritik der Wissenschaft* und ihrer Folgen, vor allem im sozialen Bereich.

Wissenschaft und Technik sind nicht allein unter der Chiffre Fortschritt, Erleichterung und Verbesserung menschlicher Lebensbedingungen zu lesen. Unter dem Aspekt der Konditionierung schlagen beide in der Moderne zunehmend ins Gegenteil um. Als Stichworte sind hier der Verlust von Arbeitsplätzen durch zunehmende Automation oder die Konfrontation der Menschheit mit kaum noch kontrollierbaren ökologischen Risiken zu nennen.

Der Soziologe U. BECK hat in diesem Zusammenhang den Begriff der *Risikogesellschaft* geprägt.

Nach ihm ist die Moderne dadurch gekennzeichnet, daß diese Risiken sich selbständig, ungeplant, reflexartig einstellten, weswegen er von der *Reflexivität der Moderne* spricht. Im Unterschied zu einem früheren Buch (vgl. BECK 1986, S. 26 und auch S. 254) trennt der Autor hier zwischen Reflexivität und Reflexion, die beiden Begriffe sollten nicht verwechselt werden. Reflexion meint das bewußte, gezielte Nachdenken über eine Theorie oder eine Entwicklung. Reflexivität der Moderne dagegen heißt: „Der Übergang von der Industrie- zur Risikoepoche der Moderne vollzieht sich *ungewollt, ungesehen,* zwanghaft im Zuge der verselbständigten Modernisierungsdynamik nach dem Muster der *latenten Nebenfolgen.* Man kann geradezu sagen: Die Konstellationen der Risikogesellschaft werden erzeugt, *weil* im Denken und Handeln der Menschen und der Institutionen die Selbstverständlichkeiten der Industriegesellschaft (der Fortschrittskonsens, die Abstraktion von ökologischen Folgen und Gefahren, der Kontrolloptimismus) dominieren. Die Risikogesellschaft ist *keine Option,* die im Zuge politischer Auseinandersetzungen gewählt oder verworfen werden könnte. Sie entsteht im Selbstlauf verselbständigter, folgenblinder, gefahrentauber Modernisierungsprozesse. Diese erzeugen in der Summe und Latenz Selbstgefährdungen, die die Grundlagen der Industriegesellschaft in Frage stellen, aufheben, verändern." (BECK 1993, S. 36)

Wissenschaftsorientierte Bildung sieht sich zwei zentralen Intentionen verpflichtet:

Sie führt zum Verständnis von Wissenschaft und Technik durch Kenntnis ihrer Theorien, Methoden, Anwendungsmöglichkeiten und ethischen Prinzipien.

Daneben hat sie aber auch über Wissenschaft und Technik zu reflektieren, um so ihre Grenzen sichtbar werden zu lassen und Risikolagen zu thematisieren, die sich als ungewollte Folge des Einsatzes von Wissenschaft und Technik einstellen.

Die Aufgabe, die in diesem Teilkapitel gestellt war, ist beendet: mit Blick auf jeden Aspekt der Paradoxien von Modernisierung sind die Antworten der Pädagogik kurz dargestellt.

Als Zwischenergebnis ist somit festzuhalten:

Modernisierung äußert sich als Differenzierungsprozeß sozialer Institutionen, Rationalisierungsprozeß auf dem Gebiet der Kultur, als Individualisierung mit Blick auf die Person und als Domestizierung der Natur. Diese Modernisierungsprozesse stellen sich ambivalent, paradox dar. Zunehmende Partialisierung sozialer Institutionen und Organisationen (Maßstabsverkleinerung) geht einher mit dem Entstehen großer, transnational arbeitender Organisationen (Maßstabsvergrößerung). Die Pluralisierung kultureller Systeme und Erscheinungen ist zugleich konterkariert durch das Aufkommen generalisierter abstrakter Kultursysteme. Die durch Individualisierung bedingte Freiheit des Menschen, wählen zu können, bringt im selben Atemzug aber auch ein Gefühl der Ohnmacht mit sich angesichts der Erfahrung, keinen wirklichen Einfluß auf das wirtschaftliche, politische oder soziale Geschehen zu haben. Und die mit der Domestizierung der Natur einhergehende Dekonditionierung, die zunehmende Außerkraftsetzung der Abhängigkeit des Menschen von der Natur, schlägt auf der anderen Seite um in Konditionierung, in eine kaum mehr kontrollierbare Vereinnahmung des Menschen durch Wissenschaft und Technik, in das Gefühl, ihren Risiken hilflos ausgesetzt zu sein.

Auf diese Paradoxien im Modernisierungsprozeß versucht die Pädagogik unterschiedlich zu reagieren:

– In der Anleitung zu *vernetztem Denken* will sie die Unübersichtlichkeit des differenzierten sozialen Gefüges wieder faßbar machen.
– Durch Rückgewinnung *authentischer Erfahrung* soll der Abstraktheit gesellschaftlicher Phänomene begegnet werden.
– *Interkulturelles Lernen* ist als Antwort auf die Pluralität der Kultur zu begreifen.
– *Ideologie- und Medienkritik* sollen helfen, die Vereinnahmung und Vereinheitlichung des Bewußtseins durch eine mächtige Kulturindustrie zu durchbrechen.
– Bildung soll darauf abzielen, *verlorengegangene Sinnlichkeit* wiederzugewinnen. Und Bildung als Arbeit an der eigenen oder fremden *Biographie* gibt dem Individuum eine Möglichkeit, Identität zu sichern.
– Mit *Komplexität umgehen* zu lernen, läßt Handlungschancen sichtbar werden und eröffnet eine Möglichkeit, dem Gefühl der Ohnmacht angesichts bedrückender Makrostrukturen zu begegnen.
– *Wissenschaftsorientierte Bildung* macht den Stellenwert von Wissenschaft und Technik im Modernisierungsprozeß deutlich.
– Die hierbei unabdingbar einzubeziehende *Wissenschaftskritik* thematisiert den Aspekt der Reflexivität der Moderne: Den unbeabsichtigten, unkontrollierbaren Umschlag von der Industrie- zur Risikogesellschaft.

2.4.6 Lerntafel

Modernisierung ist gekennzeichnet durch:

Differenzierung	Entstehen vielfältiger gesellschaftlicher Teilsysteme, Institutionen und Organsiationen mit je eigenen Zielen und Strukturen.
Rationalisierung	Begrifflich-theoretischer Zugriff auf Wirklichkeit. Dadurch wird sie ‚entzaubert‘ und nurmehr in Form von Wenn-Dann-Beziehungen gedeutet.
Individualisierung	Loslösung des einzelnen aus sozialen Klassen. Die dadurch bedingte Freisetzung fordert dem Individuum permanent Entscheidungen ab, deren Folgen es selbst zu vertreten und zu tragen hat.
Domestizierung	Zunehmende Aufhebung der Abhängigkeit des Menschen von seiner eigenen und der ihn umgebenden Natur.

– Der Modernisierungsprozeß stellt sich widersprüchlich, paradox dar. Den *Paradoxien* lassen sich *Antworten der Pädagogik* zuordnen:

– Maßstabsvergrößerung (Entstehen von Makrosystemen und -organisationen) erfordert Fähigkeit zu *vernetztem Denken*.

– Maßstabsverkleinerung (Aufkommen sozialer Mikrogebilde) ermöglicht *Rückgewinnung authentischer Erfahrung*.

– Pluralisierung (Vielfalt kultureller Sinnangebote und Sinnsysteme) verlangt *interkulturelles Lernen*.

– Generalisierung (Entstehen einheitlicher mundaner Kultursysteme) fordert als Antwort der Pädagogik *Ideologie- und Medienkritik* sowie *Rückgewinnung verlorengegangener Sinnlichkeit*.

– Freiheit (Optionen im Lebenslauf) soll über *Biographiearbeit* sinnvoll genutzt werden.

– Ohnmacht (Ausgeliefertsein an anonyme Großorganisationen) ist überwindbar durch Erwerb von Fähigkeiten im *Umgang mit Komplexität*.

– Dekonditionierung (Aufhebung naturgegebener Abhängigkeit) ist pädagogisch bearbeitet durch *Wissenschaftsorientierung*.

– Konditionierung (zunehmende Abhängigkeit von Wissenschaft und Technik) fordert den Einbezug von *Wissenschafts- und Technikkritik* in wissenschaftsorientierte Bildung.

Sie haben in diesem Teilkapitel viel von Modernisierung und den Paradoxien des Modernisierungsprozesses gehört. Vermutlich genügt Ihnen das fürs erste. Aber das Leiden, wenn es denn eins ist, hat noch kein Ende. Auf die Modernisierungsdebatte ist nämlich noch eine weitere aufgesattelt, die um die Postmoderne.

2.4.7 Die postmoderne Herausforderung

Zu Beginn des Kapitels über Bildung in der Moderne wurde hervorgehoben, daß
die Einschätzung der letzten Jahrzehnte unseres Jahrhunderts als postmodern
einem spezifischen Blickwinkel auf gesellschaftliche Veränderungsprozesse ent-
springt. In diesem Teilkapitel ist nun der Ansatz der Postmoderne zu skizzieren,
und es sollen ihre Auswirkung auf die Pädagogik sowie deren Antworten dargelegt werden.

Der Begriff der Postmoderne ist etwa ab 1960 zunächst in der Literaturwissen-
schaft benutzt worden. Die heißesten und am meisten beachteten Debatten allerdings wurden im Bereich Architektur geführt. Deshalb und weil hier nun wirklich zentrale Charakteristika ‚ins Auge springen‘, haben wir aus diesem Bereich
unser Eingangsbeispiel gewählt.

Die Eigenart postmoderner Bauten wird deutlich im Gegensatz zu ‚stilreiner‘
Architektur, wie sie etwa das Bauhaus vertrat.

(1) Abbildung: *Bauhausgebäude in Dessau*

Das Bauhausgebäude in Dessau zeichnet sich durch klare Linien und Flächen aus. Das Haus
wirkt streng gegliedert und funktional. Seine Schönheit ergibt sich aus der Reduktion auf
die grundlegende Form des Rechtecks.

Ganz anders verhält es sich mit Vauxhall Cross: Man findet keinen durchgängig einheitlichen Stil, sondern viele Stilrichtungen, die unterschiedliche Assoziationen freisetzen:
Vom Gesamteindruck her erinnert das Gebäude an einen aztekischen Tempel, Einzelelemente, etwa in der Mitte des Gebäudes setzen Assoziationen zu gotischen Kirchen frei, die
Rundräume an den Seiten verweisen auf Art déco. (s. Seite 102)

Verallgemeinert man diese Aussagen, läßt sich über die Architektur hinaus formulieren: „Postmoderne Phänomene liegen dort vor, wo ein grundsätzlicher

(2) Abbildung: *Vauxhall Cross, London*

Pluralismus von Sprachen, Modellen und Verfahrensweisen praktiziert wird, und zwar nicht bloß in verschiedenen Werken nebeneinander, sondern in ein und demselben Werk." (WELSCH 1988, S. 10).

Von diesem noch sehr global gehaltenen Verständnis von Postmoderne ausgehend, versuchen wir in einem ersten Schritt, den Begriff und das Konzept der Postmoderne genauer zu fassen. Danach erfolgt die Darstellung der Antworten, die die Pädagogik auf die postmoderne Herausforderung glaubt geben zu können.

2.4.7.1 *Merkmale der Postmoderne*

Der Übersichtlichkeit halber wird der Begriff der Postmoderne in Rückgriff nur auf LYOTARD, einen französischen Philosophen, entwickelt.

Andere Autoren, etwa BAUDRILLARD, DERRIDA oder FOUCAULT bleiben unberücksichtigt. Wer sich über diese Theoretiker gezielt informieren will, findet außer über ihre Werke einen ersten Zugang in dem Sammelband von WELSCH und ENGELMANN sowie in der differenzierten Arbeit von CHR. BECK. Beide sind in der Literaturliste aufgeführt.

LYOTARD entfaltet drei zentrale Aspekte, die für ihn die Situation der Postmoderne kennzeichnen. Sie lassen sich festhalten in den Stichworten vom:
- Ende der großen Erzählungen,
- radikalen Pluralismus und
- Widerstreit.

Mit dieser Charakterisierung ist zunächst nichts über das hinaus angesprochen, was nicht auch schon in den Ausführungen über Modernisierungsprozesse erwähnt ist, auch wenn Ihnen zumindest Stichwort eins und drei wohl noch fremd sind. Lediglich die Akzentsetzung ist unterschiedlich. Postmoderne Autoren bejahen, begrüßen sogar bestimmte Entwicklungen, die von Theoretikern der Moderne eher mit einem Unterton des Bedauerns, des Bedenklichen, des im Grunde nicht Wünschenswerten bedacht sind.

Aber zunächst zu den Merkmalen von Postmoderne.

Das Ende der großen Erzählungen

Unter **großen Erzählungen** versteht LYOTARD umfassende philosophische, soziologische, religiöse und politische Entwürfe, die die Welt erklären und sowohl bestimmte gegebene als auch anzustrebende Zustände rechtfertigen. Er bezeichnet sie auch als übergeordnete, als **Metaerzählungen**. Sie haben damit einmal eine *explikative* und weiter eine *legitimatorische* Funktion. Metaerzählungen erheben sich als allgemein geltend über alle anderen zum gleichen Phänomen noch bestehenden Erzählungen, sie beanspruchen, diese bewerten zu können, indem sie sie entweder als Teil ihrer selbst akzeptieren oder als unzutreffend, unzulässig verwerfen. Im Gang der Geschichte, so die These der Postmoderne, haben diese Erzählungen allerdings ihre Erklärungs- und Überzeugungskraft verloren, sie sind sinnlos geworden.

Man kann diesen Gedanken am Beispiel der großen Erzählung ‚Aufklärung‘ illustrieren. Sie erklärte den Gang der Geschichte im Sinne eines unaufhörlichen Fortschritts, sie versicherte, Probleme und zwischenmenschliche Konflikte seien auf der Basis von Rationalität lösbar, sie glaubte an die Möglichkeit, den Menschen insgesamt vernünftiger zu machen und ‚erzählte‘ vom Glück als erreichbarem Zustand der Menschheit. Andere Erzählungen, etwa die von der ‚erkennenden Kraft des Herzens‘ oder des Gefühls, wie sie in der Frühromantik aufkamen, relativiert sie oder verwirft Teilerzählungen des ‚anderen Lagers‘, wie etwa die des Aberglaubens oder der Volksmeinungen.

Wie verhält es sich mit dieser großen Erzählung angesichts unserer heutigen Situation? Der Fortschritt, bedingt durch wissenschaftlich technische Verfügbarkeit über die Natur, kehrt sich in seinen Folgen gegen den Menschen und wird zur Bedrohung. Konfliktlösung auf die unmenschliche Art der Ausrottung des Gegners, auch schönfärberisch ‚Säuberung‘ genannt, ist tägliche traurige Realität, und angesichts sozialer Randgruppen und des unvernünftigen Umgangs mit staatlichen Ressourcen bei steigender Armut in großen Bevölkerungsgruppen oder ganzen Regionen der Erde muß auch die Erzählung von Glück als verfehlt angesehen werden.

Radikaler Pluralismus

Der Verfall der großen Erzählung(en) führte nun nicht zum Verschwinden jeglicher Erzählung. Er wirkte sich vielmehr, wie Vauxhall Cross eindrucksvoll demonstriert, zugunsten einer *Pluralität* von ‚Erzählungen' aus. Die Postmoderne ist gekennzeichnet durch eine Vielzahl denkbarer Explikations- und Legitimationsentwürfe, denen – bei aller inhaltlichen Verschiedenheit – formal gesehen eines gemeinsam ist: Da keine von ihnen beanspruchen kann, die *eine*, die Metaerzählung zu sein, stehen sie al pari zueinander. Neben der Pluralität ist damit die mit radikaler Konsequenz verfolgte **absolute Relativität** ein weiteres Kriterium der Postmoderne.

Der Widerstreit

Vom Standpunkt jeder der vielen Einzelerzählungen aus sind die anderen als konkurrierend und gegensätzlich angesehen. Die vielen Entwürfe stehen also im permanenten **Widerstreit** miteinander, permanent deshalb, weil mit einer neuen übergeordneten Metaerzählung und damit der verbindlichen Aufhebung aller Widersprüche, Spannungen Unvereinbarkeiten nicht mehr gerechnet werden kann. Lʏᴏᴛᴀʀᴅ sieht diese Situation nun nicht etwa als gefährlich oder gar bedrohlich an, sondern hebt die damit verbundene Chance hervor. Wenn sich keine der Erzählungen über alle anderen erheben kann, ist eine Schranke gegenüber totalitaristischen Entwicklungen gesetzt. Denn als *totalitaristisch* ist genau jene Entwicklung zu charakterisieren, bei der eine Erzählung, eine Weltanschauung oder politische Ideologie beansprucht, die umfassende und verbindliche Erklärung von Welt und menschlichem Zusammenleben zu liefern.

Der Gedanke läßt sich im Rückgriff auf ein Beispiel verdeutlichen, das Lʏᴏᴛᴀʀᴅ in seinem Werk über den Widerstreit (1987, S. 143) entwickelt.

Der Satz *ich kann bei dir vorbeikommen* ist insofern mehrdeutig, als er in ganz unterschiedliche Sinnkontexte – Lʏᴏᴛᴀʀᴅ spricht von Universen und Diskursarten – eingelagert werden kann und von daher jeweils Unterschiedliches bedeutet. Schon allein mit Blick auf das Modalverb *kann* sind folgende Universen oder Diskursarten denkbar:

1.1   Ich habe die Fähigkeit dazu.
1.2   Ich habe die Zeit dazu.
1.3   Du hast ein Zuhause und die Adresse ist bekannt.
2   Möglicherweise tue ich es.
3.1   Ich möchte es gerne tun.
3.2   Ich hätte gern, daß Du mir sagst, ich solle es tun.
4   Ich habe die Erlaubnis dazu.

Es handelt sich um Sinnkontexte, die auf die Fähigkeit abzielen, kommen zu können (Beispielsätze 1), auf die Eventualität abheben (Beispielsatz 2), einen Wunsch aussprechen (Beispielsätze 3) oder ein zustehendes Recht (Beispielsatz 4) reklamieren.

Widerstreit bedeutet nun, daß die verschiedenen Sinnkontexte, die Diskursarten, nicht vereinheitlichbar sind. Es gibt keine höchste Diskursart, die über allen anderen steht oder die alle anderen in sich vereinigt. So etwas dennoch zu behaupten, führt in einen unüberwindbaren Gegensatz, eine **Aporie**: Entweder nämlich wäre diese oberste Diskursart dennoch Teil aller Diskursarten, folglich ist ihre Regelungskompetenz nicht die höchste; oder sie ist tatsächlich die höchste, dann umfaßt sie aber nicht alle Diskursarten, da sie sich selbst ausnimmt (vgl. LYOTARD 1987, S. 230).

Lassen Sie sich nicht verwirren, wenn Sie später, in Kap. 2.4.7.2 und in Kap. 7.3.2, ebenfalls auf den Diskursbegriff stoßen. Dort allerdings ist er in Rückgriff auf HABERMAS entwickelt, der darunter herrschaftsfreies Aushandeln von Kommunikationsregeln versteht. LYOTARD dagegen verbindet mit dem Begriff ganz allgemein die Vorstellung von Sinnkontexten und Regelsystemen zur Produktion entsprechender Aussagen.

Es existiert folglich keine Diskursart, man könnte auch sagen kein Sinnsystem, dessen Vorherrschaft über die anderen gerechtfertigt und damit anzuerkennen wäre: Weder das Sinnsystem der Philosophie, also die kritische Diskursart, noch das der Jurisprudenz, das sich um die Fragen nach dem gerechten Urteil organisiert oder des Technikers, der mit einem vom Begriff des Funktionierens getragenen Diskurs arbeitet.

Als Zwischenergebnis ist festzuhalten:
Postmoderne ist gekennzeichnet durch
- das Ende der Metaerzählungen. Darunter sind große, umfassende, philosophische, politische, soziologische oder religiöse Entwürfe verstanden, die Welt erklären und bestimmte gegebene oder anzustrebende Zustände rechtfertigen, damit eine explikative und eine legitimatorische Funktion haben.
- radikalen Pluralismus, der auf die gleichberechtigte Anerkennung jeder existierenden Teilerzählung verweist.
- Widerstreit, der aus der anerkannten Unvereinbarkeit einzelner Teilerzählungen resultiert und bestehen bleibt, weil kein Sinnkontext (Diskursart) Überlegenheit über einen anderen beanspruchen kann.

2.4.7.2 *Postmoderne und Pädagogik*

Ähnlich wie im Kapitel über Bildung in der Moderne sind auch hier zunächst Merkmale der Postmoderne allgemein skizziert mit den kennzeichnenden Stichworten: Ende der Metaerzählungen – radikaler Pluralismus – Widerstreit.

Auch der nächste Schritt entspricht der bisherigen Vorgehensweise. Hier stellt sich also wieder die Frage, welche Antworten die Pädagogik auf die aufgezeigten Entwicklungstendenzen findet. Und auch hier soll Ihnen wieder ein Tableau als Orientierungshilfe für den folgenden Text dienen.

(10) Tableau: *Postmoderne und die Antworten der Pädagogik*

Kennzeichen der Postmoderne	Pädagogische Antworten
Ende der Metaerzählungen	Bildungsarbeit mit Blick auf Schlüsselprobleme als epochaltypische Strukturprobleme (KLAFKI)
Radikaler Pluralismus	Gewandeltes Verständnis von Allgemeinbildung: gesellschaftliche Sicherung von Lernfähigkeit (TENORTH)
Widerstreit	Bildung zur Fähigkeit, an Diskursen teilnehmen zu können im Sinne der Diskursethik (HABERMAS)

Die Antwort der Pädagogik auf die Annahme vom Ende der Metaerzählungen: *Bildung durch Schlüsselprobleme*

Die große Erzählung in der Pädagogik ist die von der Bildung, verstanden als Aufklärung des einzelnen wie darüberhinaus der Gesellschaft. Mit dem Ende der Metaerzählung, das der Postmodernismus als gegeben sieht, wäre auch der Abschied von der Aufklärung gekommen. Denn dort sind Emanzipation des Menschen und eine vernünftige Gesellschaft versprochen. Beides ist nicht eingelöst.

Wer sich auf der Linie dieses Gedankens weiterbewegt, wäre gezwungen, das Ende des Bildungsgedankens und damit des Kernstücks der Pädagogik einzuläuten. So schnell aber geben sich eine wissenschaftliche Disziplin und eine sich zumindest oft bewährende tagtäglich arbeitende pädagogische Praxis nicht auf. Tatsächlich sind denn auch konstruktive Konzepte dazu entwickelt worden, was Pädagogik unter diesen veränderten Bedingungen leisten kann.

So steht etwa die Position W. KLAFKIS (1990) gegen den Abgesang der Pädagogik. Er ist der Überzeugung, die Prinzipien der Aufklärung – Mündigkeit, Selbständigkeit, kritische Prüfung legitimatorischer Ansprüche – hätten nach wie vor Geltung, auch wenn sie nicht hinreichend eingelöst seien.

Bildung bleibt im Sinne der Aufklärung für KLAFKI an drei fundamentale Fähigkeiten gebunden:

– An die Fähigkeit zur *Selbstbestimmung*: Jeder soll selbst über sein Leben, die dort zu treffenden Entscheidungen und die einzugehenden Verpflichtungen verfügen.
– An die Fähigkeit zur *Mitbestimmung*: Jeder soll sich verantwortlich fühlen für die gemeinsame Gestaltung der kulturellen, politischen und gesellschaftlichen Verhältnisse und entsprechend handeln.
– An die Fähigkeit zur *Solidarität*: Jeder soll Selbst- und Mitbestimmung nicht

allein für sich fordern, sondern auch denen zugestehen, die bisher aufgrund politischer Einschränkungen, Unterpriviligierung, Unterdrückung ausgeschlossen sind. Wichtig ist, aktiv dafür einzutreten, daß diese Gruppen tatsächlich partizipieren können.

Diese Grundfähigkeiten sind für die Gestaltung des Lebens unter heutigen gesellschaftlichen und politischen Bedingungen unverzichtbar. Daher müssen sie auch erworben werden in der Auseinandersetzung mit entsprechend zentralen Fragestellungen. KLAFKI nennt solche relevanten, existenzentscheidenden Themen **Schlüsselprobleme**.

Dazu zählt er Probleme der Friedens- und Umweltsicherung, das Nord-Süd-Verhältnis, gesellschaftliche Ungleichheit, die Frage nach den Folgen der neuen technischen Steuerungs-, Informations- und Kommunikationsmedien und die Frage nach der Subjektivität des einzelnen sowie der Ich-Du-Beziehung (vgl. KLAFKI 1990, S. 95–97).

*Schlüssel*probleme nennt er diese Themen, deren Zahl nicht beliebig erweiterbar ist, weil es sich um epochaltypische Strukturprobleme von weitreichender gesellschaftlicher und übernationaler Bedeutung handelt.

Um in diesem Sinn weiterhin pädagogisch, das heißt an Aufklärung orientiert arbeiten zu können, ist ein Konsens darüber erfordert, welche Probleme als epochaltypisch anzusehen sind, welche also den Status eines Schlüsselproblems erhalten. Kein Konsens muß dagegen über die Wege zur Lösung eines solchen Problems bestehen. Hier sind durchaus plurale Lösungsmuster denkbar, allerdings mit einer Einschränkung: Nur solche Lösungswege können Anerkennung beanspruchen, deren Prinzipien für die Betroffenen verallgemeinerbar sind, das heißt, denen alle Beteiligten im Grunde zustimmen können. Damit sind beispielsweise Lösungen von der Anerkennung ausgeschlossen, die auf Prinzipien der Gewalt, des Zwangs, der Verschleierung, der Täuschung beruhen.

In der Beschäftigung mit Schlüsselproblemen werden themenspezifische Kenntnisse und Einsichten, also *inhaltliche Kompetenzen*, aber auch *generelle Einstellungen und formale Kompetenzen* erworben, die nicht an das jeweilige Schlüsselproblem gebunden bleiben. Es sind:
– Kritikbereitschaft und -fähigkeit einschließlich der Bereitschaft und Fähigkeit zur Selbstkritik.
– Argumentationsbereitschaft und -fähigkeit in dem Sinn, daß eigene Argumente dem Gegenüber die Möglichkeit bieten, im Dialog zu bleiben und gemeinsam nach der besseren Erkenntnis zu suchen.
– Empathie im Sinne der Fähigkeit, eine Situation, ein Problem, eine Handlung aus der Lage des jeweils anderen, von der Sache Betroffenen aus sehen zu können.
– Vernetztes Denken oder Zusammenhangsdenken (vgl. KLAFKI 1990, S. 98/ 99).
Nach diesen Ausführungen zum Ansatz der Schlüsselprobleme ist zu fragen: *Wie*

(11) Strukturbild: *Schlüsselprobleme und an ihnen zu erwerbende Kompetenzen*

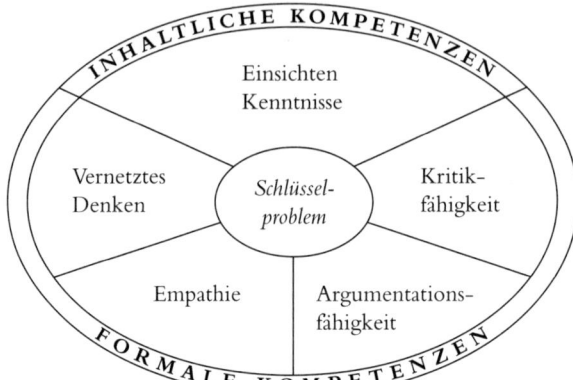

stehen die Annahme vom Ende der Metaerzählungen und ein Eintreten für das Projekt der Aufklärung zueinander?

– KLAFKI hat von HABERMAS die Auffassung übernommen, Aufklärung als ‚offenes Projekt' anzusehen, das in seinem Rahmen plurale Wege und Antworten zuläßt. Aufklärung ist nicht im Sinne eines inhaltlich fest ausformulierten Programms verstanden, wohl aber so, daß die sie tragenden Prinzipen der Mündigkeit, Vernunft und Emanzipation unverzichtbare, unhintergehbare, menschlicher Praxis letztendlich aufgegebene Postulate darstellen. Sie stehen damit über allen Einzelerzählungen und bilden folglich eine große Erzählung.

Man kann also festhalten: Aufklärung hat bei KLAFKI letztlich nach wie vor den Status einer Metaerzählung.

– Da die drei skizzierten Merkmale der Postmoderne in einem engen Zusammenhang stehen, sind über den Aspekt der Metaerzählung hinaus auch die beiden anderen Bestimmungsstücke – radikaler Pluralismus und Widerstreit – anzusprechen und auf ihr Verhältnis zu KLAFKIS Position zu prüfen.

Vordergründig besehen scheint in der Anerkennung der Pluralität von Lösungsmöglichkeiten eine Gemeinsamkeit zwischen beiden Ansätzen zu liegen. Implizit ist damit nämlich der Widerstreit anerkannt, denn kein Lösungsweg kann gegenüber anderen alleinige Geltung beanspruchen.

Hier läßt sich also im Blick auf unsere Fragestellung formulieren: In der Anerkennung der Pluralität von Lösungswegen treffen sich beide Positionen.

– Schaut man genauer hin, erweist sich die eben angestellte Überlegung in der Tat als vordergründig. Die Pluralität von Lösungswegen ist nämlich nur *innerhalb* eines Schlüsselproblems anerkannt, während dieses selbst vorgegeben ist.

Geht man den Schritt weiter und befaßt sich mit der Festlegung, was als Schlüsselproblem zu sehen ist, ergeben sich deutliche Unterschiede zwischen KLAFKIS Position und postmodernen Auffassungen.

Die Bestimmung der Schlüsselprobleme erfolgt auf konsensuellem Weg. Wenn man einmal die Annahme einklammert, der Konsens sei im Zuge eines tatsächlich herrschaftsfreien Diskurses erzielt, und sich statt dessen eher an die Realität hält, dann kann sich postmoderne Kritik an KLAFKIs Position regen. Der Konsens wird aller Erwartung nach von meinungsstarken, von artikulationsmächtigen Gruppen erarbeitet. Die so identifizierten Schlüsselprobleme erhalten vermutlich zwingende Kraft in dem Sinn, daß sie in Bildungsprozessen, etwa in der Schule, verpflichtend zu bearbeiten sind und nicht zur Disposition stehen. Die Folge: Sie werden andere, ‚kleinere' Erzählungen über denkbare Schlüsselprobleme erdrücken, sie nicht zur Geltung kommen lassen. Damit können sich die ‚offiziellen' Schlüsselprobleme unter der Hand doch wieder als Elemente einer dahinter stehenden, wenn auch implizit bleibenden Metaerzählung etablieren.

Man kann also formulieren: Die Festlegung von Schlüsselproblemen erfolgt durch Anwendung definitorischer Macht und setzt damit die postmodernen Prinzipien des radikalen Pluralismus und des Widerstreits außer Kraft.

Neben den mehr oder weniger starken Abweichungen treffen sich allerdings KLAFKI und die Postmoderne ein einem durchaus grundsätzlichen Punkt. Pluralismus ist nicht mit Beliebigkeit gleichgesetzt. Er findet bei KLAFKI seine Grenze an der Aufforderung, den anderen als ebenso freies Subjekt zu akzeptieren. Genau das muß LYOTARD auch voraussetzen, weil Pluralität nur gewahrt bleiben kann, wenn jeder sie anerkennt, also jeder dem anderen das Recht auf den eigenen Sinnentwurf und Lösungsweg zubilligt.

Es bleibt festzuhalten:
Die Pädagogik hat die Metaerzählung von der Aufklärung nicht aufgegeben. Sie versteht sie als weiterhin einzulösenden Auftrag. Hierzu erforderliche Kenntnisse und Fähigkeiten gewinnt der Lernende in der Auseinandersetzung mit Schlüsselproblemen, also mit epochaltypischen Strukturproblemen.

Die Antwort der Pädagogik auf das Prinzip des radikalen Pluralismus:
Neue Allgemeinbildung
Mit diesem Theorem verweist die Postmoderne auf das Phänomen pluraler, das heißt zahlreicher gleichzeitig existierender unterschiedlicher Lebensentwürfe, Lebensstile, Problemwahrnehmungen und Lösungsvorschläge, wenn die soziale Welt nicht mehr nach einem Prinzip, dem einer bestimmten Metaerzählung organisiert ist.

Diese **Pluralität** ist im Postmodernismus nicht lediglich konstatiert oder sogar bedauert, sondern sie ist *positiv anerkannt als das Strukturmoment der Postmoderne, das totalitären Versuchen entgegensteht.* Von daher begrüßt Postmoderne Pluralismus und begreift ihn radikal, das heißt als grundlegend, unverzichtbar.

Pädagogik steht damit vor der Notwendigkeit, ihre Forderung nach Allgemeinbildung neu zu durchdenken.

Das Konzept der Allgemeinbildung geht davon aus, daß sich der Kulturbestand einer Gesellschaft erfassen, genau umreißen und in Bildungsprozessen vermitteln läßt. Hierzu zeichnen sich drei Möglichkeiten ab:

Der Enzyklopädismus: Man hoffte, alle Wissens- und Kulturbereiche der Gesellschaft dingfest machen zu können und in umfassenden Sammelwerken, den Enzyklopädien, zu fixieren. Dieses Unternehmen mußte an der nicht bewältigbaren Fülle gesellschaftlich angesammelten Wissens scheitern.

Das Klassische: Daraufhin bewegte man sich – bescheidener geworden – eine Stufe tiefer und forderte, nur solche Kulturgüter zu bewahren und an die nächste Generation weiterzugeben, die von besonders hohem Wert sind, die zeitlos Gültiges ausdrücken.

Das Formale: Ist über Inhalte der Allgemeinbildung weder im Sinne des Enzyklopädismus noch des Klassischen Einigkeit zu erzielen, bleibt als letzte Möglichkeit der Verzicht auf Inhalte zugunsten der Vermittlung grundlegender Fähigkeiten und Fertigkeiten.

Stufe drei ist komplizierter. Sie bedarf deshalb einer differenzierten Begründung.

– Einmal erschwerten Wissensexplosion und das Aufkommen neuer Technologien immer mehr die Entscheidung, was als klassisch im Sinne von bedeutungsvoll, zeitlos gültig anzusehen sei. Sind heute die antiken Autoren in diesem Sinn noch klassisch, oder haben nicht eher Kenntnisse in Informatik besonders hohen Wert für den Bestand der Kultur? Allgemeinbildung wird hier also vor dem Hintergrund ‚objektiver‘ sozialer Entwicklungen definiert.

– Beim zweiten Gesichtspunkt dominiert eine politisch-gesellschaftliche Überlegung. In plural verfaßten Gesellschaften können Entscheidungen über zentrale Fragen – und die über Bildungsinhalte gehört dazu – nicht einfach von irgendeiner Instanz gesetzt werden. Sie werden vielmehr im Geflecht von Parteien, Verbänden, Interessengruppen ausgehandelt (bargaining). Damit werden je nach Aushandlungskontext, nach Repräsentanz einzelner Gruppierungen und ihrer Artikulationsmacht unterschiedliche Antworten produziert auf die Frage danach, was zur Allgemeinbildung gehört: Für die einen ist Geschichte unverzichtbar, für die anderen gerade nicht, dafür aber Computerwissen, für wieder andere ist es Englisch als die weltweite Kommunikations- und Wissenschaftssprache und einige bleiben bei der Meinung, Latein sei derart grundlegend zum Verständnis linguistischer Strukturen, daß es unbedingt in einen allgemeinbildenden Kanon gehöre. Allgemeinbildung ist hier politisch-ideologisch begründet und als Resultat von Aushandlungsprozessen zwischen Interessengruppen anzusehen.

Man kann festhalten: Angesichts beider Gegebenheiten, der unüberschaubaren Vermehrung von Wissen und plural konflikthaft ausgehandelter politischen Entscheidungen, ist keine allgemein akzeptierte Antwort mehr auf die Frage nach *Inhalten* der Allgemeinbildung zu finden.

In dieser Situation bleibt nur noch ein Ausweg: Man gibt die Bemühung um *materiale Präzisierung*, um die Festlegung von Fächern auf zugunsten der *Bestimmung formaler Fähigkeiten*. Nicht mehr Inhalte, sondern Kompetenzen, Qualifikationen, am besten *Schlüsselqualifikationen* machen Allgemeinbildung aus. Zu solchen Qualifikationen zählen etwa Lernen des Lernens, Handhabung von Informationen, Fähigkeit zur Dekodierung, Umgang mit Multikulturalität, Kritikfähigkeit (Näheres zum Konzept der Schlüsselqualifikationen siehe Kap. 5.3.2).

TENORTH hat dieses Verständnis von Allgemeinbildung in die Formel von der *Allgemeinbildung als gesellschaftliche Sicherung von Lernfähigkeit* gefaßt, als individuelle Verhaltensdisposition, als einen Lern- und Verhaltensstil spezifischer Art: „Er zeichnet sich dadurch aus, daß Menschen im Umgang mit Schwierigkeiten und Problemen kognitive Lösungswege und Strategien bevorzugen und zugleich einen Erwartungs- und Verhaltensstil abwehren, der z. B. auf Gewalt statt auf Lernen setzt. Mit der Verbreitung und je subjektiven Sicherung einer auf Lernen und nicht auf Macht oder Gewalt oder Resignation orientierten Form des Umgangs mit Problemen hat allgemeine Bildung deshalb nicht nur eine auf die Bildung der Persönlichkeit, sondern auf die Funktionsweise von Gesellschaft zielende Dimension." (TENORTH 1994, S. 101)

Bislang war Allgemeinbildung vorrangig mit Blick auf individuelle formale Kompetenzen diskutiert. Jetzt wird sie auch auf den politisch-gesellschaftlichen Raum hin ausgelegt im Verweis auf die Art und Weise, in der Problemlagen anzugehen sind:
– Sie sollen intelligent und nicht im Rückgriff auf Zwang gelöst werden.
– Dies ist nur möglich, wenn sich der einzelne als moralische Person begreift.
– Von dieser Konstellation profitiert auch die Gesellschaft. Die intelligent-moralische Lösung von Problemen optimiert die vorhandenen gesellschaftlichen Möglichkeiten bei weitgehender Vermeidung problemhaltiger Nebenfolgen, wie sie über Zwang und Macht herbeigeführte Lösungen nach sich ziehen würden.

Fazit:
Die Anerkennung des radikalen Pluralismus führt konsequent gedacht zur Auflösung der Konzepte von Allgemeinbildung, die sie an definierte Inhalte binden wollen. Denkbar ist lediglich noch die Orientierung an formalen Qualifikationen. Dazu sind individuelle Fähigkeiten ebenso wie solche politischen Kompetenzen zu rechnen, die als unverzichtbar angesehen werden zur Aufrechterhaltung gesellschaftlicher Interaktion.

Die Antwort der Pädagogik auf das Prinzip des Widerstreits:
Bildung als Diskursfähigkeit
Der Widerstreit resultiert aus der Tatsache, daß es in der Postmoderne keine höchste Diskursart gibt, keinen obersten Sinnkontext, keine legitimierende Instanz, die sich über andere Diskursarten und Legitimierungsversuche erheben kann. Vielmehr gilt, daß die Diskursarten nebeneinander stehen und miteinander konkurrieren, weil sie nicht hierarchisierbar sind.

Für die Pädagogik ergibt sich hieraus eine folgenreiche Konsequenz. Sie kann im Grunde keine bestimmten Werte mehr vermitteln. Werterziehung ist obsolet, hinfällig geworden. Von postmoderner Position gibt es keine Berechtigung mehr, auf Werte wie Gerechtigkeit, Gleichheit, Glück hin zu erziehen, denn es existieren unterschiedliche ‚Erzählungen' darüber, was diese Begriffe bedeuten.

Die Pädagogik kann so wenig wie andere Instanzen auch darüber entscheiden, welche existierenden Erzählungen gelten sollen beziehungsweise zu vernachlässigen sind:

Gilt beispielsweise die Erzählung von Glück, die darauf abzielt, den Augenblick zu genießen, im Heute zu leben, mitzunehmen, was man sich an Annehmlichkeiten leisten kann: Die geschmackvoll eingerichtete Wohnung, die anregende Partnerschaft, gutes Essen, schöne Reisen?

Oder gilt eine andere Erzählung, wonach Glück mit Verzicht, Bedürfnislosigkeit, Ursprünglichkeit zu tun hat?

Vielleicht gilt aber auch die Erzählung vom Ich, das in der Meditation neu gefunden wurde, das seine Energien wieder entdeckt hat, das seine Zufriedenheit allein aus sich, aus der Erfahrung seiner inneren Stärke erhält und sich von daher glücklich fühlt.

In unserem Beispiel gibt es also bereits drei Varianten zum Thema: eine hedonistische, als zweite eine zivilisationskritische und schließlich eine spiritualistische Erzählung.

Eine sich postmodern verstehende Pädagogik hätte dem Rechnung zu tragen und alle Erzählungen gleichrangig zuzulassen, keine zu begünstigen, keine zu unterdrücken. Sofort kommt für jeden Lehrer, Erwachsenenbildungsdozenten oder Bildungspolitiker die Frage auf: Führt das nicht zu Relativismus? Ist jede Erzählung, auch die neofaschistische oder rassistische, zu akzeptieren?

Zwei Dinge sind zu dieser berechtigten und in der Tat beunruhigenden Frage anzumerken:
– Die Postmoderne ist gekennzeichnet vom radikalen Pluralismus und der Einsicht in das Ende der großen Erzählungen. Dieser beschreibende *deskriptive* Satz tritt aber im Postmodernismus auch in Form eines bewertenden *normativen* Argumentes auf: Erzählungen, die diese Pluralität aberkennen, aufheben wollen, sind totalitär: Sie können nicht mit rationalen Argumenten belegen, weshalb sie als oberste Erzählung anzuerkennen sind, sondern allenfalls im Rückgriff auf Macht und Gewalt. Erzählungen wie die neofaschistische oder rassistische, die eine Besonderheit (*diese* Lebensweise, *dieses* Volk) zum allgemeinen Maßstab erklären, unterliegen daher dem Verdikt.
– Fragt man noch einen Schritt weiter auf diesem Weg, kommt ein grundsätzlicher Gesichtspunkt ins Spiel. Wieso ist eigentlich eine Erzählung abzulehnen, die ihre legitimierende Kraft mit Macht oder Gewalt durchsetzt? Die Antwort: Weil damit der Mensch als Subjekt verletzt ist. Subjekt sein heißt nämlich, Anspruch auf eigenes Urteil und autonomes Handeln zu haben. Hier werden Sie fragen, was damit gemeint sein kann, wenn daraus nicht unter der Hand doch wieder eine große Erzählung über das Subjekt, seine Freiheit und seine Emanzipation werden soll. Und damit führt die Diskussion wieder zu einem Argumentationsstrang, der in Affinität zu KLAFKIs Ausführungen über die Fähigkeiten zur Selbstbestimmung, Mitbestimmung und Solidarität zu sehen ist.

Eine auch aus pädagogischer Perspektive befriedigende Klärung dieser Frage ist bei HABERMAS in seinen Überlegungen zum Projekt der Moderne zu finden.

Sie sollten sich nicht verwirren lassen, wenn hier plötzlich der Begriff der Moderne wieder auftaucht. Es wurde schon darauf hingewiesen, daß postmoderne Theoretiker überpointiert weiterführen, was bereits in den Ausführungen zur Moderne und insbesondere den Paradoxien der Modernisierung dargelegt ist. HABERMAS glaubt denn auch, mit dem Begriff der Moderne und vor allem dem ihn ergänzenden Begriff der Aufklärung auszukommen und auf den der Postmoderne verzichten zu können.

Unter Aufklärung faßt er das Bemühen der Menschen, vernünftige Lebensverhältnisse herstellen zu wollen. Wichtig ist hierbei der Hinweis, sie herstellen *zu wollen*. Aufklärung ist auf die Zukunft gerichtet, ist ein Ideal, an dessen Realisierung gearbeitet wird. Und für dieses Vorhaben, diesen Plan benutzt HABERMAS die Formel vom **Projekt der Moderne**.

Nun fragt sich, wie dieses Projekt in Angriff genommen werden kann, wenn inhaltlich nicht mehr festlegbar ist, was vernünftige Lebensverhältnisse sind und wie man sie realisieren kann. HABERMAS Antwort: Durch Herstellen einer Kommunikationsgemeinschaft.

Er entwickelt den Gedanken in folgenden Schritten:

Zentraler Bezugspunkt in der Moderne – und das gilt für ihn auch unter postmodernen Vorzeichen – ist der Begriff der Subjektivität. Er beinhaltet

– Individualität als Recht des einzelnen auf seine ‚Eigentümlichkeit‘,
– das Recht auf Kritik, nämlich legitimierende Begründungen für das einzufordern, was er anerkennen soll, und
– Autonomie des Handelns mit der Konsequenz, für das, was er tut, auch vor sich einstehen zu können.

Negativ formuliert: Der einzelne kann sich nicht durch die Autorität einer Ideologie oder Tradition leiten lassen, er kann sich nicht auf nicht-rationale Deutungen von Welt einlassen und er kann nicht Überzeugungssysteme anderer bloß übernehmen.

Statt dessen soll er Ansprüche, die ihm bestimmte Einstellungen abverlangen und Handlungen von ihm fordern, auf ihre Begründungen prüfen.

Dies kann nun angesichts der Erosion der großen Erzählungen nicht mit Verweis auf die Freiheit oder die Vernunft geschehen, sondern über frei zustande kommende Diskurse. In ihnen werden Ansprüche vorgetragen, begründet, anderen gegenübergestellt, werden die jeweils dahinter stehenden normativen Prämissen geprüft. Das Ziel des Diskurses besteht letztlich darin, auf diesem prüfend-abwägenden Weg zu Vereinbarungen zu kommen, die die Diskursteilnehmer als für sich, für ihr Handeln verpflichtend ansehen. (Näheres zum Diskursmodell vgl. Kap. 7.3.2)

Die Konsequenzen für die Pädagogik sind nun unmittelbar einzusehen:

Sie hat über entsprechende Bildungsmaßnahmen Sorge zu tragen, daß **Diskursfähigkeiten** erlangt werden können. Dazu gehören beispielsweise

– Empathie, also probeweise den Standpunkt des anderen einnehmen zu können,

– die Haltung, dem Argument zu gehorchen und auf Gewalt zu verzichten,
– die Fähigkeit zu mehrperspektivischem und auch vernetztem Denken.
    Insgesamt hat sie also Fähigkeiten zu vermitteln, wie sie etwa mit dem Konzept
der Schlüsselprobleme angestrebt sind (vgl. auch Kap. 5.3.2).

Zusammenfassend ist festzuhalten:
Die Pädagogik verabschiedet ‚ihre‘ Metaerzählung – die von der Aufklärung –
nicht. Sie behält die Aufklärungserzählung bei, modifiziert allerdings die daraus
zu ziehenden Konsequenzen:
– Pädagogik hält fest am Gedanken an Bildung im Sinne von Urteilsfähigkeit
    und Mündigkeit und bindet ihn an Schlüsselprobleme der Moderne, aner-
    kennt aber die Möglichkeit unterschiedlicher Lösungswege im Sinne ‚kleiner
    Erzählungen‘.
– Sie besteht auf einem Begriff von Allgemeinbildung. Sie anerkennt aber ange-
    sichts des von der Postmoderne postulierten radikalen Pluralismus die Un-
    möglichkeit, Allgemeinbildung noch weiter inhaltlich zu bestimmen. Statt-
    dessen geht sie den Schritt, Allgemeinbildung nur mehr formal als gesell-
    schaftliche Lernfähigkeit zu fassen.
– Pädagogik beharrt in der Übernahme der Diskursethik auf der Annahme,
    menschliche Praxis sei vernünftig regelbar. Sie anerkennt aber den Widerstreit
    dahingehend, daß er im Sinne differenter Auslegung von Wirklichkeit akzep-
    tiert ist und nicht über Zwang auflösbar, sondern nur über Verständigung
    bearbeitbar ist. Auf seiten der Teilnehmer an Diskursen sind hierfür formale
    Diskursfähigkeiten erfordert und über Bildung anzueignen.

2.4.8 Lerntafel

Postmodern bedeutet ganz allgemein:
Es existiert ein *Pluralismus von Sprachen, Modellen, Verfahrensweisen in verschiedenen wie auch den gleichen Werken und Entwürfen.*

Kennzeichen der Postmoderne:

Ende der großen Erzählungen (Metaerzählung)	Verfall *eines* philosophischen, soziologischen, religiösen, politischen Entwurfs mit allgemeingültigem Anspruch, die Welt umfassend zu erklären und gegebene oder anzu-strebende Zustände zu rechtfertigen (explikative und le-gitimatorische Funktion).
Pluralismus	Anstelle einer großen Erzählung existiert eine Vielzahl von Einzelerzählungen, wobei keine von ihnen Überle-

Widerstreit

genheit über die anderen beanspruchen kann. Es gilt die Anerkennung absoluter Relativität. Aus der Vielzahl kleiner Erzählungen resultieren unaufhebbare Spannungen, Widersprüche, Unvereinbarkeiten. Sie könnten nur auf totalitaristische Art beseitigt werden. In diesem Fall würde sich eine Erzählung kurzerhand über alle anderen erheben, was dem Prinzip des Pluralismus zuwiderläuft.

Antworten der Pädagogik:
- Sie hält fest an der Aufklärung als der großen Erzählung der Pädagogik. Aufklärung ist allerdings angesehen als unabgeschlossenes, offenes Projekt. Die Zukunftsorientierung von Bildungsarbeit manifestiert sich in der Auseinandersetzung mit epochaltypischen *Schlüsselproblemen.*
- Radikaler Pluralismus führt zum Aufgeben inhaltlicher Festlegungen von Allgemeinbildung. Die Pädagogik hält an der formalen Fundierung von Allgemeinbildung fest im Sinn der Aneignung *individueller und politisch orientierter Kompetenzen.*
- Der Widerstreit ist als konstitutiv anerkannt. Pädagogik will eine seiner unausgesprochenen Voraussetzungen über Bildungsarbeit sicherstellen, nämlich die zwangfreie Auseinandersetzung in Form des Diskurses. Die hierfür erforderlichen Fähigkeiten und Fertigkeiten (*Diskurskompetenz*) sollen mit Hilfe von Bildungsprozessen erworben werden.

2.5 Literatur

J. A. COMENIUS, Große Didaktik, hrsg. v. A. FLITNER, Düsseldorf, München ³1966

L. FROESE; (Hrsg.), Bildungspolitik und Bildungsreform, München 1969

J. HABERMAS, Erkenntnis und Interesse, in: Technik und Wissenschaft als Ideologie, Frankfurt 1969, S. 146 ff

H.-G. HERRLITZ, Studium als Standesprivileg, Frankfurt 1973

*H.-G. HERRLITZ u. a., Deutsche Schulgeschichte von 1800 bis zur Gegenwart, Königstein 1981

W. v. HUMBOLDT, Anthropologie und Bildungslehre, hrsg. v. A. FLITNER, Düsseldorf, München 1964

I. KANT, Abhandlungen nach 1781, Akademie-Textausgabe, Band VIII, Berlin 1968

* W. KLAFKI, Studien zur Bildungstheorie und Didaktik, Weinheim 1975

ders., Neue Studien zur Bildungstheorie und Didaktik, Weinheim, Basel ⁴1994

LANDTAG Nordrhein-Westfalen, Plenarprotokoll 8/59, vom 9.11.1977

A. LESCHINSKI / P. M. ROEDER, Schule im historischen Prozeß, Stuttgart 1976

K. MARX, Die Frühschriften, hrsg. von S. LANDSHUT, Stuttgart 1968

M. MEAD, Jugend und Sexualität in primitiven Gesellschaften, Band 2, Kindheit und Jugend in Neuguinea, München [4]1979

H. NOHL, Die Theorie der Bildung, in: H. NOHL / L. PALLAT (Hrsg.), Handbuch der Pädagogik, 1. Band: Die Theorie und die Entwicklung des Bildungswesens, Langensalza 1933, S. 3 ff

W. RITZEL, Pädagogik als praktische Wissenschaft, Heidelberg 1973

RICHTLINIEN für den Politikunterricht, hrsg. v. Kultusminister des Landes NRW, Düsseldorf [1]1973; [2]1974

J.-J. ROUSSEAU, Du Contrat social, Paris 1962

ders., Emile ou de l'éducation, Paris 1964

W. SCHULENBERG u. a., Soziale Lage und Weiterbildung, Braunschweig 1979

*STRUKTURPLAN für das Bildungswesen, Deutscher Bildungsrat, Empfehlungen der Bildungskommission, Stuttgart 1971

Überblicksliteratur:

M. BENDEN (Hrsg.), Die Zielproblematik in der Pädagogik, Bad Heilbrunn 1976

Zu Bildung in der Moderne:

G. AUERNHEIMER, Einführung in die interkulturelle Erziehung, Darmstadt 1995

U. BECK, Risikogesellschaft. Auf dem Weg in eine andere Moderne, Frankfurt / Main 1986

*ders., Die Erfindung des Politischen, Frankfurt / Main 1993

D. BELL, Die nachindustrielle Gesellschaft, Frankfurt / New York 1975

R. VAN DÜLMEN, Das Schauspiel des Todes, in: R. VAN DÜLMEN / N. SCHINDLER (Hrsg.), Volkskultur. Zur Wiederentdeckung des vergessenen Alltags (16.–20. Jahrhundert), Frankfurt / Main 1984, S. 203–245

N. ELIAS, Über den Prozeß der Zivilisation, 2 Bände, Frankfurt / Main 1992

I. FETSCHER, Aufklärung und Gegenaufklärung in der Bundesrepublik, in: J. SCHMIDT (Hrsg.), Aufklärung und Gegenaufklärung in der europäischen Literatur. Philosophie und Politik von der Antike bis zur Gegenwart, Darmstadt 1989, S. 522–547

R: GEISSLER, Die Sozialstruktur Deutschlands, Opladen 1992

R. HITZLER, Sinnwelten, Opladen 1988

D. S. HOOPES, Intercultural communication concepts and the Psychology of intercultural experience, in: M. D. PUSCH (ed.), Multicultural Education, Illionis 1979, S. 9–38

W. MAROTZKI / H. SÜNKER (Hrsg.), Kritische Erziehungswissenschaft – Moderne – Postmoderne, Band 1, Weinheim 1992

T. MILLER, Systemisch Denken – zielgerichtet Handeln und Problemlösen, in: Grundlagen der Weiterbildung (GdWZ) 6, 1995, S. 197–200

A. V. PLATO, Vereinigung der Einsamkeit, in: L. NIETHAMMER / A. V. PLATO / D. WIERLING, Die volkseigene Erfahrung, Berlin 1991, S. 354–381

*L. A. PONGRATZ, Bildung und Alltagsfahrung. Zur Dialektik des Bildungsprozesses als Erfahrungsprozeß, in: O. HANSMANN / W. MAROTZKI (Hrsg.), Diskurs Bildungstheorie I: Systematische Markierungen, Weinheim 1988, S. 293–310

*H. RUMPF, Die übergangene Sinnlichkeit, München 1981

R. UHLE, Bildung in Moderne-Theorien, Weinheim 1993

F. VESTER, Leitmotiv vernetztes Denken, München 1988

Überblicksliteratur:

H. VAN DER LOO / W. VAN REIJEN, Modernisierung. Projekt und Paradox, München 1992

Zur postmodernen Herausforderung:

*CHR. BECK, Ästhetisierung des Denkens. Zur Postmoderne-Rezeption der Pädagogik, Bad Heilbrunn 1993

J. HABERMAS, Erläuterungen zur Diskursethik, Frankfurt / Main 1992

ders., Die Moderne – ein unvollendetes Projekt, Leipzig 1994

*W. KLAFKI, Abschied von der Aufklärung? Grundzüge eines bildungstheoretischen Gegenentwurfs, in: H.-H. KRÜGER (Hrsg.), Abschied von der Aufklärung? Perspektiven der Erziehungswissenschaft, Opladen 1990, S. 91–104

H. KLOTZ, Moderne und Postmoderne, in: W. WELSCH (Hrsg.), Wege aus der Moderne. Schlüsseltexte der Postmoderne-Diskussion, Weinheim 1988, S. 99–109

*J.-F. LYOTARD, Das postmoderne Wissen: ein Bericht, Graz, Wien 1986

ders., Der Widerstreit, München 1987

ders., Randbemerkungen zu den Erzählungen, in: P. ENGELMANN (Hrsg.), Postmoderne und Dekonstruktion, Stuttgart 1990, S. 49–53

*H.-E. TENORTH, Alle alles zu lehren. Möglichkeiten und Perspektiven allgemeiner Bildung, Darmstadt 1994

W. WELSCH, Einleitung, in: W. WELSCH (Hrsg.), Wege aus der Moderne. Schlüsseltexte der Postmoderne-Diskussion, Weinheim 1988, S. 1–43

Überblicksliteratur:

W. WELSCH (Hrsg.), Wege aus der Moderne. Schlüsseltexte der Postmoderne-Diskussion, Weinheim 1988

3. Lernpsychologische Dimension der Erziehung

3.1 Was ist Lernen?

Schnell und ohne allzu angestrengtes Nachdenken hat man eine Reihe von Beispielen bei der Hand, wenn nach Lernvorgängen gefragt wird: ein Auto steuern lernen, den Führer durch Frankreichs Küche auswendig lernen, Rollschuhfahren lernen, sich beherrschen, sich entspannen, sich abreagieren lernen.

Eines ist deutlich: Dies alles sind im Endergebnis Verhaltensweisen, die nicht aufgrund von angeborenen Instinkten zur Verfügung stehen, sondern aufgrund eines spezifischen Vorgangs zustande kommen, den man Lernen nennt.

Man könnte **Lernen** vorläufig und sehr allgemein umschreiben als den *relativ dauerhaften Erwerb einer neuen oder die Veränderung einer schon vorhandenen Fähigkeit, Fertigkeit oder Einstellung.* Leistungszuwachs oder -veränderung werden dabei nicht als Folge eines natürlichen Reife oder Wachstumsprozesses angenommen, sondern als Ergebnis einer Auseinandersetzung des Lernenden mit Gegenständen seiner Umwelt.

Also: Daß ein Junge nach dem Stimmbruch tief spricht, ist Ergebnis nicht eines Lern-, sondern eines Reifeprozesses. Daß er sich jedoch geschickt auf Disco-Rollers bewegt, ist eine Lernleistung, hier vor allem motorischer Art. In der Auseinandersetzung mit dem rollenden Objekt aus seiner Umwelt hat er eine Fähigkeit zur Gleichgewichtssteuerung und zur Körperschwingung erworben, die er vorher nicht in diesem Ausmaß besaß.

Lernen ist also von *Reifen, Wachsen,* von *instinktmäßigem Verhalten* zu unterscheiden; kann es aber auch von Erziehung abgehoben werden?

In den anthropologischen Überlegungen ist Erziehung dargestellt worden als Ausrichtung auf die Handlungsfähigkeit des Menschen, darauf, daß er in einer bestimmten historisch-gesellschaftlichen Situation mittels Sinn und Sprache sein Leben bewältigt.

Erziehung ist ein Vorgang, der auf das Erreichen von Zielen angelegt ist, die zudem einen bestimmten normativen Anspruch in sich tragen (man vgl. noch einmal Kap. 2.1 und 2.4). Zur Erreichung dieser Ziele ist die *Auseinandersetzung mit Aufgaben, mit Inhalten, mit Gegenständen notwendig.* Und genau diesen Prozeß der Auseinandersetzung kann man global als Lernprozeß bezeichnen. *Lernen ist also ein Teilmoment am Erziehungsvorgang.*

Für uns ist nun wichtig, diesen Vorgang des Erwerbs oder der Modifikation von Leistungsmöglichkeiten im einzelnen zu erklären: Müssen dabei *unterschiedliche* Lerntypen berücksichtigt werden – etwa Lernen eines Wortes, einer Fremdsprache, Lernen, eine mathematische Gleichung zu lösen; oder sind dies alles nur Arten eines *universellen* Lernvorgangs?

Diese letztgenannte Ansicht wird von einer großen Schule im Rahmen der Lernforschung vertreten, den sogenannten **Behavioristen**: *Sie meinen, daß alles Lernen – und zwar nicht nur das menschliche in seinen vielfältigen Formen, sondern auch das tierische – allgemeinen Lerngesetzen gehorcht.*
Damit nehmen sie einen grundlegend anderen Standpunkt ein, als er im Kapitel über Anthropologie entwickelt wurde. Dort waren Mensch und Tier als prinzipiell verschieden dargestellt. Handeln des Menschen stand dem Verhalten des Tieres gegenüber.

3.2 Behavioristisches Lernverständnis

Für den Behavioristen nun gilt dieser Unterschied nicht, sondern Mensch und Tier sollen den gleichen Lerngesetzlichkeiten gehorchen. Diese Auffassung haben die Behavioristen meist mit Tierexperimenten zu belegen versucht und haben dabei von der Lernfähigkeit beispielsweise der Amöbe und der Ratte auf den Menschen und sein Lernen geschlossen.
Da wir bereits bei Tieren sind: Fast schon zwangsläufig wird man zu Beginn eines Kapitels über lerntheoretische Ansätze vom Pawlowschen Hund angebellt. Allerdings nicht allein deshalb, weil sich die Lerntheoretiker nicht von dem Vieh trennen wollen, sondern aus sachlichen Gründen: Pawlow brachte – zum ersten Mal in der Geschichte der Lernforschung – seine Forschungsergebnisse in eine objektive und meßbare Form; er zeigte damit den Weg auf in die später so genannte *behavioristische Lerntheorie.*
Was hat Pawlow nun genau entdeckt?
Bei der Erforschung von Erscheinungen der Magensekretion stieß er zufällig auf das Phänomen, daß der Hund, mit dem er experimentierte, schon auf die Wahrnehmung von Schritten der Person, die ihm Futter brachte, Speichel absonderte. Offensichtlich war also der Speichelfluß nicht zwingend an Geruch oder Anblick des Futters gebunden. Um dies nachzuweisen, ließ er in einem Versuch gleichzeitig mit der Darbietung des Futters (und dem dadurch bedingten Speichelfluß des Hundes) einen Glockenton ertönen. Nach einigen Wiederholungen floß der Speichel beim Glockenton auch, obwohl kein Futter gegeben wurde.

Diesen Vorgang nennt man **Konditionieren**, und zwar *klassisches* Konditionieren, weil es den ersten und auch für die späteren behavioristischen Lernforscher grundlegenden Ansatz darstellt.

3.2.1 Klassisches Konditionieren (Pawlow)

Bei dem Experiment sind genau besehen zwei Phasen zu unterscheiden: Einmal sondert der Hund physiologisch bedingt zur Vorbereitung des Verdauungsvorgangs beim Anblick bzw. beim Geruch des Futters Speichel ab. Das Futter stellt also einen natürlichen Reiz für diese ebenso natürliche Reaktion dar; oder – wie PAWLOW sagt – das Futter ist ein *unkonditionierter (unbedingter) Reiz,* der Speichelfluß *eine unkonditionierte (unbedingte) Reaktion.*

Wird nun gleichzeitig mit der Futtergabe ein Glockenton gegeben und fließt nach einigen Wiederholungen dieses Vorgangs der Speichel auch nur beim Ertönen der Glocke, so ist dies ein ‚künstlicher', PAWLOW sagt, *ein konditionierter Vorgang:* Der Ton ist der *konditionierte (bedingte) Reiz,* der darauf einsetzende Speichelfluß die *konditionierte (bedingte) Reaktion.*

Zu unterscheiden sind somit:

Unkonditionierter (unbedingter) Reiz (unconditioned stimulus , UCS)	= Futter
Unkonditionierte (unbedingte) Reaktion (unconditioned reaction – UCR)	= Speichelfluß
Konditionierter (bedingter) Reiz (conditioned stimulus – CS)	= Ton
Konditionierte (bedingte) Reaktion (conditioned reaction – CR)	= Speichelfluß nur auf den Ton hin

Der Vorgang läßt sich graphisch darstellen:

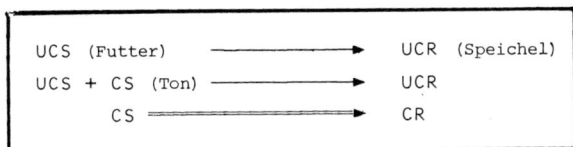

Bei diesem Experiment sind noch einige Besonderheiten herauszustellen. Zunächst einmal ist auf die Gleichzeitigkeit von Futtergabe und Ton (von unbedingtem und bedingtem Reiz) zu verweisen. Beide müssen nahe beieinander liegen, sie müssen ‚sich berühren'. Mit einem terminus technicus bezeichnet man dieses Prinzip als das der *Kontiguität.*

Bei Versuchen, die z. T. auch von anderen Forschern entwickelt wurden, stellte sich heraus, daß die beste Reaktion zu erzielen ist, wenn bedingter und unbedingter Stimulus in kurzem Zeitabstand aufeinander folgen (UCS etwa 0,5 sec. nach CS).

Wenn nun ein Tier konditioniert ist, kann der bedingte Reiz mehrmals unmittelbar hintereinander gegeben werden. Man stellt fest, daß die Reaktionen zusehends abnehmen (die Menge des abgesonderten Speichels vermindert sich), bis sie ganz verschwinden; die konditionierte Reaktion ist ausgelöscht. Diesen Vorgang nennt man *Extinktion.*

Nach einiger Zeit dagegen tritt bei erneuter Darbietung des Tons die CR wieder auf; man spricht hier von *Spontanerholung.*

Die Reaktion erfolgt auch bei ähnlich gelagerten Reizen, z. B. bei Tönen, die etwas höher oder tiefer liegen, oder bei Gegenständen, die sich generell, etwa in Form oder Farbe ähneln, wie *weiße* Ratte und *weißes* Kaninchen und *weißer* Wattebausch; man nennt dieses Phänomen *Reizgeneralisierung*.

Zugleich mit dem Ton (aber ohne Futter) kann man als CS noch einen weiteren bedingten Reiz bieten, etwa ein Lichtsignal. Nach einigen Durchgängen tritt dann die Reaktion (CR) auch auf den zweiten konditionierten Reiz, das Lichtsignal, alleine auf, obwohl dies nie mit dem ursprünglichen Reiz (UCS = Futter) in Verbindung gebracht wurde.

Also:

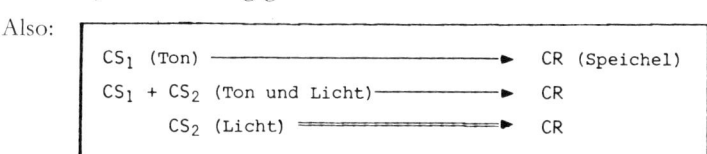

CS_1 (Ton) ⟶ CR (Speichel)

CS_1 + CS_2 (Ton und Licht) ⟶ CR

CS_2 (Licht) ⟹ CR

Sie sehen: Hier werden die Verhältnisse bereits komplexer, und man bezeichnet diesen Vorgang dann auch als *Konditionierung höherer Ordnung*.

Wie schon ausgeführt, ist das Phänomen der klassischen Konditionierung nicht nur auf das Lernen von Tieren beschränkt; auch beim Menschen findet es Anwendung. Die Möglichkeiten reichen hier von einfachen Konditionierungen etwa des Lidreflexes – auf einen Luftstrom hin zuckt das Lid, zugleich wird ein Lichtsignal gegeben; nach einiger Zeit zuckt das Lid auch nur auf das optische Zeichen – bis zu den viel folgenreicheren Verfahren im Bereich der Verhaltensprägung, etwa bei der Werbung oder der Behebung von Phobien. So unterscheidet sich beispielsweise das Anpreisen von Bacardi-Rum durch dunkelhäutige Schöne in tropischen Gefilden wenig vom Schema der Hundekonditionierung:

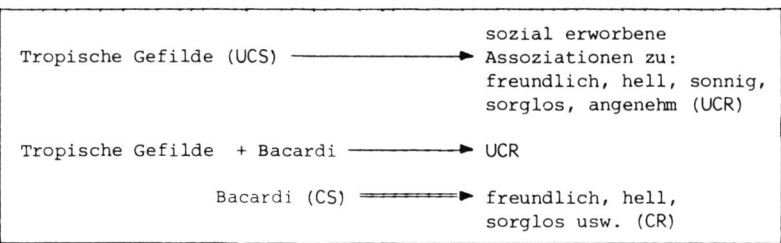

Tropische Gefilde (UCS) ⟶ sozial erworbene Assoziationen zu: freundlich, hell, sonnig, sorglos, angenehm (UCR)

Tropische Gefilde + Bacardi ⟶ UCR

Bacardi (CS) ⟹ freundlich, hell, sorglos usw. (CR)

Nach dem gleichen Muster können auch *Phobien* (Angst vor Spinnen, Ratten) erzeugt werden, wobei häufig noch das schon erwähnte Phänomen der Reizgeneralisierung hinzukommt: Ein Kind wurde auf Angst vor einem weißen Kaninchen konditioniert; nach Abschluß des Konditionierungsvorgangs trat die Abwehrreaktion (CR) auch auf beim Anblick von weißen Ratten oder weißen Wattebällchen.

Umgekehrt kann aber auch eine Phobie durch (Gegen-) *Konditionierung* abgebaut werden, indem angenehme Assoziationen eingesetzt werden, um schrittweise die ursprüngliche Angstreaktion aufzuheben.

Beispiel

„Ein 8jähriger Junge hatte noch zwei Jahre nach einem Autounfall eine Phobie vor allen bewegten Fahrzeugen, die sich so äußerte, daß er ohne intensive Angstgefühle kaum das Haus verlassen konnte und daß hinderliche Vermeidungsreaktionen zur Gewohnheit geworden waren. In einer Technik der graduellen Einführung des gefürchteten Objektes ... wurden in den Therapiesitzungen zunächst nur Gespräche geführt über bewegte Fahrzeuge wie Autos, Züge, Flugzeuge...; anschließend wurden die Gespräche zu Spielsituationen mit kleinen Autos ausgeweitet. Bei jedem bewältigten Schritt in der Hierarchie bekam der Junge Schokolade; insbesondere dann, wenn ein Autounfall das Thema der Spielsituation war. LAZARUS ging schrittweise vor: von der bloßen Vorstellung der Autos in den Anfangsgesprächen über veranschaulichte Objekte in Form von Spielzeug-Autos bis zu realen Autos auf der Straße. Die Verstärkung mit Schokolade wurde fortgesetzt, nachdem das Kind zunächst das stehende Auto betrat, und anschließend auch im fahrenden Auto. Nach sechs Wochen war die Phobie des Jungen völlig eliminiert, er hatte sogar ausgesprochen Freude am Autofahren."
aus: KUHLEN 1972, S.139

Der Hinweis auf das schrittweise Vorgehen ist wichtig: Wird nämlich vorschnell eine auf den Patienten massiv einwirkende Situation herbeigeführt, wird beispielsweise der Junge zu früh mit einem realen Auto konfrontiert, dann ist die Angst so groß, daß sich dieses negative Gefühl auch auf die Schokolade überträgt. Da sie nämlich (fast) gleichzeitig mit dem Auto geboten wurde und die Angstreaktion sehr stark war, entsteht ein neuer Konditionierungszusammenhang nach dem Muster:

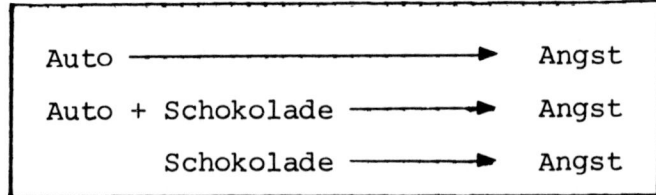

Mag die Zahnmedizin den Effekt auch bejahen: Der *positive Verstärker* bei der Therapie ist zerstört.

Konsequenz:

Der Ablauf der Therapie muß gewährleisten, daß die Auswirkungen des negativen Reizes immer kleiner sind als die des positiven. Die Macht der Schokolade muß größer sein als die Kraft des jeweiligen Angstgefühls.

Auf dieselbe Art können auch im pädagogischen Bereich einzelne *Angstphänomene* erklärt werden, z.B. bestimmte Erscheinungsformen von Schulangst

(Angstreaktion beim Anblick des Gebäudes). Wahrscheinlich haben Sie schon einmal das Phänomen bei sich oder anderen beobachtet, daß man auf den in manchen Schulen vorfindlichen typischen Geruch mit Unbehagen reagiert, obwohl der Geruch so unangenehm gar nicht ist. Hier liegen vermutlich Assoziationen von negativen Erfahrungen aus der eigenen Schulzeit (als UCS) mit einem zunächst neutralen Reiz (CS) vor, auf den allein dann auch die entsprechende Reaktion eintritt (CR).

Die bei PAWLOW zugrunde liegende enge Anbindung des Lernens an physiologische Reaktionsabläufe ist von den ebenfalls zum Behaviorismus gehörenden Lerntheoretikern THORNDIKE und SKINNER nicht übernommen worden. Wohl aber gehen sie wie PAWLOW auch von der grundlegenden Auffassung aus, daß Lernen auf der Verbindung von Reiz und Reaktion beruht. Wir sollten Sie mit den Ansätzen dieser beiden Theoretiker ebenfalls überblicksartig vertraut machen, um anschließend das Konzept des Behaviorismus insgesamt kritisch zu werten.

3.2.2 Lernen durch Versuch und Irrtum (THORNDIKE)

Um der Frage nach den Gesetzmäßigkeiten beim Lernen nachgehen zu können, hat THORNDIKE seinen Ansatz ebenfalls wie die anderen Behavioristen von Tierexperimenten her entworfen und dafür einen speziellen Versuchskäfig entwickelt, eine ‚Problem–Box'. Dies ist ein Kasten mit einem Ausgangstürchen, das durch einen bestimmten Mechanismus (Hebel, Schnur) im Innern des Kastens vom sich darin befindenden Tier geöffnet werden kann. Außerhalb des Käfigs steht ein Gefäß mit Futter.

Das Experiment:

„Sperrt man eine Katze in einen Käfig, zeigt sie Unbehagen und versucht zu entkommen. Sie versucht sich durch jede Öffnung zu zwängen, beißt und kratzt an den Gitterstäben oder am Draht; sie steckt ihre Pfoten überall durch und kratzt nach allem, was erreichbar ist... Sie schenkt dem vor dem Käfig liegenden Futter kaum Beachtung, sondern scheint einfach instinktiv zu versuchen herauszukommen... Das überall herumkratzende Tier trifft durch Zufall dann auch eine Schnur, eine Schlaufe oder einen Knopf, und die Tür öffnet sich. Allmählich verschwinden alle nicht zum Erfolg führenden Reaktionen, der zum Erfolg führende Impuls wird durch die anschließende Befriedigung eingeprägt, und nach vielen Versuchen vollführt das Tier die erforderliche Bewegung, unmittelbar nachdem es eingesperrt worden ist."
aus: MAYER 1979, S. 20

Die Katze soll lernen, aus dem Käfig herauszukommen. Das Futter dient als ‚Lernanreger' für das meist hungrige Tier, obwohl es in der Phase des ungerichteten Verhaltens keine besondere Rolle für die Katze spielt. Folgende Lernstationen sind bei dem Experiment im einzelnen erkennbar:

– *Wahlloses Probieren (trials)* vielfältiger Möglichkeiten (Beißen, Kratzen, Drük-
ken).
– Die meisten dieser Reaktionen sind *ergebnislos (errors)*.
– *Zufällig* richtige Reaktion – *Verstärkung* (das Tier kommt heraus und ans
Futter).
– Beim nächsten Durchgang wiederum zunächst wahlloses Probieren, wobei
die Zeit bis zur Zufallsreaktion schon *kürzer* wird.
– Nach einer Serie von Versuchen *promptes Öffnen* des Käfigs.

In einem Graph festgehalten:

(12) Schaubild: *Lernen nach Versuch und Irrtum*

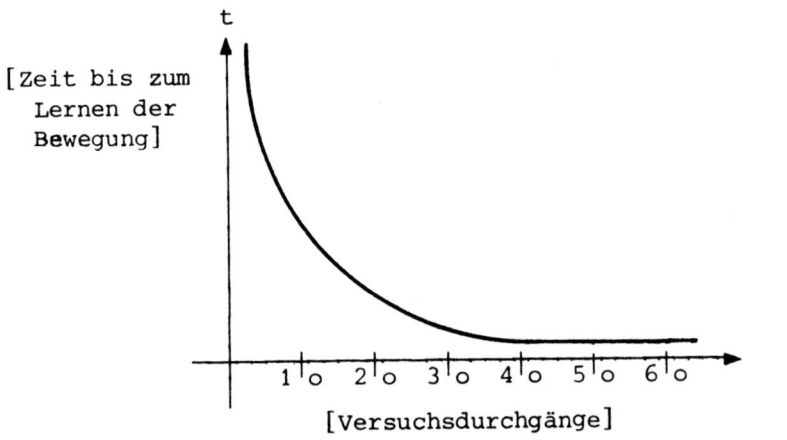

Durch welche Gesetzmäßigkeiten kann nach THORNDIKE der Lernvorgang näher gekennzeichnet werden?

(a) Das richtige Verhalten schält sich in einem *Versuchs– und Irrtumsprozeß* heraus.
Die Katze probiert wahllos, bis sie die richtige Reaktion zufällig entdeckt.

(b) Diese Reaktion wird durch Verstärkung zunehmend stabiler, wogegen un-
zweckmäßige Verhaltensweisen fallengelassen bzw. in der Hierarchie der
Verhaltensäußerungen nachrangig eingeordnet werden *(Gesetz der Auswirkung;* law of effect).

(c) Durch Übung wird die erfolgreiche Verknüpfung von Reiz und Reaktion
verstärkt, d. h. die Wahrscheinlichkeit erhöht, daß die erfolgreiche Reaktion
bei erneutem Eintreten der Lernsituation in immer kürzerer oder entsprechend konstanter Zeit ausgeführt wird *(Gesetz der Übung;* law of exercise).

3.2.3 Operante Konditionierung (Skinner)

Ähnlich wie Pawlow und Thorndike nimmt auch der amerikanische Lerntheoretiker und Behaviorist B. F. Skinner an, daß Lernen eine Reaktion des Organismus auf Reize ist. Er unterscheidet sich aber in einzelnen Punkten speziell von Pawlow, besonders hinsichtlich der Auffassung über den Zusammenhang von Reiz, Reaktion und Verstärkung.

Die Grundzüge der Skinnerschen Lerntheorie (der operanten Konditionierung) lassen sich aus folgendem Experiment herausarbeiten:

Eine Taube soll lernen, ihren Kopf über eine gewisse Höhe zu heben. „Beobachten läßt sich das, indem man über den Kopf der Taube hinweg eine Skala an der gegenüberliegenden Käfigwand anvisiert. Zuerst stellen wir die Höhe fest, in der die Taube normalerweise den Kopf hält, dann wählen wir einen Skalenstrich, der nur selten erreicht wird. Indem wir nun die Skala aufmerksam im Auge behalten, öffnen wir das Futtermagazin sehr rasch, wenn immer der Kopf sich über den besagten Skalenstrich erhebt... Wir beobachten eine sofortige Veränderung der Häufigkeit, mit der der Kopf sich über den Punkt erhebt." (Skinner 1973, S. 68).

Skinner weist grundlegend darauf hin, daß das Verhalten eines Organismus (eines Tieres oder Menschen), das auf die Umwelt einwirkt, aktiv ist, um bestimmte *Folgen* zu erzielen. Diese Art des Verhaltens wird mit dem Begriff ‚*operant*‘ beschrieben.

Also: Das Verhalten, das als Kopfheben bezeichnet wird, ist ein Operant. Er umfaßt eine Klasse von Verhaltensweisen des gleichen Typs: in unserem Fall des Kopfhebens, wobei die einzelnen Ausführungen leicht variieren können, wie Heben mit Neigung nach rechts oder links oder mit geöffnetem Schnabel u. ä. Formal kann man den Operant auch definieren als die *Eigenschaft, von der die Verstärkung abhängig* ist. Hierbei taucht allerdings ein kleines Problem für den Experimentator auf. Da die einzelnen Verhaltensäußerungen in einer gewissen Breite schwanken, muß der Versuchsleiter genau darauf achten und entscheiden, ob das gezeigte Verhalten noch im Bereich des Operant liegt.

Beispielsweise könnte die Taube den Kopf beim Heben einmal nach links geneigt haben. Je nachdem, wie stark dies ausgeprägt war, könnte Verstärkung die Taube zu der Annahme verleiten, der Experimentator wünsche, sie solle den Kopf nach links neigen. Sie strengt sich also brav an und versteht nicht, warum der Versuchsleiter zusehends in Verzweiflung gerät.

Noch einige wichtige Begriffe in diesem Zusammenhang: Das Futter ist der **Verstärker**, die Futtergabe die **Verstärkung**. „Die Veränderung der Häufigkeit, mit der der Kopf bis zu dieser Höhe gehoben wird, ist der Prozeß der operanten Konditionierung". (Skinner 1973, S. 70).

Es ist also nicht richtig zu sagen, die operante Verstärkung verstärke die Reaktion (die kann nicht mehr verstärkt werden, da sie abgelaufen ist), sondern:

die Verstärkung erhöht die Wahrscheinlichkeit, mit der Reaktionen derselben Klasse (d. i. der Operant) auftreten werden.

Für uns ist nun wichtig, die Differenz zwischen den beiden Arten der Konditionierung – der klassischen von PAWLOW und der operanten von SKINNER – festzuhalten: Von SKINNER selbst werden sie als zwei unterschiedliche Typen gekennzeichnet:

als *S-Typ: Konditionierung aufgrund eines Stimulus* (z. B. Futtergeben)
als R-Typ: Konditionierung aufgrund einer Verstärkung (Reinforcement)

Also: Verstärkt wird bei SKINNER eine schon *abgelaufene Reaktion* oder *Reaktionsfolge.*

Die Taube reagiert nicht auf den Anblick des Lineals; sie reagiert so, weil vorausgegangene ähnliche Reaktionen entsprechend verstärkt wurden, wobei die Klasse dieser ähnlichen Reaktionen Operant genannt wird (s. o.).

Verläuft also bei PAWLOW Konditionierung nach dem Schema

$$\text{REIZ} \longrightarrow \text{REAKTION}$$

so bei SKINNER dagegen

$$\text{VERHALTEN (zufällig)} \dashrightarrow \text{VERSTÄRKUNG} \longrightarrow \text{REAKTION (erhöhte}$$
$$\text{Auftritts-}$$
$$\text{wahrschein-}$$
$$\text{lichkeit)}$$

Ähnlich ist auch bei THORNDIKE der Lernvorgang aufgefaßt, nur mit dem Unterschied, daß bei ihm das Gesamtverhalten durch den Erfolg verstärkt wird, bei SKINNER dagegen eher – wie noch deutlicher wird – Teilreaktionen eines angestrebten Gesamtverhaltens bekräftigt werden.

Ohne in allen Details weiter auf SKINNERS Lerntheorie einzugehen, werden wir doch um die Einführung einiger weiterer Begriffe nicht umhinkommen.

Unter den von SKINNER durchgeführten Konditionierungen finden sich solche, die auf kompliziertere Reaktionen als nur das Kopfheben angelegt sind. Etwa eine Taube dazu bringen, eine Acht zu laufen, zwei Tauben Ping-Pong spielen lehren u. a. Ein wichtiges Verfahren, das hierfür angewendet wird, ist das der *Verhaltensformung (shaping of behavior):* Man verstärkt eine Reaktion immer dann, wenn sie auf dem richtigen Weg liegt, wenn sie also als Teil der späteren Gesamtreaktion angesehen werden kann. Die einzelnen Verhaltensweisen und die dafür vorgesehenen Verstärkungen hat man in einem *‚Programm'* festgehalten. Jeder Schritt bzw. jede Schrittfolge der Taube, die zufällig auf der ‚Achter-Linie' liegt und entsprechend im Programm ausgewiesen ist, wird verstärkt. Denn: Verstärken heißt ja, die Auftrittswahrscheinlichkeit einer Reaktion erhöhen, wobei nicht verstärkte Reaktionen eher gelöscht werden.

Koppelt man einen konditionierten Verstärker mit mehr als einem primären Verstärker, so entsteht ein *generalisierter (allgemeiner) Verstärker.*

Beispiel ‚Geld'

„Geld ist der generalisierte Verstärker par excellence, weil es ... gegen eine Vielzahl von primären Verstärkern eingetauscht werden kann." (SKINNER 1973, S.82). Es verschafft Zugang zu Nahrung, Getränken, Schutz und wird so zum generalisierten Verstärker für viele Einzelhandlungen.

Mit dem Hinweis auf Geld ist der Bereich der Körner, Pillen und des Wassers verlassen und ein Verstärker aus dem Feld menschlichen Handelns benutzt. Ähnlich wirken auch Liebe, Achtung, Ansehen und Autorität als Verstärker, die wie Geld ebenfalls der sozialen Sphäre angehören. Man spricht daher auch von *sozialen Verstärkern.*

Aufgrund einiger zentraler Prinzipien wie des der Verhaltensformung (shaping of behavior) oder der unmittelbaren positiven Verstärkung ist der Ansatz SKINNERS im Gegensatz etwa zu dem THORNDIKES auch für *schulisches Lernen* unmittelbar relevant geworden. SKINNER selbst hat diesen Aspekt verfolgt und zunächst einmal schulisches Lernen von seinen eigenen Voraussetzungen her kritisiert:
– Das Verhalten in der Schule ist eher von *aversiven* (unangenehmen) als von *positiven Stimuli* geprägt: Der Schüler lernt, um negative Folgen zu vermeiden.
– Zwischen Verhalten und Verstärkung besteht ein zu großer *Zeitabstand:* Heute wird ein Test geschrieben und nach einer Woche oder später zurückgegeben.
– Es besteht *kein Programm* für eine Abfolge von Verstärkungen, was seinerseits eine Gliederung des Gesamtverhaltens in kleine Einzelschritte voraussetzen würde.
– Die Verstärkung erfolgt zu *unregelmäßig.*
Vor dem Hintergrund dieser Kritik und vor dem seiner lerntheoretischen Erkenntnisse hat SKINNER als positive Form schulischen Lernens sein Konzept des **Programmierten Unterrichts** entwickelt.
Es ist gekennzeichnet durch:
– Eingehen auf die *Lernvoraussetzungen* und *Lerngeschwindigkeit* eines jeden einzelnen.
– Erhöhen der Lernbereitschaft und Fixieren der richtigen Reaktion durch *sofortige Verstärkung.*
– Begrenzen der einzelnen Lernschritte im Lernprogramm, so daß eine Fehlreaktion (falsche Antwort) kaum mehr eintreten kann und damit die günstige

Wirkung der positiven Verstärkung voll zum Tragen kommt *(Prinzip der kleinen Schritte – small steps).*

Allerdings ist der Programmierte Unterricht entgegen den enthusiastischen Beteuerungen seiner Vertreter nicht auf allen Lerngebieten gleich vorteilhaft. Das Prinzip der small steps tendiert eher zu einem *linearen,* manchmal gar bloß *assoziativen* Lernen und versagt bei beziehendem Denken, bei Problemlösen, bei Argumentationen, bei Bewertungen.

Als sinnvoll dagegen kann Programmierte Instruktion bei memorierendem Lernen angesehen werden. Programme etwa für Vokabellernen, mathematische Formeln, Rechtschreiben leisten sicherlich einen Beitrag zur Lernökonomie.

3.2.4 Lerntafel

Lernen
ist der relativ dauerhafte Erwerb einer neuen oder die Veränderung einer schon vorhandenen Fähigkeit, Fertigkeit oder Einstellung.

Bei der Erklärung des Lernvorganges stehen sich gegenüber:
Behavioristische Positionen: Lernen unterliegt dem universellen Schema von
Reiz – Reaktion
Positionen, die Sinn und Einsicht beim Lernen betonen: Es gibt eine Vielzahl
unterschiedlicher Lernarten, bei denen je verschiedene Lerngesetzlichkeiten
zum Tragen kommen.

Behavioristische Positionen

– *Klassische Konditionierung* (PAWLOW)
Lernen wird als Konditionierungsvorgang verstanden.
Konditionieren = Erwerb eines bedingten Reflexes

– *Lernen als Versuch und Irrtum* (THORNDIKE)
Lernen ist ein Suchprozeß, bei dem die zufällig richtige Reaktion durch den Erfolg verstärkt wird.

– *Operante Konditionierung* (SKINNER)
Lernen bezieht sich auf die Erhöhung der Wahrscheinlichkeit, mit der Reaktionen derselben Klasse von Verhaltensweisen auftreten.
Die Klasse von Verhaltensweisen mit gemeinsamen Merkmalen ist ein Operant.
Unterschied zwischen operantem und klassischem Konditionieren: Klassisches Konditionieren: Auf einen Reiz erfolgt eine Reaktion.
Operantes Konditionieren: Eine schon abgelaufene Reaktion wird verstärkt, damit sich ihre Auftrittswahrscheinlichkeit erhöht.

3.3 Programm und Kritik des Behaviorismus

Unbeschadet der Unterschiede bei den Ansätzen von PAWLOW, THORNDIKE und SKINNER werden sie aufgrund der gemeinsamen Auffassungen über Aufgaben und Gegenstand der Lernforschung dem gleichen Wissenschaftsansatz zugerechnet.

Als Theoretiker dieser Wissenschaftsrichtung in der Psychologie kann J. WATSON mit seinem Werk über ‚Behaviorismus' (1930, ²1976) angesehen werden. Er führt dort aus:

„Niemand hat jemals eine Seele berührt oder sie in einem Reagenzglas gesehen oder ist auch nur in irgendeiner Weise mit ihr in Berührung gekommen wie mit anderen Objekten des täglichen Lebens. Dennoch bedeutete ein Zweifel an ihrer Existenz Ketzerei und hat früher unter Umständen den Kopf kosten können. Auch heutzutage wagt keiner, der im Licht der Öffentlichkeit steht, die Existenz der Seele in Zweifel zu ziehen."

Der Behaviorist fragt sich daher:

„Warum machen wir nicht das, was wir *beobachten* können, zum eigentlichen Gebiet der Psychologie? Wir wollen uns auf Dinge beschränken, die beobachtbar sind, und Gesetze formulieren, die sich nur auf solche Dinge beziehen. Was aber können wir beobachten? Wir können *Verhalten* beobachten – *das, was der Organismus tut oder sagt*. Wir wollen sofort darauf hinweisen: Sprechen ist Tun – das heißt, *sich verhalten*. Laut sprechen oder zu sich selbst sprechen (denken) ist als Verhalten genauso objektiv wie Baseballspielen.

Die Regel oder der Maßstab, den der Behaviorist ständig vor Augen hat, lautet: Kann ich den Verhaltensausschnitt, den ich wahrnehme, in den Begriffen ‚Reiz und Reaktion' beschreiben? Unter einem Reiz verstehen wir jedes Objekt in der allgemeinen Umwelt oder jede Veränderung in den Geweben selbst, die durch den physiologischen Zustand des Lebewesens bedingt ist, etwa die Veränderung, die sich ergibt, wenn man ein Lebewesen daran hindert, sexuell aktiv zu sein, Nahrung aufzunehmen oder sich ein Nest zu bauen. Unter einer Reaktion verstehen wir alles, was das Lebewesen tut – zum Beispiel sich dem Licht zu- oder von ihm abwenden, bei einem Geräusch aufspringen und auch höher organisierte Tätigkeiten, wie Wolkenkratzer errichten, Pläne schmieden, Babys bekommen, Bücher schreiben und anderes mehr."
aus: WATSON 1976, S.37 u. 39

Aussagen über Lernen werden an das Äußern von entsprechenden Verhaltensweisen gebunden; Vorgänge dagegen, die sich nicht beobachten lassen, werden für die Theoriebildung als nicht relevant beiseite geschoben. Sie bleiben im Dunkel, in der ‚*black box*' eingeschlossen und betreffen die beim Lernen ablaufenden inneren Prozesse, die man zumindest als zwischen Reiz und Reaktion ablaufend annehmen muß.

Also:

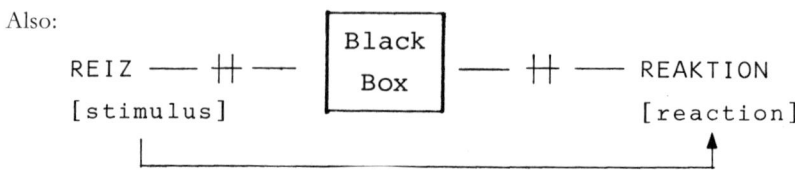

REIZ — ‡ — [Black Box] — ‡ — REAKTION
[stimulus]   [reaction]

Faßt man die einzelnen Momente dieses Wissenschaftsansatzes zusammen, kann er durch folgende Merkmale gekennzeichnet werden:

(a) Jedes Verhalten wird mit dem Reiz-Reaktions-Schema erklärt.

(b) Menschliches und tierisches Verhalten werden im Prinzip gleichgesetzt.

(c) Gründe für das Verhalten sind letztlich physiologische und chemische Eigenschaften des Organismus.

(d) Sinn, Wille und Motiv als handlungsbegründende Eigenschaften des Menschen werden geleugnet.

(e) Der Mensch wird als organische Maschine betrachtet.

(f) Die Psychologie wird als Naturwissenschaft angesehen, die nur Beobachtbares gelten läßt.

(g) Zweck des Verhaltens ist die Anpassung des Organismus an die Umwelt.

aus: LEONHARD 1978, S. 64

Was kann hierzu kritisch bemerkt werden?

– Nach behavioristischer Auffassung ist Verhalten immer reaktiv: durch Reize ausgelöst oder auf Verstärkung hin fixiert.

Aber: *Der Mensch handelt nicht allein aufgrund erfahrener Reize oder Verstärkungen, sondern auch aufgrund selbst gesetzter Motive.* Er handelt, weil Ziele realisiert werden sollen, Ziele, die auch gegen Widerstand bzw. – in der Sprache der Behavioristen – trotz ‚aversiver Reize' zu erreichen versucht werden.

– *Es stellt einen kurzschlüssigen Reduktionismus (= Verkürzung) dar, menschliches und tierisches Verhalten gleichzusetzen.* Wie die anthropologische Forschung deutlich hervorgehoben hat, bestehen grundlegende Differenzen zwischen Mensch und Tier (vgl. Kap. 1). Der grundlegendste Unterschied ergibt sich dabei aus der **Reflexivität des Menschen**, von der auch die Behavioristen selbst Beweis ablegen: Tiere erforschen nicht ihr eigenes Lernen, richten sich nicht auf sich selbst; damit ist eine Leistung angesprochen, die nur der Mensch, so z. B. auch der behavioristische Lerntheoretiker und nicht etwa seine Katze in der Problem-Box erbringen kann.

– Die behavioristischen Theoretiker gehen von einer willkürlich gesetzten Behauptung aus: Es gibt weder Sinn noch Motiv und Wille als Handlungsgründe. Warum nicht? – Weil man sie nicht beobachten kann.

Am besten schauen wir wieder auf den Behavioristen selbst, um diese Behauptung zu prüfen. Was hat er gemacht? Er hat eine bestimmte Forderung mit *normativem Anspruch* aufgestellt: Man *soll* nur Beobachtung gelten lassen und *darf nicht* Unbeobachtbares zum Gegenstand der Psychologie machen. Wie kommt er zu dieser Forderung? Waren etwa chemische und physiologische Reaktionen seines Organismus Anlaß zu dem Verhalten? – Wohl kaum, sondern das Bemühen, Verfahren aus den Naturwissenschaften zu übernehmen, die recht beeindruckend sind durch die Wiederholbarkeit und Kontrollierbarkeit ihrer Aussagen sowie durch die Möglichkeit der technischen Anwendbarkeit. Das Faible des Behavioristen für diese Wissenschaftsgruppe ist also in der *Faszination* von ihrer ‚Objektivität‘ begründet, die er auch für die Erforschung des tierischen und menschlichen Lernens veranschlagen möchte: Er schöpft voll aus seiner ‚black box‘.

Der Behaviorist übernimmt damit methodische Reglements aus anderen Wissenschaftsdisziplinen und setzt sie als Normen, die er und andere auf dem Gebiet der Psychologie befolgen sollen. Wie aber sollen sie beachtet werden, wenn nicht dadurch, daß sie zu **Motiven** des entsprechenden Handelns werden? Und sie werden erst dann zu Motiven und leiten die Arbeit des Wissenschaftlers, wenn sie eingesehen, d. h. als *sinnvoll* und in ihrer Forderung als berechtigt anerkannt werden.

Sinnvoll wiederum sind sie nur mit Bezug auf ein bestimmtes Wissenschaftsideal, das selbst wieder auf eine bestimmte Auffassung von Erkenntnis verweist, die auch der Behaviorist als Sinn seines wissenschaftlichen Tuns ansieht.

Der Behaviorist steht – entgegen seinen eigenen Postulaten – in einem Zusammenhang von Sinn, Wille und Motiv als handlungsbegründenden Eigenschaften seines eigenen Tuns.

Er führt somit durch sein eigenes Vorgehen seine Theorie ad absurdum.

Aus dem Nachweis des Selbstwiderspruchs leitet sich allerdings keine globale Ablehnung des Behaviorismus ab. Bei bestimmten Lernarten hat er durchaus wichtige Erkenntnisse geliefert. Abgelehnt werden aber seine Wissenschaftspostulate in ihrem Absolutheitsanspruch.

3.4 Sinnvolles Lernen

Zu Anfang des Kapitels sprachen wir von zwei großen Lernansätzen: solchen, die behaupten, alles Lernen gehorche dem gleichen Schema, dem von Reiz und Reaktion (behavioristische Ansätze); demgegenüber stehen andere Positionen, die nach Lernbereichen differenzieren. *Sie unterscheiden zwischen menschlichem und tierischem Lernen und gehen von der Annahme aus, daß es eine Vielzahl ganz unterschiedlicher Lerntypen gibt, die man nicht einfach auf ein Grundschema zurückführen kann.*

Bei der Kritik am Behaviorismus wurde schon in einer rein theoretischen Erörterung ersichtlich, in welche Selbstwidersprüche sich dieser Ansatz verwickelt. Aber auch auf einer anschaulicheren Ebene wird deutlich, daß nicht jedes Lernen, erst recht nicht das des Menschen, dem Reiz-Reaktions-Schema folgt.

Man stelle sich einmal vor, ein Mensch sei wie die Katze im eben geschilderten Experiment in einen solchen Käfig eingesperrt und solle durch Betätigung eines Mechanismus herausfinden. Er wird diese Aufgabe kaum damit beginnen, daß er kratzt oder irgendwelche Laute von sich gibt. Er wird nicht wahllos an den Stäben rütteln, sondern zunächst einmal schauen, an welcher Stelle die Öffnung im Käfig ist, wo der Sperrmechanismus ist, er wird eine Vorstellung von der Funktion von Hebeln, Bolzen und ähnlichem haben und so aufgrund sinnvoller Vorstellungen gezielte Versuche unternehmen.

Auch bei einer weniger konstruierten Situation, etwa der ersten Fahrstunde, liegen die Dinge ähnlich. Sicherlich kann man mit einigem Recht sagen, daß das Auto beim ersten Anfahren mit Versuch und Irrtum gequält wurde, wie überhaupt der Mensch auch aufgrund naturhafter Reaktionsabläufe und ihm nicht voll bewußter Konditionierungsvorgänge lernt. Nur kann damit nicht *jede* Form menschlichen Lernens erschöpfend erklärt werden. Um im Beispiel zu bleiben: Zweifellos hat unser Fahrschüler das Ziel, kompetent mit dem Fahrzeug umzugehen, noch nicht erreicht. Vielmehr werden im Laufe der Zeit reflektierte Formen des Umgangs mit seiner Technik entwickelt, eigene Erkenntnisse wie auch Ratschläge des Fahrlehrers mitverarbeitet, so daß auch dieses Beispiel jetzt wieder einmündet in die bereits in Kapitel 1 gemachte Erkenntnis, daß der *Mensch Sinn und Sprache einsetzt, um mit Schwierigkeiten fertigzuwerden, bzw. Strategien zur Lösung von Problemen zu finden.*

Im zweiten Teil des Lernkapitels soll daher zunächst ein Lerntyp behandelt werden, der nicht mehr mit dem Reiz-Reaktions-Schema alleine erklärt werden kann, sondern bei dem typische Bedingungen menschlichen Lernens veranschlagt werden müssen: *das Lösen von Problemen durch Nachdenken.*

3.4.1 Problemlösen und Denken

Zur Verdeutlichung und als Einstieg in die Überlegungen soll ein Fall von **Problemlösung** herangezogen werden, bei dem zweifellos nur Nachdenken und nicht etwa blindes Herumprobieren zum Ziel führen kann.

Als Heinrich VIII. starb, lautete sein offizieller Titel: ‚By the Grace of God, King of England, Ireland, and France, Defender of the Faith and Only Supreme Head on Earth of the Church of England called Anglicana Ecclesia'. Als seine Tochter Mary (Bloody Mary) 1553 nach dem Tod ihres Bruders Edward VI. den Thron bestieg, hat sie auf die englische kirchliche Souveränität verzichtet und den Anspruch des Papstes wieder anerkannt. Aber als fünf Jahre später Elisabeth auf den Thron kam, lautete ihr Titel ‚Elizabeth, by the Grace of God Queene of Englande Fraunce and Ireland defendour of the fayth etc.'.

Wie ist zu erklären, daß hier plötzlich ein ‚etcetera' im Titel steht?

Eine mögliche Anwort auf das Problem: Es ist Zufall oder Nachlässigkeit oder Bemühen, den langen Titel abzukürzen. Dagegen spricht jedoch die Bedeutung des Titels, seine hochoffizielle und identitäts- bzw. legitimationsstiftende Funktion.

Dagegen spricht auch der Umstand, daß genau der kirchliche Teil, der ohnehin seit Heinrich VIII. Anlaß heftiger Auseinandersetzung war, ausgelassen wurde.

Daher liegt eher die Vermutung nahe, daß hiermit ein ‚offener' Zustand hergestellt werden sollte: Das ‚etcetera' verweist darauf, daß noch etwas zum Titel gehört, ohne es aber expressis verbis zu benennen.

Gestützt werden kann diese Hypothese durch Verweis auf die politische Situation. In England selbst war Marys religiöser Fanatismus unpopulär geworden; dies hätte vielleicht für die volle Beibehaltung des Titels und damit für die Lösung von Rom gesprochen. Andererseits gab es aber auch eine Gruppe katholischer Parteigänger, so daß innere Konflikte hätten entstehen können. Zudem wäre auf außenpolitischem Gebiet im Fall einer Absage an Rom Philipp II. unter Umständen bereit gewesen, zugunsten von Rom gegen England einzuschreiten – insgesamt Entwicklungen, an denen Elisabeth zu diesem Zeitpunkt wenig gelegen war. Ließ sie dagegen den Titel offen, so war auch ihr Entscheidungsspielraum noch offen und konnte je nach Entwicklung und Erfordernis im Laufe der Zeit präzisiert werden.

(Die Ausführungen stützen sich auf eine Passage aus: NAGEL 1971, S.552 ff.)

In der Analyse dieses Beispiels sollen die verschiedenen Stufen zur Lösung des Problems entwickelt und zumindest in einer globalen Art im Transfer auch auf schulische Situationen bezogen werden.

Folgende Stufen sind erkennbar:

(a) Eine Schwierigkeit tritt auf.

(b) Sie wird lokalisiert und präzisiert.

(c) Man entwirft mögliche Lösungswege (Hypothesenbildung).

(d) Die Konsequenzen dieser Entwürfe werden logisch entwickelt.

(e) Weitere Beobachtungen, Belege, Experimente führen zur Annahme oder Ablehnung eines favorisierten Lösungsentwurfs.

(a) Auftreten einer Schwierigkeit

Mit dem Auftreten eines Problems (einer Frage, eines Hindernisses, einer Uneindeutigkeit) setzt die Lösungsbewegung ein. *Aufmerksamkeit* und *Fragebereitschaft* werden geweckt und gehen tendenziell darauf aus, den vom Betreffenden so empfundenen gedanklichen Spannungszustand, die ‚*kognitive Dissonanz*' (FESTINGER) aufzuheben. In diesem Fall ist die Aufmerksamkeit geweckt durch den plötzlich verkürzten Titel, und es entsteht als Fragehaltung die Suche nach einer Erklärung hierfür.

Bei schulischem Lernen wird diese Situation häufig künstlich (methodisch geplant) hergestellt, um beide Wirkungen zu erzielen: Aufmerksamkeitsprozesse bei den Schülern anzuregen und ihre Fragebereitschaft zu wecken. Dies meint man mit *„Motivation durch problemorientierten Einstieg‘*. Aber nicht nur beim eigentlichen Lernprozeß, auch bei den ihn begleitenden sozialen Interaktionen können Probleme etwa in Form von Disziplinschwierigkeiten auftreten, die diesmal die Aufmerksamkeit und Fragebereitschaft des Lehrers beanspruchen. Unruhe, vorlautes Verhalten, Aggressivität von Schülern stellen für ihn Hinweise auf eine Schwierigkeit im Interaktionsklima der Klasse dar.

(b) Identifizierung (Lokalisierung und Präzisierung) des Problems
Manchmal gehen diese und die erste Stufe ineinander über. Häufig aber bedarf es einer zusätzlichen Präzisierung des Problems, um die Suche nach der Lösung auf einen bestimmten Bereich zu konzentrieren. Etwa im Beispiel durch den präzisierenden Hinweis, daß das ‚etcetera‘ den Aspekt der kirchlichen Souveränität im Titel ersetzt, daß also damit das Problem im Bereich der Auseinandersetzung von englischem Thron und päpstlichem Anspruch zu lokalisieren ist.

Noch dringender erforderlich ist die Präzisierung des Problems in den Fällen, bei denen man nur die *Empfindung einer Problemsituation* hat. So stellt beispielsweise bei der Klärung von Disziplinschwierigkeiten in der Klasse die Lokalisierung des Problems den vielleicht entscheidenden Schritt bei der Suche nach einer Lösung dar: Hängt das Problem mit mir als Lehrer zusammen, mit Problemen bei anderen Lehrern, mit dem Unterrichtsstoff? Die Lokalisierung des Problems heißt hier soviel wie ‚Diagnose des Krankheitsbildes‘; erst danach kann die ‚Therapie‘ einsetzen.

(c) Versuche zu einer möglichen Lösung
Diese Phase ist die eigentlich produktive im Prozeß des Problemlösens, wobei hier ganz unterschiedliche Faktoren von Bedeutung sind: Sie reichen von einem spontanen ‚Aha-Erlebnis‘ bis hin zur gekonnten Übertragung bestimmter Regeln auf das vorliegende Problem.

Häufig treten die ersten Lösungsversuche als Ergebnis einer spontanen Erleuchtung, des schon erwähnten *„Aha-Erlebnisses‘* auf. Allerdings kommt es nicht ganz aus heiterem Himmel – oft gehen ihm vielmehr vage Lösungsversuche voraus, die das Problem von ganz unterschiedlichen Seiten anpacken. Man versucht, die Zusammenhänge anders zu sehen, sie *um- oder gar neu zu strukturieren,* indem man z. B. gewohnte Wege verläßt und ganz neue zu gehen versucht.

Bei dem Beispiel ist es etwa denkbar, daß man plötzlich darauf verfällt, die Situation nicht allein in England zu betrachten, sondern sie im europäischen Zusammenhang zu sehen. Man weitet also den Blickwinkel aus, man strukturiert den Zugriff um, und nun kann es vorkommen, daß man sich in einem plötzlichen Einfall wieder an die zu dieser Zeit bestehende Feindschaft zwischen England und Spanien erinnert.

Eine Um- oder gar Neustrukturierung kann beim Beispiel der Disziplinprobleme dadurch erfolgen, daß der Blick allein auf den unmittelbaren Handlungszusammenhang im vis-à-vis-Kontakt aufgegeben und auf die makro-strukturelle Dimension ausgeweitet wird. So ergibt sich vielleicht als Lösung, daß viele Schüler einer 10. Klasse nach bereits gescheiterten Einstellungsgesprächen unruhiges und aggressives Verhalten in der Schule an den Tag legen.

Dieser gedanklich-kognitive Vorgang ist im Prinzip der gleiche, den man von der Wahrnehmung mehrdeutiger Figuren her kennt, die sich erst nach Aufgeben der üblichen Sichtweise in einer anderen Bedeutung darstellen.

Beispiel: Vogel- und Hasenkopf

Einen zentralen Stellenwert nimmt bei dieser Phase die *Vorerfahrung* ein, die sich sowohl negativ als auch positiv auf die Hypothesenbildung auswirken kann. *Positiv* kommt sie zum Tragen als Anwendung von schon Bekanntem auf den vorliegenden Fall. Entweder werden dabei Wissenselemente oder Regeln und Prinzipien oder methodische Vorgehensweisen übertragen.

Negativ jedoch kann sich Vorerfahrung als *proaktive Hemmung* bemerkbar machen: Vorher Gelerntes wirkt sich als Hindernis bei der Lösung der neuen Problemlage aus. Beispielsweise können vorhandene Kenntnisse über die Gegensätze zwischen den Hugenotten und Katholiken in Frankreich und über entsprechende Konflikte auch in den Niederlanden z. Zt. Philipps II. die Aufarbeitung der religiösen Spannung im England der Zeit Elisabeths I. im Sinne einer solchen proaktiven Hemmung beeinträchtigen.

Es gibt auch den umgekehrten Fall, daß sich neu Erlerntes auf schon Beherrschtes rückwirkend negativ auswirkt *(retroaktive Hemmung)*. Um auch hier beim Beispiel zu bleiben: Die Aufarbeitung etwa des Gegensatzes zwischen Elisabeth und Maria Stuart kann rückwirkend Einsichten in die französischen Thronkämpfe zwischen Heinrich von Navarra und Heinrich von Guise verwirren.

Wichtig ist – vor allem für schulisches Lernen – das Element der Übung von *Lösungsstrategien*. Lösungsversuche aufzustellen – sei es mittels Umstrukturieren, durch Anwendung von Regeln, durch kontrolliertes Suchen – muß selbst auch geübt werden. Die Fähigkeit zum Entwurf von Lösungen hängt somit nicht allein vom Umfang des bereitgestellten Wissens ab, sondern auch von der Fähigkeit, es anwenden zu können.

(d) Logische Entwicklung der Konsequenzen des Versuchs
Wird eine Lösung anvisiert, so muß sie in ihren *Implikationen* weitergedacht und muß geprüft werden, ob sie stimmig, stichhaltig, tragfähig ist bzw. zu welchen Konsequenzen sie weitergedacht führt.

So scheint im Beispiel die Vermutung, das ‚etcetera' sei aus Nachlässigkeit oder zur Verkürzung des Titels eingeführt, kaum stichhaltig. Dagegen sprechen die Bedeutung des Titels, seine staatsrechtliche Funktion und seine legitimationsstiftende Wirkung.

Wenn im Disziplinbeispiel die Vermutungen über makro-strukturelle Gründe für das Verhalten zutreffen, so müßten sich bei einem Gespräch mit den Schülern Verursachungen auf der vis-à-vis-Ebene als ausgeschlossen erweisen.

(e) Annahme oder Bestätigung des Lösungsentwurfs
Führt man auf der Stufe 4 die Ausgliederung der Lösung weit genug, erhält man eine Reihe detaillierter Aussagen, die sich als schlüssige Konsequenzen aus der angenommenen Lösung ergeben. Im Beispiel etwa die Schlußfolgerungen auf das Verhalten Philipps II. bei einer radikalen Absage Elisabeths an Rom.

Bei Überprüfung dieser abgeleiteten Aussagen und ihrer Bestätigung kann auch die Lösung als richtig angesehen werden. Welcher Art kann eine solche Prüfung sein? – Die klassische Art der Überprüfung ist das Experiment.

Es werden künstlich die Bedingungen hergestellt, unter denen sich das Problem ergibt; dann wird eine dieser Bedingungen (Variablen) geändert, wobei man annimmt, daß sich dann die hypothetisch abgeleiteten Konsequenzen ergeben.

Aber auch auf andere Möglichkeiten der Überprüfung sollte man verweisen: Vergleichen von Quellen, Dokumenten, Aussagen, Konfrontation mit Argumenten, Nachweis der Schlüssigkeit des Gedankens. So erfolgt die Überprüfung der Lösung im Disziplinbeispiel durch das Gespräch mit den Schülern.

Zusammenfassung:
Im Gegensatz zur Theorie des Reiz-Reaktions-Lernens kann vorausgesetzt werden, daß der Mensch vor allem *aufgrund von sinnhaften und sprachlich vermittelten Vorstellungen (Denken) lernt*. Insbesondere beim Lösen von Problemen wird deutlich, daß diese Lernform von Denkprozessen begleitet ist. In Gedanken wird das *Problem lokalisiert, präzisiert, werden Lösungswege entworfen, geprüft und schließlich zur richtigen Lösung hin weitergedacht*.

3.4.2 Lerntafel

Ausgangspunkt: **Behavioristische Universaltheorie**
Alles Lernen – auch das menschliche – folgt dem Reiz-Reaktionsschema.

Dagegen sprechen
– Selbstwidersprüche des Behaviorismus; der Behaviorist verhält sich nicht nur, sondern entwickelt seine Theorie als ein sinnhaftes Konstrukt.
– Beispiele für Lernsituationen, in denen der Mensch mittels Sinn und Sprache lernt (Autofahren, Interaktionsprobleme, historisches Problem).

Daher:
Zumindest für menschliches Lernen können Lerntypen nachgewiesen werden, bei denen *Lernen aufgrund von Denken, also aufgrund sinnhafter und sprachlich vermittelter Vorstellungen* erfolgt: das **Problemlösungslernen** und das **Lernen am Modell.**

Die Phasen des Lernprozesses beim Problemlösen:
– eine Schwierigkeit tritt auf und wird wahrgenommen,
– sie wird lokalisiert und präzisiert,
– Versuche zu einer möglichen Lösung (Hypothesenbildung) werden entworfen,
– Konsequenzen dieses Entwurfs werden logisch weiterentwickelt, zusätzliche Beobachtungen, Belege, Experimente führen zur Annahme oder zur Ablehnung des Lösungsentwurfs.

3.4.3 Lernen am Modell

Gehen wir vom folgenden simplen Alltagsbeispiel aus: Ein Kind räumt eines Tages seine Spielsachen weg, eine Arbeit, die bisher die Mutter übernommen hatte – und fragen wir uns, ob dieses einfache Beispiel mit den bisher vorgestellten Lernansätzen, dem behavioristischen und dem des Problemlösungslernens adäquat erklärt werden kann.

Würde man es nach dem behavioristischen Modell erklären, so sähe das folgendermaßen aus:

Hinweisreiz: Verhalten der Mutter
Reaktion des Kindes: selber wegräumen
Gefordert wäre jetzt noch eine Verstärkung, die unmittelbar auf die Reaktion des Kindes erfolgen müßte: Lob durch die Mutter

Mit dem Problemlösungsansatz läßt sich hier wenig ausrichten, da es sich im oben dargestellten Sinne für das Kind nicht um ein Problem handelt, das es mit

Lösungsentwürfen, Vermutungen und Überprüfungen erfolgreich angehen müßte.

Aber auch mit dem zumindest in Ansätzen erklärungsfähigen Modell des Behaviorismus ist das Beispiel nicht voll ausgelotet.

Es ist beispielsweise denkbar, daß das Kind das Verhalten der Mutter nur einmal sah, ohne seinerseits zunächst überhaupt zu reagieren, und erst nach Tagen seine Spielsachen zum ersten Mal selber wegräumte. Dann fand also Lernen statt, obwohl
– in der Zwischenzeit keine entsprechende Verhaltensweise der Mutter konstatiert werden konnte;
– zwischen dem beobachteten und dem nachgeahmten Verhalten ein Zeitraum von mehreren Tagen lag, auf den entsprechenden Hinweisreiz durch die Mutter also nicht unmittelbar nach dem Prinzip der Kontiguität die Reaktion des Kindes erfolgte.

Und es ist der Fall vorstellbar, daß das Kind das entsprechende Verhalten äußerte, ohne positiv verstärkt worden zu sein, womit der in behavioristischen Modellen immer wieder hervorgehobene Stellenwert der Verstärkung ebenfalls relativiert wäre.

Viel naheliegender ist hier also eine andere Erklärung: Es handelt sich um einen neuen Lerntyp, der weder im behavioristischen Modell adäquat erfaßt ist, noch gar etwas mit Problemlösen zu tun hat. Hier werden Verhaltensweisen nachgeahmt, die man irgendwann gesehen hat und die jetzt reaktiviert werden. Man nennt diesen Vorgang **Modellernen**, manchmal wird auch von Beobachtungslernen, Nachahmungslernen oder sozialem Lernen gesprochen, und man kennzeichnet damit einen Vorgang, *bei dem sich der Lernende Verhaltensweisen aneignet, die er bei anderen Personen gesehen hat. Der Lernende wird hierbei als Beobachter, die beobachtete Person als Modell bezeichnet.*

Wir sehen:

Das Lernen am Modell wird mit anderen Prinzipien erklärt werden müssen. Um den Sachverhalt etwas komplexer darstellen zu können, wollen wir uns von unserem allzu simplen Einführungsbeispiel trennen und statt dessen annehmen:

In einem Film beobachtet ein männlicher Zuschauer voller Bewunderung, wie Alain Delon beim Sprechen die Zigarette lässig im Mundwinkel hält. Sofort nach Ende des Films geht unser Beobachter nach Hause und übt mit größter Ausdauer solange vor dem Spiegel, bis er die eigens dazu gekauften Gauloises auch in der gleichen Weise im Mundwinkel halten kann.

Welche Teilprozesse sind bei diesem Lernvorgang zu unterscheiden?

(a) Aufmerksamkeitsprozesse
Der Beobachter hat seine Aufmerksamkeit konzentriert, kanalisiert. Ihn hat weniger der eiskalte Blick Delons oder ein Ereignis im Filmgeschehen, ihn hat vor allem anderen die Zigarettentechnik gefesselt. Der Beobachter hat einen

bestimmten Ausschnitt des komplexen Handlungsgeschehen hervorgehoben und mit pointierter Aufmerksamkeit verfolgt.

(b) Gedächtnisprozesse

Das was der Beobachter sah, mußte er nach Hause ‚transportieren'. Er mußte sich dort an die betreffenden Szenen erinnern, sich die Stellung des Mundes, der Mundwinkel und die Lage der Zigarette vergegenwärtigen. Voraussetzung hierfür war das gedächtnishafte Einprägen mittels geeigneter Repräsentationsformen (z. B. bildhafte Vorstellungen oder sprachliche Bezeichnungen für den Gegenstand Zigarette, Mundwinkel).

(c) Motorische Reproduktionsprozesse

Das schwerste Stück Arbeit erfolgt in unserem Beispiel aber erst mit dem Nachahmen der Bewegung selbst. Vor dem Spiegel werden motorische Prozesse (Bewegungsabläufe) eingeübt, die in diesem Fall recht unterschiedliche Koordinierungsleistungen erfordern: Öffnen des Mundes in dem Maß, daß artikulierte Laute zutage kommen, aber doch wieder nicht soweit, daß die Zigarette herausfällt.

(d) Verstärkungs- und Motivierungsprozesse

Die Verstärkung erfolgt hier in vielfältiger Form: Schon wenn der Beobachter bei sich erste Fortschritte sieht, wird sich die Feststellung dieses erfolgreichen Verhaltens verstärkend auswirken; desweiteren, wenn ihn seine Bekannten bewundern, erst recht aber, wenn jemand gar feststellen sollte, er hielte die Zigarette ganz wie Delon im Mund. (Sicher trifft im Rückgriff auch auf behavioristisches Vokabular hier der Terminus „soziale Verstärkung" zu – vgl. Kap. 3.2.1).

Der Ablauf der einzelnen Lernprozesse ist auch im Graph auf S. 140 verdeutlicht.

Leider ist es unerläßlich, auch beim Lernen am Modell noch eine Reihe von Differenzierungen der wichtigsten Begriffe herauszuarbeiten. Hierzu ist es sicherlich sinnvoll, auf Experimente zurückzugreifen, die im Kontext dieser Theorie durchgeführt und ausgewertet wurden, und nicht mehr mit den zur Einführung sicherlich geeigneten, aber simplifizierten Beispielen zu arbeiten.

Kinder beobachteten im Film ein Modell (einen Erwachsenen), das sich gegenüber einer Puppe in einer für sie neuartigen körperlich und verbal aggressiven Weise verhielt. Bei der ersten Versuchsanordnung wurde das Modell bestraft, wenn es die Puppe prügelte, trat, an die Wand schlug.

Bei der zweiten Anordnung wurde der Erwachsene im Film für seine Handlungsweisen gelobt und belohnt.

Beim dritten Versuch erlebte das Modell keine Konsequenzen, weder Lob noch Bestrafung.

(13) Strukturbild: *Phasen beim Lernen am Modell*

Beobachtungs- reize	→	Aufmerksamkeits- prozesse	→	Gedankliche Prozesse	→	Motorische Prozesse	→	Verstärkungs- prozesse	→	Nachbildung
Filmgeschehen (Zigarette bei Delon)		männlicher Beobachter schaut konzentriert zu		Speichern der Wahrnehmung mit Hilfe von Vorstellungen oder sprachl. Symbolen		Beobachter übt die Handlung ein		Beobachter wird verstärkt - er sieht zusehends einen Erfolg - er denkt an die Bewunderung seiner Freunde		Beobachter führt die Handlung aus

Anschließend wurde den Kindern zunächst nur gesagt, sie sollten die beobachteten Verhaltensweisen selber an einer Puppe nachahmen, die ihnen hierzu in die Hand gegeben wurde.

In einer zweiten Phase wurde den Kindern dann mitgeteilt, sie würden für jede nachgeahmte Verhaltensweise belohnt.

Betrachtet man das Lernergebnis der Gruppe, die das bestrafte Modell im Film sah, fällt eine große Diskrepanz auf zwischen der Nachahmungshandlung ohne Anreiz und der mit einer positiven Verstärkung für die Kinder. Im zweiten Fall wurden erheblich mehr Handlungen von denselben Versuchspersonen reproduziert.

(14) Schaubild: *Einfluß positiver Verstärkung auf die Leistung*

☐ ohne Anreiz

▨ positiver Anreiz

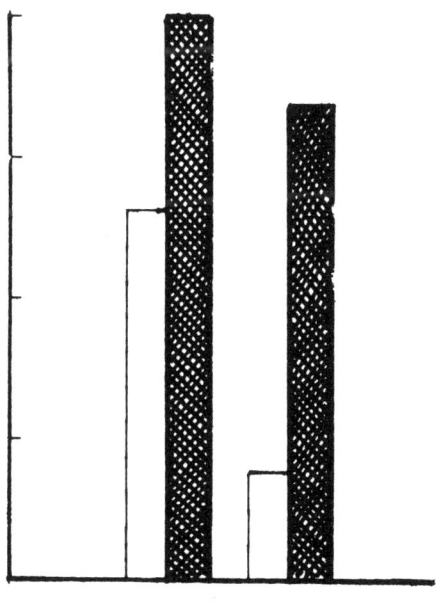

Jungen Mädchen

Oder anders formuliert: die Kinder haben offensichtlich mehr gelernt, als sie im nachhinein ohne Anreiz ausgeführt haben. Das Experiment verweist also recht eindrucksvoll auf einen **Unterschied zwischen Lernen und Leistung**. Besonders deutlich wird dieser Unterschied bei den Mädchen. Wahrscheinlich kommen hier *Sozialisationswirkungen* zum Tragen („ein Mädchen ist nicht aggressiv"), so daß zunächst die aggressiven Verhaltensweisen entsprechend zurückhaltend geäußert werden. Erst bei zusätzlichem Anreiz zeigt sich auch hier ein entsprechend großes Lernpotential.

Ebenfalls wird deutlich, daß das Ausmaß der Leistungsäußerung von bestimmten Randbedingungen abhängt; im Experiment waren es aufgrund des positiven Anreizes für die Versuchspersonen angenehme Gegebenheiten. Man kann sich aber auch die Situation denken, daß Leistungsäußerungen mit Bezug auf den Umfang des Gelernten minimalisiert werden, durch negative Begleitumstände, etwa durch Angst. Ein Beispiel hierfür ist die wohl von jedem schon einmal erfahrene Prüfungsangst und die Erfahrung, viel gewußt (= gelernt) zu haben, ohne daß man aber in der entsprechenden Situation dieses Wissen aktivieren konnte (reduzierte Leistung). Zum Punkt ‚Prüfungsangst' ist übrigens in Kap. 4 noch mehr zu sagen.

Eine genauere Betrachtung der *Rolle von Verstärkung* im eben geschilderten Experiment macht die begriffliche Unterscheidung zwischen

– *der Verstärkung des Modells* und
– *der Verstärkung des Beobachters*

notwendig. Die Wiedergabe der Verhaltensweise ohne einen Anreiz zeigen die Auswirkungen der Verstärkung, die das Modell erfahren hat. Man nennt sie auch *stellvertretende Verstärkung*. Sowohl das belohnte als auch das ohne Konsequenz gebliebene Modellhandeln werden am stärksten imitiert, wobei man wahrscheinlich im Rückgriff auf die eben genannten Gründe wieder geschlechtsspezifische Unterschiede zwischen Jungen und Mädchen beobachten kann. Ist das Modell dagegen bestraft worden, so sinkt auch die Bereitschaft des Beobachters zur Äußerung der entsprechenden Verhaltensweisen.

(15) Schaubild: *Auswirkung der stellvertretenden Verstärkung*

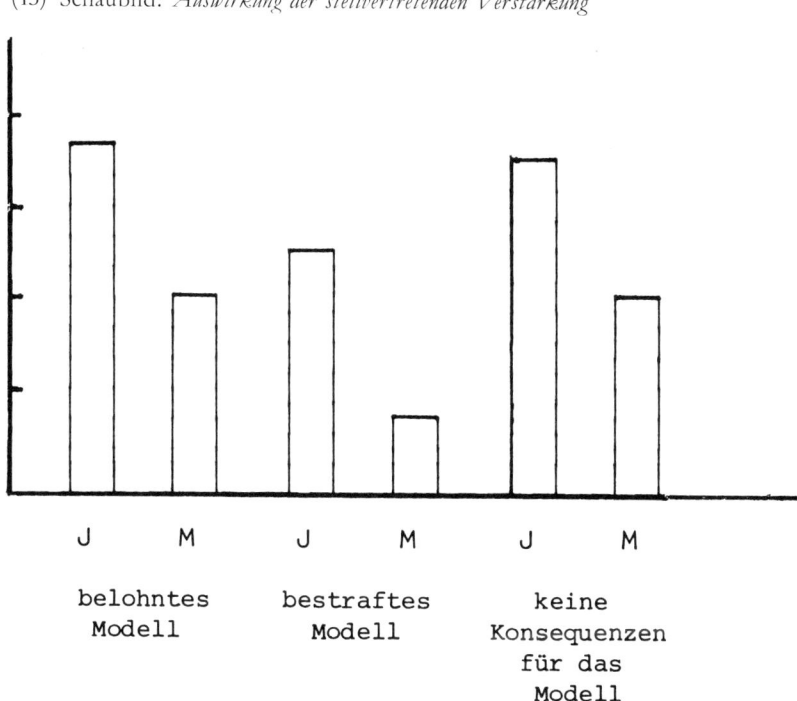

Wie kann – unabhängig von diesem Einzelexperiment – die Wirkung der stellvertretenden Verstärkung erklärt werden?

a) Es werden vom Beobachter die Situationen identifiziert, in denen das Verhalten des Modells belohnt oder bestraft wurde.

b) Die beobachteten Ereignisse geben dem Beobachter eine Information darüber, ob er bei gleichem Verhalten wie das Modell belohnt werden wird oder nicht.

c) Durch Bestrafung bzw. Belohnung wird der Status des Modells verändert. Die Bestrafung mindert, die Belohnung steigert das Ansehen des Modells, so daß es dadurch dem Beobachter entweder gestärkt oder geschwächt als Vorbild dient.

d) Der Beobachter sieht, daß das Modell mit etwas belohnt wurde, das er selber schätzt. Durch entsprechendes Verhalten will auch er auf diesem Wege belohnt werden.

Anders sehen die Ergebnisse aus, wenn die Beobachter verstärkt werden. Dies führt zu einer nahezu gleichen Leistung in allen Gruppen, auch die zum Teil bemerkenswerten Unterschiede zwischen den Geschlechtern schrumpfen stark zusammen.

(16) Schaubild: *Wirkung der Verstärkung des Beobachters*

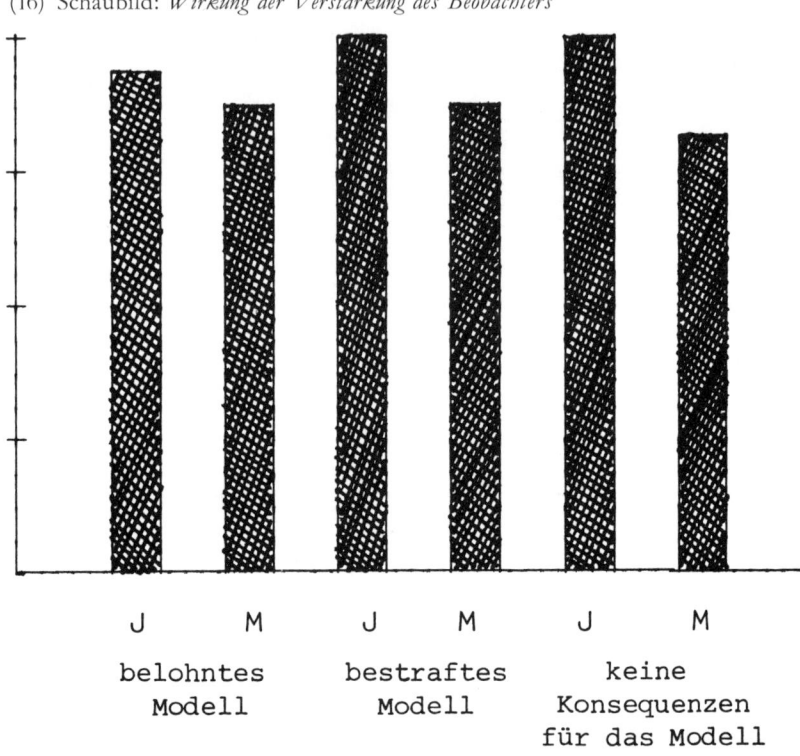

J   M   J   M   J   M

belohntes   bestraftes   keine
Modell   Modell   Konsequenzen
für das Modell

Eine wichtige Sonderstellung nimmt beim sozialen Lernen die ‚*antizipierte Verstärkung*' ein: Wenn ein Beobachter weiß, daß er Belohnung erwerben und Bestrafung vermeiden kann, indem er ein bestimmtes Nachahmungsverhalten äußert, wird er seine Aufmerksamkeit verstärkt auf die Modelle richten, deren Verhalten mit seinen Erwartungen korrespondiert.

Auf diese Art kann auch ein Teil des Verhaltens unseres Delon-Fans erklärt werden. Da Schauspieler global gesehen über einen Bewunderungsbonus bei ihrem Publikum verfügen, wird deren Verhalten von Beobachtern von vornherein als positiv ausgezeichnet und mit einer entsprechenden Verstärkungshaltung versehen. Meist geht dies Hand in Hand mit der Akzeptierung der vom Schauspieler gestalteten Rolle, die man ganz oder in Teilstücken mit ‚seinem' Star identifiziert. Kommt dann noch hinzu, daß diese allgemeine Haltung der Bewunderung an konkreten Verhaltensweisen festgemacht werden kann (wie Zigarettentechnik, eiskalter Blick), dann steigt vermutlich auch die Erwartung, mit der Nachahmung solch eindeutig auffälliger Verhaltensweisen ähnlich wie der Schauspieler – sei es in der Realität, sei es in der Rolle – positiv sozial verstärkt zu werden. Man nimmt also in Gedanken die mit dem Nachahmungsverhalten erwartete Verstärkung vorweg (man antizipiert sie).

Zu beachten ist:

Das Lernen selbst braucht dabei nicht unmittelbar verstärkt zu werden; der Beobachter lernt die Mundstellung von Delon oder den Gang von Elvis auch dann, wenn er nicht jedesmal bei richtigem (Teil-)Verhalten mit Schokoladenstückchen oder eben der Bewunderung anderer unmittelbar verstärkt wird. Er lernt sogar, wenn er beim Lernen selbst negative Konsequenzen erfährt – etwa, daß man sich in der Familie über sein Gehabe mokiert.

Graphisch wird der Zusammenhang im Schaubild 17 auf S. 146 dargestellt.

Im Rückgriff auf die Ausführungen zu Grenzen und Leistungen behavioristischer Lerntheorien soll hier noch einmal auf die Erklärungsmöglichkeiten dieser Theorie für Teilsequenzen beim Modellernen hingewiesen werden, der Terminus ‚Verstärkung' verdeutlichte dies bereits.

Im Graph auf Seite 146 ist zwischen Modellreiz und Reaktion eine Leerstelle gelassen, die erst jetzt ausgefüllt werden soll. Fragt man sich nämlich, wie das beobachtete Verhalten vom Lernenden gespeichert wird, ist man auf den Vorgang der **Symbolischen Repräsentation** aufmerksam gemacht. Der Beobachter baut nämlich mit Hilfe von *Symbolen* (Bild- und Sprachsymbolen) in seinem Gedächtnis einen kognitiven Zusammenhang, einen gedanklichen Vorstellungszusammenhang auf, den er bei der Reproduktion aktiviert. Er kann somit beobachtetes Verhalten äußern, auch wenn zwischen Wahrnehmung und Nachahmung ein längerer Zeitraum liegt.

Das Modellernen ist also durch zwei Komponenten gekennzeichnet:
– es bezieht sich auf Lernen, das *im sozialen Kontext* stattfindet (in einer vis-à-vis-Situation);
– es versteht Lernen wesentlich auch als *kognitiven Vorgang,* als Gedächtnisleistung und als Fähigkeit, beobachtete Abläufe in symbolischer Form gedanklich zu speichern.

Man nennt diese Lerntheorie daher auch **sozial-kognitiv.**

Auf eine Formel gebracht:

Beim sozialen Lernen wird Nachahmungslernen möglich, weil es – in Abwesenheit externer Verstärkung – durch kognitive Aktivitäten begleitet wird.

Für die Einsicht in den Ablauf von Lernprozessen ist noch ein weiteres Untersuchungsergebnis von Interesse:

Bei dem gleichen Experiment, das vorhin geschildert und in den einzelnen Graphiken ausgewertet wurde, hat man auch eine Gruppe von Kindern aufgefordert, die beobachteten Verhaltensweisen des Modells sprachlich zu bezeichnen, wogegen andere nicht zu dieser verbalen Aktivität angehalten wurden. Beim Nachahmungsverhalten zeigte es sich nun, daß diejenigen Kinder, die verbalisiert hatten, einen hohen Anteil der beobachteten Verhaltensweisen reproduzierten (62%), wohingegen die andere Gruppe, die die Verhal-

(17) Schaubild: *Modellernen und antizipierte Verstärkung*

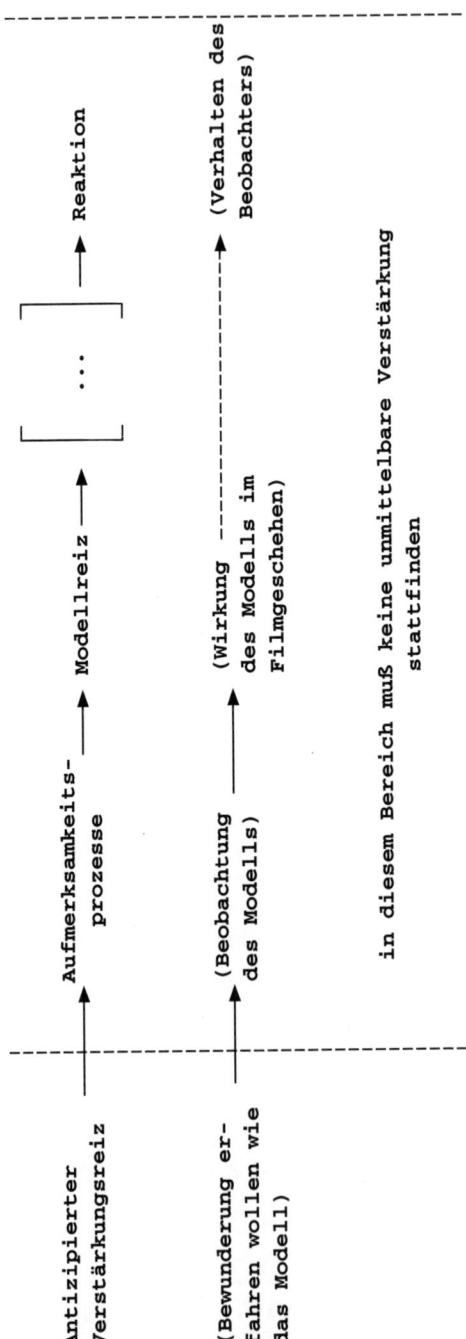

Antizipierter
Verstärkungsreiz

(Bewunderung er-
fahren wollen wie
das Modell)

Aufmerksamkeits-
prozesse

(Beobachtung
des Modells)

Modellreiz

(Wirkung
des Modells im
Filmgeschehen)

Reaktion

(Verhalten des
Beobachters)

in diesem Bereich muß keine unmittelbare Verstärkung
stattfinden

tensweise nicht eigens verbal kodieren sollte, sich nur in viel geringerem Maße wieder erinnern konnte (26 %).
Vgl. BANDURA 1979, S. 93–94.

(18) Schaubild: *Leistung der symbolischen Repräsentation beim Lernen am Modell*

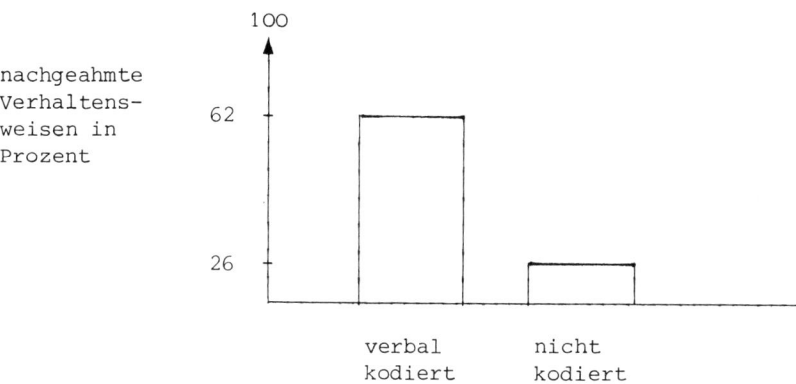

Zusammenfassung:

Unter Lernen am Modell versteht man die Aneignung von Verhaltensweisen, die bei anderen Personen beobachtet wurden. Die beobachtete Person ist das Modell, der Lernende ist der Beobachter.

Beim Lernablauf kann man vier große Phasen voneinander abheben: *Aufmerksamkeitsprozesse* (hinschauen, das Modell bewußt wahrnehmen), *Gedächtnisprozesse* (symbolische Repräsentierung des beobachteten Verhaltens), *motorische Prozesse* (Äußern des Verhaltens) sowie *Verstärkungs- und Motivationsprozesse*.

Bei der Verstärkung selber unterscheidet man die Verstärkung des Modells, *stellvertretende Verstärkung* genannt, und die des Beobachters in den Formen der *unmittelbaren und der antizipierten Verstärkung*.

Insgesamt ist die Bedeutung der Verstärkung beim Modellernen gegenüber beispielsweise dem SKINNERschen Ansatz relativiert: sie wird als förderliche, aber nicht als notwendige Bedingung des Lernens am Modell verstanden.

Lernen am Modell ist effizienter, wenn das beobachtete Verhalten vom Betrachter verbalisiert wird.

Abschließend sollen noch einmal kurz die *Unterschiede* festgehalten werden, die zwischen der *klassischen* und *operanten Konditionierung* sowie der *Theorie sozialen Lernens* bestehen:

– Die *klassische Konditionierungstheorie* beachtet vorwiegend Assoziationsprozesse, durch die bereits bestehende Reaktionsmuster (z. B. Speichelfluß beim Hund) unter die Kontrolle spezifischer Reize (Ton-, Lichtsignal) gebracht und –

sofern es sich um soziale Verhaltensweisen handelt – mit der Eigenschaft
versehen werden, positive oder negative Emotionen zu wecken (z. B. Bacardi-
Reklame).

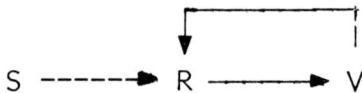

– Bei *der operanten Konditionierung* werden die relevanten Reaktionen (z. B. Kopf
  über Linie heben) dadurch ausgewählt, daß man den Einfluß differenzierender
  Verstärkung zur Geltung bringt (Futterkorn).

$$S \dashrightarrow R \longrightarrow V$$

– Beim *sozialen Lernen* (Modellernen) dagegen wird Verhalten, das von Modellen
  her übernommen wird, mehr durch symbolische Repräsentation gesteuert und
  weniger durch unmittelbare Ausführung und deren Verstärkung geformt.
  Verstärkung wird als förderliche und nicht so sehr als notwendige Bedingung
  angesehen (vgl. Bandura 1976, S. 45 und 51).

$$\text{Aufmerks.} \longrightarrow S_{\text{Modell}} \longrightarrow \begin{bmatrix} \text{Symbol.} \\ \text{Repräs.} \end{bmatrix} \rightarrow R_{\text{Beobachter}} \dashrightarrow V$$

3.4.4 Lerntafel

Modellernen gehört zum Typ des *sozialen Lernens*.

Lernen vollzieht sich durch Nachahmung beobachteter Verhaltensweisen mit
Hilfe symbolischer Repräsentation.

Lernphasen:
Aufmerksamkeitsprozesse: Man konzentriert sich auf das Modell und beobachtet
  es.
Gedächtnisprozesse: Die beobachteten Verhaltensweisen werden im Gedächtnis
  symbolisch gespeichert.
Motorische Reproduktionsprozesse: Das beobachtete und symbolisch gespeicherte
  Verhalten wird nachgeahmt.
Verstärkungsprozesse: Die Nachahmung wird bzw. kann verstärkt werden.

Zur Rolle der **Verstärkung**:
Man unterscheidet
– Verstärkung des Modells: stellvertretende Verstärkung
– Verstärkung des Beobachters: direkte Verstärkung und antizipierte Verstärkung (man denkt an Situationen und Verhaltensweisen, von denen man sich Verstärkung erhofft).

Insgesamt gilt für die Rolle der Verstärkung:
Verstärkung ist eine förderliche, aber keine notwendige Bedingung des Lernens am Modell.

3.4.5 Lernen als Informationsverarbeitung (information processing)

John hatte Hunger.
Er ging in ein Restaurant.
Wenn Sie die beiden Sätze lesen, ist Ihnen der damit angesprochene Sachverhalt klar: Jemand stillt seinen Hunger in einem Restaurant. Genau besehen wissen Sie jedoch einiges mehr. Sie wissen, daß es überall auf der Welt Einrichtungen dieser Art gibt. Die weniger angenehmen heißen Kantinen, die behaglicheren Restaurants. Sie wissen weiter, daß John sein Essen bestellen mußte und dies bei einem Kellner, vielleicht auch beim Bedienungspersonal an einer Theke tat. Und Sie wissen, daß er am Ende einen Obulus entrichten mußte, sei es bei besagtem Kellner oder beim Verlassen des Restaurants an einer Kasse.

Etliche dieser Informationen sind nicht in den beiden Sätzen enthalten, und dennoch sind dies sicher grob gesehen Assoziationen, die Sie spontan bei sich abrufen können.

Wie ist erklärbar, daß wir solche unvollständigen Informationen verstehen, sie richtig anreichern, fehlende Teile ergänzen, sie zu einem bedeutungshaltigen Zusammenhang verarbeiten?

Antworten hierauf versuchen Theorien zu geben, die *Lernen als Informationsverarbeitung (information processing)* verstehen.

Dieses Konzept geht von der generellen Annahme aus, daß Lernen als Erwerb von Wissen über die Welt und unsere eigene Person erfolgt durch
– *Aufnahme und Transformation von Signalen aus der Umwelt,*
– *ihre Ergänzung durch schon verfügbare Informationen,*
– *die Organisation von Einzelinformationen zu neuen komplexen Informationseinheiten.*
Im einzelnen betrachtet stellt sich der Informationsverarbeitungsprozeß damit als ein Vorgang dar, der über mehrere Stationen mit ihnen spezifisch zukommenden Funktionen verläuft.

Verdeutlichen läßt sich dieser Ablauf im Rückgriff auf das Restaurantbeispiel zunächst einmal ganz trivial: Um in ein Restaurant gehen zu können, muß John eins ausgemacht haben. Er schaut um sich und sieht von weitem im Transparentgewirr auch eins mit einem wappenartig dargestellten gelben Löwen auf blauem Grund.

In einer abstrakten Beschreibung dieses Vorgangs wird die Sache allerdings komplizierter. Am besten geht man streng schrittweise vor:

1. Schritt: Aufnahme und Transformation von Signalen – Das sensorische Register

John empfängt aus seiner Umgebung eine Fülle von Signalen physikalischer Art, darunter auch solche in Form von Lichtwellen. Seine Intention, nach einem Restaurant Ausschau halten zu wollen, und die damit verbundene *Aufmerksamkeit (awareness)* wirken wie ein Filter, der nur bestimmte Signale durchläßt oder zumindest nur sie verstärkt. Andere wie etwa Kinoreklamen oder die Lichtwerbung von Möbel-, Lebensmittel- oder Radiogeschäften, werden zurückgehalten, ‚ausgefiltert‘. Statt dessen passieren vorzugsweise vorab einmal Transparente mit einem Löwen, einem Mönch in brauner Kutte oder einem Braumeister mit Pilsglas in der Hand die Schranke zum Gehirn.

Genau besehen nimmt John jedoch zunächst kein Transparent, sondern besagte (Farb- und Form-)Reize oder Signale auf und speichert sie in einem *sensorischen Register*. Dort bleiben sie nur sehr kurze Zeit (ca. 250 ms bis 2 sek.), um in Einheiten und Gestalten transformiert werden zu können – etwa in Linien, Winkel, Konturen. Diese synthetisierende Leistung ist allerdings nur zu erbringen, wenn das eingehende Material mit vorhandenen, vertrauten Mustern abgeglichen werden kann. Diese können nur, wie noch deutlich wird, im Langzeitgedächtnis gespeichert und von dort abgerufen werden.

Man kann festhalten:

Im sensorischen Register erfahren physikalische Signale aus der Umwelt eine erste Umformung. Sie werden im Rückgriff auf Muster, die im Langzeitgedächtnis gespeichert sind, zunächst einmal zu Einheiten oder Gestalten synthetisiert.

2. Schritt: Verarbeitung der Signale zu bedeutungshaltigen Informationen – Das Kurzzeitgedächtnis oder der Arbeitsspeicher

Sollen die Sinnesinformationen nicht verlorengehen, sondern Bedeutung erhalten, müssen sie vom sensorischen Register an das *Kurzzeitgedächtnis* weitergeleitet werden.

Dort werden sie dann tatsächlich in ein *bedeutungshaltiges Wahrnehmungsmuster* transformiert, in unserem Fall in das Muster Bierreklame. Bei diesem Vorgang spricht man auch von *visueller Enkodierung*. Eine andere Form von Enkodierung ist die *akustische* oder *phonemische*, also die Verarbeitung von Lauten. Hierzu nimmt das Kurzzeitgedächtnis – wie zuvor bereits das sensorische Register – ebenfalls Leistungen des Langzeitgedächtnisses in Anspruch.

Enkodierung heißt, Sinnesreizen eine Bedeutung zu geben, also die Farb- und Formwahrnehmung als Transparent einer bekannten Brauerei zu identifizieren. Dieser Prozeß erfolgt auf zweierlei Wegen: Als *bottom-up-* und als *top-down-Verfahren*. Im ersten Fall baut das Kurzzeitgedächtnis aus den einzelnen Sinneseindrücken sukzessive das Wahrnehmungsmuster ‚Biertransparent' auf.

Das andere Verfahren aktiviert – von einzelnen Besonderheiten in der Sinneswahrnehmung angeregt – im Langzeitgedächtnis vorhandene Muster und Strukturen und unterlegt sie der Wahrnehmung. Form des Transparents und Kontext (‚hängt an einem Haus mit Hopfen- und Malzgeruch') aktivieren das Muster ‚Biertransparent'. Jedes weitere Wahrnehmungsdetail vervollständigt das aktivierte Wahrnehmungsmuster.

Beide Verfahren, häufig einander ergänzend im Wahrnehmungsvorgang eingesetzt, lassen zweierlei deutlich werden:
- Wahrnehmung ist kein passiver Vorgang, sondern ein höchst *aktiver kognitiv gestützter* Zugriff des Menschen. Er wendet sich der Umwelt zu und selektiert bottom-up die Informationen (Reize), die ihm bedeutsam zu sein scheinen, schaltet dabei aber über das Kurzzeit- hinaus auch das Langzeitgedächtnis ein.
- Dies aber ist nur möglich, wenn der Betreffende ‚weiß', nach welchen Gesichtspunkten er die Selektion vornehmen kann. Hierzu verhilft ihm das top-down aktivierte Muster.
- Gerade beim top-down-Verfahren ist jedoch die Gefahr von *Wahrnehmungsfehlern* nicht auszuschließen. Das Wahrnehmungsmuster wirkt nämlich wie ein Beobachtungsplan, der Vorhersagen darüber zuläßt oder gar festlegt, was gleich zu sehen sein wird. Wahrnehmungsfehler entstehen dann, wenn ein Sinnesreiz dem top-down abgerufenen Muster angepaßt, dieses aber nicht mehr bottom-up korrigiert wird.

Ähnlich wie beim sensorischen Register ist auch die Speicherkapazität des Kurzzeitgedächtnisses begrenzt: Man geht davon aus, daß nur ca. 7 (+ / −2) Informationseinheiten wie Worte, Bilder, aufgenommen werden können. Um die Behaltenskapazität zu erhöhen, nutzt das Kurzzeitgedächtnis einen bestimmten Speicherbereich des Langzeitgedächtnisses, den episodischen, und ‚parkt' dort bei ihm eingehende Informationen. Auf diesen Bereich des Langzeitgedächtnisses wird noch einmal eingegangen.

Dieser Vorgang ist als **primacy-** und **recency-effect** näher beschreibbar. Werden Versuchspersonen Behaltensaufgaben wie die Wiedergabe von Wortlisten gestellt, zeigt sich, daß Beginn und Ende der Wortliste gut, der mittlere Teil schlechter reproduziert werden. Die Erklärung: Neu eingehende Informationen gibt das Kurzzeitgedächtnis sofort an das episodische Langzeitgedächtnis weiter, um so Platz für die nachfolgenden Informationen zu erhalten (*primacy effect*). Die Weitergabe geschieht durch ‚erhaltendes' Wiederholen (maintenance rehearsal), etwa in Form lauten oder inneren Sprechens. Da dies Zeit benötigt, treffen die nachfolgenden Informationen, die weiteren Teile der Wortliste, auf ein noch gefülltes Kurzzeitgedächtnis und finden nur Platz, indem sie – wenig erfolgreich – vorhandene Informationen zu verdrängen versuchen. So erklärt sich die schlechte Wiedergabe des mittleren Teils von Behaltensaufgaben. Die zuletzt ankommenden Informationen sind bei der Aufforderung zur Wiedergabe noch ‚frisch' im Kurzzeitgedächtnis (*recency-effect*) und können von daher gut reproduziert werden.

Informationsverarbeitung ist also modellhaft darstellbar als ein Vorgang, der speichergestützt abläuft. Lange Zeit arbeitete man mit der Annahme mehrerer, hintereinander angeordneter Speicher, dem **Multi-Speicher-Modell**, wie es ATKINSON und SHIFFRIN (1968) vertraten.

(19) Schaubild: *Multi-Speicher-Modell*

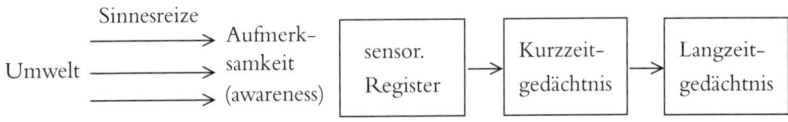

Nach den Annahmen dieses Modells werden die einzelnen Speicher nacheinander passiert. Das Kurzzeitgedächtnis – so eine der Hypothesen – encodiert und speichert nur akustische Informationen.

Experimentelle Befunde (näheres dazu in: SCHERMER 1991, S. 126 und BREDENKAMP / WIPPICH 1977, S. 74 ff) legen dagegen die Vermutung nahe, daß die Speicher nicht nacheinander, *sequentiell*, durchlaufen werden, sondern die Informationen aus dem sensorischen Register, das bereits ‚Anleihen' beim Langzeitgedächtnis gemacht hat, in das Kurzzeitgedächtnis kopiert werden. Weiter ließ sich mit Blick auf die Enkodierungsmöglichkeiten des Kurzzeitgedächtnisses nachweisen, daß es sehr wohl auch visuelle und sogar semantische Informationen kodieren kann.

Die experimentellen Befunde, die in unsere Darstellung der Leistungen des Kurzzeitgedächtnisses schon eingearbeitet wurden, legen insgesamt nahe, das Multi-Speicher-Modell zumindest mit Blick auf die Funktion des Kurzzeitgedächtnisses zu modifizieren und an dessen Stelle die Annahme eines aktiven *Arbeitsspeichers* (working memory oder central executive) zu setzen. Sie begegnen nach wie vor dem Terminus Kurzzeitgedächtnis, begrifflich ist er jedoch dem Arbeitsspeicher gleichzusetzen. Das Multi-Speicher-Modell ist denn auch in der aktuellen Diskussion durch das **Arbeitsspeicher-Modell** ersetzt. Es interpretiert den Vorgang der Informationsverarbeitung als dynamischen Prozeß, der über diesen Arbeitsspeicher als *zentraler* Steuerungs- und Kontrolleinheit läuft.

Seine Leistung soll noch einmal zusammenfassend beschrieben werden.

Der Arbeitsspeicher kodiert visuell, akustisch und auch semantisch, unterscheidet unwichtige von wichtigen Informationen, ruft in dynamischer Verbindung

(20) Schaubild: *Arbeitsspeicher-Modell*

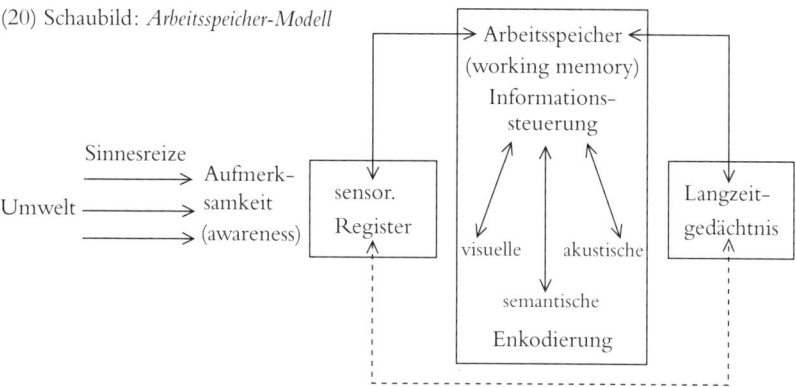

mit dem Langzeitgedächtnis dort vorhandene Muster zur Identifizierung eingehender Sinnesreize ab und aktiviert langzeitgespeicherte Informationen zur Anreicherung, Präzisierung, Differenzierung der aktuell erstellten.

3. Schritt: Organisation von Informationen und Bildung neuer komplexer Informationseinheiten – Das Langzeitgedächtnis

Die über das sensorische Register mittlerweile im Arbeitsspeicher angekommene und dort enkodierte visuelle Information ‚Biertransparent‘ muß weiterverarbeitet, nämlich durch Zusatzinformationen angereichert und spezifiziert werden. Diese Informationen hält das Langzeitgedächtnis bereit. Es speichert Informationen in semantischer, teilweise auch in visueller Kodierung. Sie sind Produkt der im Laufe des Lebens gemachten Erfahrungen.

Die Fülle der Informationen ist im Langzeitgedächtnis nach zwei wichtigen Kriterienpaaren gruppiert, nach der Unterscheidung von *besonders* und *allgemein* sowie nach der von *Inhalt* und *Verfahren*.

Zum ersten Kriterienpaar:
Informationen, die *besondere*, konkrete einmalige Ereignisse ansprechen und meist mit persönlichen und zeit-/ortsgebundenen Ereignissen zusammenhängen, sind im bereits erwähnten **episodischen Gedächtnis** gespeichert. Informationen *allgemeiner*, grundlegender Art dagegen sind im **semantischen Gedächtnis** gelagert.

So ist im *episodischen Gedächtnis* etwa die Tatsache festgehalten, daß das Restaurant, in das man gestern gehen wollte, wegen Ruhetag geschlossen hatte. Im *semantischen Gedächtnis* ist dagegen die generelle Information gespeichert, daß Restaurants üblicherweise auf einen frei wählbaren Tag der Woche einen Ruhetag festlegen.

Zum zweiten Kriterienpaar:
Im Langzeitgedächtnis getrennt sind Informationen, die Wissen (knowledge) und andere, die Verfahren (procedures) zur Verfügung stellen. Erstere nennt man auch **deklarative** im Unterschied zu den **exekutiven** Informationen.

Im Beispiel wird folglich einmal im *deklarativen* Informationspool nach einem Bereich ‚Bierreklame' gesucht. Er enthält Unterinformationen etwa über Biersorten, Arten der Lagerung, aber – und darum geht es in unserem Fall – auch darüber, daß es meist in Lokalen mit diesen Zeichen außerdem Essen gibt. Die letzte Information ist verbunden mit dem Wissen um entsprechende Benennungen wie Gaststätte, Bistro, Restaurant.

Im *exekutiven* Bereich verfügt John über Verfahren, die Verbindungen und Ergänzungen von Informationen nahelegen und ermöglichen. Daher ist er in der Lage, die Einsicht ‚meist haben Lokale mit Bierreklame auch ein Essensangebot' zu verbinden mit der Information ‚Wenn dies so ist, ist es einer entsprechenden Bezeichnung zu entnehmen'.

Auch hier ist kurz zu rekapitulieren:
Im Langzeitgedächtnis sind Informationen dauerhaft gespeichert: Besondere Ereignisse werden dem episodischen, generelle Informationen dem semantischen Gedächtnis zugewiesen. Ebenfalls unterschiedlichen Bereichen zugewiesen sind Wissensbestände (deklarative Informationen) und Verfahren (exekutive Informationen).

Die im Rückgriff auf beide Bereiche ‚verbundene' und präzisierte Information wird wieder zurück an das Arbeitsgedächtnis (working memory) geleitet. John geht es jedoch nicht um die präzisierte Information als solche, sondern er will mit ihr etwas anfangen, nämlich endlich ein Restaurant finden. Die Information muß also so weitergeleitet werden, daß letztlich eine entsprechende Handlung erfolgen kann. Daher übergibt sie das Arbeitsgedächtnis mit der Aufforderung, nach der benötigten Zusatzinformation Ausschau zu halten, einem **Reaktionsgenerator** *(response generator)*. Er legt fest, welche körperlichen Aktanten die Information in der Umgebung suchen. Er wählt wiederum die Augen und damit als physikalisches Medium das Licht. John sieht nun in der Tat neben der auffälligeren Bierreklame auch das Wort Restaurant, das auf demselben Weg zurückgemeldet und als noch fehlende, ergänzende Information aus der Umwelt kognitiv verarbeitet wird. Über den response generator ergeht jetzt die Aufforderung an die zuständigen Aktanten, die Beine, zügig das ausgemachte Objekt anzusteuern.

Als erstes komplexes Zwischenergebnis läßt sich also festhalten:
Informationen aus der Umwelt (Signale) finden Eingang in das *sensorische Gedächtnis* (sensorische Register) des Menschen, wo sie zu visuellen oder akustischen Einheiten oder Gestalten synthetisiert werden. Das sensorische Gedächtnis leitet sie weiter an den *Arbeitsspeicher* (das Kurzzeitgedächtnis), der sie in bedeutungshaltige Informationen transformiert. Hierzu greift er auf Wissensbestände und Verfahren zur Informationsverarbeitung und -verbindung zurück, die im *Langzeitgedächtnis* gespeichert sind. Die so präzisierte und neue Information führt

er einem *Reaktionsgenerator* zu, der geeignete *Aktanten* anwählt, um die Information handelnd in der Umwelt umsetzen zu können.

Die Darstellung dieses Prozesses der Informationsverarbeitung wie auch die dazu gehörige Grafik machen deutlich, daß es sich um einen recht komplexen Ablauf handelt, bei dem es sicherlich Verzögerungen (man sucht lange nach entsprechenden Informationen im Langzeitgedächtnis) oder Sackgassen (man findet die passende Information nicht) geben kann. *Daher ist es erforderlich und von Vorteil, diesen Vorgang beobachtend und steuernd zu begleiten.* Hierfür müssen allerdings zwei Voraussetzungen gegeben sein:

– Man muß um die eigenen, individuellen Prozesse der Informationsverarbeitung *wissen*, und

– über *Strategien* verfügen, diese Prozesse planen, kontrollieren und steuern zu können.

Beide Fähigkeiten zusammen bezeichnet man als **Metakognition**, das heißt als Denken über Denkprozesse.

Auch hier greift wieder die Unterscheidung von deklarativ und exekutiv: Wissen um eigene metakognitive Kompetenzen bezeichnet den *deklarativen*, Verfügung über metakognitive Strategien den *exekutiven* Aspekt (vgl. FLAVELL 1976, HASSELHORN 1992, S. 37).

Das *Wissen um die eigenen kognitiven Möglichkeiten* bei der Informationsverarbeitung richtet sich genauer auf:

– Personfaktoren, womit Kenntnis der eigenen kognitiven Stärken und Schwächen angesprochen ist.

– Aufgabenfaktoren, die Kenntnisse über die Aufgabenart, etwa ihren Schwierigkeitsgrad oder das erforderliche Vorwissen beinhalten und

– Strategiefaktoren, die Wissen um die geeigneten Bedingungen für den Einsatz einer kognitiven Strategie enthalten (vgl. SCHNEIDER / HASSELHORN 1988).

Die *Verfügung über metakognitive Strategien* beinhaltet im einzelnen (vgl. SCHIEFELE 1996, S. 125):

– Den Planungsprozeß, aufgrund dessen sich der Betreffende Ziele setzt, sie in Fragen umformuliert, sich die Aufgabenanforderung klar macht,

– Überwachungsvorgänge, wie sich selbst Fragen stellen zur Prüfung, ob man auf dem richtigen Weg zur Lösung des Problems ist, ob sich die gewählten Zwischenschritte als erfolgreich erweisen,

– Regulierungsaktivitäten, die in Gang gesetzt werden, wenn man auf unerwartete Schwierigkeiten bei der Behandlung der Aufgabe oder des Problems stößt und nach geeigneten Maßnahmen zu ihrer Überwindung sucht.

Grafisch stellt sich der gesamte Vorgang folgendermaßen dar (s. Seite 156):
Grafik und erläuternder Text haben in einem ersten Schritt Lernen als Informationsverarbeitung in seinem Gesamtzusammenhang dargestellt. Allerdings reichen die Erläuterungen noch nicht aus, um eine befriedigende Antwort auf die im Eingangsbeispiel angesprochenen Fragen zu finden: Wieso ist man in der Lage, die Szene auf ihre unerwähnten Details und Zwischenschritte hin zu komplettieren?

(21) Strukturbild: *Lernen durch Informationsverarbeitung*

4. Inhaltlicher Aufbau des Langzeitgedächtnisses: Skripts

Man wird nach den bisherigen Ausführungen zur Informationsverarbeitung zunächst sagen können: Man weiß mehr, als in den Sätzen erwähnt ist, weil im Langzeitgedächtnis entsprechendes Wissen bereit liegt und durch den Arbeitsspeicher abrufbar ist. Dennoch bleiben einige Fragen offen, die sich auf *Inhalt und Struktur des Langzeitgedächtnisses* richten. Um hierüber Genaueres zu erfahren, kann man in einem Versuch der Annäherung an das Problem Vermutungen in Form von Hypothesen äußern, die dieses umfassendere Verständnis von John's Restaurantbesuch erklären. In einem zweiten Schritt können diese Vermutungen anhand von Experimenten auf ihre Tragfähigkeit überprüft werden.

Ausgangspunkt der Suche nach möglichen Erklärungen ist die Feststellung, daß man ohne allzu große Schwierigkeit die fehlenden Bestandteile der eingangs angesprochenen Restaurantszene ergänzt. Da sie nicht beobachtet wurde, müssen die fehlenden Informationen dem Gedächtnis, nach den bisherigen Ausführungen offensichtlich dem Langzeitgedächtnis, entnommen worden sein.

Nun weiß jeder, der mit einem Computer arbeitet, daß Informationen (Dateien) nur dann abrufbar sind, wenn man weiß, auf welchem Weg (Pfad) man zu ihnen kommt beziehungsweise unter welcher Bezeichnung sie gespeichert sind. Wenn man mit dieser Analogie weiterarbeitet, könnte eine mögliche Erklärung sein:

Die beiden Sätze müssen Hinweise enthalten, die erlaubten, ein bestimmtes Informationsbündel (eine Datei mit Detailinformationen) abzurufen. Vorstellbar ist, daß diese ‚Gedächtnisdatei' nach dem bezeichnet ist, worauf sich ihre Informationen richten, nämlich auf den Restaurantbesuch. Speziell vom zweiten Satz her ist klar, daß es sich um einen solchen handelt, so daß man von daher leicht die entsprechende Datei öffnen kann. In ihr sind dann alle weiteren Informationen enthalten, die mit Restaurants zu tun haben. Ähnlich wie in einem *Drehbuch* sind dort die Akteure erwähnt, Handlungsabläufe beschrieben, die Handlungsbedingungen und Handlungsmittel festgelegt. Von daher werden diese Gedächtnisdateien in der Kognitionspsychologie auch **Skripts** genannt.

Man kann also jetzt das Zwischenergebnis von Seite 154f aufgreifen und vervollständigen:

Im Langzeitgedächtnis erfolgt die Anreicherung und Ergänzung gegebener (Einzel-)Informationen im Rückgriff auf entsprechende *Skripts*. Sie enthalten alle für eine bestimmte ‚Szene' relevanten Zusatzinformationen. Simultan ist dieser ganze Vorgang der Informationsverarbeitung begleitet durch *metakognitive Prozesse*, die die Informationsverarbeitung planen, steuern und kontrollieren.

Dieser noch einmal kompakt skizzierte Vorgang der Informationsverarbeitung läßt drei wichtige Folgefragen offen:

Folgefrage 1:
Besitzen wir für jeden nur denkbaren Handlungszusammenhang ein eigenes Skript oder können Elemente vorhandener Skripts nach Bedarf miteinander kombiniert werden?
Stünde für jede Situation ein je eigenes Skript zur Verfügung, wäre dies eine sehr *unökonomische* und *lernhinderliche* Organisation des Gedächtnisses.

Zunächst zur *Ökonomie*:

In diesem Fall müßte der Mensch jede Situation mit ihren Bestandteilen einzeln speichern und zum ersten die nahezu unendliche Zahl denkbarer Situationen aufnehmen, denen er sich gegenüber sieht. Der Abruf entsprechender Informationen aus einem Skript erforderte viel Zeit, da jede ‚Gedächtnisdatei' einzeln zu durchsuchen wäre. Zum andern enthalten nahe beieinander liegende Situationen, etwa Besuch des Arztes, einer Behörde, eines Restaurants, neben Elementen, die ihnen spezifisch zukommen, immer auch gemeinsame Elemente. Zu allen oder mehreren der erwähnten Situationen gehören Handlungen wie sich anmelden, sich ausweisen, warten, begrüßen, sich verabschieden. Wären diese Situationsmerkmale jeweils bei der Einzelsituation inventarisiert, käme es zu einer Mehrfachspeicherung identischer Elemente und unnötigen Beanspruchung von kostbarem Speicherplatz.

Aber auch unter *Lerngesichtspunkten* handelte es sich bei linearer Anordnung um eine nachteilige Organisation. Lernen heißt im allgemeinsten Verständnis Erwerb von Kenntnissen, Fähigkeiten und Fertigkeiten durch Anreicherung oder Modifikation schon vorhandener

Kenntnisse, Fähigkeiten und Fertigkeiten. Gäbe es für jede Situation jeweils ein bestimmtes Skript, könnte im Grunde nur in Form der Anreicherung und Modifikation des jeweiligen Einzelskripts und damit nur sehr begrenzt gelernt werden. Nicht möglich wäre Lernen in der Form, daß innerhalb des Gedächtnisses durch selbst hergestellte, also *autopoietisch* aufgebaute Verbindungen von Einzelinformationen *neue* Informationseinheiten entstünden. Aber gerade diese Fähigkeit läßt dem Gedächtnis eine ungeheuere Leistungskapazität zukommen, die aus der Potenzierung von Informationen durch *Vernetzung* vorhandener Einzelinformationen resultiert.

Soll Lernen also umfangreicher und flexibler möglich sein, muß von einer anderen Vorstellung ausgegangen werden. Das Gedächtnis kann dann nicht als linear und additiv aufgebaut gedacht werden, sondern muß *hierarchisch strukturiert* sein. Damit wird es möglich, gerade gemachte Situationserfahrungen und entsprechende Skripts miteinander zu vergleichen, gemeinsame Elemente auf einer zweiten, höheren und allgemeineren Ebene anzusiedeln und gegebenenfalls darüber eine dritte, vierte... noch höhere und allgemeinere anzuordnen.

Diese Annahme, die sich theoretisch plausibel anhört, ist auch experimentell geprüft und bestätigt worden. Allerdings sprengt die Darstellung des kompliziert angelegten Experimentes den Rahmen des Studienbuches. Wer sich hierfür interessiert, kann sich bei ABBOTT u. a. (1985) informieren.

Das Schaubild verdeutlicht noch einmal den hierarchischen Aufbau:

(22) Schaubild: *Hierarchische Struktur des Gedächtnisses*

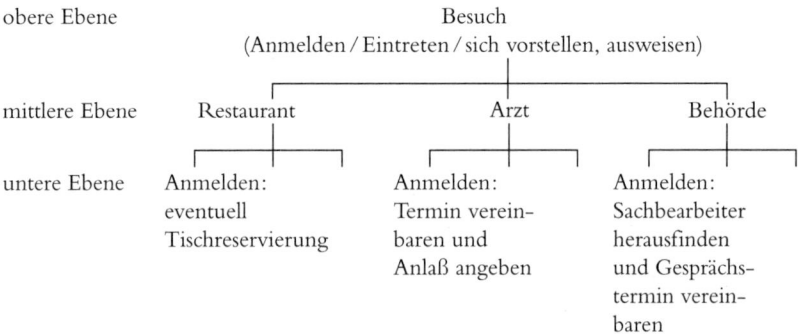

obere Ebene		Besuch (Anmelden / Eintreten / sich vorstellen, ausweisen)	
mittlere Ebene	Restaurant	Arzt	Behörde
untere Ebene	Anmelden: eventuell Tischreservierung	Anmelden: Termin verein- baren und Anlaß angeben	Anmelden: Sachbearbeiter herausfinden und Gesprächs- termin verein- baren

Sie sehen: Auf der oberen Ebene (‚Besuch') sind allgemeine Skriptbestandteile wie ‚Anmelden' oder ‚Eintreten' festgehalten. Man kann daher auch von *Skriptgeneralisierungen* sprechen. Sie bilden gleichsam das Extrakt, den Kern dessen, was auf der unteren Ebene konkretisiert angesiedelt ist. Dort sind die Besuchselemente in ihren *situationsspezifischen Besonderheiten* festgehalten. Im Restaurantskript steht beispielsweise die Information, daß in guten, stark frequentierten Restaurants Tischreservierung unerläßlich ist, daß dies dagegen in einfachen Speisegaststätten meist weder erforderlich noch üblich ist.

Die zunehmend allgemeiner werdenden Ebenen der hierarchischen Anordnung erlauben ein effektives Vorgehen beim Lernprozeß: Man findet auf der oberen Ebene immer Anhaltspunkte, um zunächst relativ unbekannte Situationen zu einem bekannten, wenn auch allgemeinen Gedächtniselement in Beziehung setzen zu können.

Angenommen, Sie hätten das Strukturelement ‚Besuch' mit den allgemeinen Informationsbestandteilen aus den drei Ihnen bekannten Skripts Arzt-, Restaurant- und Behördenbesuch gebildet. Planten Sie nun zum ersten Mal einen Museumsbesuch, wäre die Situation zumindest grob im Rückgriff auf die Ebene ‚Besuch' überschaubar: Sie wissen, daß etwa ‚Anmelden' Bestandteil des allgemeinen Besuchsskripts sein kann, allerdings, wie im Restaurantskript festgehalten, von der Exklusivität des Lokals abhängt.

Dieses Wissen wird nun von der oberen Ebene auf die neue, noch unbekannte Situation des Museumsbesuchs übertragen. Sie fragen sich also, ob Anmelden wohl in diesem Fall notwendig ist. In der Tat erfahren Sie, dies sei nur bei Teilnahme an bestimmten Führungen erforderlich.

Ihr Lernen liefe dabei in zwei Formen ab: Einmal hätten Sie *innerhalb Ihres Gedächtnisses* vorhandene Informationen in Erwartung der neuen Situation autopoietisch verknüpft und daraus Vermutungen abgeleitet. Zum andern lernten Sie eine neue situationsspezifische Präzisierung des Skriptteils ‚Anmelden' kennen durch Verarbeitung besonderer Informationen *aus der neuen Umwelt* ‚Museum'.

Folgefrage 2:
Besitzt jeder von uns das gleiche Skript?
    Diese Frage muß zunächst einmal insoweit bejaht werden, als nur so begreifbar ist, daß verschiedene Menschen – *oberflächlich* betrachtet – die gleiche Situation zumindest ähnlich verstehen und in ihrer Reaktion über ein immerhin vergleichbares Verhaltensrepertoire verfügen.
    Empirische Untersuchungen (BOWER 1979 u. a., S. 181 f.) veranlassen allerdings, diese global gehaltene Antwort zu differenzieren. Bei der Untersuchung von Skripts, etwa des Vorlesungsskripts bei Studenten, zeigte sich, daß alle Versuchspersonen zunächst einmal über einen Bestand *gemeinsamer, aber weniger* Skriptelemente verfügen: Den Vorlesungssaal betreten, einen Sitzplatz finden, Schreibunterlagen herausnehmen, Notizen machen, auf die Uhr schauen, den Vorlesungssaal verlassen (im folgenden Tableau in Großbuchstaben). Daneben gibt es Elemente, wie nach Bekannten Ausschau oder ein Schwätzchen halten, die vielen, aber nicht allen Befragten gemeinsam sind (im Tableau in Schrägdruck aufgeführt); und schließlich enthält ein Skript auch subjektspezifische Elemente (in Normaldruck wiedergegeben), die nicht allgemein geteilt sind wie etwa Tagträumen als Bestandteil des Vorlesungsskripts.
    Mit dieser individuellen Ausdifferenzierung wird erklärbar, wieso Menschen letztendlich doch in der gleichen Situation – *genau* betrachtet – unterschiedlich handeln.

(23) Tableau: *Gemeinsame und unterschiedliche Skriptelemente*

ATTENDING A LECTURE
ENTER ROOM
Look for friends
FIND SEAT
SIT DOWN
Settle belongings
TAKE OUT NOTEBOOK
Look at other students
Talk
LOOK AT PROFESSOR
TAKE NOTES
CHECK TIME
Ask questions
Change position in seat
Daydream
Look at other students
Take more notes
Close notebook
Gather belongings
Stand up
talk
LEAVE

aus: BOWER u. a. 1979, S. 182

Man kann diesen Befund dahingehend interpretieren, daß in jedem Skript drei Ebenen zusammenkommen:

– Die *sozialstrukturelle Ebene* (in der Tabelle in Großbuchstaben gedruckt), die das gesellschaftliche Grundmuster, das Skelett eines Skript festlegt,
– die *lebensweltliche* (in Kursivbuchstaben gesetzt), die das Skelett um Aspekte einer Teilkultur, eines Milieus, einer Gruppe anreichert,
– die *individuelle Ebene* (in der Tabelle normal gedruckt), die dem Skript solche Elemente subjektiver Erfahrungen hinzufügt, die für den einzelnen wichtige Bestimmungsstücke im betreffenden Skript ausmachen.

Folgefrage 3:

Wie erkennt man Skripts wieder, wie kann das passende Skript zu einer Situation abgerufen werden?

Man geht davon aus, daß sich bei hierarchischer Anordnung von Skripts an ihrer Spitze eine **Skriptüberschrift** (*script header*) befindet. Sie stellt eine Art Zusammenfassung aller unter ihr subsumierten Elemente dar. Wird die Skriptüberschrift, etwa ‚Besuch', durch entsprechende Informationen aktiviert, dann werden auch die dazugehörenden Subelemente abgerufen (vgl. ABBOTT u. a. 1985, S. 183 ff).

Man kann jetzt die auf Seite 154 f gegebene Zwischenzusammenfassung um die zuletzt entwickelten Gesichtspunkte ergänzen:

Informationen werden im Rückgriff auf entsprechende *Skripts* ergänzt: Diese sind aus Gründen der Gedächtnisökonomie und der Lernförderung nicht linear, sondern *hierarchisch* angeordnet. Die jeweiligen Skripts sind auf der sozialstrukturellen Ebene in ihrer Grundstruktur weitgehend identisch, nehmen allerdings weiter lebenswelt- und erst recht subjektspezifische Momente auf. Über einen *Skriptheader* wird das jeweils passende Skript abgerufen. Im Rückgriff auf es und hierarchisch höherstehende Elemente ersetzen wir die in der Information fehlenden Bestandteile und dekodieren die Situation damit sozial, um sie dann um subjektspezifische Akzente anzureichern.

Danach heißt Lernen aus informationsverarbeitender Sicht:
- Neue Informationen, die mittels Wahrnehmung aus der Umwelt aufgenommen werden, durch Verbindung mit vorhandenen bedeutungshaltig zu machen, sie in Rückführung auf schon verfügbare Informationen zu verstehen;
- vorhandene Informationen durch neue anzureichern, zu differenzieren und gegebenenfalls zu korrigieren;
- neue Informationen zu produzieren durch Vernetzung im Gedächtnis schon vorhandener, bislang noch unverbundener Einzelinformationen.

3.4.6 Lerntafel

Informationsverarbeitung heißt:
Umwandlung physikalischer Sinnesreize in Bedeutung (*Enkodierung*)
An diesem Prozeß sind beteiligt:

das **sensorische Register** Transformation von Sinnesreizen in *Einheiten und Gestalten.*

der **Arbeitsspeicher** *Enkodierung* des Wahrnehmungsmaterials zu visuel-
(Kurzzeitgedächtnis) len, akustischen und semantischen Informationen.
Steuerung und Kontrolle des Informationsprozesses.
Aktivierung des response generators.
Behält am besten Anfang und Ende aufgenommener Informationseinheiten (*primacy- und recency-effect*).

das **Langzeitgedächtnis** Dauerhafte Speicherung besonderer Ereignisse im *episodischen* und genereller Informationen im *semantischen* Gedächtnis, Lagerung von Wissen im *deklarativen* und von Verfahren im *exekutiven* Bereich.

Stellt dem sensorischen Register Muster zur Transformation der Signale zur Verfügung.

Unterstützt mit dem episodischen Gedächtnis den Arbeitsspeicher beim Behalten neu eingehender Information (*primacy-effect*).

der **response generator** Wählt, vom Arbeitsspeicher angesteuert, geeignete *Aktanten* aus, um die verarbeitete (angereicherte, präzisierte, modifizierte) Information in Handlung umzusetzen.

Metakognition *Planung, Steuerung und Kontrolle* aller Vorgänge, die im Zuge der Informationsverarbeitung im Gedächtnis ablaufen.

Inhaltlicher Aufbau des Langzeitgedächtnisses:
Hierarchische Anordnung von Informationen in Form von **Skripts**.

Skript: *Drehbuch*, in dem durch Übernahme sozialstrukturell und lebensweltlich bereitgestellten Wissens sowie die Verarbeitung individueller Erfahrung wesentliche Informationen über soziale *Szenen* gespeichert sind.

Anhand von *Skriptheader* wird das zu einem Ereignis passende Skript aufgerufen. Im Rückgriff auf es und auf höheren Ebenen angesiedelte Skriptgeneralisierungen werden eingehende (Teil-)Informationen ergänzt und eine Situation verstanden.

3.4.7 Arbeitsvorschlag

Zu Beginn dieses Kapitels ist auf das Beispiel des Rollschuhfahrens als Lernsituation verwiesen worden. Überlegen Sie einmal nach der Lektüre der Lerntheorien, welche der hier behandelten Lernarten beim Erwerb der Fähikkeit, sich auf Disco-Rollers zu bewegen, veranschlagt werden können.

3.5 Die Lerngruppe

Der Ansatz des Lernens am Modell verdeutlichte, daß und wie Lernen des Individuums auf andere bezogen und von ihrem Verhalten mitgeprägt ist. Ganz anders gelagerte Lerngesetzlichkeiten kommen jedoch hinzu, betrachten wir nun den Lernprozeß nicht so sehr hinsichtlich des Leistungsaufbaus bei einem vereinzelten Individuum, *sondern aus dem Miteinander mehrerer – also aus der Lerngruppe heraus.*

Sicherlich bleiben dabei die bisher festgestellten Lernprinzipien, bezogen auf den einzelnen, in Kraft – etwa das der Kontiguität, der Verstärkung, der Ausrichtung am Erfolg, der Anwendung von Regeln und Prinzipien bei der Lösung eines Problems, der Nachahmung eines Modells der Informationsverarbeitung. Es kommen aber aufgrund der Tatsache, daß gemeinsam mit anderen, daß sozusagen unter ihren Augen und begleitet von ihren Meinungen und Kommentaren gelernt wird, neue, nämlich gruppenspezifische Aspekte des Lernens in den Blick.

Hier sind zunächst wieder Fragen der Kommunikation und Interaktion sowie des Selbstbildes (Identität) in Gruppen von Bedeutung. Da sie im Kapitel 4 eingehend behandelt werden, soll hier nur der lernrelevante Gesichtspunkt der *Meinungsbildung* und *-änderung* in Gruppen hervorgehoben werden.

3.5.1 Meinungsbildung in der Gruppe

Der Prozeß der Meinungsbildung wird in dem mittlerweile schon klassischen Experiment von SHERIF transparent: In einem verdunkelten Raum leuchtet ein schwacher Lichtpunkt mehrmals kurz auf. Für den Beobachter (die Versuchsperson -Vpn) entsteht der Eindruck, als bewege sich der Punkt – in Wirklichkeit jedoch bleibt er immer an derselben Stelle. Da in dem dunklen Raum ein festes Bezugssystem fehlt, ist es für die Vpn sehr schwer, das Ausmaß der nur scheinbaren Bewegung des Punktes exakt zu schätzen (sog. autokinetisches Phänomen).

HOFSTÄTTER, ein deutscher Sozialpsychologe, hat das Experiment folgendermaßen aufgegriffen:

Experimentablauf: Zunächst wurden die Vpn einzeln in den Raum gesetzt und mußten schätzen, um wieviel Zentimeter sich ihrer Meinung nach der Punkt bewegt (Experimentsituation I). Danach kamen alle Vpn im Raum zusammen, und jeder sollte seine Schätzung laut sagen; die anderen Gruppenmitglieder hörten also die Angaben ihres Nebenmannes (Versuchsdurchgänge II–IV; s. die entsprechenden Zahlen auch im Schaubild).

Das Ergebnis: *Beim Einzelversuch liegen die Schätzungen zum Teil sehr weit auseinander. Im Verlauf der ‚Gruppensitzungen' (Experimentsituationen II–IV) jedoch werden die Extrempositionen zunehmend zurückgenommen und stark einander angenähert* (s. Schaubild).

(24) Schaubild: *Konvergenz der Meinungen in einer Gruppe*

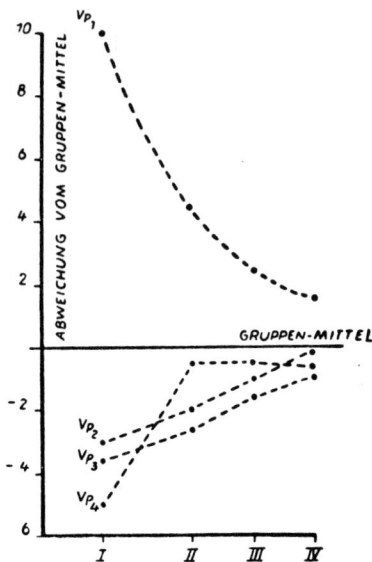

aus: HOFSTÄTTER 1959, S.216. © Alfred Kröner Verlag, Stuttgart.

Wie kann dieses Ergebnis erklärt werden?

Vermutlich wirkt die starke Abweichung bei den ersten gemeinsamen Schätzungen als *Spannungsmoment,* da ein und dasselbe Phänomen divergierend ausgelegt wird. Um wieder ‚Ordnung‘ in das Wahrnehmungsgefüge zu bringen,
einigt man sich auf einen Schätzbereich (ohne daß übrigens den Vpn dieser
Prozeß bewußt war), mit dem dann die eigenen Schätzungen weitgehend über-
einstimmen (Situation IV).

Die Annahme, die hinter dieser Erklärung steht:

Divergenzen – zumindest bei Äußerungen ohne klaren Bezugspunkt – werden
als *Spannungszustand* empfunden; die einzelnen Gruppenmitglieder haben die
Tendenz, ihn durch ‚Übereinstimmung mit anderen‘ (HOFSTÄTTER 1959, S. 217) *aufzuheben.*

Für diese Erklärung spricht auch ein ähnliches Experiment von ASCH (in:
BAUS/JAKOBY 1976), das ohne großen Aufwand mit einer Schulklasse wiederholt
werden kann. Hierbei geht es weniger um die Frage, wie in einer Gruppe
Lernleistungen vom Typ des Bestimmens ablaufen, wenn für die Gruppe insgesamt ein fester Bezugspunkt der Urteilsbildung fehlt. Es wird vielmehr der

Einfluß der Gruppe bei der Urteilsbildung des einzelnen angesichts objektiver und leicht feststellbarer Gegebenheiten untersucht, ein Aspekt, der bereits im SHERIFschen Experiment mit anklang.

Das Experiment: Man erklärt je acht Versuchspersonen, ihre Wahrnehmungsfähigkeit solle getestet werden. Dazu sei jeweils auf ein Blatt eine Linie gezeichnet, die genauso lang sei wie eine der drei numerierten Linien unterschiedlicher Länge auf einem zweiten Blatt. Es gehe darum, gemeinsam die gleich großen Linien möglichst schnell zu benennen.

Tatsächlich sind aber sieben der acht Vpn dahingehend vorinstruiert, daß sie gemeinsam schnell und mit Bestimmtheit eine vorher festgelegte falsche Zuordnung vornehmen sollen.

Der Verlauf: Nach anfänglichen richtigen Urteilen wurden die meisten der nicht instruierten einzelnen Vpn unsicher und übernahmen – entgegen ihrer ursprünglich richtigen Antwort – die falschen Urteile der anderen Gruppenmitglieder. Sie beugten sich dem *Meinungsdruck der Mehrheit*. (Wer hat nicht schon in einer Mathe-Klassenarbeit das Ergebnis, das er für richtig hielt und das sich hinterher auch als richtig herausstellte, geändert, weil der Neben- und Hintermann gemeinsam ein anderes hatten).

Fast noch aufschlußreicher für das Lernen in der Schulklasse sind die Folgeexperimente von ASCH, die – wie das eben geschilderte auch – mit kleineren Modifikationen häufig wiederholt worden sind.

Folgeexperimente: Einer nicht instruierten Vpn wird ein Partner beigegeben, der dahingehend instruiert wurde, daß er sachlich richtig urteilen solle. Sofort festigte sich das Urteil der einzelnen Vpn und behauptete sich auch gegen die Gruppenmehrheit, die wiederum bewußt falsch urteilte. Die Fehler sanken im Schnitt von 33% im ersten Experiment auf 5,5% in diesem.
Als der Partner absprang, indem er sich in der zweiten Hälfte des Experiments der bewußt falsch urteilenden Mehrheit anschloß, fiel auch die Vpn um: Die Fehler stiegen von 5,5% auf 28,5% an.
Schließlich wurde die Konstellation des Experiments umgestellt: Einer Gruppe von 16 nicht instruierten Vpn stand eine einzelne Vpn gegenüber, die vorher vom Versuchsleiter aufgefordert worden war, falsch zu urteilen. Die Reaktion der Mehrheit bestand in Lachen über die falschen Antworten. Als der einen Vpn noch zwei weitere instruierte beigegeben wurden, wandelte sich das Gelächter in eine eher respektvolle Haltung der Mehrheit.

Man kann also festhalten:
– Bei ungenauen oder gar fehlenden Bezugspunkten der Urteilsbildung schafft die Gruppe sich selbst ein solches Bezugsnetz. Dabei gleichen sich die Einschätzungen einzelner der Gesamtgruppenmeinung an.
– Die Gruppe übt bei der Meinungsbildung einen Druck auf den einzelnen aus, der ihn auf die Meinungslinie der Gruppe drängt.
– Der einzelne widersteht dem Druck, sofern er soziale Unterstützung erhält (Partner).

– Bei Beharren des einzelnen auf seinem abweichenden Standpunkt reagiert die Gruppe intolerant.

Gerade für Lerngruppen aufschlußreich ist eine Variante in der Haltung des einzelnen seiner eigenen Meinungsbildung gegenüber, sofern er, meist aus Spiel- oder Lernzwecken, zu einem Sachverhalt eine Ansicht vertreten soll, die nicht seine ist.

Ein Experiment hierzu: Man stellt die Meinung der verschiedenen Vpn (z. B. Teilnehmer einer Arbeitsgemeinschaft) zu einem Problem fest und läßt einen Teilnehmer dann vor der Lerngruppe (nach einer Arbeitsphase) genau den ihm entgegengesetzten Standpunkt vertreten.

Hierbei zeigt sich, daß im Laufe des Lerngeschehens häufig der eigene Standpunkt aufgeweicht oder gar zugunsten des entgegengesetzten aufgegeben wurde.

Man kann diesen Vorgang folgendermaßen erklären:
– Der Betreffende will die Diskrepanz aufheben zwischen dem, was er denkt und dem, was er vor der Gruppe als seinem ‚Publikum' sagt. Dahinter steht die *kognitive Konsistenz-Hypothese* (FESTINGER), die das Gegenstück zur schon erwähnten *kognitiven Dissonanz-Hypothese* ist: Der Mensch strebt nach Stimmigkeit (Konsistenz) in seinen Anschauungen und Aussagen. Spannungen, Widersprüche (Dissonanzen) werden in diesem Sinne aufzuarbeiten versucht.
– Die Vpn ist stolz auf das ‚Eigentum' ihrer Argumente. Sie hat sich in die Denkweise des anderen Standpunktes eingearbeitet, hat Zugang zu ihm gefunden und Argumente zur Abstützung aufgestellt. Diese Leistungen erkennt sie als ihre eigenen an und hat sich damit auch schon ein Stück mit ihnen identifiziert.

Bleibt noch die Rechtfertigung des Positionswandels gegenüber der Gruppe. Die Aussicht auf Meinungsänderung bei dem Betreffenden ist umso größer, je weniger die Gruppe nach seiner Einschätzung opportunistische Gründe für den Umschwung vermutet, also nicht etwa annimmt, er habe dem Lehrer nach dem Mund reden oder eine gute Note ergattern oder sich als ein besonders kluges Kerlchen darstellen wollen. Sondern: Je eher er die Gründe als von der Sache her gegeben ansehen kann („ich habe mich von den Argumenten überzeugen lassen müssen"), umso wahrscheinlicher wird die Meinungsänderung.

Im Zusammenhang der Meinungsbildung in Lerngruppen muß noch ein Phänomen erwähnt werden: Die Wirkung von *(Meinungs-) Außenseitern* auf die Gruppe.

Die Reaktion der Gruppe auf Außenseiter klang in einer Variante des ASCH– Experimentes schon an: Ablehnung, Nicht-Ernstnehmen, Distanzieren. Aber der ‚Extremist' wirkt auch seinerseits auf die Gruppe ein, was zu erkennen bei dem Experiment von ASCH nicht möglich war.

Experiment: HOFSTÄTTER (1970, S. 71 ff.) schildert ein Experiment von SCHACHTER, das dieser mit zwei amerikanischen Studentengruppen durchführte. Die eine der beiden Studentengruppen hatte sich aus gemeinsamem Interesse zusammengefunden *(stark–kohärente Gruppe)*, die andere bestand aus zum Teil nur widerstrebend zusammengekommenen Mitgliedern *(schwach–kohärente Gruppe)*. In beiden Gruppen ließ SCHACHTER den Fall eines jugendlichen Delinquenten und das ihm ihrer Meinung nach zukommende Strafmaß diskutieren. Je ein instruierter Mitarbeiter sollte in den Gruppen bei der Diskussion die Rolle des *Extremisten* übernehmen, der bis zum Schluß auf einer bewußt harten Bestrafung des Jugendlichen besteht; ein weiterer Versuchshelfer sollte die Rolle des *Konvertiten* spielen, also im Laufe des Gesprächs auf die Gruppenlinie einschwenken und ein Dritter schließlich die des *Konformisten,* der von vorherin mit dem Gros der Gruppe mitläuft.

Die Ergebnisse dieses Versuchs:
a) Der Extremist wird als ein unsympathischer Mensch abgelehnt – unbeschadet seiner menschlichen Qualitäten.
b) Die Ablehnung des Extremisten ist in stark-kohärenten Gruppen deutlicher als in schwach-kohärenten Gruppen.
c) Der Extremist wird von den übrigen Gesprächspartnern sehr viel öfter angeredet, sieben- bis elfmal öfter als der Konformist und immerhin im Durchschnitt drei- bis viermal öfter als der Konvertit.
d) Die Durchschnittsmeinung der Gruppe verschiebt sich im Zuge der Diskussion geringfügig aber merkbar in Richtung auf die Position des Extremisten.
aus: HOFSTÄTTER 1970, S. 73

Dabei treten zwei gegensätzliche Tendenzen in der Entwicklung der Gruppenmeinung auf:
– In der Gesamtgruppe ist keine Einigung über einen gemeinsamen Standpunkt zu erzielen, sie spaltet sich mit Bezug auf die unvereinbaren Standpunkte in ,Tochtergruppen' auf;
– die Gesamtmeinung tendiert doch zu einer einheitlichen Auffassung. Dabei läßt dann auch allmählich die rege Aufmerksamkeit für den Extremisten nach; es kann sich gar eine Haltung entwickeln, bei der der Außenseiter ,Luft' für die übrigen Gruppenmitglieder ist. *Er wird isoliert.*

Was bedeuten diese Erkenntnisse nun für die **Schulklasse als Lerngruppe?**

(a) Das Lernen in einer Gruppe vollzieht sich nicht allein nach den Sachgesetzlichkeiten des Stoffes, sondern wird auch von Gruppenprozessen getragen.

Einschränkung: Es hängt dabei vom Lerngegenstand ab, wie weit die Gruppensituation interveniert. Sie macht sich stärker bei unstrukturierten Lerngegenständen bemerkbar, also bei Meinungsfindungsprozessen, Diskussionen, beim Beziehen von Standpunkten, Entwickeln von Beurteilungskriterien. Bei klar geregelten Lerneinheiten dagegen, z. B. beim Sprachenlernen, Rechnen, Geschichtszahlenlernen, ist der Einfluß der Gruppe auf den Lernablauf von minderer Bedeutung.

(b) Noch einen Schritt vor dem Lernen selbst werden die Haltungen dem Lernen gegenüber definiert.

Dies entspricht einer Gruppenleistung vom Typ des Bestimmens. In diesem Fall wird zwar nicht wie im SHERIFschen Experiment ein metrisches Bezugsnetz zur Entfernungsschätzung festgelegt, sondern ein *normatives Bezugssystem:* Lern- und Leistungsbereitschaft der Gruppe werden festgelegt, es wird geregelt, wie eifrig oder unbeteiligt man sich beim Lernen zeigen, ob man freiwillig Lernaufgaben übernehmen darf, wem ein Platz in der Leistungsspitze zuerkannt und wem er von der Gruppe verweigert wird. Die Normen hierfür stellt die Klasse – meist auf eine implizite, d. h. den Beteiligten nicht immer bewußte Art – selbst auf, und Abweichungen von den als Gruppenmeinung herauskristallisierten Auffassungen werden wahrscheinlich mit ablehnenden Reaktionen sanktioniert: Herabsetzung des Betreffenden, Übersehen, Ärgern, Angreifen.

(c) Bei Konflikten mit der Gruppe neigt der einzelne wahrscheinlich eher dazu, die innere Spannung durch Nachgeben und Anpassung zu mildern, als auf seinem Standpunkt zu beharren.

Allerdings: Hier kommt modifizierend die Stärke des Gruppenzusammenhalts hinzu. In stark-kohärenten Gruppen, wo also jeder zum Verbleib in der Gruppe tendiert, ist diese Anpassungshaltung eher zu erwarten als in schwach-kohärenten Gruppen. Da hier jeder einzelne ohnehin mit nicht allzuviel Einsatz und Anhänglichkeit in der Gruppe steht, wiegt deren mögliche Sanktionierung auch nicht sehr schwer.

(d) Wie in den Experimenten von ASCH geschildert, kann auch in der Klasse der Fall auftreten, daß ein Schüler mit seiner Meinung gegen den Rest der Klasse steht. Häufig kommt es dabei vor, daß sich nun – wenn auch zögernd – andere Schüler zu dieser Meinung bekennen und sich so die von der Mehrheit abweichenden Äußerungen festigen. Bleibt der Schüler jedoch mit seiner Ansicht allein, wird die Klasse häufig mit Spott, Anrempeln, ironischen Bemerkungen reagieren. Hier könnte dann eine wohlverstandene Aufgabe des Lehrers darin liegen, behutsam die Stützfunktion zu übernehmen, die in dem Experiment von ASCH der ‚Partner‘ hatte.

3.5.2 Lerntafel

Meinungsbildung in der Gruppe

1. Divergenzen werden als *Spannungszustand* empfunden. Die Gruppenmitglieder haben die Tendenz, ihn durch *Übereinstimmung mit anderen* aufzuheben (Experiment mit dem autokinetischen Effekt).

2. Der einzelne tendiert dazu, sich bei abweichendem Eigenurteil dem *Meinungsdruck der Gruppe* zu beugen (Experiment der Linienschätzung von Asch).
   Varianten des Experiments:
   a) Bei Unterstützung aus der Gruppe festigt sich auch die Haltung des Betreffenden.
   b) Springt das unterstützende Gruppenmitglied ab, fällt auch der Unterstützte um.
   c) Die Mehrheit der Gruppe reagiert auf den anders Urteilenden mit Ablehnung, Spott, Ironie, z. T. Aggression.

3. Probeweises Eingehen auf den Standpunkt anders Urteilender kann sich zu einer dauerhaften Übernahme entwickeln.
   Vorgang der *Selbstüberzeugung*.

4. Der *Meinungsaußenseiter* in der Gruppe
   – wird als unsympathisch abgelehnt (in stark-kohärenten Gruppen deutlicher als in schwach-kohärenten),
   – konzentriert die Aufmerksamkeit der Gruppe auf sich,
   – verschiebt die durchschnittliche Gruppenmeinung geringfügig auf seine Position hin.

3.5.3 Arbeitsvorschlag

Analysieren Sie das folgende Experiment unter Berücksichtigung der in der Graphik festgehaltenen Ergebnisse als Vorgang der Meinungsbildung in der Gruppe.

„H. Clark (1916) forderte die Hörer einer Vorlesung auf, zu melden, sobald sie den von einem eben geöffneten Fläschchen ausströmenden Geruch wahrnehmen würden. Natürlich handelt es sich um eine geruchlose Flüssigkeit. Trotzdem liefen aus den ersten Reihen des Saales die frühesten Meldungen schon nach 10 Sekunden ein. Abb. 4 zeigt einerseits den Prozentsatz der Hörer in jeder Reihe, die den Geruch wahrzunehmen glaubten, und andererseits die bis zur letzten Meldung aus jeder Reihe verstrichene Zeit. Am Reiz-Reaktions-Modell ist bloß abzulesen, daß 20% der Vpn (33 von 168 Studenten) der Suggestion unterlagen."

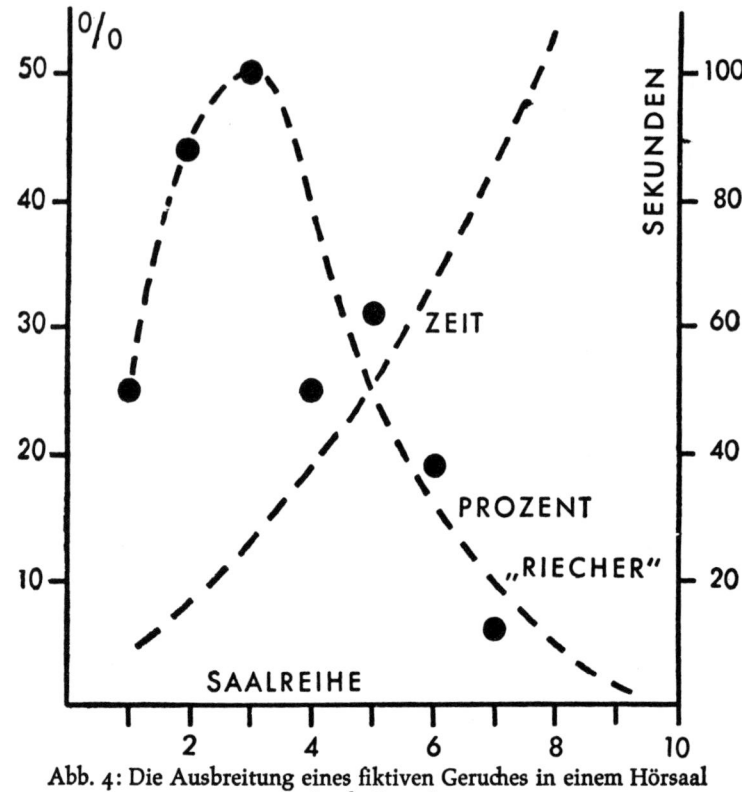

Abb. 4: Die Ausbreitung eines fiktiven Geruches in einem Hörsaal (nach CLARK).

aus: HOFSTÄTTER 1957/86, S. 50/51. © Rowohlt-Taschenbuch-Verlag GmbH, Reinbek

3.6 Literatur

Zu den Lerntheorien:

R. C. ATKINSON / R. M. SHIFFRIN, The control of short-term memory, in: Scientific American, 225, 1971, S. 82–90

A. BANDURA, Aggression, Stuttgart 1979

ders., Lernen am Modell, Stuttgart 1976

J. DEWEY, Wie wir denken, Zürich 1951

L. FESTINGER, Theorie der kognitiven Dissonanz, hrsg. v. M. IRLE / V. MONTMANN, Bern 1978

V. KUHLEN, Verhaltenstherapie im Kindesalter, München 1972

H.-W. LEONHARD, Behaviorismus und Pädagogik, Bad Heilbrunn 1978

*R. E. MAYER, Denken und Problemlösen, Berlin, Heidelberg, New York 1979

E. NAGEL, The structure of science, London 1971

J. P. PAWLOW, Die bedingten Reflexe, München 1972

*B. F. SKINNER, Wissenschaft und menschliches Verhalten, München 1973

E. L. THORNDIKE, Educational Psychology: The Psychology of Learning, New York 1913

J. WATSON, Behaviorismus, Frankfurt/Main ²1976

Überblicksliteratur:

G. R. LEFRANCOIS, Psychologie des Lernens, Report von Kongor dem Androneaner, Berlin, Heidelberg, New York 1976

J. GERSTENMAIER (Hrsg.), Einführung in die Kognitionspsychologie, München, Basel 1995

Zu Lernen als Informationsverarbeitung (information processing)

V. ABBOTT/J. B. BLAKE/E. E. SMITH, The representation of scripts in memory, in: Journal of Memory and Language, 24, 1985, S. 179–199

G. H. BOWER/J. B. BLAKE/T. J. TURNER, Skripts in memory for text, in: Cognitive Psychology 11, 1979, S. 177–220

J. BREDENKAMP/W. WIPPICH, Lern- und Gedächtnispsychologie, Band 2, Stuttgart, Berlin, Köln, Mainz 1977

*A. CASSELS, Erinnern und Vergessen, in: J. GERSTENMAIER (Hrsg.), Einführung in die Kognitionspsychologie, München, Basel 1995, S. 153–193

J. H. FLAVELL, Annahmen zum Begriff Metakognition sowie zur Entwicklung von Metakognition, in: F. E. WEINERT/R. H. KLUWE (Hrsg.), Metakognition, Motivation und Lernen, Stuttgart 1984, S. 23–31

E. D. GAGNÉ, The cognitive Psychology of School-Learning, Boston/Toronto 1985

M. HASSELHORN, Metakognition und Lernen, in: G. NOLD (Hrsg.), Lernbedingungen und Lernstrategien, Tübingen 1992, S. 35–63

*F. J. SCHERMER, Lernen und Gedächtnis, Stuttgart, Berlin, Köln 1991

U. SCHIEFELE, Motivation und Lernen mit Texten, Göttingen 1996

W. SCHNEIDER/M. HASSELHORN, Metakognition bei der Lösung mathematischer Probleme: Gestaltungsperspektiven für den Mathematikunterricht, in: Heilpädagogische Forschung, Band XIV, 1988, S. 113–118

*D. H. SCHUNK, Learning Theories: An educational perspective, New York 1991

Zur Lerngruppe:

*M. BAUS/K. JAKOBY, Sozialpsychologie der Schulklasse, Bochum 1976

*P. R. HOFSTÄTTER, Gruppendynamik, Reinbek 1986

ders., Einführung in die Sozialpsychologie, Stuttgart 1959

Überblicksliteratur:

P. SBANDI, Gruppenpsychologie, München 1975

4. Soziologische Dimension der Erziehung

Die soziologischen Aspekte von Erziehung sollen – neben allgemeinen Überlegungen zum Sozialisationsbegriff als dem Hauptbegriff dieses Kapitels – vor
allem auf den Bereich der Schule als einem zentralen Feld sozialen Geschehens
in der Erziehung bezogen werden. Fragt man jedoch, womit es Schule üblicherweise zu tun habe, wird man zunächst weniger etwas über Sozialisation zu
hören bekommen, als vielmehr auf Begriffe wie Bildung und Erziehung verwiesen werden.

Bildung bezeichnet dabei meist den über Wissen ablaufenden Aufbau der
Urteils- und Entscheidungsfähigkeit, Erziehung dagegen den über Vorbild, Er-
mutigung, Ermahnung, Lob etc. führenden Haltungsgewinn. Beides kann im
Unterricht getrennt verfolgt werden (auf der einen Seite wird gelernt, auf der
anderen durch Gespräch, Spiel, Klassenfahrt erzogen), beides kann aber auch
gerade im Inhaltsbereich verbunden sein. Die Inhalte wirken dann neben dem
bildenden Moment (Einsichts- und Urteilsfähigkeit) auch durch ihre moralische
Komponente, also erzieherisch. Darauf liefen etwa die didaktischen Begründungen des Deutschunterrichts, des Geschichtsunterrichts oder des Unterrichts
in den alten Sprachen hinaus.

Auch das folgende Unterrichtsprotokoll kann unter dieser Perspektive betrachtet werden (6. Klasse, Thema: Sachsenkriege Karls des Großen):

„L: Was, wie war denn Karl? Wie war Karl? Was hat er geglaubt?
S: Man müßte die Menschen gewaltsam zum Christentum bezwingen.
L: Laß mal das Wort gewaltsam weg, dann ist deine Antwort sehr schön.
S: zum Christentum zwingen
L: Ja, gut! Also, zwingen, wie nennt man das, wenn man jemanden zum Christentum ...
    Schöneres Wort für zwingen.
S: Mit Gewalt
L: Ach ihr habt, ihr habt schon ganz schön in euer Geschichtsbuch geschielt, da kommt
    die Gewalt jetzt plötzlich immer. Die Gewalt, da hören wir noch genug davon.
S: Überreden
S: Gewaltsam bekehren
L: Bekehren – bekehren! Wollte alle Menschen, darum ging es ihm, Menschen bekehren.
    Wie er's getan hat, das sehn wir dann schon. Bekehren. Er mochte nicht, daß es außer
    dem Christentum noch etwas anderes gibt, nicht wahr...
S: Mit Schwert und Kreuz ins Sachsenland!
L: Gut. Mit Schwert und Kreuz ins Sachsenland. Warum wir vorher diese Frage beant-
    wortet haben: Er wollte alle Menschen zu Christen machen, er wollte alle Germanen
    in einem Reich haben. Das habe ich absichtlich vorangesetzt, Kinder, denn es – wir
    haben Karl bis jetzt kennengelernt als einen ehrlichen und starken Mann. Wir haben

gute Eigenschaften heute morgen noch, in der vorigen Stunde festgestellt, eigentlich bloß gute Eigenschaften, nicht. Und deshalb wollen wir immer daran denken."
aus: SPRACHE UND KONFLIKT. Projekt 5 der hessischen Kommission zur Reform der Bildungspläne (1970, hektographiert)

Man sieht: Es geht inhaltlich um Karl den Großen, der zugleich aber auch mit seinen ‚guten Eigenschaften‘ als Vorbild, als ein Mensch dargestellt werden soll, der sich um das Christentum verdient gemacht hat, dem schon von daher moralische Dignität zuerkannt werden kann.

Allerdings steckt noch etwas mehr in diesem Unterrichtsprotokoll, etwas, das nicht direkt zur Sprache kommt, das auch nicht als Bildung oder Erziehung zu charakterisieren ist. Wir denken an die *Rolle des Lehrers,* bedingt durch seine Stellung im Unterricht, an die *Verhaltensweisen der Schüler,* daran, wie sie auf das Verhalten des Lehrers reagieren, kurz: Im Unterrichtsprotokoll kommt auch eine bestimmte Art der **Schüler-Lehrer-Interaktion** und eine ihr entsprechende **Kommunikationsstruktur** zum Ausdruck.

Ohne im Detail auf das Protokoll einzugehen, kann doch festgehalten werden, daß der Lehrer in dieser Interaktion gewisse Privilegien hat: Er kann aufrufen, korrigieren, zurückweisen. Der Handlungsablauf selbst hat fast den Charakter eines Rituals, bei dem es weniger auf die Sache ankommt als darauf, ein gewisses, von allen Beteiligten beherrschtes ‚Spiel‘ mitzumachen. In diesem ‚Spiel‘ verfügen die Akteure über Verhaltensweisen (z. B. erraten können, was der andere hören will), die ihnen nicht unbedingt bewußt sein müssen.

Würde man beispielsweise den Lehrer fragen, was er eigentlich hier mache, wären wohl denkbare Antworten: den Schülern Wissen über Karl den Großen vermitteln, ihn als vorbildhafte Persönlichkeit herausstellen u. ä. Das, was er aber durch seine Rolle im Unterricht auch noch bewirkte – über die Behandlung des Themas hinaus – geriete, wenn überhaupt, nur sehr schwer oder zögernd in seinen Blick.

Diesen Bereich, der das eigentliche Lerngeschehen begleitet, kann man den der unterrichtlichen oder allgemeiner den der **schulischen Sozialisation** nennen.

Schulische Sozialisation bezeichnet
– *die durch die Besonderheiten von Unterricht bzw. Schule beeinflußte* **Interaktionsstruktur,**
– *die zu bestimmten, von den Beteiligten meist nicht in ihrem Bedingungszusammenhang durchschauten* **sozialen Verhaltensweisen** *führt.*

Definiert man den Erwerb (das Lernen) dieser Verhaltensweisen als Sozialisation und verallgemeinert man die Aussage über den Bereich der Schule als einem wichtigen Sozialisationsort hinaus auch auf andere Bereiche, so kann man vorläufig formulieren:

Sozialisation ist ein meist präreflexiv ablaufender Prozeß, bei dem über *Interaktionsbezüge* bestimmte, für soziales Handeln notwendig erforderte *Verhaltensweisen* bzw. *Einstellungen* erworben werden.

Zum Aufbau des Kapitels folgende Überlegungen:

Ausgangspunkt zum Themenkreis Sozialisation ist der *funktionalistische Ansatz* (PARSONS) mit den Begriffen der *Sozialisation und Internalisierung* (4.1); darauf bezogen wird in Punkt 4.1.3 die Kritik an diesem Ansatz entwickelt. Hinter der Kritik steht als theoretischer Bezugspunkt der *Symbolische Interaktionismus* mit den Zentralbegriffen von *Sozialisation und Interaktion* (4.2).

Anschließend werden – bezogen auf die in Punkt 4.1 und 4.2 entwickelten Grundbegriffe – einige *Phänomene schulischer Sozialisation* angesprochen und in ihren Problembezügen dargestellt (4.3).

4.1 Sozialisation und Internalisierung – funktionalistischer Ansatz

Wo ist das Phänomen der Sozialisation nun genau anzusiedeln? Nach DAHRENDORF, der zum Teil die *funktionalistische* Theorie rezipiert, sie aber auf philosophische Überlegungen zum Verhältnis von Individuum und Gesellschaft ausweitet, ist die Sozialisation am *Schnittpunkt von einzelnem und Gesellschaft* zu lokalisieren. Inwiefern ist das beachtenswert?

Der Mensch ist, wie in Kap. 1.1 entwickelt wurde, ‚nicht-festgestellt‘, er ist weltoffen. Er kommt nicht mit bestimmten Verhaltensweisen fertig ausgestattet zur Welt, d. h. er ist nicht in eine bestimmte Umwelt eingepaßt, wie beispielsweise das Tier. Der Mensch muß sich die Fähigkeiten und Fertigkeiten, die er zum Leben benötigt, erst erwerben, er muß sie lernen.

Dafür ist er auf die Hilfe anderer angewiesen. Die beginnt bei der physischen Pflege und reicht bis zur ‚sozialen Pflege‘, also bis dahin, daß ihm die Sprache, Einstellungen und Verhaltensmuster der jeweiligen Gesellschaft durch die erwachsenen Gesellschaftsmitglieder nahegebracht werden.

Aus der Sicht der Gesellschaft muß der einzelne bzw. die nachwachsende Generation also immer wieder neu in das bestehende Sozialsystem einbezogen werden, um so den Bestand der Gesellschaft zu garantieren. Diesen Prozeß bezeichnet man – von der Warte der Gesellschaft aus gesehen – als **Sozialisation**.

Allerdings ist dies nur die eine Hälfte des Vorgangs. Es muß nämlich gefragt werden, wie sicherzustellen ist, daß die einzelnen Individuen sich auch tatsächlich so verhalten, daß die Gesellschaft Bestand hat? Wovon hängt überhaupt der Bestand einer Gesellschaft ab? Die Antwort PARSONS’, eines Hauptvertreters des funktionalistischen Ansatzes: von dem *Normensystem*, das die Grundlage für das Miteinanderhandeln der einzelnen Gesellschaftsmitglieder bildet. Dies können allgemeine Normen, ‚Grundwerte‘, sein oder spezielle Normen wie z. B. Pünktlichkeit oder: einer redet, die anderen schweigen solange. Wird das Normensystem mit seinen Werten und den in ihm angesprochenen Zielorientierungen von den Individuen übernommen, so kann der Sozialisationsprozeß als gelungen angesehen werden.

Was heißt aber ‚Übernehmen eines Wertes‘ oder sogar eines Normensystems? – Es bedeutet, daß das Individuum, das Kind oder der Jugendliche, Normen, die ihm zunächst nur von außen angetragen werden, im Laufe der Zeit zu Beweggründen seines eigenen Handelns macht. Die Soziologen sprechen hier von **Internalisierung** eines Wertes.

Man sieht: Sozialisation und Internalisierung bezeichnen den gleichen Vorgang, zum einen aus der Perspektive der *Gesellschaft,* zum anderen aus der des *Individuums.* Dieser Prozeß ist eingebettet in Interaktionen, vor allem zwischen Kind (Jugendlichem) und entsprechenden Vertretern der Erwachsenengeneration (Eltern, Lehrer) und in entsprechende soziale Teilsysteme (Familie, Schule, Kirche, peer-groups) eingelagert. Geprägt ist dieser Vorgang durch den Wechsel von *Leistung* und *Sanktion.* Als Leistung wird hierbei von PARSONS eine Handlung verstanden, die von dem Handelnden als Teil der Erfüllung von *Rollenerwartungen* gedacht ist und von den Beobachtern danach beurteilt wird, wie sie zum Funktionieren des Teilsystems beiträgt. Sanktionen sind die auf die Leistung bezogenen bewertenden Handlungen anderer Handelnder.

(25) Strukturbild: *Sozialisation und Internalisierung*

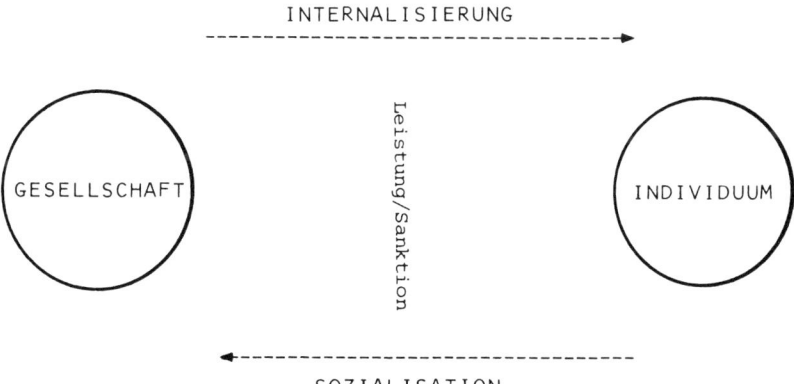

Dieser Prozeß der Sozialisation bzw. Internalisierung wird dabei von den funktionalistischen Theoretikern unter folgenden *Prämissen* betrachtet:

(a) Jedes Sozialsystem (Gesellschaft oder ihre Teilsysteme) strebt nach Erhaltung der Integrität seines Wertsystems. Es möchte sich gegen Wandel, erst recht gegen Zerstörung schützen, da dies Risiken für den Bestand des Systems darstellt. Es handelt sich hier um das Gesetz der *Strukturbewahrung (latency)* einschließlich der Spannungskontrolle. Spannungen entstehen durch die aus der

Ordnung eines Systems drängenden Kräfte; beim Persönlichkeitssystem bei-spielsweise können das emotionale Spannungen wie Unzufriedenheit oder Angst sein.

(b) Jedes Sozialsystem strebt danach, in der Auseinandersetzung mit seiner Umwelt Ziele zu verwirklichen. Dies ist das funktionale Gebot der *Zielverwirk-lichung* (goal attainment).

c) Jedes Sozialsystem ist bemüht, die zur Zielverwirklichung notwendigen Mittel aufzubringen und bereitzustellen. PARSONS nennt dies das funktionale *Gebot der Adaption.*

(d) Soll das System wirksam funktionieren, so sind seine einzelnen Elemente zu einem Ganzen zu integrieren. Man spricht hier vom Gebot der *Integration von Sozialsystemen.*

(26) Strukturbild: *Funktionale Gebote für Sozialsysteme*

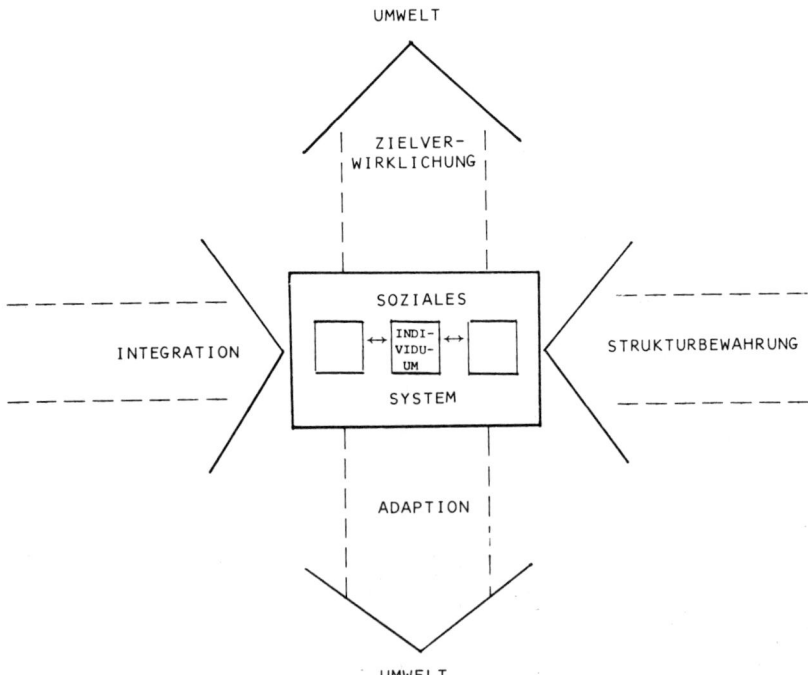

4.1.1 Lerntafel

Sozialisation in funktionalistischer Sicht
(T. Parsons)

Grundfrage: Wie kann im Generationenwechsel die *Stabilität* des Gesellschaftssystems gesichert werden?
Antwort: durch **Sozialisation** und **Internalisierung**

Sozialisation ist *Integration in ein Gesellschaftssystem bei Konformität mit den dort geltenden Wertmustern.*

Internalisierung ist *Übernahme der Wertmuster durch das Individuum.*

Ziel des Vorgangs: das **Funktionieren des Systems** garantieren.

Der störungsfreie Ablauf hängt dabei von der Beachtung der *funktionalen Gebote* ab:
Adaption: Beschaffung von Mitteln, um die Systemziele erreichen zu können.
Goal attainment: Ausrichtung auf Ziele, die den Systemzweck ausmachen.
Integration: Zusammenführen und Zusammenhalten der verschiedenen Systemteile zu einem funktionierenden Ganzen.
Latency: Strukturbewahrung durch Kontrolle von Spannungen, die als störende oder gar auflösende Kräfte wirken könnten.
Zusammengefaßt bezeichnet man diese vier Gebote auch als **AGIL-Schema**.

Bezogen auf diesen theoretischen Ansatz sind Störungen, Abweichungen, ,Aussteigen' etc. *dysfunktionale Erscheinungen,* die durch geeignete Maßnahmen behoben werden müssen (z. B. durch Auffangen der entsprechenden Individuen in eigens dazu eingerichteten Institutionen).

4.1.2 Arbeitsvorschlag

Versuchen Sie, die vier funktionalen Gebote auf die Schulklasse als Sozialsystem zu übertragen.

4.1.3 Kritik der funktionalistischen Theorie

Die im folgenden entwickelte Kritik lehnt sich eng an die Ausführungen von Habermas zur funktionalistischen Theorie an; die Bezeichnung der unten angesprochenen Theoreme entspricht seiner Terminologie.

– PARSONS geht davon aus, daß bei einer stabil eingespielten Interaktion, die notwendig für das Funktionieren des Sozialsystems ist, auf beiden Seiten (bei alter und ego wie die Interaktionspartner in der Soziologensprache heißen) eine Übereinstimmung zwischen Wertorientierung und Bedürfnisbefriedigung besteht; andernfalls blieben Spannungszustände erhalten, die sich störend auf die Strukturbewahrung auswirkten (sog. **Integrationstheorem**).

Jedoch: Das Gleichgewicht einer Interaktion ist zunächst nur an die Komplementarität der Erwartungen gebunden, bezieht sich also auf die *kognitive Ebene* der sprachlich (symbolisch) vermittelten Bedeutungen; es beruht dagegen nicht auf Gegenseitigkeiten im motivationalen Aspekt der jeweiligen Bedürfnisdispositionen.

Beispiel: Frage – Antwort – Interaktion im Unterricht

Bei einem Unterrichtsgespräch in Form von Frage-Antwort zwischen Lehrer und Schüler beruht die eingespielte Interaktion auf der wechselseitigen (komplementären) Erfassung der jeweiligen Erwartungen: Der Lehrer erwartet bestimmte Aussagen des Schülers zu einem Sachverhalt, der Schüler seinerseits orientiert seine Antworten an den in den Fragen implizit enthaltenen Hinweisen. Wenn auch diese Form der Interaktion reibungslos zu funktionieren vermag, so heißt dies nicht, daß damit zugleich auch das Interesse, die Neugier, die Fragehaltung der Schüler am Thema getroffen sind. Hier können auf der motivationalen Ebene einzelne Bedürfnisse unbefriedigt bleiben. Dennoch ,funktioniert' die Interaktion, selbst wenn – wie in diesem Fall – Spannungszustände erhalten sind.

– PARSONS muß auch von der Annahme ausgehen, daß auf beiden Seiten der Interaktionspartner eine *Kongruenz von Rollendefinition und Rolleninterpretation* besteht (sog. **Identitätstheorem**). Wäre dies nicht der Fall, so wäre die Stabilität und damit die Funktionabilität des Systems gestört, denn individuelle Abweichungen von allgemein definierten Rollen stellten einen Unsicherheitsfaktor hinsichtlich der Erwartbarkeit sozialen Handelns dar.

Aber: Rollen werden nicht schematisch nach vordefinierten Mustern ausgeführt, sondern unter Einbezug *spontaner Ich-Leistungen* interpretiert. Erwartungen, ganz gleich auf welche Weise sie ,formuliert' sind, werden nach je individuellen Bedingungen verstanden, ,dekodiert'. Weiterhin sind Erwartungen oft unscharf, mehrdeutig, ja auch widersprüchlich formuliert. Sie werden daher in unterschiedlichen Situationen (Interaktionsbezügen) verschieden ausgelegt, und im Fall widersprüchlicher Erwartungen an eine Rolle muß der Rolleninhaber unter Umständen so etwas wie eine Eigenrolle finden (definieren). Damit ist auch impliziert, daß die Rolleninterpretation bestimmte Möglichkeiten zur **Distanzierung** vorweg festgelegter Definitionen bietet.

Nimmt man als Beispiel die *Lehrerrolle,* so ist schon die allererste Frage nicht einfach zu beantworten: Worin besteht das Spezifikum dieser Rolle? Ist der Lehrer Wissensvermittler oder Initiator von Lernprozessen, Beurteiler oder Berater oder Innovator? Kommt ihm nur eine dieser Rollen wesentlich zu oder treffen – wie z. B. im Strukturplan des Bildungswesens hervorgehoben – alle diese Bestimmungen zu? Im letzten Fall ist sofort einsichtig, daß schon allein die Tatsache der Rollenvielfalt eine starre Definition verhindert oder zumindest erschwert. Berücksichtigt man darüber hinaus, daß jede einzelne Bezeichnung (z. B. die des Wissensvermittlers) eine Vielfalt möglicher Interpretationen zuläßt, dann wird die Offenheit, die ganze Bandbreite individueller Gestaltungsmöglichkeiten ersichtlich. Es werden dann auch die Möglichkeiten der *Rollendistanzierung* deutlich. Bestimmte Rollenaspekte können betont, andere zurückgewiesen oder abgeschwächt werden.

Ähnliches gilt auch für die *Schülerrolle*, wobei hier der einzelne oft auch in Distanz zur Rolle insgesamt treten kann und dies durch Haltungen ausdrückt wie: Demonstration von Uninteressiertheit am Unterricht, gezielte Disziplinlosigkeit, Verachtung für solche Schüler, die ernsthaft arbeiten; statt dessen – um die Distanzierung recht deutlich werden zu lassen – pointierte Betonung anderer Bereiche wie Disco, Schminken, Moped.

– Die funktionalistische Theorie geht von der Annahme aus, daß eine stabile Interaktion auf der Kongruenz von geltenden Normen und wirksamer Verhaltenskontrolle beruht: *Aufgrund der Internalisierung von Normen und Wertmustern handele der einzelne so, daß die Normen mit hinreichender Wahrscheinlichkeit auch tatsächlich erfüllt würden* (sog. **Konformitätstheorem**).

Jedoch: Das Rollenhandeln ist nicht bloß eine schematische Wiedergabe rigide verinnerlichter Normen oder eine konditionierte Verhaltensreaktion, sondern immer auch ein *reflexiver Prozeß*, der eine Distanzierung oder Modifizierung der Rolle erlaubt.

Zum Teil ist dies schon zwangsläufig durch den Vorgang der notwendig zu erfolgenden Rolleninterpretation bedingt, der spontane Leistungen des einzelnen erfordert, zum Teil durch die grundsätzliche Möglichkeit des Menschen, sich zu sich selbst verhalten zu können (Reflexivität des Menschen). Er kann sich intentional auf sein eigenes Bewußtsein richten und Überlegungen anstellen, wie sinnvoll, wie berechtigt, wie nützlich bestimmte seiner Werthaltungen sind, und diese Überlegungen in entsprechendes Rollenhandeln umsetzen. Dies um so eher, als Normen nicht immer konsistent zueinander sind.

Beispiel:

Ein Schüler stand bisher in Mathematik immer fünf. Der Lehrer hat ihn ermutigt, nicht aufzugeben, der Schüler setzte sich ein, arbeitete, strengte sich an: Dennoch blieben seine Klassenarbeiten weitgehend unter dem Strich.

Bei der Festsetzung der Zeugnisnote steht nun der Lehrer vor der Überlegung, ihm die Fünf zu geben und damit ziemlich sicher zu riskieren, daß der Schüler resigniert aufgibt – oder ihm ‚ausreichend‘ zu bescheinigen, was jedoch im Vergleich zu anderen ungerecht wäre.

Für den Lehrer eröffnet sich hier ein Konflikt zwischen der Norm der Wahrung und Förderung individueller Möglichkeiten dieses Schülers und der Norm der unparteiischen Leistungsbewertung. Dabei gibt es keine dritte Norm, auf die er sich zurückziehen und die er bloß schematisch auf die Situation anwenden könnte.

4.1.4 Lerntafel

Funktionalistische Theorie	Kritik
Voraussetzung für stabile Interaktion:	
1. Übereinstimmung von Erwartung und Bedürfnisbefriedigung	Übereinstimmung erfolgt nur auf der kognitiven Ebene, jedoch nicht notwendig auf der motivationalen.
2. Identität von Rollendefinition und Rolleninterpretation	Rollen werden immer nach Maßgabe individueller Leistungen interpretiert und damit unterschiedlich ausgelegt.
3. Kongruenz von internalisierter Norm und tatsächlichem Verhalten	Aufgrund der Reflexivität des Menschen kann er internalisierte Normen modifizieren bzw. sich von ihnen distanzieren.

4.1.5 Arbeitsvorschlag

Versuchen Sie darzulegen, inwiefern man die nachstehende Karikatur auf das funktionalistische Verständnis schulischer Sozialisation beziehen kann.

Jegliche Reste individueller Kreativität ...

... werden in der Schule liebevoll gepflegt

W. Sternagel, in: b:e 3/1975, S. 48. © Wieland Sternagel, München

Die Kritik am Funktionalismus ist selbstverständlich nicht voraussetzungslos vorgenommen worden, sondern vor dem Hintergrund einer anderen Position, der des Symbolischen Interaktionismus. Er ist wohl von seinen Grundannahmen und zentralen Begriffen her eher in der Lage, soziales Handeln, besonders das in unmittelbarem Kontakt zwischen den Beteiligten stattfindende, adäquat zu beschreiben. Damit wird auch der Vorgang der Sozialisation theoretisch anders dargestellt als im Rahmen der funktionalistischen Theorie.

4.2 Symbolischer Interaktionismus

Hinter der Bezeichnung ‚Symbolischer Interaktionismus' steht eine ganze Reihe verschiedener Ansätze, Autoren und Schulen. Wir wollen nun nicht jede Spezifikation festhalten, sondern versuchen, gemeinsame Strukturen zu identifizieren, wobei positionsspezifische Varianten vernachlässigt werden. Dabei soll – wenn auch nicht an allen Stellen ausgeführt – der funktionalistische Ansatz, wie schon eingangs bemerkt, als Hintergrundtheorie präsent bleiben.

Ähnlich wie beim *funktionalistischen Ansatz,* bei dem in seiner Kennzeichnung schon ein (theoretisches) Programm angesprochen ist, verhält es sich auch mit dem **Symbolischen Interaktionismus**. Dort galt das Interesse des Wissenschaftlers der Frage, wie soziale Systeme störungsfrei funktionieren und stabil bleiben. Zentraler Begriff zur Erklärung ist der *Rollenbegriff* und darauf bezogen der der *Sozialisation* und *Internalisierung.*

Beim Symbolischen Interaktionismus dagegen steht weniger der Rollenbegriff als vielmehr der der **Identität des Individuums** im Vordergrund; sie wird in ihrem Aufbau verstanden als ein *Prozeß, der sich in Interaktionsbeziehungen konstituiert und in der Auseinandersetzung mit symbolisch vermittelten Gehalten (Erwartungen, Normen) besteht.*

Beim Funktionalismus können also Rolle und Funktionabilität des Sozialsystems, hier hingegen symbolisch vermittelte Interaktion und Identität des Individuums als die jeweils tragenden Begriffe festgehalten werden.

Wie wird nun genau dieser Prozeß der Identitätsbildung, speziell unter einer sozialisationstheoretischen Perspektive, aus der Sicht des Symbolischen Interaktionismus verstanden? Er kann wesentlich unter zwei Aspekten betrachtet werden, unter dem der
– *Interaktionsanalyse* und dem des
– *Identitätsaufbaus* (Identitätskonzept).
Denn die Prämisse des Ansatzes lautet:
Sozialisation *ist ein Vorgang des Aufbaus von Identität des einzelnen in der Interaktion mit den für ihn bedeutsamen (signifikanten) ‚Anderen' im Medium symbolisch vermittelter Bedeutungen.*

4.2.1 Struktur der Interaktion (Interaktionsanalyse)

Wir gehen aus vom konkreten Fall einer *vis-à-vis-Interaktion* und analysieren dabei ein Beispiel aus dem Unterrichtsgeschehen.

Beispiel: Stundenbeginn in Deutsch, Klasse 10 Gymnasium

L: (etwas mürrisch): Morgen.
S.: (bewußt pointierend): Guten Morgen.
L.: Holt eure Hefte raus und zeigt mir die Hausaufgaben.
Ralf (meldet sich): Ich hab' mein Heft vergessen; kann ich es Ihnen morgen zeigen?
L: Vergessen ist gut, du meinst, du hast die Aufgaben nicht gemacht.
Ralf: Ich sag' doch, ich hab's Heft vergessen.
L: Faule Ausrede.
Ralf: Wenn Sie es nicht glauben, dann lassen Sie es eben bleiben.
L.: Komm mir bloß nicht in diesem Ton. Erst keine Aufgaben vorzeigen können, und sich dann noch frech machen.

Wie ist die Interaktion hier strukturiert?

Eine Äußerung des Lehrers (L) wird im Sinne einer stabil eingespielten Interaktion beantwortet – also ganz wie bei PARSONS auch entwickelt. Die Begrüßungsfloskel ist in ihrer Funktion als selbstverständlich erkannt und beantwortet. Genauer betrachtet läuft jedoch folgender Prozeß ab, der die Aufmerksamkeit auf ganz andere Gesichtspunkte lenkt als bei einem funktionalistischen Zugriff.

Der Lehrer weiß: Wenn man einem Gegenüber zum ersten Mal am Tag begegnet, grüßt man.

Jedoch: Die Sprachverwendung (,Morgen'), die Kürze und der Tonfall sind seine persönliche Darstellung der allgemeinen Floskel. Sie sagt somit mehr aus als nur ,Ich will euch begrüßen'.

Die Schüler nehmen die Floskel wahr und interpretieren sie mit Bezug auf die **Motive**, die L zu diesem Ton und der Form veranlaßt haben könnten: sie nehmen an, er sei schlecht gelaunt. Ihrerseits betonen sie eigens das Adjektiv ,*Guten* Morgen' und bringen damit eine gewisse Ironie zum Ausdruck. Oder anders ausgedrückt: *sie stellen die eigene Rolle nach ihrer Interpretation der Motive des anderen dar und bringen damit zugleich selbst Motive zum Ausdruck, die dann natürlich der Lehrer seinerseits wieder interpretiert, und zwar sowohl im Hinblick darauf wie er die Schüler sieht, als auch darauf wie er sieht, daß die Schüler ihn sehen.*

Vermutlich kann man im weiteren Verlauf beim Lehrer folgende Gedanken annehmen: ,Die wollen mich wohl auf den Arm nehmen; die denken, ich sei schlecht gelaunt'. Darauf folgt die etwas barsche und verärgerte Anweisung, die Hefte herauszuholen.

Bei den Schülern: ‚Der denkt wohl, wir wollten ihn auf den Arm nehmen, weil wir denken, er sei schlecht gelaunt und könnten ihn so noch mehr ärgern. Daher will er uns jetzt eins draufgeben'.

Nach der Meldung von Ralf:

L: ‚Der denkt wohl, er kann mir alles unterjubeln' – d. h. L denkt, daß Ralf meint, er könnte ihn auf den Arm nehmen.

Ähnlich bei Ralf: Er denkt, daß L denkt, er dächte, ihn auf den Arm nehmen zu wollen, um ihn noch mehr zu ärgern, als er denkt, daß es ohnehin schon der Fall ist.

Hören wir zunächst hier auf mit der Motivanalyse, sie ist schon ausreichend kompliziert ‚gedacht' und versuchen wir, das bisher Erörterte in einer Strukturskizze festzuhalten:

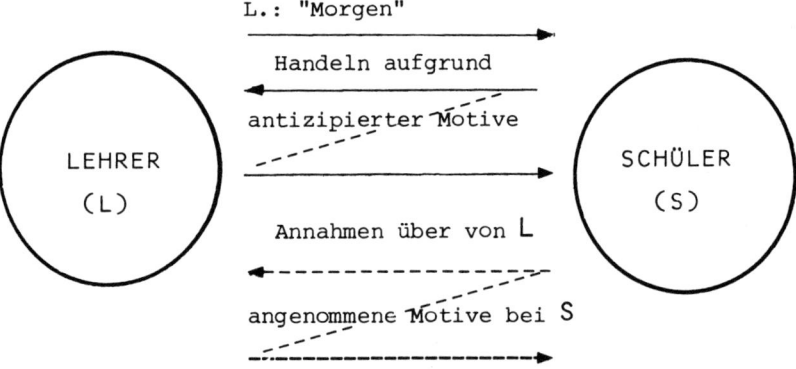

Bei den Überlegungen zu diesem Beispiel taucht öfter der Terminus ‚**Interpretation'** auf; man muß daher genauer danach fragen, was eigentlich bei der Interaktion interpretiert wird.

Zunächst einmal sicherlich die Beweggründe des Gegenüber, denn erst darauf bezogen kann man sein Handeln einrichten. Bei einer Interaktion werden dem anderen Motive zugeschrieben, die sein Handeln begründen. Man kann dabei *‚Um-zu-Motive'* von *‚Weil-Motiven'* (SCHÜTZ 1974) unterscheiden. Die ersten stellen das Handlungsziel dar, um dessentwillen die Handlung vollzogen wird; die zweiten dagegen beziehen sich auf Anlässe, aus denen das Handeln in Gang gesetzt wurde. Bei unserem Beispiel treten beide auf: Der Lehrer grüßt mürrisch, weil er schlecht gelaunt ist. Im weiteren Verlauf der Szene mag er sich in dieser geschilderten Art verhalten, um seine Autorität nicht antasten zu lassen.

Bei einer üblichen Alltagssituation sind zur Motivergründung beim anderen keine besonderen Anstrengungen erforderlich; die Situation ist den Beteiligten hinreichend klar, die Erwartungen und die Handlungsmotive ebenso.

Anders dagegen bei einer problematischen Situation. Problematisch wird sie dadurch, daß Zweifel, Unklarheiten über das Verhalten des Interaktionspartners auftreten, dadurch also, daß der Betreffende in der Situation vor einem **Definitionsproblem** steht.

In unserem Beispiel: Die ansonsten für die Beteiligten selbstverständlich definierte Situation der Begrüßung wird problematisch, da die Handlungsweise des Lehrers Unklarheiten über seine Beweggründe hervorruft.

Der oder die anderen Interaktionspartner versuchen nun, ihm Motive zuzuschreiben. Dabei aktivieren sie Erfahrungen ähnlicher Art, um so die Situation wieder eindeutig zu machen (dadurch also, daß sie auf schon Bekanntes zurückgreifen). In diesem Fall Erfahrungen aus dem ‚leidvollen' Schülerdasein: Wenn Lehrer schlecht gelaunt sind, lassen sie ihre Stimmung an den Schülern aus.

Zugleich bringt eine solche Situation auch die Frage nach der **Identität** des anderen bzw. seiner selbst auf. Man fragt sich: Wer ist der andere in dieser Situation? Man weiß sicher, daß er der Lehrer X ist, wo er wohnt, ob er verheiratet ist oder nicht, wie alt er ist etc. Kurz: Man weiß, daß es derselbe Mensch ist, mit dem man auch bisher zu tun hatte; diese gleiche Person in unterschiedlichen Situationen könnte man das **Ich (I)** dieses Individuums nennen. Daneben aber stellt sich jeder in unterschiedlichen Situationen auch unterschiedlich dar. Der Lehrer X stellt sich den Schülern in dieser Situation als eher autoritär dar, den Kollegen später im Lehrerzimmer als entgegenkommend-umgänglich, dem Direktor gegenüber als korrektes Mitglied des Lehrkörpers, mit dem er sich sachlich-nüchtern über einen Schüler unterhält, am Nachmittag seiner Frau gegenüber zerstreut-lässig, während er seinen Unterricht für den nächsten Tag vorbereitet. Diese jeweils verschiedenen ‚Ichs' einer aber doch im Kern gleichen Person nennt man **Me** (MEAD 1978).

Man fragt in der betreffenden Situation nach dem Ich des anderen, man fragt aber auch in der gleichen Dringlichkeit nach dem eigenen Ich. So steht beispielsweise der Schüler Ralf vor der *Notwendigkeit, auch seine Identität in der Situation zu bestimmen,* will er sich überhaupt im Interaktionsspiel darstellen können. Darüber hinaus werden beide Beteiligte diese situationsbedingte Definition des Me mit ihrer grundsätzlichen Definition als I vergleichen und Abweichungen als *Gefährdung ihrer Identität* verstehen.

Der Lehrer beispielsweise wird eine Selbstdefinition etwa derart aufgestellt haben, daß er den Unterricht leitet, daß er für seinen Ablauf verantwortlich ist, daß er von daher in bestimmtem Maß Anordnungen treffen muß. Diese Definition sieht er im Augenblick der Interaktion durch die Schüler und durch Ralf *bedroht.*

Der Schüler, der für sich selbst das Recht reklamiert, in seinen Aussagen ernst genommen zu werden und der für sie Wahrhaftigkeit beansprucht, der sich als akzeptiertes Gegenüber und nicht als unmündiges Kind definiert, der als Jugendlicher permanent gegen solche von ihm als abwertend gesehenen Definitionen ankämpft, auch er sieht sich in seiner Selbstdefinition gefährdet.

Hinzu kommt, daß die ganze Reihe der einzelnen Definitionen – die der Situation, des Gegenüber, des Selbst – nicht isoliert für sich vorgenommen werden, sondern immer auch vor dem Hintergrund eines **Publikums**: sowohl desjenigen, das unmittelbar anwesend, als auch eines solchen, das nur in Gedanken präsent ist. Für den Lehrer und Ralf sind also zunächst die anderen Schüler das Publikum, darüber hinaus für den Lehrer beispielsweise virtuell auch die anderen Lehrer, weiter seine Frau, Freunde etc. Ähnliches gilt für den Schüler, wobei dort vor allem die peer-groups ein relevantes, virtuell präsentes Publikum sind. Relevant ist dieses Publikum insofern, als die vorgenommenen Definitionen der Interaktionspartner auch in Berücksichtigung von möglichen Urteilen durch die nicht anwesenden signifikanten Anderen beeinflußt werden.

Wir können unsere Strukturskizze um die zuletzt genannten Informationen erweitern; die hier nur für die Seite des Schülers festgehaltene Ergänzung gilt selbstredend genau so für die des Lehrers.

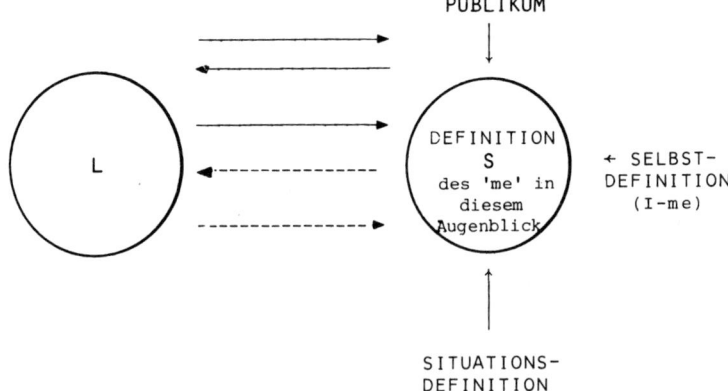

Ein weiterer wesentlicher Gesichtspunkt sozialer Interaktion kann ebenfalls noch aus unserem Beispiel erarbeitet werden. Bei der Frage nach denkbaren Motivzuschreibungen und Handlungserklärungen war eine mögliche Antwort die Erkenntnis der Schüler: Wenn Lehrer schlecht gelaunt sind, dann lassen sie ihre Stimmung immer an den Schülern aus.

Dies ist ein generalisierter Satz, der als *Erfahrungsregel* die Wirklichkeitsauffassung (die Situationsdefinition) leitet oder – um es mit dem terminus technicus auszudrücken: der die **soziale Wahrnehmung** mit beeinflußt.

Allgemein: Das *Verhalten von alter (hier des Lehrers) wird im Rahmen bestimmter Interpretationssysteme ausgelegt (interpretiert). Von Systemen spricht man deshalb, weil man nicht im Bezug auf eine singuläre Erfahrung, sondern aufgrund eines umfassenden, komplexen Zusammenhangswissens zu einer Einschätzung der Situation und des Verhaltens von alter gelangt. Dieses Zusammenhangswissen ermöglicht, Einzelereignisse zu verstehen und eigenes Handeln zu entwerfen, kurz: soziale Situationen zu deuten, weswegen es auch Deutungsschema oder Deutungsmuster genannt wird.*

(27) Strukturbild: *Symbolisch vermittelte Interaktion*

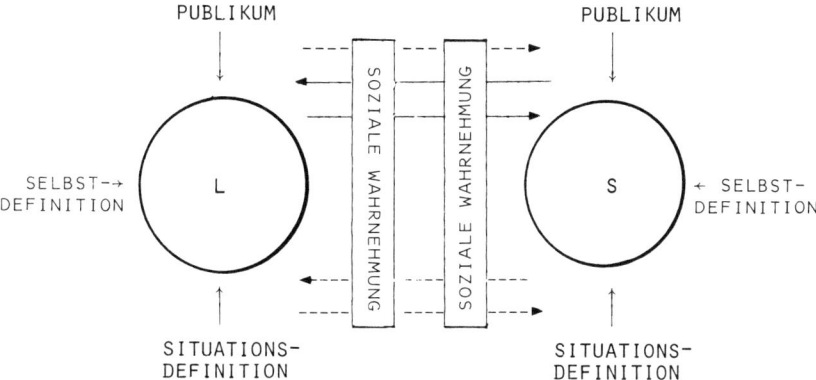

Wird der Sachverhalt noch abstrakter gefaßt, kann man formulieren:

Eine soziale Interaktion interpretieren heißt, Zeichen auf **Deutungsschemata** *zu beziehen.*

Deutungsmuster haben die Funktion eines Codes, mittels dessen man sprachliche Zeichen oder soziale Objekte entziffert (dechiffriert) und ihnen damit zugleich eine je subjektive Bedeutung zuschreibt.

Beispiel:

Die Cafeteria in der Universität ist als ,Ding' betrachtet ein viereckiger Saal mit Säulen, Tischen und Stühlen, in dem man Erfrischungen kaufen kann.

Zu einem sozialen Objekt wird er jedoch für den je einzelnen, der ihn betritt, nach Maßgabe der für diesen Augenblick von ihm aktivierten Codes (Bezugssysteme), unter denen er die Cafeteria wahrnimmt und klassifiziert. Diese Codes hängen wiederum von weiteren Bedeutungskonstellationen ab.

Also: Für einen Nicht-Raucher ist sie ein muffiges Loch, für die Skatspieler eine verklärte Wettkampfarena, für den von einem Seminar frustrierten Studenten das Forum, auf dem er ein wohlwollendes Publikum findet, um seinen Frust loswerden zu können.

Man sieht an diesen Beispielen auch, daß hier unterschiedliche Codes zum Tragen kommen:

– *interessenrelevante* (Skatspieler), *stimmungsrelevante* (frustrierter Student), *bedürfnisorientierte* (Nichtraucher) Codes.

Von dieser Gruppe kann man noch zwei weitere abheben:
– *Codes, die sich an Präsentation und Kontextbindungen der Zeichen orientieren.*

Die je konkrete Wahrnehmung und Bedeutung eines Zeichens, also seine Konstituierung zu einem ‚sozialen Objekt', hängt von der Art ab, wie es präsentiert wird. Man denke beispielsweise an die Schriftzüge, mit denen der Name des Kanzlerkandidaten STRAUSS im Wahlkampf 1980 von einigen Gruppen seiner Gegner in Mißkredit gebracht werden sollte.

Jedes Zeichen oder – auf seine Funktion bezogen – jede *Botschaft* steht natürlich auch in einem *situativen Kontext* und wird daher auch aus diesem Zusammenhang heraus interpretiert. Die Wirkungsweise dieses Codes ist in folgendem Experiment recht eindrucksvoll dokumentiert:

„Es handelt sich dabei um einen Versuch Rittelmeyers (1966), in welchem je einer aus 10 Schülern und Studenten bestehenden Gruppe ein Film vorgeführt wurde, der das Schlachten eines Schweines darstellt. Der einen Gruppe wurde er mit dem Originalkommentar dargeboten, der die einzelnen technischen Verrichtungen erläutert, der anderen mit musikalischer Untermalung aus Wagners „Tristan und Isolde" (Isoldes Liebestod). Nachdem die Versuchsteilnehmer den Film angesehen hatten, wurden sie gebeten, zu dem Satz „Der Film zeigt die Brutalität des Tötens von Tieren" zustimmend oder ablehnend Stellung zu nehmen. Acht von zehn Teilnehmern der Gruppe ‚mit Musik', jedoch nur drei von zehn Teilnehmern der Gruppe ‚mit Kommentar' stimmten diesem Satz zu: die Musik hatte vermutlich den Eindruck eines ‚brutalen Films' wesentlich verstärkt."
aus: RITTELMAYER/WARTENBERG 1975, S. 52/53

– Schließlich gibt es noch Codes, die *rituell* (bzw. stereotyp) oder *flexibel* verwendet werden.

In unserem Begrüßungsbeispiel findet eine solche Einordnung der Schülerwahrnehmung in einen stereotypen Code statt. Die Gefahren hierbei sind vorschnelle und oft falsche Urteile: Es wäre z. B. möglich, daß der Lehrer mit seinen Gedanken ganz woanders war, Sorgen hatte und daher nur so wirkte, als sei er mürrisch.

Demgegenüber erfordert eine offene, dynamische Interaktion flexible Codes, um dem Interaktionsablauf gerecht zu werden, Veränderungen nachzukommen etc. Dies verlangt die Fähigkeit zu unkonventioneller (also nicht-festgelegter), wechselnder Perspektive und zielt auf die Aktivierung vielfältiger Codes, um die Wahrnehung (Interpretation) nicht vorzeitig zu kanalisieren.

Daß dies nicht ganz so einfach ist, haben Experimente im visuellen Bereich deutlich gemacht, bei denen die Vpn in mehrdeutigen Bildern die darin enthaltenen verschiedenen Figurenkonstellationen erkennen sollten. Ein Beispiel für ein solches Ratebild finden Sie in Kap. 3.4.1, S. 135.

Halten wir fest:

Das Interaktionsgeschehen und damit vor allem der jeweilige Interaktionspartner werden über Prozesse sozialer Wahrnehmung aufgenommen oder genauer: Die in der Interaktion symbolisch repräsentierten Zeichen werden mit
Bezug auf Codes (Bedeutungssysteme) interpretiert. Die Codes selbst lassen
sich in unterschiedliche Gruppen einordnen und wirken sich damit auch unterschiedlich aus.

Vor diesem Hintergrund läßt sich nun auch ein anderer Punkt in Interak-
tionsbeziehungen klären. Wir sagten, daß in Interaktionen immer auch zugleich
die Identität der Partner zur Disposition steht. Bei routinierter (alltäglicher)
Interaktion bringt dies keine Probleme mit sich, wohl aber bei problematischen
Prozessen: Hier muß die Identität bewußt bestimmt werden im *Wechselspiel von
Selbstdefinition und tatsächlicher Definition durch das Interaktionsgeschehen.* Hier besteht
wahrscheinlich immer eine Diskrepanz zum Selbstbild. Sie wird je nach ihrem
Ausmaß mehr oder weniger stark als Bedrohung, als Gefährdung der Identität
des Betreffenden erlebt.

Er muß daher **Techniken zur Abwehr** entwickeln, Techniken, die wir alle
täglich einsetzen. Worin besteht das Ziel dieser Anstrengung? Es geht darum,
die wahrgenommenen Zeichen mit den zu ihrer Interpretation eingesetzten und
von ego akzeptierten Codes ‚passend‘ zu machen.
Man kann hier mehrere Möglichkeiten festhalten:
(a) *Selektive Wahrnehmung:* Man konzentriert sich auf die Punkte, die der Selbst-
    darstellung am besten entsprechen.
(b) *Selektive Interpretation:* Man sucht neue Zeichen zur Interpretation aus, die
    ebenfalls eine Bestärkung der Selbstdefinition abgeben (z. B. Höflichkeits-
    floskeln, die nur als ‚Verkleidung‘ für ein negatives Urteil gemeint waren,
    ernst nehmen).

Steigerungen von (a) und (b):
(c) *Rationalisierung:* Dinge ‚wegerklären‘ – z. B. der Sportler hat einen ‚schlechten
    Tag‘, während tatsächlich seine Leistungsfähigkeit allmählich nachläßt.
(d) *Sündenbockstrategie:* Die Selbstdarstellung sei nicht geglückt, weil die anderen
    die subtilen Intentionen nicht erfaßt hätten.
(e) *Ablehnung, Mißbilligung oder gar Meidung eines ‚Publikums‘* bei dem man Miß-
    erfolge befürchtet: ‚Bei diesen Schülern sind Perlen vor die Säue geworfen‘.
(f) *Wechsel der Darstellung in eine andere Identität,* von der man annimmt, sie sei
    geeigneter, unterstützt zu werden: Der schwache Schüler wird zum Clown
    oder Motzer.
(g) *Verleugnung der Bedeutung einer Darstellung für Identität:* ‚Ich habe nur Unsinn
    gemacht‘.

(h) *Rückzug aus der Interaktion:* passives Verhalten, Aufkündigen der Mitgliedschaft in einer sozialen Gruppe.

Eben ist auf die zentrale Bedeutung von Deutungsmustern verwiesen, aber offengelassen, woher sie stammen und mit welchen anderen Aspekten sie zusammenhängen. Global lautet die Antwort hierauf: Deutungsmuster sind im Rahmen von lebensweltgebundenen Sozialisationsprozessen erworben. Der Deutungsmusterbegriff verweist damit auf den der **Lebenswelt**. Im folgenden wird genauer geklärt, was unter Lebenswelt zu verstehen ist und welche anderen, ebenfalls wichtigen Aspekte neben Deutungsmustern am Lebensweltbegriff hervorzuheben sind.

4.2.2 Begriff und Strukturmerkmale der Lebenswelt

Der Lebensweltbegriff wurde vom Philosophen HUSSERL (1948) geprägt. Bei der Frage, welche Geltung Erfahrung und Urteile eines Menschen haben können, d. h. auf welcher Grundlage sie basieren, setzte er die Lebenswelt als eine solche unhintergehbare Tatsache, ein **a priori** an: Der Mensch erfährt Welt und urteilt über sie auf der Grundlage lebensweltlich erworbener Einsichten; oder anders formuliert: Wann immer der Mensch Erfahrungen macht, erkennt und urteilt, tut er dies auf der nicht aufhebbaren Basis eines lebensweltlich erworbenen Vorwissens. Mit diesem Gedanken ist ein *erkenntnis*theoretisches Anliegen HUSSERLS berührt.

*Wissenschafts*theoretisch gesehen erhält der Begriff eine kritische Note. HUSSERL ([1936], 1977) kritisiert nämlich die fortschreitende Verwissenschaftlichung unseres Lebens. Sie bewirke eine Zergliederung ganzheitlicher Zusammenhänge in der Absicht, Welt zunehmend verfügbarer, beherrschbarer zu machen, sie zu mathematisieren. Konsequenz dieses analytischen Zugriffs ist für ihn, daß dafür der Bereich unmittelbarer Erfahrung zunehmend verlorengeht und das Leben nicht mehr als sinnvoller Zusammenhang, eben lebensweltlich fundiert, wahrgenommen wird.

Dieses Thema ist speziell in der Soziologie weiter verfolgt, und zwar primär im Bemühen herauszuarbeiten, was Lebenswelt – im Gegensatz zur wissenschaftlichen Welt – kennzeichnet und damit diesen Begriff inhaltlich füllt. Es kann im Kontext dieses Kapitels nicht interessieren, im Detail auf diese Diskussion einzugehen – hierzu sei auf SCHÜTZ (1974), BERGER/LUCKMANN (1980), WALDENFELS (1985), BERGMANN (1981) verwiesen, sondern darzustellen,

– was mit Lebenswelt gemeint ist,
– wie das Lebensweltkonzept in Bildungsarbeit umgesetzt werden kann.

Die Antwort auf die erste Fragestellung: Unter Lebenswelten werden *fixe, komplexe und spezifische Handlungszusammenhänge verstanden, die sich herausgebildet haben zur Bewältigung je eigener, einmal anthropologisch bedingter und zum anderen gesellschaftlich erforderter Aufgaben.* Anthropologisch bedingt ist etwa die Erziehungsaufgabe. In jeder Zeit und in jeder Gesellschaft fallen diese Aufgaben grundsätzlich an, allerdings nach Formen, die sich im Laufe des historischen Prozesses und durch kulturspezifische Eigenarten herausgebildet haben. Zudem werden diese Aufgaben innerhalb einer Gesellschaft unterschiedlich ausdifferenziert. So etwa lokalisiert sich Erziehung in der Familie ebenso wie in formellen Institutionen (Schule), also in unterschiedlichen Lebensweltkontexten.

Die Art, wie diese Aufgaben, z. B. Erziehung, angegangen werden, folgt relativ festen, aber von einer Lebenswelt zur anderen modifizierten Mustern: In der Familie etwa – um beim Beispiel zu bleiben – dominiert ein Handlungsmuster, nach dem Fehler des Kindes in freundlichem Ton korrigiert werden und das auf Vormachen, Ermuntern, Loben – häufig in Verbindung mit Liebesbeweisen – abzielt. Selbstverständlich variieren diese Muster bei verschiedenen Ausprägungen des gleichen Lebensweltbezugs, man denke an – idealtypisch vereinseitigt – akademisierte Mittelschichtfamilien und daneben an traditionelle Arbeiterfamilien.

Diese Handlungsmuster enthalten – bei aller inhaltlichen Verschiedenheit der Lebenswelten – dennoch gemeinsame, übergreifende **Strukturmerkmale**, nämlich

– Interaktionsmuster,
– biographische Wege,
– Drehbücher,
– Legitimationsmuster,
– Handlungserwartungen und
– Deutungsmuster.

Unter *Interaktionsmustern* sind vor allem Umgangs- und Gesprächsformen zu verstehen. Man kann beispielsweise danach fragen, wie in einer Lebenswelt die Kommunikationswege verlaufen, ob Artikulationsprivilege bestimmter Teilnehmer dieser Lebenswelt bestehen, wie Beziehungen zwischen den Mitgliedern der Lebenswelt ausgedrückt werden, wie Identität dargestellt und gesichert bzw. bedroht wird (s. auch Kapitel 4.2.1).

So könnte man beispielsweise für die Lebenswelt ‚Erwachsenenbildung' auf eine immer noch verbreitete Interaktionsform verweisen und behaupten oder zumindest die Behauptung zur Diskussion stellen, die Kommunikationswege liefen eher zentralisiert auf den Seminarleiter zu und Artikulationsprivilegien bestünden primär für ihn. Beziehungen zwischen den Mitgliedern eines Seminars würden eher indirekt, nämlich über die Inhaltsebene vermittelt ausgedrückt, Identität würde im Rückgriff auf Sachkompetenz dargestellt und gesichert und dementsprechend über Aberkennung dieser Kompetenz bedroht.

Handlungsmuster enthalten Hinweise auf *biographische Verlaufsformen*. Sie setzen bestimmte Lebensgeschichten voraus und verweisen auf spätere. Lebenswelten bieten Deutungen und Orientierungen für bestimmte lebensgeschichtliche Ereignisse an. So etwa verweist der Berufseintritt auf einen neuen biographischen Abschnitt in der Lebensgeschichte des Menschen; dieser Übergang geht einher mit Deutungen vom Ende der ungebundenen Jugend und vom beginnenden ‚Ernst des Lebens'. Solche biographischen Ereignisse haben übrigens in der Ethnologie Beachtung gefunden. So etwa widmet van GENNEP (1909) in seinem Buch über die ‚rites de passage' speziell den sozialen Punkten Aufmerksamkeit, an denen der Mensch einen bisher gewohnten und vertrauten Lebensbereich verläßt und in einen anderen, ihm noch relativ unbekannten wechselt.

Handlungsmuster innerhalb einer Lebenswelt folgen festen *Skripts,* Drehbüchern für soziales Handeln (SCHANK/ABELSON 1977). Ein Drehbuch legt Handlungsziele, Handlungsmittel und Handlungsort fest. Für die Erwachsenenbildung als Beispiel heißt das: Als Handlungsziel ist hier die Vermittlung von Einsicht und Handlungskompetenz an Teilnehmer im Drehbuch festgehalten, Handlungsmittel sind Diskussion, Stellung von Aufgaben, Korrektur, eventuell noch Ermahnung, jedoch ist schon die Bestrafung in diesem Drehbuch nicht mehr enthalten – im Gegensatz zum Drehbuch für schulische Bildungsarbeit – und als Handlungsort sind VHSs, Stadtteil, Bürgerhaus etc. angegeben. Die Drehbücher entfalten so gesehen normative Kraft, sie stecken den Bereich des Nocherlaubten ab und sind – um beim Beispiel zu bleiben – eine der Grundlagen für Identität und Ethos der professionalisierten Mitarbeiter.

Die Handlungsmuster geben nicht bloß Durchführungshinweise, sondern auch *Bewertungsmuster* (Legitimationsmuster). Sie enthalten Kriterien dafür, eine Handlung als rechtes oder nicht einstufen zu können. So legt das Drehbuch ‚Erwachsenenbildung' über Handlungsziele und Handlungsmittel indirekt auch die Grenze des erlaubten und nicht erlaubten, des richtigen und falschen Verhaltens im Umgang mit Teilnehmern fest. Gemessen am Handlungsziel, beispielsweise der Förderung von Selbständigkeit, sind Handlungen als falsch anzusehen, mit denen der Seminarleiter den erwachsenen Teilnehmern Entscheidungen abnimmt, Probleme selber löst und Aufgaben, die sich im Bildungsprozeß stellen, selbst ausführt.

Schließlich sind in allen lebensweltlichen Handlungsmustern grundlegende *Handlungserwartungen* enthalten, nämlich Erwartungen an die Wirklichkeit und über die Handlungsstrategien. Im ersten Fall geht man davon aus, daß die Lebenswelt im Augenblick des Handelns immer noch so ist, wie sie bisher war; im zweiten Fall nimmt man an, daß die bisher angewandten Handlungsstrategien (Problemlösungsverfahren, Verfahren der Informationsverarbeitung, Verfahren des Umgangs mit dem Nebenmenschen) auch jetzt wieder eingesetzt werden können. Diese beiden Varianten bezeichnen SCHÜTZ / LUCKMANN (1975) einmal als *Und-so-weiter-Annahme* und zum anderen als *Ich-kann-immer-wieder-An-nahme*.

Strukturmerkmale von Lebenswelten geben zwar das Gerippe für jede Lebenswelt ab, sie legen Lebenswelten jedoch nicht starr fest. Der Handelnde muß zwar im Rahmen seiner Lebenswelten die je spezifische Ausprägung der Strukturelemente kennen, sie sich erarbeiten, aber er kann und wird immer in seinem alltäglichen Handeln Modifikationen anbringen: Interaktionen variieren, Drehbücher modifizieren, Legitimationsmuster ändern und gewichten, vielleicht sogar einzelne Rechtfertigungsgründe zurückweisen, bestimmte Handlungserwartungen bewußt nicht einnehmen. Erklärbar ist diese Spannung von einerseits Übernahme vorfindlicher Lebensweltstrukturen durch die Handelnden und andererseits Modifikation und sogar Änderung dieser Strukturen durch eine Besonderheit sozialen Handelns: Soziales Handeln ist nämlich nicht als regelausführendes, sondern als interpretierendes Handeln zu begreifen. Interpretation heißt, daß das handelnde Subjekt Gegebenheiten, Ereignisse, Erfahrungen der Lebenswelt im Lichte seiner *Deutungsmuster* interpretiert und entsprechend handelt. Deutungsmuster oder Deutungsschemata wiederum resultieren aus der lebensweltlich gebundenen, aber je subjektspezifisch erfolgten Verarbeitung von Erfahrung zu umfassenden Schemata der Erklärung von Welt und Orientierung in ihr (vgl. SCHÜTZ 1974, S. 109,112; außerdem Kap. 4.2.1).

Zum zweiten ist nun zu klären, inwiefern das Konzept von Lebenswelt und ihre Strukturmerkmale in pädagogischer Absicht praktisch einsetzbar sind.

Sie erlauben, differenziert Aufschluß zu erhalten über Lebenswelten beispielsweise von Teilnehmern an Bildungsveranstaltungen. Die Strukturmerkmale können dabei in Fragen umformuliert (welche Interaktionsmuster usw. sind dem Bericht nach für die betreffende Lebenswelt kennzeichnend?) und die Antworten in Kurzform festgehalten werden.

Die Einsatzweise der Strukturmerkmale läßt sich am folgenden Beispiel verdeutlichen, in dem die Teilnehmerin an einem Kurs für Alphabetisierung berichtet:

Ich versuche, so gut es geht alles zu vermeiden, damit ich nicht etwas lesen oder schreiben muß, wenn andere dabei sind. Bei wichtigen Sachen, z. B. bei Formularen, habe ich jemand, der beim Ausfüllen hilft. Besonders schlimm für mich war es vor kurzem in unserem Kaninchenzuchtverein. Ich bin dort schon lange Mitglied und interessiere mich sehr für die Tiere. Auch der Verein ist mir sehr wichtig. Vor einigen Wochen waren wieder Wahlen für den Vereinsvorstand. Ich hätte mich gerne um einen Posten beworben, aber ich dachte, ich blamiere mich. Ich kann das gar nicht beanspruchen, und wahrscheinlich hätten mich die anderen auch ausgelacht. Selbst wenn man mich gewählt hätte, hätte ich es vielleicht gar nicht geschafft.

In die Form einer Matrix übertragen, ist der Bericht der Teilnehmerin entsprechend dem oben skizzierten Vorgehen folgendermaßen auswertbar:

(28) Tableau: *Lebensweltanalyse des Berichts einer Analphabetin*

Strukturelement \ Lebensweltbereich	Lebensweltliche Situation von Analphabeten
Interaktionsmuster	Betonen verbaler Aktivitäten; Versuch, der direkten Beobachtung auszuweichen, über ‚Vertrauenspersonen‘ zu agieren
biographische Wege	Knotenpunkte werden als Barrieren erlebt; Wege sind blockiert (z. B. eingeschränkte Berufschancen, nicht in den Vorstand eines Vereins wählbar zu sein)
Skripts	Handlungsziel: nicht auffällig werden Handlungsmittel: Vertrauensperson finden, schriftsprachliche Aktivitäten vermeiden Handlungsort: Rückzug in den privaten Bereich
Legitimationsmuster	„das kann ich nicht beanspruchen" (z. B. Vorstandsposten in einem Verein übernehmen)
Handlungserwartungen	• ich kann das nicht • ich werde wieder ausgelacht • andere sollen sich um mich kümmern
Deutungsmuster	• die anderen schauen auf mich herab • das schaffe ich sowieso nicht *(Muster der Entmutigung)*

Diese ‚Lebensweltanalysen‘ sind für Bildungsarbeiten mehrfach nutzbar:

– Sie ermöglichen detaillierte Einsicht in Bedingungen des Lebenszusammenhangs von Adressaten.

– Sie geben Hinweise auf besondere methodische Maßnahmen, hier z. B. auf die sorgfältige Vorbereitung für den ‚Lese- und Schreib-Ernstfall'.

– Sie helfen, Lernschwierigkeiten oder eingefahrene Arbeitsweisen des Adressaten kennenzulernen, etwa eine Haltung, nach der bei schwierigen Aufgaben vielleicht oft allzu schnell auf die Hilfe anderer zurückgegriffen wird, statt eigene Anstrengung zu unternehmen.

– Man gewinnt Aufschluß über interessierende Themen und Problemkreise. Dies ist für die Auswahl von Arbeitsmaterial (Texte, Bilder, Graphiken, Filme) unerläßlich.

– Es lassen sich begründete Vermutungen darüber anstellen, mit welchen Bedeutungen die Adressaten Themen, Gegenstände, Fragen versehen. Denn: Inhalte werden von Adressaten im Licht ihrer Deutungsschemata erst konstituiert und sind damit vermutlich nicht identisch mit der Sicht des Kurs- oder Seminarleiters.

4.2.3 Lerntafel

Merkmale symbolischer Interaktion:

– Die Verständigung der Interaktionspartner (von alter und ego) erfolgt mittels **Symbolen** (Gesten, Zeichen, Sprache).

– Das Hauptaugenmerk der Handelnden ist auf die **Motive** des jeweils anderen gerichtet.

– Die Motivzuschreibungen (also die Vermutungen über die Weil- und die Um-zu-Motive) gehen als *konstitutive Faktoren* in das jeweilige Handeln ein.

– Die Interaktion ist eingelagert in eine konkrete **Situation**, die von jedem der Beteiligten definiert wird.

– In der Interaktion stellt sich der einzelne als **Ich** dar: als ein von der Situation geprägtes *Ich (me)*, zugleich aber auch als ein die Situation prägendes *Ich (I)*.

– Die in der Interaktion erforderten Definitionen (der Situation, des Selbst, des anderen) erfolgen immer auch angesichts eines konkret vorhandenen oder bloß vorgestellten **Publikums**.

– Die Definitionen sind durch die Komponenten der **Sozialen Wahrnehmung** beeinflußt (durch Erfahrungsregeln, ‚implizite Persönlichkeitstheorien', Vorurteile).

– Die in der Interaktion vermittelten Symbole, die sich zu einer **Botschaft** formen, werden interpretiert.

– Bezugspunkt der Interpretation sind unterschiedliche **Codes**, die als Interpretationssysteme fungieren und für den Betreffenden die Dinge seiner Umwelt zu *sozialen Objekten* werden lassen.

– Interaktion und Aufbau sozialer Bedeutung sind eingelagert in je spezifische **Lebenswelten.**
Strukturmerkmale von Lebenswelten sind: *Interaktionsmuster, biographische Wege, Drehbücher, Legitimationsmuster, Handlungserwartungen, Deutungsmuster.*

4.2.4 Sozialisation im theoretischen Kontext des Symbolischen Interaktionismus

Man kann bis hierher festhalten: Der Symbolische Interaktionismus interessiert sich in erster Linie weniger für makrostrukturelle Analysen von Gesellschaften oder gesellschaftlichen Subsystemen, als vielmehr für interpersonales Handeln, für die Ebene der vis-à-vis-Interaktion.

Eine Hauptfrage lautet: Wie ist soziales Handeln überhaupt aufgefaßt?

Die Antwort: Soziales Handeln wird als *symbolisch vermittelte Interaktion* angesehen, bei der sich Menschen mit einer ihnen eigenen *Identität* gegenübertreten (pathologische Erscheinungsformen sind hierbei außer acht gelassen).

Als eine für das Thema ‚Schule und Sozialisation' relevante Folgefrage stellt sich die nach den Prozessen, durch die die für Interaktion und Identitätsbildung erforderlichen Fähigkeiten erworben werden. Dies zielt ab auf die Frage nach dem Sozialisationsverständnis des Symbolischen Interaktionismus.

Sozialisation ist *der Prozeß der Identitätsbildung mittels symbolischer Interaktion.*
Oder anders ausgedrückt:

Der Heranwachsende lernt, sein eigenes Handeln (dasjenige, das er sich zuschreibt) und das der anderen als sinnhaft zu begreifen, es also mit Bezug auf Bedeutungssysteme zu interpretieren. Diese sind wiederum Ergebnis gesellschaftlicher (bzw. kultureller) Lernprozesse und in Art und Umfang durch die sozialen Bedingungen geprägt, unter denen der Betreffende herangewachsen ist.

Dieser Vorgang der **Primärsozialisation** ist sehr fundamental prägend: Hier begegnet der Mensch zum ersten Mal der Welt, mit der er unmittelbar zu tun hat, und zwar wird sie ihm durch die Vermittlung anderer dargeboten. Für ihn ist Welt und kann nur Welt werden, was die in diesem Lebensabschnitt bedeutsamen Bezugspersonen *(signifikante Andere)* an Welt zulassen und anbieten, und natürlich ist auch relevant, wie sie es tun. Hier treten dann die Phänomene schichtspezifischer Sozialisation zutage.

Der Vorgang der Primärsozialisation gilt in dem Maß als abgeschlossen, in dem Rollen (Rollenmuster) akzeptiert werden, und zwar nicht deswegen, weil es die Rollen der signifikanten Anderen sind oder weil diese es so wollen, sondern sofern sie aus eigener Bejahung akzeptiert werden.

Also:
– Das Kind wäscht sich vor dem Essen die Hände, weil die Mutter es auch tut oder es so will. Diese Haltung wird im nächsten Schritt verallgemeinert hinsichtlich der betreffenden Bezugsgruppe:
– Man wäscht sich die Hände.
Im dritten Schritt schließlich werden die von den wichtigen Bezugspersonen vermittelten Normen zu allgemeinen Beweggründen des eigenen Handelns, zu einem *generalisierten Anderen:*
– Ich wasche mir die Hände, weil ich es für sinnvoll halte.

Wichtig ist hierbei: Dieser Vorgang ist nicht eine schematische Übernahme und Ausführung von Rollen nach Maßgabe bestimmter Wertmuster (vgl. PARSONS), sondern stellt einen *Prozeß produktiver Leistungen des Individuums* dar, bei dem in einzelnen Fällen die übernommene Welt auch umformuliert werden kann. Dies ist schon durch die Struktur der Sprache bedingt, die – wie schon mehrfach erwähnt – als ausgezeichnetes Medium der Sozialisation fungiert, und ist weiter durch den individuellen (und einmaligen) Lebenshintergrund mitgetragen, der die Verarbeitung aktueller Erfahrungen im Bewußtsein des einzelnen in je eigener Weise konstituiert.

Welche Leistungen bringt nun demgegenüber die **sekundäre Sozialisation** neu ein? In Abhebung zur Primärsozialisation kann festgehalten werden:
(a) Sie *stabilisiert* die in der Primärsozialisation erworbenen Fähigkeiten und Einstellungen; dies impliziert, daß die Erfahrungen auf den Feldern sekundärer Sozialisation nicht oder nicht wesentlich von denen der Primärsozialisation abweichen dürfen.
(b) Sie *differenziert* die erworbenen Fähigkeiten und Einstellungen, indem sie dem allgemeinen Wissensvorrat der Primärsozialisation ‚Spezialwissen‘ hinzufügt.

(c) Sekundäre Sozialisation kann jedoch gelegentlich geradezu die in der Primärsozialisation erworbene ‚subjektive' Wirklichkeit des Individuums *verändern* wollen. Beachtenswert ist hierbei, daß dies dann in Analogie zu Mechanismen der Primärsozialisation geschieht, also vor allem mit dem Einsatz emotionaler Komponenten und meist in vis-à-vis Kontakt zu einem Vertreter sozialer Institutionen, der dann als gefühlsbetonter signifikanter Anderer auftritt. Dieses Phänomen läßt sich am Einfluß von Jugendsekten illustrieren. Sekundäre Sozialisation ist dann ein Prozeß der ‚Verwandlung', manchmal sogar ein Sprung in eine andere Welt.

Eine speziell in unserer Zeit und Gesellschaft bedeutsame Einrichtung für sekundäre Sozialisation ist die Schule. Ihre Funktionen ergeben sich im einzelnen aus ihrer Stellung im gesellschaftlichen Zusammenhang (nähere Ausführungen hierzu werden in Kap. 5 gemacht). An dieser Stelle ist für uns wichtig:

(a) Schule vermittelt ‚Spezialwissen', besonders im Rahmen der beruflichen Bildung, und erschließt neue Wirklichkeiten. Sie eröffnet neue *„Sinnprovinzen'* oder Sinnbereiche, indem sie auf sekundäre, auf von anderen gemachte und mitgeteilte Erfahrungen zurückgreift, speziell in ‚allgemeinbildenden' Lehrgängen. Schule erschließt aber damit nicht nur ein weiteres Stück Welt für den Lernenden, sondern durch vertieftes Wissen, neue Erfahrungen, differenzierte Sichtweisen fördert sie ihn auch bei der Entwicklung seiner Persönlichkeit. Man kann dies ihre **Bildungs-** oder **Personalisationsfunktion** nennen.

(b) Daneben erfüllt sie eine zweite wichtige Funktion: Sie strebt danach, ihre Aufgabe der sekundären Sozialisation in Übereinstimmung mit den allgemein geltenden Bedingungen öffentlichen Handelns auszuüben. Besonderes Augenmerk richtet sie dabei auf die Regeln der politischen Kultur einer Gesellschaft. Dies könnte man als ihre **Integrationsfunktion** bezeichnen.

(c) Schließlich ist Schule aber auch selbst eine Institution, d. h. ein Zusammenhang typisierter Handlungsmuster: Bestimmte Typen von Handlungen, die zum Teil von der Aufgabe der Institution her nahegelegt sind, werden von bestimmten Typen von Akteuren ausgeführt.

Also: Die Handlung des Typs ‚Pausenaufsicht-führen' und ‚zum Papier-aufsammeln-anhalten' darf nur ein Akteur des Typs Lehrer – in manchen Schulen auch der von der eigenen Wichtigkeit faszinierte Typ Hausmeister – ausführen.

Als Institution hat Schule damit ihre eigenen Handlungsregeln, sie konstituiert eine eigene ‚objektive' Wirklichkeit, die die Betreffenden erfahren, der sie sich stellen und die sie sich als ‚subjektive' Wirklichkeit in irgendeiner Form aneignen müssen.

Kurz: Als Institution verlangt Schule selbst auch Sozialisationsleistungen. Ihre dritte Funktion ist die **Sozialisationsfunktion**.

Anders ausgedrückt: *Schule ist ein eigenes Handlungsfeld, das bestimmte typi-*

sierte, symbolisch vermittelte vis-à-vis Interaktionen nahelegt, die den Beteiligten je spezifische Identitätsleistungen abverlangen.

Funktionen der Schule als sekundärer Sozialisationsinstanz

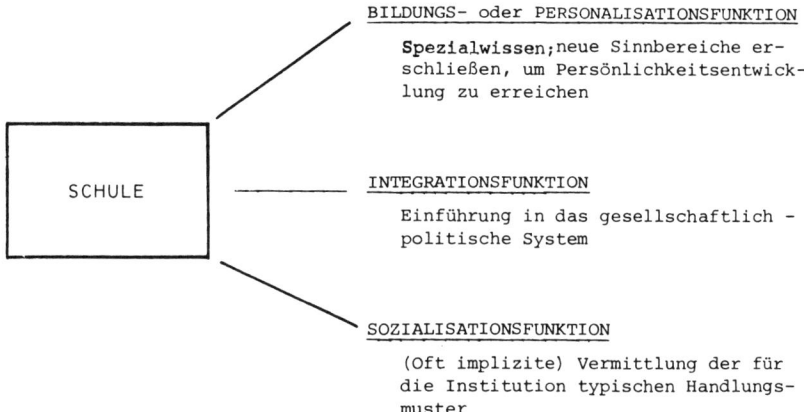

BILDUNGS- oder PERSONALISATIONSFUNKTION

Spezialwissen;neue Sinnbereiche erschließen, um Persönlichkeitsentwicklung zu erreichen

SCHULE

INTEGRATIONSFUNKTION

Einführung in das gesellschaftlich - politische System

SOZIALISATIONSFUNKTION

(Oft implizite) Vermittlung der für die Institution typischen Handlungsmuster

4.2.5 Lerntafel

Symbolischer Interaktionismus und Sozialisation

Sozialisation wird in diesem Theoriekonzept verstanden als *Prozeß der Identitätsbildung mittels symbolischer Interaktion.*

Signifikante Andere, Bezugspersonen, die für die Identitätsbildung bedeutsam sind, werden in der Identifizierung mit den allgemeinen Normen als eigenen Beweggründen des Handelns zum **Generalisierten Anderen**.

Leistungen der Sekundärsozialisation:
Sie *stabilisiert* in der Primärsozialisation Erworbenes,
sie *differenziert* es,
sie kann es sogar *umwandeln*.

Aufgaben der Schule als Instanz sekundärer Sozialisation:
– In der Schule wird zusätzliches, im weitesten Sinn des Wortes verstandenes Wissen erworben, um so Wirklichkeit zu erschließen und zugleich die Persönlichkeitsentwicklung zu fördern = **Bildungs- oder Personalisationsfunktion.**

– Die Schule führt in die Normen und Regeln des betreffenden gesellschaftlich-politischen Systems ein = **Integrationsfunktion**.
– Die Schule vermittelt – meist implizit – die für sie als soziale Institution typischen Handlungsmuster = **Sozialisationsfunktion**.

4.3 Phänomene schulischer Sozialisation

Nachdem in Kap. 4.1 und 4.2 die zentralen Begriffe von Sozialisation, Internalisierung, Interaktion, Identität entwickelt sind, sollen abschließend vor diesem Hintergrund einige wichtige Aspekte schulischer Sozialisation thematisiert werden.

Besonderes Augenmerk wird auf die Phänomene des *heimlichen Lehrplans,* des *schulischen Rituals,* der *Schulangst* und der *Etikettierung* durch schulische Interaktion gerichtet.

4.3.1 Der heimliche Lehrplan

In der Schule gibt es zwei Lehrpläne: einen *offiziellen* und einen nicht-amtlichen, einen *versteckten* oder **heimlichen Lehrplan**.

Was den offiziellen anbelangt, braucht er uns hier noch nicht zu interessieren. In ihm sind die Ziele, z. T. auch die Inhalte von Schule und Unterricht festgehalten, die bewußt angestrebt werden sollen: Ziele wie beispielsweise das der Ich-Stärke, der Mündigkeit, Kreativität, Konfliktfähigkeit usw. Überlegungen dieser Art verweisen auf den didaktisch-curricularen Kontext und sind in Kap. 6 behandelt.

Wir wollen uns statt dessen mit der These beschäftigen:

Der amtliche Lehrplan wird von dem nicht-offiziellen, dem heimlichen Lehrplan unterlaufen. Dieses ‚versteckte Curriculum' setzt sich stärker, ungehinderter im Unterricht durch, da es unmittelbar auf den Interaktionsbeziehungen der am Unterricht Beteiligten beruht und gleichzeitig, wie der offizielle Lehrplan auch, die Kraft der Institution Schule im Rücken hat.

Was ist nun dieser heimliche Lehrplan, wie funktioniert er, welche Sozialisationseffekte bringt er hervor?

Ein Beispiel mag als Verdeutlichung dienen:

BRECHT gibt in seinen Flüchtlingsgesprächen eine Schilderung Kalles aus dessen Schulzeit wieder.

„KALLE

Ihr milder Standpunkt gegenüber der Schule ist ungewohnt und sozusagen von einer

hohen Warte aus. Jedenfalls seh ich erst jetzt, daß auch ich was gelernt hab. Ich erinner mich, daß wir gleich am ersten Tag eine gute Lektion erhalten haben. Wie wir ins Klassenzimmer gekommen sind, gewaschen und mit einem Ranzen, und die Eltern weggeschickt waren, sind wir an der Wand aufgestellt worden, und dann hat der Lehrer kommandiert: ,Jeder einen Platz suchen‘, und wir sind zu den Bänken gegangen. Weil ein Platz zu wenig war, hat ein Schüler keinen gefunden und ist im Gang zwischen den Bänken gestanden, wie alle gesessen sind. Der Lehrer hat ihn stehend erwischt und ihm eine Maulschelle gelangt. Das war für uns alle eine sehr gute Lehre, daß man nicht Pech haben darf.“
aus: BRECHT 1967, S.1405

Zunächst: Im offiziellen Lehrplan stehen weder Lernziele dieser Art (,Du darfst im Leben kein Pech haben‘), noch ist im methodischen Kommentar von Richtlinien auf das Arrangement im Klassenzimmer und die Bekräftigung der Lektion durch die Ohrfeige hingewiesen.

Was macht nun die Sozialisationswirkung dieser Szene aus? Ein Grundphänomen des wirklichen Lebens, das jenseits der Schule abläuft, ist im Unterricht in seiner ganzen Härte demonstriert worden: nicht als wohlwollende Belehrung, als liebevolle Mahnung, sondern mit dem Gewicht institutionell abgesicherter Herrschaft.

Das Arrangement: Durch ,Verknappung‘ der Güter entsteht eine Konkurrenzsituation, in der es einen Verlierer geben muß, der zudem sein Verlieren autoritativ und schmerzhaft bescheinigt erhält.

Ersetzen Sie Stühle durch Noten bzw. das Kommando des Lehrers durch die allgemeine Aufforderung an Schüler, bestimmte geforderte Leistungen zu erbringen, und die Ohrfeige durch den Ausweis institutionell bescheinigten Unvermögens, die gesetzten Ziele erreicht zu haben: Dann – so die Kritiker – hat man die grundlegenden Interaktionsbedingungen von Schule erfaßt, die sich in entsprechenden Sozialisationsleistungen der Schüler wiederfinden:

Konkurrenzverhalten, Ausrichtung auf Belohnung (meist symbolischer Art) durch signifikante Andere. Verhalten entsprechend Erwartungen, die vor dem Hintergrund getroffen werden, daß Schule eine Institution ist, in der Wohlverhalten, Disziplin, Ordnung, Anpassung verlangt sind.

Wie kann man diesen Lernprozeß sozialisationstheoretisch erklären?

Die im Unterricht symbolisch vermittelte Interaktion ist durch *institutionelle Bedingungen*, durch die Stellung des Lehrers, aufgrund der er das Wort erteilen, Anordnungen geben, beurteilen und werten kann, weiter durch die Zeitökonomie, die Sitzordnung etc. in einer bestimmten Art formiert. Die Beteiligten haben ungleiche Chancen, in der Interaktion die Definition ihres ,Me‘ zur Geltung zu bringen. Aus der Sicht der Schüler: Sie haben kaum Möglichkeiten, dies zu tun und empfinden daher die Situation mehr oder weniger als Bedrohung ihrer Identität. Ihre Antwort: Techniken des Überlebens zu entwickeln, indem

Sozialisationsleistungen erworben werden, die es ihnen ermöglichen, ihre Identität in irgendeiner Form wenigstens annäherungsweise zu retten.

Hierzu sind von Beginn der Schullaufbahn an zwei Fundamentallehren unabdingbar:

„Die erste Lehre, die ein Schulneuling anzunehmen hat, lautet: Schulstunden sind nicht das, was sie vorgeblich sind. Später muß er das vergessen und so handeln, als wären sie's doch. So tut er die ersten Schritte, ein ‚gesundes Schulkind' zu werden ...

Die zweite Lehre lautet: Setze an die Stelle der eigenen Maßstäbe die der Lehrer und Mitschüler. Der Schulneuling muß lernen, daß richtig zu singen bedeutet: unmelodisch zu singen – und nicht so, wie man selbst die Musik im Ohr hat; daß richtig zu malen bedeutet: wie der Lehrer zu malen – und nicht so, wie man selbst es sieht; daß Freude am Lernen nicht die richtige Haltung ist, sondern: Angst vor dem Erfolg der Konkurrenten in der Klasse zu haben; und so weiter. Und diese Lehren muß er verinnerlichen, daß er notfalls auch gegen seine Eltern bestehen kann, wenn sie anderer Auffassung sein sollten. Die ersten Schuljahre können überhaupt nur als erfolgreich angesehen werden, wenn an ihrem Ende das Kind in die Maßstäbe der Schule eingewilligt hat; wenn es den Wunsch hat, so zu denken, wie die Schule ihn zu denken lehrte."

aus: HENRY, b:e 1973, Heft 5, S. 24

Wie stützt nun die Schule ihrerseits diesen Mechanismus des heimlichen Lehrplans ab? Welche Formen der Interaktion wirken hier besonders prägend? Welche Phänomene sind es, die als ausgezeichnete Bezugspunkte für die Sozialisationsleistungen der Schüler herhalten? – Die Theoretiker des heimlichen Lehrplans nennen hier die **schulischen Rituale.**

4.3.2 Schulische Rituale

Zur Beantwortung der Frage, was ein Ritual ist, soll veranschaulichend ein Beispiel herangezogen werden.

Benno war bis zum 11. 12. 1975 Schüler der Klasse 2 einer Volksschule in Innsbruck – sechs Tage später sitzt er in der Andersen-Schule Darmstadt (Grundschule).

In Innsbruck waren bestimmte Schüleraktionen nur dann legitim, sie kamen nur dann vor, wenn sie im einzelnen oder in Teile zerlegt von der Lehrperson abgerufen wurden: „Pennale (= Federetui) aus der Tasche nehmen!" „Pennale öffnen!" „Bleistift herausnehmen!" Und jetzt heißt es auf einmal nur „Schreibt in euer Heft auf" ohne daß die erforderlichen Voranweisungen bezüglich des Federetuis gegeben wurden.

„Ein Kind is' hier vor zu der Lehrerin gegangen und hat nicht aufgezeigt – nix is' gesagt worden; ein Kind hat sich auf den Tisch gesetzt in der Stunde – nix is' gesagt worden; ein Kind hat etwas in den Papierkorb geworfen – nix is' gesagt worden."

(In der Nacht nach dem ersten Schultag am neuen Ort, er kommt tief beunruhigt früh um 5 Uhr ins Zimmer der Eltern, spricht spontan über das Irritierende.) „Und im Hof, im Treppenhaus dürfen die Kinder rennen!"

... Benno, spontan, nach acht Wochen Schulerfahrung: „Hier is' es etwas unordentlicher – hier is' es egal, wo man die Aufgaben reinschreibt, man kann's auch ins Schulheft schreiben, es muß nicht im Hausheft stehen." „Wie findest Du das?" „Es is' halt unordentlicher, finde ich, etwas unordentlicher."

... Die Lehrerin berichtet, in den ersten Tagen hätten die anderen Kinder immer gelacht, wenn Benno im Unterricht etwas gesagt habe. Grund: Er stand auf, stand fast stramm, wenn er etwas sagte. Diese Straffheit, in Innsbruck absolute Schulnorm war so ungewöhnlich, daß die Kinder lachten – Abwehr eines Angriffs auf die Selbstverständlichkeiten eines Systems, auf ihre Identität also?
aus: Rumpf 1976, S. 150/151

In dem Beispiel findet man zwei gleichermaßen interessante Etappen vorgeführt. Das Verhalten der ersten Lehrerin ist weitgehend Reflex auf einen nicht mehr weiter begründeten Anspruch der hinter ihr stehenden Institution Schule: Sie wird – unausgesprochen – in diesem Handlungszusammenhang aufgefaßt als ein stark hierarchisch gegliedertes Gefüge, bei dem Anweisungsbefugnis und Folgsamkeit deutlich auf verschiedene Rollenträger verteilt sind – auf Lehrer einerseits und Schüler andererseits. In diesem Anordnungs-Folgsamkeits-Schema besteht für die Beteiligten schon an sich die Legitimität des Tuns, das ansonsten unbefragt hingenommen und ausgeführt wird.

Auf diese rituelle Hintergrundfolie bezogen haben die Beteiligten aber auch ihre Identität, ihr situationsspezifisches Ich (‚Me') definiert. Für sie ist die Frage danach ausgesetzt, inwieweit das festgefahrene Vorgehen beim Auspacken der Federmäppchen noch sinnvoll auf den Zweck bezogen ist, sich beispielsweise etwas zu notieren. Deutlich kommt das bei Benno zum Ausdruck, als die Bedingungen seines Handelns anders gelagert sind: Er ist erstaunt, zum Teil ist ihm unfaßbar, was da geschieht (nämlich ‚nix'), er wird verunsichert.

Vor dem Hintergrund dieser Aussagen zur Szene soll nun versucht werden, den Begriff des Rituals genauer zu bestimmen.

Unter einem **Ritual** kann man *veräußerlichte (verselbständigte) Handlungszusammenhänge verstehen, in denen ein Grundanspruch der betreffenden Institution vermittelt wird, ohne sich explizit zu legitimieren.*

Im einzelnen folgt aus dieser Begriffsbestimmung:
- Das Handeln hat sich beim *Ritual vom Handlungszweck losgelöst und verselbständigt.*
- Das Ritual ist *Ausdruck institutionell bedingter Herrschaftsansprüche.*
- Die Teilnahme am Ritual verschafft *die von der Institution akzeptierte Identität.*
- *Die Teilnehmer übernehmen die erwarteten Leistungen in ihr Verhaltensrepertoire.*

Stehen sie diesen Verhaltensformen und Erwartungen nicht kritisch-reflexiv gegenüber, dann werden diese integraler Bestandteil ihrer ‚Persönlichkeit'.

Die Folge: Es stellt sich für sie Verhaltensunsicherheit dann ein, wenn das Ritual aufgehoben wird (vgl. die Empfindungen von Benno, als für ihn das bereits akzeptierte Ritual in der neuen Schule durchbrochen war).

Wie kann man sich abschließend zu dem Theorem des heimlichen Lehrplans
und zu dem des schulischen Rituals insgesamt stellen?

(a) Das Phänomen des heimlichen Lehrplans ist insofern nicht aufhebbar, als
beim Erbringen von Leistungen Interaktionen immer mit ablaufen und damit
zugleich auch soziales Lernen stattfindet. Unter diesem Blickwinkel würde
der Vorgang des heimlichen Lernens mit dem des *sozialen Lernens* identisch
gesetzt.

(b) Die restriktiven Auswirkungen des heimlichen Lehrplans dagegen sind ver-
änderbar:

– Es ist eine Frage der Schüler-Lehrer-Interaktion und damit der *Kommunikationsstruktur,* wie einengend oder offen die Beziehung der Beteiligten
im Unterricht gestaltet ist. Kommunikationstheoretisch gesprochen: Komplementäre Sprachmuster werden eher die Vorrangstellung des Lehrers
unterstreichen, symmetrische Kommunikation dagegen tendiert dazu, den
Schüler im Rahmen seiner Möglichkeiten als akzeptierten Partner in das
Unterrichtsgeschehen einzubeziehen.

– Eng mit dem kommunikativen Aspekt zusammen hängt die Frage der
Methodenkonzeption. Diskussionsrunde, kontrollierter Dialog, Gruppenarbeit, Rollenspiel werden ebenfalls einen Beitrag zum Durchbrechen der
negativen Mechanismen des heimlichen Lehrplans leisten.

– Insgesamt, kann man sagen, ist es eine Frage der *Reflexivität auf unterricht-
liches Handeln,* d. h. der Fähigkeit und Bereitschaft der Beteiligten, über ihr
eigenes Tun und die Bedingungen ihres Handelns im Unterricht nachzudenken, ob Veränderungen auf der Ebene des sozialen Lernens bewirkt
werden können.

Dies gilt auch für das schulische Ritual, bei dem die explizite Frage nach
den Geltungsansprüchen häufig den erstarrten Charakter dieses Typs sozialen Handelns in der Schule offenlegt.

(c) Schwieriger als die interaktionell-unterrichtlichen Faktoren sind die *institutionellen Bedingungen* des heimlichen Lehrplans aufzuheben (etwa die Tatsache,
daß Benotung neben dem Ausweis des individuellen Leistungsgrades auch
selektiven Charakter hat oder daß Leistungsbewertung gar zu Fehlformen
eines entarteten Konkurrenzverhaltens zwischen den Lernenden führt).

In engem Zusammenhang mit gerade diesen institutionellen Bedingungen steht
außer dem ‚heimlichen Lernen‘ noch ein anderes Phänomen schulischer Sozialisation, das der **Schulangst**.

4.3.3 Angst in der Schule

Ausgangspunkt der Überlegungen kann das schon entwickelte und wiederholt herangezogene *Handlungs-(Interaktions)-Modell* sein.

Miteinanderhandeln erfolgt in Situationen, die als Anforderungsrahmen an die Interaktionskompetenz der Betreffenden gestellt sind und deren Bewältigung erfolgreiches Handeln ausmacht.

Erinnern Sie sich an das Beispiel ‚Begrüßen': Die Anforderung der Situation ist es, den anderen entsprechend den geltenden Höflichkeitsformeln zu begrüßen.

Als Interaktionskompetenz wird gefordert, die sprachlichen Mittel zur Verfügung zu haben, um den Situationsanspruch einzulösen.

Wesentliche Momente dieses Modells sind:
(a) Situationsdefinition,
(b) Identifikation der Aufgaben (Anforderungen) der Situation,
(c) Erstellung eines Handlungsplans zur Bewältigung der Situation,
(d) Operation zur Durchführung der Handlung.

Die jeweiligen institutionellen Gegebenheiten erschweren, modifizieren oder erleichtern die Handlungsausführung, d. h. sie sind Rahmenbedingungen für den Handlungszusammenhang.

Vor dem Hintergrund dieser Aussage ist **Angst** *bestimmt durch das Bewußtsein, Situationen nicht bewältigen zu können.*

Angst kann durch folgende *Merkmalskomplexe* umschrieben werden:
– Sie entsteht in Situationen, deren Nicht-Bewältigung als Bedrohung bewertet wird;
– Handlungsentwürfe stehen entweder nicht zur Verfügung oder werden hinsichtlich der gewünschten Situationsbewältigung antizipatorisch als ungenügend eingeschätzt;
– Fähigkeiten zum Handeln werden als unzureichend betrachtet.

Nach den Ausführungen zum heimlichen Lehrplan sollten wir nun die Perspektive wechseln und das Phänomen der Angst einmal aus der Sicht des Lehrers angehen. Die folgende Szene schildert recht eindringlich die Empfindungen eines Lehrers in einer von ihm als bedrohlich empfundenen Situation:

„Ein neues Schuljahr beginnt. Wieder einmal habe ich neue Hoffnungen und Vorsätze, wie ich den Einstieg gestalten möchte. Ich gehe mit Neugier, Spannung und einem Gefühl der Beklommenheit den sterilen weißgestrichenen Schulflur entlang und stehe plötzlich vor der Tür der Klasse, die ich noch nicht kenne.

Lautes Geschrei, Gelächter und ein wirres Durcheinander der „Schülermasse" – noch ganz undifferenziert für mich – reißen mich beim Eintreten in den Klassenraum aus meinen Träumereien und Fantasien und konfrontieren mich unausweichlich mit der konkreten Schulsituation.

Niemand scheint meine Anwesenheit zu bemerken, das Getöse um mich wird eher noch eindringlicher.

Wer bin ich jetzt überhaupt – fühle ich mich gekränkt, weil mich scheinbar niemand sieht oder akzeptiere ich das Verhalten der Jugendlichen, weil ich – im Grunde – gar nicht im Mittelpunkt stehen möchte?

Je länger ich hier stehe, desto mehr wächst meine Spannung: Ich muß etwas tun: Soll ich die Schüler mit Mimik und Gestik beeinflussen, soll ich einfach abwarten bis vielleicht von selbst Ruhe einkehrt, oder soll ich bei meiner steigenden Ungeduld dazwischenschreien und um Ruhe bitten?

Ich denke an viele ähnliche Situationen zurück, in denen ich mich schließlich erfolgreich durchgesetzt habe. Kann ich mich von meiner „Routine" und meinen Erfahrungen leiten lassen, oder soll ich einfach einmal ein anderes Verhalten ausprobieren?

Während mir diese Gedanken durch den Kopf gehen, registriere ich wie durch einen Schleier die verschiedensten Schüleraktionen: „Seid doch endlich ruhig!" „Halt's Maul, wir wollen das Spiel noch zu Ende machen!" „Kennst du den da vorne, soll so n lascher Typ sein!" „Ich hab' da aber was anderes gehört, meine Schwester mußte mal bei dem Typ nachsitzen!" „Du, soll es heute nicht Feueralarm geben?" „Wann ist die Stunde endlich vorbei?" ... Stühle klppen um, eine Kakaotüte fliegt durch die Klasse, plötzlich klebt ein Butterbrot an der Tafel, ...

Ich schreibe meinen Namen an die Tafel, die Schüler werden ruhiger, ich kann mich vorstellen, wir kommen ins Gespräch ..."

aus: WPB (Westermanns Pädagogische Beiträge), 1980, S. 4/5

Bezugspunkt für die Angst dieses Lehrers ist die für ihn unklare, daher problematische Situation. Unklar ist ihm die eigene Stellung im Handlungszusammenhang, ja sogar sein Selbstverständnis ist ihm in diesem Augenblick nicht einmal hinlänglich deutlich.

Entsprechende Handlungsmuster stehen ihm zunächst nicht selbstverständlich zur Verfügung. Er spürt nur den ihm institutionell nahegebrachten Handlungsdruck (‚der Lehrer hat in seiner Klasse für Ruhe und Ordnung zu sorgen'), ohne aber tätig werden zu können. Er läßt entsprechende Handlungsregeln (die er z. T. schon früher mit Erfolg eingesetzt hat) Revue passieren und verharrt dennoch im Zustand angespannter Untätigkeit.

Versucht man über die Beschreibung des Phänomens hinaus einzelne Angst*formen* als Sozialisationseffekte der Schule herauszukristallisieren, so können hier die Funktionen der Schule als Orientierungspunkte gelten (s. S. 186).

Es ist dort unterschieden worden zwischen

– der *Bildungsfunktion* (Vermittlung von ‚Wissen' und von Qualifikationen)
– der *Integrationsfunktion* (Einordnung in umfassende Wertmuster der Gesellschaft)
– der *Sozialisationsfunktion* (Schule als Ort der unmittelbaren Aushandlung von Identität).

Von hierher lassen sich sowohl Anforderungen an den Lehrer als auch an die Schüler ableiten – Anforderungen, die von den Betreffenden als Situationsanspruch verstanden werden, der von ihnen bewältigt werden sollte.

Der Lehrer beispielsweise sieht sich in Situationen gestellt, die ihn als Experten und Bewerter, damit notwendig verbunden auch als Selektierenden fordern. Er ist Vertreter einer Werteordnung, für die er einzustehen hat, und er ist schließlich im Interaktionsprozeß an ausgezeichneter Stelle plaziert: Auf den Klassenverband als Gruppe bezogen, hat er eine Führerposition, und zwar in ihrem Doppelaspekt als *instrumentaler* und *sozialer (emotionaler) Führer.*

Von daher ergibt sich eine Vielzahl von Situationen, *die der Lehrer als Bedrohung empfindet,* sofern er seine Handlungsmöglichkeiten als inadäquat einschätzt oder gar ein Scheitern vor dem Situationsanspruch antizipiert.

Beispiele bezogen auf die

Bildungsfunktion: Angst kann in dieser Hinsicht entstehen,
- wenn die Schüler nicht mitarbeiten, sich nicht melden, nicht mitkommen, Lernen ablehnen,
- wenn der Lehrer sich als Unterrichtsexperte bedroht sieht („Bei dem lernt man nichts" – „Der hat keine Ahnung"),
- wenn Unterrichtsinhalte angesprochen sind, die problematisch werden können (Sexualkunde, z. T. Politikunterricht),
- wenn der Lehrer sich als Bewerter in Frage gestellt sieht („Die Note ist ungerecht" – „Wieso hat der 5 Punkte und ich nur 4, obwohl die Aufgabe genauso beantwortet ist?").

Integrationsfunktion: Angst kann aufkommen,
- wenn beim Lehrer Diskrepanzen auftreten zwischen seinen Wertauffassungen und den in der Schule zu vermittelnden (z. B. zwischen Ordnung und Lockerheit, Anordnen und Mitbestimmen, Disziplin und ‚fruchtbarer' Unruhe, die schnell zur ‚furchtbaren' werden kann).

Sozialisationsfunktion: Angst kann auftreten,
- wenn eine Klasse oder einzelne Schüler verhaltensschwierig sind,
- wenn der Lehrer sich als Autoritätsperson bedroht fühlt (Schüler ignorieren einfach Anordnungen des Lehrers),
- wenn er sich nicht in einer von ihm akzeptierten Weise darstellen kann („Ich finde in der Klasse einfach keinen Stil" – „Ich komme mir dort immer ganz seltsam vor").

Ähnlich läßt sich auch das Spektrum an *Situationsbedrohungen für die Schüler* entwickeln: Mit Bezug auf die Bildungsfunktion entsteht Prüfungsangst sowie der Zuammenhang von Angst und Leistung; hinsichtlich der Integrations-, besonders aber der Sozialisationsfunktion entsteht Angst als Bedrohung der Identität, etwa durch Strafen, durch Konfrontation mit anderen als den bisher für selbstverständlich gehaltenen Werten und Sichtweisen, mit einem anderen, als kaum erreichbar eingeschätzten Sprachgebrauch.

Ein in diesem Zusammenhang besonders beachtetes und immer wieder aufgegriffenes Thema im Rahmen schulischer Sozialisationsphänomene ist die **Prüfungsangst.**

Um sie in ihrem Ausmaß, in ihrer Intensität beim Schüler genauer erfassen zu können, hat man hierfür ein ‚Meßinstrument' entwickelt, das übrigens auch im alltäglichen Unterricht eingesetzt werden kann: TASC (Test Anxiety Scale for Children). Dies ist ein einfacher Fragebogen, der Einzeldimensionen des Faktors Angst ausdifferenziert:

„1. Ich habe immer etwas Angst, wenn die Aufgaben *abgefragt* werden oder im Mündlichen *geprüft* wird.

2. Ich mache mir oft Sorgen, ob ich *versetzt* werde.

3. Wenn der Lehrer mich *vor die Klasse* ruft und ich vorlesen muß, habe ich immer Angst, daß ich mich verspreche.

4. Wenn der Lehrer jemanden *vorn zur Tafel* ruft, denke ich meistens: hoffentlich nimmt er mich nicht.

5. Manchmal träume ich nachts, daß ich in der Schule bin und mich vor der Klasse blamiere, *weil ich etwas nicht kann.*

6. Wenn der Lehrer *prüfen* will, ob wir zu Hause gelernt haben, bekomme ich immer Herzklopfen.

...

13. Wenn ich krank bin und die Schule versäumen muß, quält mich der Gedanke daran, was ich alles versäume und daß meine Schulleistungen schlechter sein werden als die der anderen Kinder, wenn ich wieder zur Schule zurückkomme.

...

23. Bei *Klassenarbeiten* zittert mir oft die Hand.

24. Während einer *Klassenarbeit* mache ich oft Fehler, weil ich so aufgeregt bin."
aus: SPEICHERT 1977, S.93/94

Die wichtigsten Untersuchungsergebnisse über den Zusammenhang von Angst und Prüfungsleistung, die mit diesem Meßinstrument ermittelt wurden, kann man in den beiden folgenden Aussagen zusammenfassen:
– *Die Prüfungsangst ist um so größer, je geringer der soziale Status des Elternhauses ist, aus dem die Kinder kommen* (SPEICHERT 1977, S.95/96);
– *Prüfungsangst-Werte sind um so höher, je schlechter die Zensur des geprüften Faches ist.*
   Dabei ist zu beachten: Der höchste Angstgrad besteht bei den ‚Vierern'; der Streß vor dem ‚Umkippen' ist bei ihnen am größten, die ‚Fünfer' dagegen haben häufig schon resigniert.
   Die Angst des Schülers äußert sich in ganz unterschiedlichen Formen, die oft keinen ursächlichen Zusammenhang mehr mit seinem Angstgefühl erkennen lassen, so z.B. als
– Schulschwänzen (Vermeidungshaltung),
– Flucht in die Krankheit,
– auffällig freches und dreistes Auftreten,
– Albernheit.

4.3.4 Schule und Etikettierung

Sicherlich haben Sie in Ihrer Schulzeit schon einmal Urteile über Schüler gehört, die etwa lauteten:
Der X bringt nichts, bei dem fehlt es an Substanz. Wo soll es auch herkommen? Wir hatten schon den Bruder, der konnte auch nichts vorweisen.
Der X ist schlichtweg faul; er weigert sich, auch nur die geringste Anstrengung zu unternehmen.
Gemeinsam ist all diesen Statements, sei es über den dummen, den faulen oder wie auch immer beurteilten Schüler, daß ihnen diese Eigenschaften als persönliche Charaktermerkmale zugeschrieben werden: *der Schüler X ist* ...
Hiermit ist sozialpsychologisch gesehen ein doppelter Effekt erzielt: Zum einen entlastet man sich selbst von der unangenehmen Aufgabe der Selbstprüfung, zum anderen wird der vermutlich zeit- und arbeitsaufwendige Weg einer akribischen Suche nach denkbaren Gründen bequemerweise erst gar nicht beschritten und dies auch noch mit beruhigenden Gründen. Denn: Handelt es sich bei dem, was man an Negativa feststellen kann, um Charaktereigenschaften, dann machen sie einen Teil des ‚Wesens‘, der Persönlichkeit aus, dann sind es Eigenschaften, die der Schüler mitbringt, an denen man ohnehin nichts oder kaum etwas ändern kann.
Hinter diesem *Eigenschaftskonzept* – wie man es vielleicht nennen könnte – steht allerdings eine Verkürzung: Es wird übersehen, daß man zwar Eigenschaften ‚hat‘, daß man sie zum Teil aber auch ‚erwirbt‘, und zwar im Rahmen sozialer Interaktion.
Dieser Gedanke des Erwerbs von Eigenschaften kann wiederum im Rückgriff auf die Ausführungen zum Identitätskonzept entwickelt werden. Identität stellt sich in spezifischen Situationen dar, wobei sie in der Spannung von *Selbstbild (I)* und *Fremdbild (Me)* steht. Die je spezifische Identität in einer Situation wird also herausgearbeitet in der Auslegung meiner selbst mit meiner Interpretation davon, wie ich meine, daß der andere mich sieht und wie er tatsächlich mir gegenüber handelt.
In meine Darstellung gehen also Selbstdefinition und Einschätzung der anderen, die ich übernehme, ein. Bedrohungen der Identität entstehen dann, wenn die Fremdzuschreibungen von meiner eigenen Definition abweichen, Beschädigung der Identität schließlich in dem Fall, daß die Fremdzuschreibung die Kraft entfaltet, meine eigene Definition zusehends zu verdrängen. Dies ist um so wahrscheinlicher, je signifikanter der andere für mich ist, je unsicherer und unschärfer schon meine Eigendefinition und je höher damit die Bereitschaft ist, die Zuschreibung des anderen zu akzeptieren.
Identitätsmerkmale entstehen also auch unter den Bedingungen der Zuschreibung von Eigenschaften (= Attribuierung), die als Zeichen, als Marke fungieren, mit denen eine Person etikettiert wird.

Dieses Verständnis von der Entwicklung der Persönlichkeit nennt man **labeling approach**, *„Markierungskonzept"*, im Gegensatz zum *„Eigenschaftskonzept"*.

Den Fall, daß eine ganze Schulklasse als ‚Doofen-Klasse' attribuiert wird, schildert HERNDON. Der Autor berichtet, daß er eines Tages auf der Bowling-Bahn den doofsten Jungen aus seiner Doofen-Klasse traf. Er schrieb dort Spielergebnisse für die Liga-Wettkämpfe an und verdiente sich damit ein paar Dollar.

„Er schrieb also die Punkte an. Zwei Mannschaften, jede vier Mann stark, also acht Bowling-Punktlisten gleichzeitig. Da mußte er schnell addieren, durfte keinen Fehler machen (das hätte niemand geduldet), und dies bei dem recht verwickelten Vorgang des Punkte-Zählens im Bowling. Jemand wirft einen ‚Spare', das zählt zehn plus alles, was er mit der nächsten Kugel schafft; jemand wirft einen ‚Strike', das zählt zehn plus alles, was er mit den zwei nächsten Kugeln bekommt. Stellen Sie sich vor, der Bowling-Spieler wirft drei ‚Strike' hintereinander und zwei ‚Spares' und Sie müssen das richtig anschreiben und haben es gleichzeitig mit sieben weiteren Spielern zu tun, die alle entweder ‚Strikes' oder ‚Spares' oder weniger werfen. Die Bowling-Liga ist weder eine Wohlfahrts-Organisation noch eine Bewährungshilfe oder dergleichen und hat kein Interesse daran, irgendeinem doofen Jungen eine Chance zu geben, sich zu bessern, indem er ihre Punkt-Ergebnisse beim Anschreiben durcheinanderbringt. Nein: sie zahlten diesem gescheiten Jungen, der sich als fix und genau erwiesen hatte, fünfzehn Dollar, weil sie einen guten Anschreiber brauchen konnten.

Ich dachte mir, diesen doofen Jungen habe ich jetzt. In der nächsten achten Stunde lobte ich ihn – wie klug er sei, um in der Bowling-Liga Punkte anschreiben zu können. Ich brachte auch andere Jungen zu ähnlichen Zugeständnissen: sie trugen Zeitungen aus und mußten natürlich kassieren und Wechselgeld herausgeben. Ich brachte die Mädchen zu dem Bekenntnis, daß sie beim Einkaufen ohne Schwierigkeit entscheiden konnten, ob das Paar Schuhe 10,95 Dollar kostete, oder ob es 109,50 hieß oder 1,09 Dollar, und wieviel Wechselgeld sie auf einen Zwanziger zurückkriegen würden. Natürlich gab ich den Kindern jetzt Aufgaben über Bowling-Anschreiben und Zeitungsgeld-Kassieren und Schuhe-Einkaufen, und natürlich durfte jeder selbst auswählen, welche Aufgaben er lösen wollte, und natürlich kam dabei heraus, daß all die doofen Kinder mich sofort wieder bestürmten und brüllten: Ist das hier richtig? Ich weiß nicht, wie ich das rechnen soll! Wie muß es in Wirklichkeit heißen? Das hier stimmt doch nicht, oder? Was krieg ich jetzt für eine Zensur? Mädchen, die Schuhe für 10,95 Dollar mit einem Zwanzigerschein bezahlten, kriegten als Wechselgeld 400,15 Dollar zurück und wollten wissen: ist das richtig? Der glänzende Bowling-Liga-Anschreiber konnte sich nicht entscheiden, ob zwei ‚Strikes' und ein dritter ‚Frame' von acht nun achtzehn oder achtundzwanzig Punkte ergab, oder waren es hundertachteinhalb?"
aus: HERNDON 1972, S. 120 ff.

Auffällig ist bei dieser Szene die Diskrepanz in der Leistung des Jungen in den verschiedenen Situationen: auf der Bowling-Bahn einerseits, in der Schule andererseits.

Auf der Bowling-Bahn hat er gezeigt, daß er über rechnerische Fähigkeiten verfügt, die er auch entsprechend umsetzen kann. In der Schule dagegen ist er nicht in der Lage, die strukturell gleiche Anforderung zu bewältigen.

Vom *labeling-approach* (Etikettierungsansatz) her wird dies mit der Negativerwartung erklärt, die den Schülern als Mitglied der Doofen-Klasse von vornherein entgegengebracht wird: Die Situation in der Schule ist für sie durch signifikante Andere (Lehrer und im weiteren auch durch Eltern, Freunde als virtuellem Publikum) als Nicht-Können bezeichnet. Ein Schüler der Doofen-Klasse – und das ist schon im voraus klar – *kann eben nicht rechnen.*

Anders auf der Bowling-Bahn: Dort, in einem von Schule abgehobenen Handlungsfeld, wird die Situation anders wahrgenommen und definiert. Schon durch die Erwartungshaltung der *dort* anwesenden signifikanten Anderen (andere Anschreiber, Clubvorsitzender) sind andere Etikettierungssysteme eingebracht: Nicht Noten, bestimmte formale Fähigkeiten, standardisierte Leistungen sind gefordert, sondern Schnelligkeit und Überblick. Die inhaltlichen Anforderungen sind eng auf die spezielle Beschäftigung auf der Bowling-Bahn und nicht auf abstrakte Leistungen in anderen Sektoren, wie vor allem der Schule, bezogen.

Zur Erklärung dieses Phänomens greift man auf die sog. „**selffulfilling prophecy**" zurück: *Ein Ereignis tritt ein, weil es vorhergesagt wurde.* Dies klang schon oben an, als darauf verwiesen wurde, daß ein Schüler der Doofen-Klasse gar nicht rechnen kann. Oder genauer: Ein Schüler, der zur Doofen-Klasse gehört, wird nie rechnen können – eben weil er doof ist. Die Schüler nehmen diese Etikettierung im Laufe ihrer Schulzeit vermutlich an, erst recht, wenn ihnen die relevanten Interaktionspartner nach Maßgabe dieser Erwartung entgegentreten.

4.3.5 Lerntafel

Phänomene schulischer Sozialisation

Neben dem offiziellen kann man auch einen inoffiziellen oder **heimlichen Lehrplan** unterscheiden.

Der heimliche Lehrplan richtet sich primär auf den Lernbereich von Unterricht, in dem *institutionell geforderte Sozialleistungen* erbracht werden (müssen). Aus dieser Perspektive erscheint Unterricht als symbolisch vermittelte Interaktion, die durch *institutionellen Druck als Gefährdung der Indentität* erlebt wird.

Die Folge: Die Beteiligten erwerben *Fähigkeiten zur Anpassung an das Sozialsystem ‚Unterricht'*, um der Gefährdung zu entgehen oder sie zu unterlaufen.

Der institutionelle Charakter von Unterricht wird bekräftig und abgestützt durch **Rituale**.

Unter einem Ritual versteht man einen veräußerlichten (verselbständigten) Handlungszusammenhang, durch den ein Grundanspruch der betreffenden Institution vermittelt wird, ohne sich explizit zu legitimieren.

Wird der Druck des Sozialsystems ‚Unterricht' überstark, entsteht **Angst**. Angst erwächst aus dem Bewußtsein, Situationen nicht bewältigen zu können. Sie wird erlebt als *Bedrohung des Selbstbildes* mit Bezug auf die gestellten Anforderungen.

Ein Selbstbild wird nicht nur als schon fertiges in den Unterricht mitgebracht, es baut sich auch im Rahmen der unterrichtlichen Interaktion durch *Zuschreibung von Attributen als Etiketten* (‚Marken') der Person auf.
Man nennt diesen Ansatz zur Erklärung des Aufbaus einer Persönlichkeit **labeling approach** (‚Markierungskonzept').

4.3.6 Arbeitsvorschlag

Wie könnte man mit den hier entwickelten Kategorien zu den Prozessen schulischer Sozialisation den folgenden Erfahrungsbericht eines Lehrers analysieren?

„Eine Klassenarbeit ist eine Lernzielkontrolle, die einmal dem Lehrer anzeigt, ob sein Stoff vom Schüler angenommen wurde, und zum anderen eine individuelle Leistungskontrolle des jeweiligen Schülers. Leistungsstände müssen gemessen werden, weil die darüber ausgestellten Zertifikate der Schlüssel zu immer neuen Zertifikaten sind. So wurde es mir in der Referendarausbildung gesagt, und weil ich kein Systemveränderer bin, leuchtete es mir ein.

Die erste Klassenarbeit, die ich beaufsichtigte, wurde ein Festival für Spicker, da ich das Umherlaufen zu dieser Zeit als ehrenrührig für mich und die Schüler empfand.

Nach der Arbeit erklärte die Klasse freimütig, Spicken halte sie nicht für ein unmoralisches Geschäft, sondern vielmehr für ein zulässiges Instrument des Wettkampfes, den die Schule über sie verhänge.

Fazit: Der Lehrer, der nicht kontrolliert, toleriert die Hilfsmittel der Klasse.

Was ist dann Leistungskontrolle? Was Notengerechtigkeit?

Was sich am Ende bewerten ließe, wäre die Qualität des Spickzettels, der Mut, ihn einzusetzen und sicher durch alle Kontrollen zu bringen.

Ich sagte, solange Klassenarbeiten in dieser Form geschrieben werden, schließe ich mich der Auffassung an, daß Spickzettel die Notengerechtigkeit stören.

Na bitte, sagte die Klasse, dann tun Sie ihre Pflicht! Einen Spickzettel finden, heißt Note ‚sechs' unter das vorzeitig kassierte Heft setzen.

Das war schon früher so. Solange man Schüler ist, leuchtet diese Regel ein. Meine Betroffenheit als Lehrer wächst mit jeder Klasse, die meine Kontrolle herausfordert."
aus: Fetzer 1981,5.33

4.4 Literatur

Zur Sozialisation und Internalisierung

*R. Dahrendorf, Homo sociologicus, Opladen 1971

J. Habermas, Stichworte zur Theorie der Sozialisation, in: ders., Kultur und Kritik, Frankfurt/ Main 1977, S. 118 ff

*T. Parsons, Einige Grundzüge der allgemeinen Theorie des Handelns, in: H. Hartmann (Hrsg.), Moderne amerikanische Soziologie, Stuttgart 1967, S.153 ff

ders., Die Schulklasse als soziales System: Einige ihrer Funktionen in der amerikanischen Gesellschaft, in: Funk-Kolleg Päd. Psychologie Band 1, Grundlagentexte, Frankfurt/Main 1973, S. 348 ff

Zum Symbolischen Interaktionismus

* P. L. Berger/Th. Luckmann, Die gesellschaftliche Konstruktion der Wirklichkeit, Frankfurt/ Main ¹²1995

W. Bergmann, Lebenswelt des Alltags oder Alltagswelt?, in: Kölner Zeitschrift für Soziologie und Sozialpsychologie 33, 1981, S. 5072

*G. McCall/J. L. Simmons, Identität und Interaktion, Düsseldorf 1974

A. van Gennep, Les rites de passage, Paris 1909

E. Husserl, Die Krisis der europäischen Wissenschaften und die transzendentale Phänomenologie, Hamburg 1977 (1. Aufl. 1936)

ders., Erfahrung und Urteil, Hamburg 1948

G. H. Mead, Geist, Identität und Gesellschaft, Frankfurt/Main 1978

Ch. Rittelmeyer/ G. Wartenberg, Verständigung und Interaktion, München 1975

R. C. Schank/R. P. Abelson, Scripts, Plans, Goals and Understanding, New York 1977

A. Schütz, Der sinnhafte Aufbau der sozialen Welt, Frankfurt/Main 1974

A. Schütz/Th. Luckmann, Strukturen der Lebenswelt, Neuwied, Darmstadt 1975

A. Strauss, Spiegel und Masken, Frankfurt/Main 1968

B. Waldenfels, In den Netzen der Lebenswelt, Frankfurt/Main 1985

Zu Phänomenen schulischer Sozialisation

B. Brecht, Flüchtlingsgespräche, Ges. Werke Bd. 14, Prosa 4, Frankfurt/Main 1967

*H. Fend, Gesellschaftliche Bedingungen schulischer Sozialisation, Weinheim 1974

F. Fetzer, Ich bin ein Stück Staat, in: Die Zeit Nr. 25 – 12. 6. 1981, S. 33

J. Henry, Der erlebte Alptraum, in: b:e 6, 1973, Heft 5, S. 23 ff

J. Herndon, Die Schule überleben, Stuttgart 1972

H. G. Homfeldt u. a, Für eine sozialpädagogische Schule, München 1977

H. Rumpf, Unterricht und Identität, München 1976

H. Speichert, Schulangst, Reinbek 1977

P. Strittmatter, Schulangstreduktion, Neuwied 1993

B. Weidmann, Lehrerangst, München 1978

Westermanns Pädagogische Beiträge 32, 1980, S. 4/5 (A. Klaus, Wenn ich an die Schule denke, verkrampft sich in mir alles)

J. Zinnecker (Hrsg.), Der heimliche Lehrplan, Weinheim, Basel 1975

Überblicksliteratur

L. Krappmann, Soziologische Dimensionen der Identität, Stuttgart 1971

5. Institutionell-gesellschaftliche Dimension der Erziehung

Erziehung und Bildung sind im Laufe der Geschichte eigens dazu eingerichteten Institutionen überantwortet worden. Die größten und wichtigsten unter ihnen sind *Schule* und *Erwachsenenbildung/Weiterbildung*. Auf beide institutionellen Felder ist im folgenden näher einzugehen.

5.1 Stellung und Funktion von Schule

Bei der Klärung solch abstrakter Beziehungen wie der von der Schule zum gesellschaftlichen Zusammenhang arbeitet man häufig mit vereinfachenden Modellen. Man zergliedert beispielsweise den wenig faßbaren Begriff der Gesamtgesellschaft in einige große Teilbereiche wie: Schule, Familie, Berufs- und Wirtschaftssystem, bei denen man dann schon weniger Mühe hat, ihre Beziehungen zueinander zu klären.

Wichtig ist: Man kann in einem solchen Modell nicht alle gesellschaftlichen Teilbereiche erfassen, sondern man
– wählt einzelne besonders wichtige aus,
– bleibt so allgemein wie nötig und geht – soweit sie entbehrlich sind – nicht auf Detailaspekte ein.

Beispiel:

Um die gesellschaftliche Funktion der Schule zu bestimmen, ist es nicht wichtig, gesondert auf das medizinische Versorgungssystem einer Gesellschaft einzugehen, man kann es weglassen. Ebensowenig ist es erforderlich, in das Modell untergeordnete Aspekte aufzunehmen: So muß zwar das wirtschaftliche System, wie noch einsichtig wird, im Modell einen Platz haben, vernachlässigen kann man aber bei Aussagen über sein Verhältnis zur Schule etwa die Regelung der Sozialversicherung oder die betriebliche Altersversorgung. Dies mag allenfalls für ganz spezielle Fragen bedeutsam sein, nicht aber für eine allgemeine Betrachtung der Beziehung von Wirtschaft und Schule.

Soviel als Vorbemerkung. Aber auch hier stellt sich die Frage, wie es weiter geht, wie man zu ersten, wichtigen Aussagen über die Schule kommt.

Es bietet sich, wie schon wiederholt, eine *phänomenologische Analyse* an: Man betrachtet ein historisch gegebenes Schul- und Gesellschaftssystem, z. B. das der Neuzeit in Mitteleuropa, und versucht, wesentliche Bezüge festzuhalten und Nebensächliches auszuschalten. Man kann dabei in der Wahl des Gegenstandes so allgemein bleiben, da es um seine globale Beschreibung geht und nur die strukturellen Aspekte festgehalten werden sollen, ähnlich wie das bei der Bestimmung des Handlungsbegriffs oder der Analyse des erzieherischen Handelns der Fall war.

Also: In anderem Kontext sehr bedeutsam, aber unter diesem Aspekt wahrscheinlich unwichtig ist, ob Kinder mit fünf oder sechs Jahren in die Schule kommen, ob sie im ersten Jahr Noten erhalten oder nicht, ob Chemie mit zwei Wochenstunden oder einer unterrichtet wird. Wichtiger dagegen sind Fragen wie die, wozu Kinder und Jugendliche überhaupt zur Schule gehen, was grundlegend in der Schule geschieht und wer Einfluß nimmt auf das, was dort abläuft.

Zu guter Letzt stellt sich nun noch das Problem, wie man die Darstellung angeht. Man steht hier wie schon öfter vor dem Dilemma, entweder auf zeitgenössische Wissenschaftsbeiträge zur Theorie der Schule zurückzugreifen, dafür aber unter Umständen auf ein zunächst wenig verständliches Fachvokabular zu stoßen, auf Begriffe wie: ‚gesamtgesellschaftlicher Reproduktionsprozeß‘, ‚Perpetuierungs- und Affirmationsinstanz‘, ‚Ort multivarianter Qualifikationsvermittlung‘ u. ä.

Oder aber – und das ist unser Vorschlag – man greift auf eine klare, scharfe Analyse der Stellung von Schule zurück, die zwar nicht ‚neu‘ ist, die aber die wesentlichen Aspekte erfaßt und zudem auch sprachlich gut zugänglich ist. Wir meinen die Hinweise HEGELS auf die gesellschaftliche Stellung der Schule in seinen Gymnasialreden.

„Die Schule steht nämlich zwischen der Familie und der wirklichen Welt, und macht das verbindende Mittelglied des Uebergangs von jener in diese aus. Diese wichtige Seite ist näher zu betrachten.

Das Leben in der Familie nämlich, das dem Leben in der Schule vorangeht, ist ein persönliches Verhältnis, ein Verhältnis der Empfindung, der Liebe, des natürlichen Glaubens und Zutrauens; es ist nicht das Band einer Sache, sondern das natürliche Band des Bluts; das Kind gilt hier darum, weil es das Kind ist; es erfährt ohne Verdienst die Liebe seiner Eltern, so wie es ihren Zorn, ohne ein Recht dagegen zu haben, zu ertragen hat. – Dagegen in der Welt gilt der Mensch durch das, was er leistet: er hat den Werth nur, insofern er ihn verdient. Es wird ihm wenig aus Liebe und um der Liebe willen; hier gilt die Sache, nicht die Empfindung und die besondere Person. Die Welt macht ein von dem Subjektiven unabhängiges Gemeinwesen aus; der Mensch gilt darin nach der Geschicklichkeit und der Brauchbarkeit für eine ihrer Sphären, je mehr er sich der Besonderheit abgethan, und zum Sinne eines allgemeinen Sehns und Handelns gebildet hat.

Die Schule nun ist die Mittel-Sphäre, welche den Menschen aus dem Familienkreise in die Welt herüberführt, aus dem Naturverhältnisse der Empfindung und Neigung in das Element der Sache. In der Schule nämlich fängt die Thätigkeit des Kindes an, wesentlich und durchaus eine ernsthafte Bedeutung zu erhalten, daß sie nicht mehr der Willkür und dem Zufall, der Lust und Neigung des Augenblicks anheimgestellt ist; es lernt sein Thun nach einem Zwecke und nach Regeln bestimmen; es hört auf, um seiner unmittelbaren Person willen, und beginnt nach dem zu gelten, was es leistet, und sich ein Verdienst zu erwerben.

Auf der andern Seite hat die Schule ein Verhältnis zur wirklichen Welt, und ihr

Geschäft ist, die Jugend zu derselben vorzubereiten. Die wirkliche Welt ist ein festes in sich zusammenhängendes Ganze von Gesetzen und das Allgemeine bezweckenden Einrichtungen; die Einzelnen gelten nur, insoweit sie diesem Allgemeinen sich gemäß machen und betragen, und es kümmert sich nicht um ihre besonderen Zwecke, Meinungen und Sinnesarten. In dieses System der Allgemeinheit sind aber zugleich die Neigungen der Persönlichkeit, die Leidenschaften der Einzelnheit und das Treiben der materiellen Interessen verflochten; die Welt ist das Schauspiel des Kampfs beider Seiten miteinander. In der Schule schweigen die Privat-Interessen und Leidenschaften der Eigensucht; sie ist ein Kreis von Beschäftigungen, vornehmlich um Vorstellungen und Gedanken. – Wenn aber das Leben der Schule leidenschaftsloser ist, so entbehrt es zugleich das höhere Interesse und den Ernst des öffentlichen Lebens; es ist nur eine stille, innere Vorbereitung und Vorübung zu demselben. Was durch die Schule zu Stande kommt, die Bildung der Einzelnen, ist die Fähigkeit derselben, dem öffentlichen Leben anzugehören. Die Wissenschaft, die Geschicklichkeiten, die erworben werden, erreichen erst ihren wesentlichen Zweck in ihrer außer der Schule fallenden Anwendung."
aus: HEGEL 1811, S.269–273

Die Schule steht also nach HEGEL in einer Mittelstellung, sie hat überleitende und verbindende Funktion: Sie ist notwendige Durchgangsstation beim Weg von der Familie in die Gesellschaft.

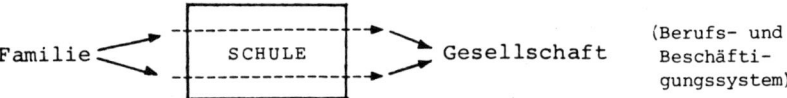

In der heutigen sozialwissenschaftlichen Terminologie würde man die Begriffe ‚Familie' und ‚Gesellschaft' nicht auf der gleichen Stufe einander gegenüberstellen. Mit Gesellschaft bezeichnet man das Gesamtsystem einer Sozietät (Gesamtgesellschaft), auf das bezogen Familie, Schule, Wirtschaft, Recht usw. nur Teile sind (Teilgesellschaften, Teilsysteme). Man müßte vom heutigen Sprachgebrauch her sagen: Schule, als ein gesellschaftliches Teilsystem, nimmt eine Mittelstellung ein zwischen dem Teilsystem Familie einerseits und dem von Wirtschaft und Beruf andererseits.

Was macht diesen Übergang eigentlich so bemerkenswert? Er wird es aufgrund der unterschiedlichen Bedingungen, unter denen die Menschen im vor- bzw. nachgelagerten System miteinander zu tun haben. In der Familie ist die Interaktion vor allem der Eltern mit dem Kind von Emotionalität und Sorge getragen; das Kind braucht sich ihre Liebe nicht zu erkaufen oder zu verdienen, sondern die Eltern geben ihm aus sich heraus Zuneigung. Die moderne Familiensoziologie spricht hier von affektiv identitätsförderndem Elternverhalten.

In der Gesellschaft dagegen – im Beruf, in der Öffentlichkeit, zum Teil auch in der Freizeit – basiert die Interaktion auf anderen Prinzipien: auf dem der Sache oder der Leistung. Der andere zählt nicht, weil er besonders sympathisch aussieht und man sich ihm affektiv bejahend zuwendet, sondern nur, sofern er etwas weiß oder kann. Die Interaktionsbezüge sind versachlicht. Im Beruf werden Leistung und Können verlangt, und die Sekretärin, die wegen ihrer hübschen Beine eingestellt wurde, bleibt eher die für Witzblätter geeignete Figur. Dieser Übergang aus der relativ behüteten und auf Zuwendung beruhenden Situation der Familie in die rauhere und eher sach- bzw. leistungsorientierte Sphäre der Gesellschaft ist recht massiv und erfordert einiges an Vorbereitungen, sowohl in bezug auf Wissen, Können als auch auf Haltungen und Einstellungen. Diese Aufgabe übernimmt primär die Schule.

In Zeiten, in denen privater und gesellschaftlich-öffentlicher Bereich noch nicht so stark voneinander getrennt waren, in denen zudem nicht derart komplexe und spezielle Fähigkeiten erfordert waren, hat die Familie selbst diese Übergangsfunktion übernommen. Spuren davon sieht man noch in agrarisch ausgerichteten Landstrichen, wo Leben der Familie und Arbeit ineinander übergehen und die Kinder durch Mitarbeiten im Familienkreis lernen, d. h. auf die ‚Berufstätigkeit‘ eines Bauern durch die Familie vorbereitet werden.

Noch eine weitere Anmerkung: Die Aussagen über die Situation in der Familie und der Gesellschaft sind generalisiert, sie erfassen weder pathologische Erscheinungsformen (daß ein Kind beispielsweise permanent geprügelt wird, oder es sich eben doch die Zuneigung seiner Eltern ‚erarbeiten‘ muß), noch Sonderformen (z. B. schichtspezifische Verhaltensweisen), noch Einzelfälle (daß also jemand in der Gesellschaft etwas gilt, nicht weil er gute Arbeit vollbringt, sondern weil er Beziehungen oder doch, wie schon erwähnt, die hübschen Beine hat). Dies sind Aspekte, die erst auf der nächsten, der schon etwas konkreteren Stufe in den Blick kommen, aber noch nicht hier bei einer ganz grundsätzlichen Betrachtung der Stellung von Schule im gesellschaftlichen System.

Nach diesen weiterführenden Aussagen wäre also unser Strukturbild folgendermaßen zu vervollständigen:

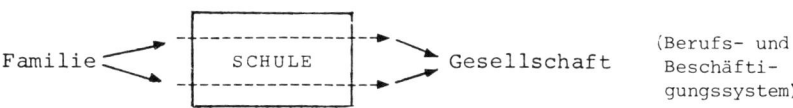

```
Familie                SCHULE           Gesellschaft        (Berufs- und
                                                            Beschäfti-
                                                            gungssystem)
```

Zugeordnete Werte:

Liebe	–	Leistung
Zuneigung	–	Sachorientierung
affektive Dimension	–	Wissen und Können

Aus ihrer Zwischenstellung lassen sich nun die **Funktionen von Schule** ableiten. Für unseren Gedankengang ist wichtig:

Schule ist mit beiden Sphären in Verbindung. Das bedeutet, daß Handlungsprinzipien aus beiden Bereichen in ihr angetroffen werden: das der *Zuwendung* und das der *Leistungsforderung und Sachlichkeit*.

Zu beiden Aspekten sind einige erläuternde Bemerkungen zu machen. Zunächst zur individuellen Zuwendung:

Die Schule ist kein Betrieb, in dem die einzelnen nur existieren, weil sie morgens eine Stechkarte drücken, sondern sie fußt auch auf einem persönlichen Verhältnis von Lehrer und Schüler. Dies ist nicht so zu verstehen, als sei die Lehrer-Schüler-Interaktion von intimer Kenntnis der beiderseitigen Anschauungen, Lebensumstände, Probleme usw. getragen; allerdings sollen Berichte darüber, daß ein Lehrer manchmal mit einem Schülernamen nicht einmal etwas Genaueres verbindet, als hoffentlich seltene Fehlformen nicht weiter verfolgt werden.

Der Hinweis auf die individuelle Zuwendung ist vielmehr so aufzufassen, daß letztlich der Adressat schulischer und unterrichtlicher Bemühungen der einzelne Schüler in seiner je besonderen Eigenart ist, *daß Schule also auf die Individualität des Schülers eingehen soll*. Allerdings wird dieses Prinzip von Schule häufig durch schulische Großkomplexe mit anonymen Beziehungen zwischen Schülern und Lehrern und durch zu große Klassen unterlaufen.

Aber nicht nur hinsichtlich der Schüler-Lehrer-Interaktion kommt das hier angesprochene Prinzip zum Tragen. Auch in didaktisch-methodischer Hinsicht wird dieser Aspekt umzusetzen versucht, beispielsweise im Verweis auf die Individualisierung des Unterrichts durch Wahl von Fächern bzw. Fachkombinationen. Hiermit soll der Neigung und Begabung des einzelnen Schülers Rechnung getragen und er in seiner Persönlichkeitsentwicklung gefördert werden.

Und nun noch einige Anmerkungen zu ‚Leistung und Sachlichkeit‘: Auf der anderen Seite verlangt Schule Leistung, steht schulische Arbeit unter dem Anspruch der Sache. Der Schüler muß etwas ‚bringen‘, er wird auch danach bewertet, was er leistet, er muß sich Fähigkeiten und Kenntnisse (Qualifikationen) aneignen, selbst wenn er überhaupt keine Lust dazu verspürt. *Die Sache, die Lerninhalte treten ihm mit einem gewissen verbindlichen Anspruch gegenüber* (als ‚objektive‘ Ansprüche) und sind gerechtfertigt aus dem Verweis auf die ‚wirkliche Welt‘, etwa durch Allerweltsbegründungen wie: das muß man heute wissen; ohne Fremdsprachen kommt man nicht weiter; in der Wirtschaft verlangt man das. Oder auch durch wissenschaftlich gestützte Hinweise auf die Bildungsfunktion von Inhalten, auf den Zusammenhang von Wissen und Handeln oder den von Wissen und Urteilsfähigkeit. Die ‚objektiven‘ Ansprüche an Lernen und Unterricht sind bis zu einem bestimmten Grad in Richtlinien verbindlich festgehalten.

Schaut man jetzt noch einmal zurück, dann ist zwischen den Zeilen schon eine ganze Reihe von Aufgaben der Schule erwähnt, die sich aus ihrer Mittelstellung ergeben – Aufgaben, die man selbstverständlich nicht jedesmal wie hier umschreibt, sondern in einem Begriff zusammenfaßt.

– Die Aufgabe der Schule, die aus der Anlehnung an familiale Interaktionsmuster herrührt und auf die Beachtung und Förderung der Individualität ausgerichtet ist, kann man ihre **Personalisationsfunktion** nennen.

– Die Hinwendung der Schule zur ‚wirklichen Welt‘, die Orientierung an Leistung und Können, kann als **Qualifikationsfunktion** bezeichnet werden.

Aber noch zwei wesentliche Funktionen sind aus der besonderen Stellung der Schule ableitbar. Schule ist selbst auch eine eigene Sphäre, sie ist eine Institution mit eigenen Regeln, die von solchen für Abschreiben-lassen bis zu den Begrüßungsriten reichen, und sie hat eigene Gesetze (z. B. Schulmitwirkungsgesetz). Es werden Strafen ausgeteilt, Belohnungen vergeben, bestimmte Rollen gespielt. All dies prägt die Menschen, die in dieser Institution zu tun haben: Man erwirbt bestimmte Verhaltensweisen und Anschauungen, man baut ein bestimmtes Bild von sich und den anderen auf, man erwirbt Fähigkeiten der Motivzuschreibung, der Identitätsbalance und der Rollendistanzierung, kurz: Schule als Institution hat auch eine **Sozialisationsfunktion** (vgl. Kap. 4.2).

(29) Strukturbild: *Funktionen von Schule*

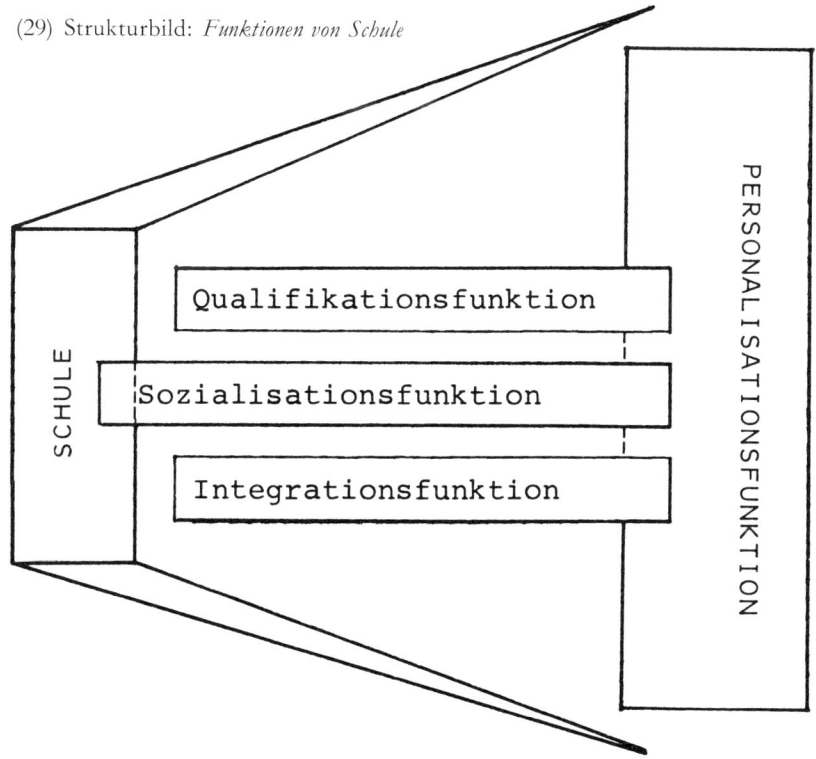

Und noch ein weiteres: Schule bereitet den einzelnen nicht nur auf sein berufliches Leben vor, sondern auch auf sein politisch-öffentliches. Hier sind Anforderungen durch schulischen Unterricht zu lösen, die man im weitesten Sinne als politische Bildung bezeichnen kann. Ihre Aufgabe: Einführung in die politisch-rechtliche Ordnung der jeweiligen Staatsverfassung, aber nicht bloß im Sinne eines affirmativ geprägten Akzeptierens, sondern darüber hinaus in der Intention, neben Anerkennung auch Kritik des Gegebenen zu ermöglichen. Man könnte diese Aufgabe die **Integrationsfunktion** von Schule nennen.

Noch einige Worte zur Darstellung, bei der die Größen nacheinander angeordnet sind, während sie tatsächlich jedoch wechselseitig miteinander in Verbindung stehen. So muß beispielsweise hervorgehoben werden, daß die Persönlichkeitsbildung nur über die anderen Funktionen angestrebt werden kann. Was jemand als Person ist, ist er in beruflicher *und* zugleich in politischer *und* in öffentlich-gesellschaftlicher *und* in privat-familialer Hinsicht. Man kann sagen: Er realisiert sich als Person über die anderen Bezüge.

Dennoch kann es sinnvoll sein, die Personalisationsfunktion der Schule gesondert aufzuführen,

a) um das auf das jeweilige Individuum ausgerichtete Handlungsprinzip von Schule deutlich zu machen,

b) um auf die Vernachlässigung dieses Prinzips zugunsten anderer Funktionen kritisch hinweisen zu können.

Auch zur Sozialisationsfunktion ist eine Anmerkung zu machen. Sie ist hier abgeleitet worden aus dem Charakter der Schule als Institution und verweist auf die damit zusammenhängenden gesellschaftlichen Handlungsmuster des einzelnen. Wie aber in Kap. 4 deutlich werden sollte, ist der Sozialisationsbegriff weiter zu fassen; er bezieht sich auf die Fähigkeit zum sozialen Handeln überhaupt, eine Fähigkeit, die selbstverständlich nicht nur in der Schule vermittelt wird und auch nicht nur in Form von Anpassungsleistungen besteht.

5.1.1 Lerntafel

Schule hat gesellschaftlich gesehen eine

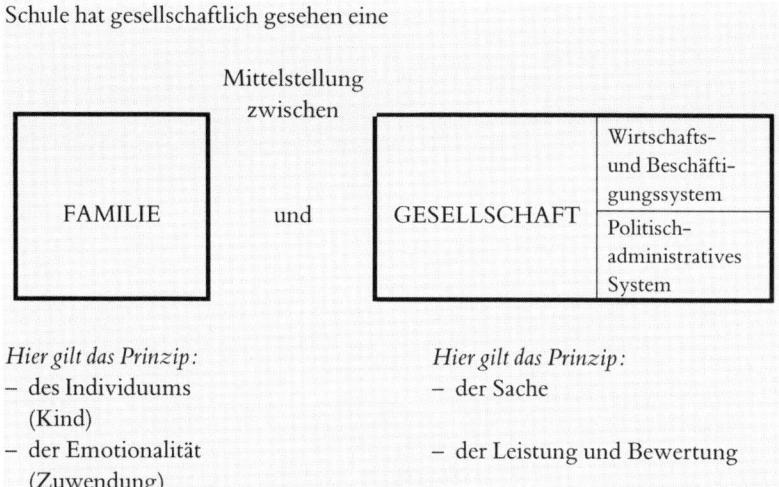

Hier gilt das Prinzip:
- des Individuums
  (Kind)
- der Emotionalität
  (Zuwendung)

Hier gilt das Prinzip:
- der Sache

- der Leistung und Bewertung

Aus dieser Mittelstellung von Schule resultieren ihre verschiedenen Funktionen:

Personalisationsfunktion: die Bildung des Individuums zu einer selbständig handelnden Person (Persönlichkeitssystem)

Qualifikationsfunktion: die Vermittlung tätigkeitsrelevanter Fähigkeiten und Einstellungen (Beschäftigungssystem)

Sozialisationsfunktion: die Vermittlung von Haltungen, die zur Interaktion in der Institution Schule befähigen (Institutionelles System)

Integrationsfunktion: die Vermittlung von Fähigkeiten, Fertigkeiten und Einstellungen, die zur Teilnahme an politischen Vorgängen erforderlich sind (Politisch-administratives System)

5.2 Schule und Staat

Wiederholt war die Rede von der Einlagerung des Erziehungs- und Bildungsprozesses in den politisch-gesellschaftlichen Kontext (vgl. Kap. 1.2) oder von der Legitimation bildungspolitischer Entscheidungen (vgl. Kap. 2.3). Diesem bislang nur andeutungsweise erwähnten Zusammenhang von Schule und Staat wird im folgenden Kapitel näher nachgegangen.

Der Staat wirkt auf die Schule ein: Er baut Schulen, strukturiert das Schulsystem, erläßt Lehrpläne und Richtlinien, Versetzungsordnungen, Schulmitwirkungsgesetze. Zusammenfassen kann man alle diese Aktivitäten im Begriff der **Bildungspolitik**, die damit definiert werden kann als *der sich auf den Bildungsbereich richtende Zugriff des Staates.*

Was da nun im einzelnen bestimmt, geregelt, auferlegt wird, hat formal den Charakter einer **Herrschaftsanordnung**. Es sind Willenskundgebungen des Staates,
– die inhaltlich festgelegt,
– mit dem Anspruch auf Befolgen (Gehorsam) verbunden und
– für einen angebbaren Personenkreis gedacht sind.
(Diese Ausführungen erfolgten in loser Anlehnung an die klassische WEBERsche Definition von Herrschaft).

Zur Verdeutlichung dieser Kennzeichnung des Verhältnisses von Schule und Staat als einem Herrschaftsverhältnis kann das Beispiel schulischer Lehrpläne dienen:

Ein Lehrplan ist unter dieser Perspektive als Aufforderung sowohl an Schüler als auch an Lehrer zu verstehen, sich die dort erwähnten Inhalte anzueignen und die entsprechenden Fähigkeiten, Fertigkeiten und Einstellungen zu erwerben bzw. sie zu vermitteln. Dieser Anspruch wird bereits in der Sprache der Lernziele deutlich, die teilweise in Form von Geboten gehalten sind: Der Schüler soll die Fähigkeit erwerben ...

5.2.1 Das Legitimationsproblem

Wenn man das Verhältnis von Schule und Staat unter dieser Perspektive als Herrschaftsverhältnis behandelt, dann kommt ein zentrales Problem auf: die Frage nämlich, mit welchem Recht der Staat hier überhaupt anordnen kann. Man bezeichnet diesen Komplex von Fragen als **Legitimationsprobleme**.

Ehe wir näher darauf eingehen, was hier problematisch ist, sollte zunächst der Begriff der Legitimation geklärt sein: **Legitimation** *bezeichnet den Ausweis einer Herrschaftsordnung als rechtens.*

Dieser Beleg der Rechtmäßigkeit erfolgt durch den *Verweis auf grundlegende, allgemein anerkannte Normen und Werte.* Ein demokratisches System legitimiert sich beispielsweise mit dem Verweis auf Normen wie Menschenwürde und Rechtsstaatlichkeit; andere Systeme verweisen auf die Vorsehung, die den auserwählten Führer schickt, oder auf den Weltgeist, in dessen Namen die kollektive Führung alle ins klassenlose Paradies führen wird.

Wir sollten nun fragen, warum Legitimation überhaupt notwendig ist.

Sie ist aufgrund des Herrschaftsverhältnisses erfordert. Schildert man die politische Situation einmal ganz trivial, dann sieht es so aus: Oben sitzen einige Leute – sei es der Kaiser, das Kollektiv oder ein Parlament – die *anordnen,* und unten sind die anderen, die die *Anordnungen befolgen* sollen. Dies zu erwirken, ist auf zweierlei Art möglich:

a) Man setzt seinen Willen mit Gewalt durch, ein insgesamt mühevoller, unsicherer, unökonomischer Weg. Zudem verweist dieses Vorgehen auf reinen Machtgebrauch, der bis zur physischen Gewaltanwendung reicht, womit dann natürlich die Frage nach der Legitimation dieses Tuns überflüssig geworden ist.

b) Man macht deutlich, daß die Anordnung sinnvoll, gut ist, für alle nur das Beste intendiert. Dies aber immer wieder bei jeder einzelnen Anordnung neu durchzuführen, ist aufwendig und zeitraubend.

Die Lösung: *Wenn es gelingt, das Herrschaftssystem insgesamt als sinnvoll und gut darzustellen und das Fußvolk dazu zu bringen, dies auch anzuerkennen, dann hat man eine Art globalen Vertrauensvorschuß geschaffen.* Ein System, das insgesamt als sinnvoll angesehen ist, wird auch nur entsprechende Anordnungen treffen.

Also: Legitimation ist ein globaler Vertrauensvorschuß, den die Empfänger von Anordnungen den Anordnenden entgegenbringen; Legitimation erhöht damit die Bereitschaft auf bereitwillige Ausführung der Herrschaftsanordnung.

Dabei interessieren die Fragen nach der konkreten verfassungsrechtlichen Beschaffenheit des jeweiligen Herrschaftssystems noch nicht. Legitimation ist ein allgemeines Phänomen von Herrschaft – im Gegensatz zu amorphen Machtbeziehungen – und gründet darauf, ob und in welchem Ausmaß die Adressaten von Anordnungen die herrschaftsbegründenden Normen anerkennen.

Wenn die Dinge im Grunde doch so einfach liegen, fragt sich nun, wieso man dann gleich von Legitimations*problemen* sprechen muß.

Aber: Im Laufe der Geschichte ereignete sich das, was aus der Perspektive der Herrschenden nur als ‚Sündenfall' gesehen werden kann: Eines Tages wollten diejenigen, die bisher Anordnungen erhalten hatten, selber anordnen. Damit verkomplizierten sich die Dinge. Einerseits traten die demokratischen Bewegungen an im Zeichen der Selbstbestimmung des Volkes. Das Volk wurde nunmehr als Souverän und nicht mehr als dem Willen gottgewollter Fürsten unterworfen angesehen. Andererseits aber war damit das Phänomen der Herrschaft nicht aufgehoben. Nach wie vor mußte angeordnet werden, wer beispielsweise zum Wehrdienst eingezogen wurde, wem Sozialhilfeleistungen zustanden, mußten Gesetze zur Prozeßordnung, Erbschaftsregelung, Schulpflicht usw. erlassen werden. Wie waren beide Stränge zu vereinbaren, *wie konnten Herrschaft und Freiheit zusammen bestehen?*

Die Antwort glaubt Rousseau gefunden zu haben:

Indem jeder am allgemeinen Herrschaftswillen teilhat, gehorcht er in der Herrschaftsanordnung letztlich nur sich selber.

Dieses Legitimationsprinzip ist das aller demokratischer Staaten, es ist auch in unserer Verfassung in Art. 20 GG Abs. 2 ausgedrückt: Alle Staatsgewalt geht vom Volke aus.

Ist nun mit dieser republikanischen Formel im Grunde nicht das Legitimationsproblem gelöst?

Nicht ganz, wenn man noch einen Schritt weiter denkt. Auf eine allgemeine und von allen akzeptierte Art sind die Legitimationsgrundlagen unseres Staates im Grundgesetz und in einzelnen Grundgesetzartikeln festgehalten.

Aber:
- Die einzelnen Grundgesetzartikel stehen zum Teil einander *spannungsvoll* gegenüber, so daß eine jeweils andere Lesart entsteht, je nachdem, welche Artikel man in den Vordergrund stellt. Denken Sie beispielsweise an die Eigentumsfrage: Einerseits heißt es, Eigentum verpflichte, andererseits ist Eigentum als unantastbar hingestellt.
- Sind mit Bezug auf das Grundgesetz konkrete Verfassungsfragen, z. B. Verfassungsmäßigkeit des Sexualkundeunterrichts oder der Gesamtschule zu entscheiden, dann müssen die Artikel *interpretiert* werden. Bei einer Interpretation fließt notwendig immer ein gewisses Vorverständnis ein, so daß sie in dem Maße unterschiedlich vorgenommen wird, in dem das Vorverständnis der Interpreten jeweils voneinander abweicht.

Da nun in einer pluralistisch verfaßten Gesellschaft ganz unterschiedliche Auffassungen über Politik, über die Gliederung der Gesellschaft, über Demokratie und Gleichheit herrschen – Auffassungen, die aus unterschiedlichen politischen Traditionen herkommen – wird
- das Grundgesetz auch verschieden interpretiert und
- die Legitimationsgrundlage einer konkreten Herrschaftsanordnung, z. B. eines Lehrplans, unterschiedlich aufgefaßt.

Anders ausgedrückt: Legitimationsprobleme entstehen nun dadurch, daß in pluralistisch verfaßten Gesellschaften nicht angenommen werden kann, alle verschiedenen Gruppen stimmten *einer* bestimmten Legitimationsauslegung zu. Die grundlegende Art der republikanischen Legitimation wird als allgemeine Legitimationsbasis nicht zur Disposition gestellt; wohl aber entstehen Probleme hinsichtlich legitimatorischer Teilfragen, etwa bezüglich des Ausmaßes der direkten Bürgerbeteiligung, des genauen Verhältnisses von Staat und Bürger im konkreten Einzelfall oder eben in der Bildungspolitik. Deutlich wurden diese Probleme bei den Diskussionen um die nordrhein-westfälischen Richtlinien (vgl. auch noch einmal Kapitel 2.3), vor allem werden sie offenbar bei den Kontroversen zwischen den politischen Parteien. Denn die Parteien nehmen die Interpretation der Verfassung vor dem Hintergrund bestimmter **Grundwerte** vor. *Dies sind zentrale Werte der betreffenden politischen Ideologie, etwa des Liberalismus oder des demokratischen Sozialismus.*

Die Kontroversen beziehen sich aber nicht nur auf die Interpretation des Grundgesetzes, sie reichen bis in die konkreten Anordnungen hinein. Als eine solche bzw. als Absichtserklärung, eine solche Anordnung herbeiführen zu wollen, kann man das Votum der SPD-regierten Länder in der Bundesrepublik Deutschland für die Gesamtschule als Regelschule ansehen. Die Anordnung muß legitimiert werden, wobei die Legitimationsgrundlagen nicht unumstritten bleiben. Im Gegenteil: Die anderen Parteien stellen die Legitimation für dieses

Votum aus ihrer eigenen Sicht jeweils anders dar, so daß sich in der Konfrontation der Standpunkte Legitimations*konflikte* ergeben.

Dieser Zusammenhang von normativen Positionen einer Partei (Grundwerten) und Legitimationsausweis einer Anordnung (hier der Gesamtschulpläne) wird im Tableau (40) verdeutlicht.

Eine Anzahl von Kontroversen im Rahmen der Bildungspolitik haben sich zu ernsthaften Legitimationskonflikten weiterentwickelt und mußten an höchster Stelle verfassungsrechtlich geklärt werden. Dabei zogen weniger die politischen Kontrahenten (Parteien oder Interessengruppen) vor Gericht als vielmehr die unmittelbar Betroffenen, die Eltern als Anwalt der Interessen ihrer Kinder.

Hier haben wir den typischen Fall, daß diejenigen, denen die Anordnung gilt, die Legitimationsgrundlage, den Rechtsgrund nicht anerkennen und sich daher den Maßnahmen widersetzen. Deutlich nachzeichnen kann man diesen Legitimationskonflikt am Beispiel einer Klage baden-württembergischer Eltern vor dem Bundesverfassungsgericht gegen Inhalte und sogar die Existenz der Sexualkunde als verpflichtendem Schulfach. Der Konflikt resultiert aus einer von den Richtlinien abweichenden verfassungsrechtlichen und weltanschaulichen Interpretation der Sexualkunde durch die Eltern. Zur Begründung ihrer Klage führen sie an,

„... die Sexualaufklärung durch die Schule stelle einen durch Art. 7 Abs. 1 GG nicht gedeckten Eingriff in ihr elterliches Erziehungsrecht (Art. 6 Abs. 2 GG), in ihre familiäre Intimsphäre (Art. 2 Abs. 1 GG) und ihre Menschenwürde (Art. 1 Abs. 1 GG) dar. Der Sexualkundeunterrricht in den unteren Gynmasialklassen und für Kinder im Alter der Beschwerdeführerin zu 3) führe zu irreparablen Entwicklungsschäden der Kinder, insbesondere zu einer verfrühten Sexualisierung und zu einer dadurch bedingten vorzeitigen Lockerung der Familienbande.

Durch die Übernahme der Sexualerziehung greife der Staat in unzulässiger Weise in die natürlichen Erziehungsrechte der Eltern ein. Der Staat müsse trotz seines Aufsichtsrechts aus Art. 7 Abs. 1 GG die Verantwortung der Eltern für den Gesamtplan der Erziehung ihrer Kinder achten und für die Vielfalt der Anschauungen in Erziehungsfragen so offen sein, wie sich dies mit einem geordneten staatlichen Schulsystem vertrage. Die augenblickliche Regelung verstoße insofern formell und materiell gegen Art. 2 Abs. 1 GG, als ein derartiger Eingriff in die Intimsphäre der Familie, wie sie Sexualerziehung darstelle, nicht mehr den Freiheitsraum lasse, der dem Bürger nach der Verfassung garantiert werde.

Die sexuelle Aufklärung des Kindes gegen den Willen der Familie vor Eintritt oder ohne Rücksicht auf dessen Reife verletze die Menschenwürde des Kindes wegen der mit einer vorzeitigen Sexualisierung verbundenen Schäden. Daneben verstoße die obligatorische Schulaufklärung auch gegen die Würde der Eltern, da nur diese allein befugt seien, Zeitpunkt und Art der Aufklärung zu bestimmen. Aus diesen Gründen dürften die Länder allenfalls einen fakultativen Sexualkundeunterricht anbieten. Eine zulässige Freistellung sei jedoch dann nicht möglich, wenn es sich um einen fächerübergreifenden Sexualkundeunterricht wie in Weinheim handele.

(30) Tableau: *Bildungspolitische Kontroversstandpunkte zur Gesamtschule*

Partei	Grundwerte - Parteiprogrammatische Standpunkte -	Stellung zur Gesamtschule
CDU	Ausgangspunkt: Rechtsgleichheit aller Menschen, aber natürliche Ungleichheit hinsichtlich – Begabung – Leistung – Interesse. Chancengerechtigkeit fordert daher ein gegliedertes Schulsystem, vielfältige Angebote, Ausgleich nachteiliger Vorbedingungen.	Begabten Schülern steht der Zugang zu allen weiterführenden Bildungsgängen offen; das Gymnasium ist keine schichtspezifische Schule mehr. Das gegliederte Schulsystem sichert ein hohes Bildungsniveau, Leistungsfähigkeit, Begabungsentwicklung. Integrierte Gesamtschule nivelliert durch Leistungsabbau. Ablehnung der Gesamtschule als Angebots-Regelschule.
SPD	Ausweitung von Mitbestimmung aller Bürger und mehr Chancengleichheit. Schule (Bildung) hat eine gesellschaftliche und politische Funktion unter dem Vorzeichen einer auf demokratisch-sozialistische Prinzipien bezogenen Gesellschaftsordnung. Voraussetzung für Chancengleichheit und Freiheit ist die materiale (sozio-ökonomisch/kulturelle) Demokratisierung der Gesellschaft.	Ablösung des dreigliedrigen Schulsystems zugunsten einer gemeinsamen, für alle Schüler verbindlichen Grundbildung und zusätzlich individualisierter Bildungsgänge (nicht schulformspezifisch). Gesamtschule ermöglicht als einzige Schulform letztlich Chancengleichheit und Abbau schichtspezifischer Barrieren.
FDP	Liberalisierung und Demokratisierung der Gesellschaft. Individuelle Freiheit, Selbstbestimmung und politische Mündigkeit des einzelnen. Chancengleichheit als Abbau sozialer Barrieren bei Betonen von Leistungsbereitschaft und individueller Initiative.	Gesamtschule als 'offene Schule', die individuelle Förderung des einzelnen durch breite Bildungsangebote ermöglicht, ist zu bejahen. Offene Schule im Sinne der Gesamtschule fördert (a) die Autonomie in der Entscheidung über Interessen, Leistung, (b) ständigen Chancenausgleich und zunehmende Demokratisierung.

Schließlich liege auch ein Verstoß gegen Art. 4 GG vor; denn die Sexualerziehung der Schule stelle zugleich einen Eingriff in das Recht auf Gewissensfreiheit dar. Die ethische Einstellung der unterrichtenden Lehrer decke sich nämlich keineswegs immer mit der Einstellung der Kinder und ihrer Eltern, weshalb die erzwungene Teilnahme eines Kindes am Sexualkundeunterricht der Schule immer dann gegen die Gewissensfreiheit verstoße, wenn z. B. der bei dem einzelnen Kind und seinen Eltern bestehenden Haltung zur Keuschheit in einem erzwungenen Sexualkundeunterricht nicht entsprechend Rechnung getragen werde."

aus: ENTSCHEIDUNGEN BVerfG 1978, S. 62/63

Dieses von den Eltern reklamierte Erziehungsrecht steht dem staatlichen Auftrag nach Art. 7 GG gegenüber, aber nicht nur in dem Sinne, als käme dem Staat lediglich das Recht zur Wissensvermittlung in der Schule zu.

„Dieser Auftrag des Staates, den Art. 7 Abs. 1 GG voraussetzt, hat vielmehr auch zum Inhalt, das einzelne Kind zu einem selbstverantwortlichen Mitglied der Gesellschaft heranzubilden. Die Aufgaben der Schule liegen daher auch auf erzieherischem Gebiet. Zwar spricht – wie oben dargelegt wurde – vieles dafür, daß der geeignete Platz für die individuelle Sexualerziehung das Elternhaus ist. Auf der anderen Seite muß aber auch berücksichtigt werden, daß die Sexualität vielfache gesellschaftliche Bezüge aufweist. Sexualverhalten ist ein Teil des Allgemeinverhaltens. Daher kann dem Staat nicht verwehrt sein, Sexualerziehung als wichtigen Bestandteil der Gesamterziehung des jungen Menschen zu betrachten. Dazu gehört es auch, die Kinder vor sexuellen Gefahren zu warnen und zu bewahren.

Aus all diesen Gründen sind keine grundsätzlichen verfassungsrechtlichen Bedenken dagegen zu erheben, wenn der Staat Themen der Sexualität des Menschen zum Unterrichtsgegenstand in der Schule macht. Das gilt zunächst, soweit es sich lediglich um die Vermittlung von Tatsachen und Vorgängen handelt, die wertneutral – d. h. losgelöst von jedem sexualethischen Bezug – dargeboten werden. Aber auch die eigentliche Sexualerziehung, wie sie die KMK-Empfehlungen für die höheren Klassen vorsehen, fällt grundsätzlich mit unter die Schulhoheit des Staates; denn auch ihm kann ein pädagogisch legitimer Auftrag zur geschlechtlichen Erziehung der Kinder nicht bestritten werden. Dieser ergibt sich – wie dargelegt – aus seinem allgemeinen Bildungs- und Erziehungsauftrag."

aus: ENTSCHEIDUNGEN BVerfG 1978, S. 72

Man kann klar erkennen: Der Legitimationskonflikt entwickelt sich letztlich vor dem Hintergrund unterschiedlicher weltanschaulicher Positionen, in deren Licht dann das Grundgesetz schwerpunktmäßig interpretiert wird. Eine weltanschaulich religiös gebundene, auf das private Erziehungsrecht der Eltern pochende Auffassung kollidiert mit einer allgemeinverbindlichen Lehr- und Lernanordnungsbefugnis des Staates.

In unserem Beispiel ist der Konflikt zugunsten des Staates entschieden worden. Die sich in den Richtlinien ausdrückende Anordnung wird damit als legitim, als rechtens ausgezeichnet und kann gegenüber den Adressaten (Eltern, Schüler, Lehrer) mit dem vollen Anspruch auf Befolgung auftreten.

5.2.2 Etappen der Bildungspolitik in der BRD nach 1945

Unter Bildungspolitik haben wir die staatliche Gestaltung des Bildungswesens verstanden und im vorigen Abschnitt allgemein die politisch-normativen Grundlagen dieses Zugriffs dargestellt. Neben Einsichten in die allgemein verfassungsrechtlichen und politischen Voraussetzungen sollte man auch über einen groben Überblick der wichtigsten **Stationen bildungspolitischer Entwicklung** des Schulwesens verfügen.

Schwierigkeiten in der Darstellung ergeben sich durch die Gliederung des Bildungssystems vom Kindergarten über den Primar- zum Sekundarbereich und weiter zum tertiären Bereich, die alle ihre eigene Geschichte haben. Ein weiteres Problem entsteht durch die Frage, was man als Etappen ansieht: einen Erlaß des Kultusministers, eine Studie des Bildungsministeriums, einen Reformplan?

Wir haben uns angesichts dieser Probleme dafür entschieden, die Schilderung der Etappen auf die *Reform der gymnasialen Oberstufe* zu beziehen.

Die Gründe: Die Entwicklung des Gymnasiums kann insofern als symptomatisch für grundlegende bildungspolitische Tendenzen dargestellt werden, als sich hier Zielsetzungen und Werte einer allgemeinen Diskussion niederschlugen, und dies besonders häufig unmittelbar, da über lange Zeiträume hinweg das Gymnasium im Mittelpunkt von Reformüberlegungen stand.

In der bildungspolitischen Entwicklung kann man drei große Etappen abgrenzen, die Phasen
– der Restauration: 1945–1960,
– des Reformaufbruchs: 1960–1973/74,
– der Reformstagnation bzw. -korrektur: 1973/74 bis heute.

Die bildungspolitische Entwicklung nach 1945 begann mit einem *bewußten Anknüpfen an die schulpolitische Situation der Weimarer Zeit*. Allerdings stellten sich auch schnell die schon damals kritisierten Probleme des Gymnasiums wieder ein: *Stoffülle und Ausweitung des Fächerkanons*.

Die ersten bildungspolitischen Aktivitäten in der Bundesrepublik setzten daher auch an diesem Punkt ein: In den **‚Tübinger Beschlüssen‘** (1953) forderten Hochschullehrer, Schulpädagogen und Vertreter der Schulverwaltungen eine ‚innere Umgestaltung des Unterrichts an der Höheren Schule und der Bildung ihrer Lehrer an der Hochschule‘. Als eine weitreichende Möglichkeit, Probleme der Stoffülle und der bloßen Wissensvermittlung anzugehen, wurde das *exemplarische Prinzip* angesehen, durch das man eine Konzentration auf das Wesentliche zu erreichen hoffte.

Was die Frage nach einer Reduzierung des ausgeweiteten Fächerkanons betraf, so griff man hier auf das von W. FLITNER entwickelte Konzept der ‚grundlegenden Geistesbildung‘ und seinen Begriff der ‚Initiationen‘ zurück: Der Fächerkanon der gymnasialen Oberstufe soll den Schüler mit den Geistesrichtungen unserer Kultur vertraut machen, aber nicht in einer fachmännisch spezialisierten, sondern in propädeutischer, in einführender Art und Weise (daher der Begriff der Initiation).

Neben diesen allgemeinen lehrplantheoretischen und didaktischen Fragen stellte sich aber auch die nach der Funktion des gymnasialen Abschlusses hinsichtlich des sich daran anschließenden Universitätsstudiums. Der Problemkreis wurde mit dem Stichwort von der *allgemeinen Hochschulreife* angesprochen und ist auf einer Reihe von Konferenzen, den nach dem Tagungsort so benannten **,Tutzinger Gesprächen'** (1958 und 1960) behandelt worden. Hier kamen zwei Motivstränge zusammen: Man wollte einerseits den allgemeinbildenden, propädeutischen Charakter der Gymnasialbildung wahren, andererseits aber auch ausbildungspragmatische Gesichtspunkte im Begriff der Studierfähigkeit aufnehmen. Als das Ergebnis dieser bildungspolitischen Überlegungen kann der ,Tutzinger Maturitätskatalog' (1958) angesehen werden, der Angaben darüber enthält,

– in welche Sachgebiete jemand eingeführt sein soll, damit der Anspruch auf *grundlegende Geistesbildung* aufrechterhalten werden kann, und

– über welche Fähigkeiten der Abiturient verfügen muß, damit er als *studierfähig* gelten kann.

Der Tutzinger Maturitätskatalog enthält also Aussagen über die Sachgehalte der Gymnasialbildung, die noch auf einem allgemeinen Konsens über den Charakter der abendländisch-christlichen Kultur basieren konnten: Es sind dies Sprache und Mathematik, christliche Glaubenswelt, philosophisch-wissenschaftliches Problembewußtsein, Einsicht in exakt naturwissenschaftliche Verfahren, in die politische Welt und ihren Zusammenhang zur gesellschaftlich-sittlichen Ordnung. Verknüpft waren diese Inhaltsbereiche mit grundlegenden Denk- und Verfahrensweisen, über die der Schüler verfügen sollte, beispielsweise Fähigkeit zur philosophischen Reflexion, Verstehensfähigkeit, Problembewußtsein.

Trotz dieser allgemeinen gymnasialtheoretischen und didaktischen Überlegungen blieb weiterhin das Problem der großen Fächerzahl bestehen, denn sowohl die Tübinger Beschlüsse als auch der Tutzinger Maturitätskatalog enthalten keine konkrete Beschränkung hinsichtlich des Fächerkanons in der gymnasialen Oberstufe. An diesem Punkt nun setzte 1960 die **,Saarbrücker Rahmenvereinbarung'** ein, die eine primär *organisatorische Regelung des Oberstufenunterrichts* darstellt.

Der Fächerkanon wird in den Bereich der Pflichtfächer und der Wahlpflichtfächer aufgeteilt, die bisher übliche Zahl von 12–13 Schulfächern wird auf insgesamt 9 herabgesetzt. Innerhalb der Pflichtfächer unterschied man zwischen solchen Fächern, die allen Gymnasialtypen – dem humanistischen, dem fremdsprachlichen, dem mathematisch-naturwissenschaftlichen – gemeinsam sind, und anderen, für den jeweiligen Typ spezifischen Fächern. So konnte beispielsweise in den fremdsprachlichen Gymnasien die Mathematik, in den mathematisch-naturwissenschaftlichen die Fremdsprache schon am Ende der 11. oder 12. Klasse abgeschlossen werden, was in der Konsequenz zu einem mathematik- oder fremdsprachenlosen Unterricht auf der Oberstufe führt; eine Regelung, die auf heftige Kritik gestoßen ist. Die organisatorischen Fragen der Saarbrücker Rahmenvereinbarung sind didaktisch in den ,**Stuttgarter Empfehlungen**' (1961) umgesetzt worden. Strukturierende didaktische Prinzipien waren dort das der Konzentration und des Exemplarischen sowie das der Selbständigkeit der Schüler.

Seit Mitte der 60er Jahre vollzog sich in der Bundesrepublik der Wandel von der eingangs erwähnten reaktiven Phase zu der des *Reformaufschwungs*. Hierfür sind mehrere Faktoren als ,Auslöser' zu veranschlagen.

– In *sozialpolitischer* Hinsicht hatten Untersuchungen verstärkt auf die Ungleichheit der Bildungschancen von Kindern unterschiedlicher sozialer Gruppen, damit auch auf den ungleichen oder besser unproportionalen Zugang zum Gymnasium hingewiesen. Besonders hervorgehoben wurde die Benachteiligung von Mädchen, Arbeiterkindern, Landbevölkerung. Vor dem Hintergrund dieser Negativbefunde hat dann DAHRENDORF das Recht auf Bildung eines jeden in seinem berühmt gewordenen Buch ,Bildung ist Bürgerrecht' (1965) postuliert; er fordert dort entsprechend seiner liberalen Gesellschaftsauffassung, der Staat müsse durch Bildungswerbung, Aufklärung über Bildungsgänge und Abschlüsse die Voraussetzungen schaffen, damit der einzelne sein in der Verfassung verbrieftes Recht auf Bildung auch tatsächlich wahrnehmen könne. Diese eher bildungsanbietende Funktion des Staates wurde von demokratisch-sozialistischen Positionen her als nur der halbe Schritt auf dem ganzen Weg zur Chancengleichheit gewertet: Die tatsächlichen sozio-ökonomischen Ursachen für Bildungsungleichheit seien unberührt. Der Staat dürfe Bildung nicht bloß anbieten, er müsse auch material für die Umsetzung dieses Rechts sorgen, etwa durch Fördermaßnahmen, kompensatorischen Unterricht, Gesamtschule, Ganztagsschulen.

– Der zweite große Veränderungsfaktor betraf *bildungsökonomische* Überlegungen: Durch wissenschaftliche Arbeiten gestützt, wurde Bildung als Humankapital angesehen und in Zusammenhang zum Wirtschaftswachstum und zur Sicherung des Lebensstandards einer Gesellschaft gesetzt. Für die Bundesrepublik sah man wegen der im Vergleich zu anderen Ländern geringeren Abiturientenzahlen eine ,Bildungskatastrophe' (PICHT 1965) aufkommen, der nur mit einer Erhöhung der Abiturientenzahlen vorzubeugen sei.

– Schließlich sollte auch eine mehr im *erziehungswissenschaftlichen* Bereich eintretende Entwicklung als Veränderungsfaktor festgehalten werden. Die bis dahin nahezu unangefochtene Position der geisteswissenschaftlichen Pädagogik (vgl. auch Kap. 7.1, ,hermeneutische Position') wurde auf lehrplantheoretischem Gebiet von empirischen und deutlicher wissenschaftsbezogenen Positionen in den Hintergrund gedrängt. Damit traten für den Bereich der Fächerauswahl wie der Lehrverfahren die Wissenschaften einschließlich ihrer Methoden stärker in den Vordergrund. Das Prinzip des wissenschaftsorientierten Unterrichts rückte ins Zentrum der weiteren bildungspolitischen Diskussionen.

Umfassend fanden diese Entwicklungen 1970 Ausdruck im ‚**Strukturplan für das Bildungswesen**‘ des Deutschen Bildungsrates. Seine Leitprinzipien waren: *Chancengleichheit, Individualisierung* des Unterrichts durch Berücksichtigung von Neigung und Begabung und *Wissenschaftsorientiertheit* des Lernens. Das Bildungswesen, damit auch die gymnasiale Oberstufe, wurde als ein aufeinander bezogenes Ganzes gesehen, das nur noch nach Schulstufen differenziert war, also nach Primarbereich, Sekundarstufe I, Sekundarstufe II. Hinsichtlich der gymnasialen Oberstufe sollte die einlinige Zuordnung zum Universitätsstudium durch die Aufnahme auch berufsbezogener Bildungsgänge in der Sekundarstufe II aufgebrochen werden.

Der Strukturplan formulierte die zu diesem Zeitpunkt wichtigsten Prinzipien der Bildungspolitik. Er fungierte als eine Art Leitfaden für bildungspolitische Reformen; er ist selbst nicht unmittelbar in schulpolitische Maßnahmen umgesetzt worden, sondern hat solche angeregt, gestützt und den konzeptionellen Rahmen dafür abgegeben.

Die für das Gymnasium wichtigste und folgenreichste schulpolitische Maßnahme stellt die erst zwei Jahre später verabschiedete ‚**Bonner Vereinbarung**‘ dar, die eine tiefgehende Änderung der gymnasialen Oberstufe bewirkte.

Mit der Bonner Vereinbarung versuchte man, die bisherigen Reformentwicklungen zur Oberstufe des Gymnasiums zusammenzufassen und in eine entsprechende Organisationsform umzusetzen. Kurz zu den wichtigsten Regelungen:

– Der Unterricht wird in Form von im Prinzip *frei wählbaren Kursen* durchgeführt, unter Beachtung gewisser Wahlauflagen.

– Ein fester Fächerkanon ist zugunsten von *Aufgabenfeldern* aufgegeben, denen im nachhinein Einzelfächer zugeordnet werden. Die Aufgabenfelder sind:
(a) literarisch-sprachlich-künstlerisches Aufgabenfeld,
(b) mathematisch-naturwissenschaftlich-technisches und
(c) gesellschaftliches Aufgabenfeld.
Dazu werden noch als verpflichtend Sport und Religion aufgeführt.
Der Gedanke der Aufgabenfelder ist schon 1969 von der Westdeutschen Rektorenkonferenz (WRK) in ihren ‚**Kriterien der Hochschulreife**‘ angesprochen. Zur Sicherung einer Grundbildung wurden dort als gleichwertige Felder erwähnt:
(a) sprachlich-literarisches Aufgabenfeld,
(b) mathematisches und naturwissenschaftliches,
(c) gesellschaftliches und geschichtliches Aufgabenfeld.

– Der Unterricht fußt auf dem Prinzip der *Wissenschaftspropädeutik*, wozu man insbesondere die methodisch-formale Bildung zählt, also die Fähigkeit im Umgang mit Methoden und einzelnen Verfahren der Wissenschaften.

Hinter diesen organisatorischen Regelungen steht eine Reihe von Reformprinzipien, die, zum Teil aus der bisherigen Diskussion übernommen, recht spannungsvoll zueinander in Beziehung treten.

Das Prinzip der allgemeinen Grundbildung: Unterricht auf der gymnasialen Oberstufe soll nicht zu Spezialistentum erziehen, sondern soll allgemeinbildend bleiben. Dies wird mit den verbindlich abzudeckenden Aufgabenfeldern zu erreichen versucht.

Das Prinzip der allgemeinen Hochschulreife: Da ein fester Fächerkanon aufgegeben ist, kann das genannte Kriterium der allgemeinen Hochschulreife nur noch in der methodisch verstandenen wissenschaftspropädeutischen Schulung bestehen. Die Abiturienten verfügen zwar über unterschiedliche inhaltliche Kenntnisse, aber über gemeinsame methodische Fähigkeiten, die zu jedem Studium ihrer Wahl befähigen.

Das Prinzip der Individualisierung: Durch relativ freie Wahl von Kursen soll der einzelne nach Neigung und Begabung seine Schwerpunkte setzen können.

Das Prinzip des Exemplarischen: Da die einzelnen Fächer, die einem Aufgabenfeld zugeordnet werden können, wenn auch nicht gleichartig, so doch gleichwertig sind, kann stellvertretend an einem Fach das Wesentliche des ganzen Aufgabenfeldes vermittelt werden.

Man sieht schon auf einen ersten Blick, daß diese Prinzipien kein harmonisches Ganzes miteinander ergeben, sondern teilweise einander im Wege stehen. So sind das Prinzip der Individualisierung und der allgemeinen Grundbildung nicht problemlos miteinander vereinbar, genauso das des Exemplarischen und der Grundbildung und damit zusammenhängend natürlich auch das der generellen Studierfähigkeit.

Mit dieser Reform erreicht die Umgestaltung des Gymnasiums ihren vorläufigen Höhepunkt. Entsprechend der eingangs vorgestellten Grobeinteilung der Phasen folgt seit dem Zeitraum von 1973–1975 die Phase der *Stagnation bzw. der Reformkorrekturen.* Hier wirkt wieder eine Vielzahl von Faktoren ineinander; die entscheidenden sind wohl

– zunehmende Finanzierungsschwierigkeiten für Reformvorhaben aufgrund konjunktureller Einbrüche und zunehmender allgemeiner Belastung der Staatsfinanzen durch vermehrte Ausgaben vor allem für Sozialpolitik;

– sich ausbreitender Widerstand bei den Reformempfängern, bei Schülern und Eltern gegen immer neue Reformvorhaben. Beispiele: Durch Volksbegehren scheiterte der Versuch, in Nordrhein-Westfalen die kooperative Schule als eine Art Vorstufe zur Gesamtschule einzuführen; die Klage von Eltern gegen die gymnasiale Oberstufe (Bundesverfassungsgericht 1979);

– Verschärfung der Numerus-clausus-Situation durch Anstieg der Studentenzahl sowohl aufgrund geburtenstarker Jahrgänge als auch durch verstärkten Besuch des Gymnasiums nach der Bildungswerbung. Da hier unter quantitativen Gesichtspunkten massive Verteilungsprobleme aufkamen, entstand in der Bildungspolitik eine starke Tendenz zu formalistischen Regelungen (Beispiel: Punktbewertungs- und Notenumrechnungsskalen) und zur Verrechtlichung der Entscheidungen. Die Ausrichtung an den pädagogischen, didaktischen und curricularen Zielen der Reform ist unter der Härte dieser ‚Realfaktoren' ins Hintertreffen geraten.

Von dem Einfluß dieser Entwicklungslinien ist die Situation bis heute geprägt. Zum Teil werden unter dem Druck zur Regelung verfahrenstechnischer Probleme im Bereich des Bildungswesens Instrumente entwickelt, die ihrem Charakter nach zentralen bildungspolitischen Prinzipien zuwiderlaufen.

5.2.3 Lerntafel

Die Schule steht zum Staat in zweifacher Beziehung:
1. Schule führt den Lernenden in die politische Ordnung ein (Politische Bildung) – Integrationsfunktion.
2. Schule wird vom Staat gestaltet – bildungspolitische Funktion des Staates.

In diesem Kapitel ging es nur um die **Bildungspolitik**, da die Behandlung der Fragen zur politischen Bildung Aufgabe der entsprechenden Fachdidaktik ist.

Bildungspolitik
ist der sich auf den Bildungsbereich richtende Zugriff des Staates.
Staat steht somit zu Schule in einem Herrschaftsverhältnis, er muß daher seine Maßnahmen legitimieren.

Legitimation
bezeichnet den Ausweis einer Herrschaftsanordnung als rechtens.
Legitimation ist ein globaler Vertrauensvorschuß, der auf anerkannten Normen und Werten gründet.

Legitimationsgrundlage
für die Bundesrepublik Deutschland ist das Grundgesetz, für die Bildungspolitik vor allem Art. 7 GG (Staatsaufsicht über Schulen), Art. 6 GG (Erziehungsrecht der Eltern), weiterhin auch Art. 2 GG (freie Entfaltung der Persönlichkeit), Art. 4 GG (Gewissensfreiheit).

Legitimationskonflikte
entstehen durch die Ablehnung einer Herrschaftsanordnung aufgrund unterschiedlicher Interpretation der Legitimationsgrundlagen vor dem Hintergrund voneinander abweichender weltanschaulicher und politisch-ideologischer Positionen.

5.2.4 Arbeitsvorschlag

In einem ‚Plädoyer für das gegliederte Schulwesen' nimmt der Philologenverband Nordrhein-Westfalen Stellung gegen gesamtschulähnliche Schultypen. Dabei geht er auch auf das von Vertretern der Gesamtschulidee immer wieder vorgebrachte Chancengleichheitsargument ein: Gesamtschule biete Chancengleichheit dahingehend, daß schichtspezifische Benachteiligungen durch fließende Übergänge, zeitlich herausgeschobene Entscheidung für eine bestimmte Schulform und entsprechende Fördermaßnahmen aufgehoben werden könne.

Dazu der Philologenverband:

„Die Forderung nach Chancengleichheit im Sinne der Chancengerechtigkeit versteht unter den vorgenannten Erwägungen Bildung als ein Grundrecht. Hierzu muß jedoch kritisch angemerkt werden, daß in der gegenwärtigen bildungspolitischen Diskussion übersehen wird, daß das Verständnis von Bildung als einem sozialen Grundrecht (Art. 2 [1] und 12 [1] GG sowie Art. 10 [1] Verf. NW) auch für den begabten, d. h. den leistungsfähigen und leistungswilligen Schüler den Anspruch auf frühzeitige und angemessene schulische Förderung mit einschließen muß. Die bildungs- und sozialpolitische Forderung nach Chancengleichheit kann für den begabten Schüler nur so eingelöst werden. Der anthropologische wie auch pädagogische Gehalt des Begriffs Chancengleichheit zielt auf die spezifischen Bedingungen des Individuums, nicht aber auf eine uniforme Reglementierung des einzelnen."

aus: Philologen–Verband 1977, S. 17

Versuchen Sie, diese Passage hinsichtlich des darin indirekt zum Ausdruck kommenden Legitimationskonflikts zu analysieren.

5.2.5 Phasen der Schulentwicklung in der DDR

Während der politische und gesellschaftliche Wiederaufbau in Westdeutschland und damit auch der des Bildungssystems auf der Grundlage eines pluralistischen Demokratieverständnisses und vor dem Hintergrund einer förderalen Struktur mit Kulturhoheit der Länder erfolgte, etablierte sich die DDR als Einheitsstaat. Dieses einheitsstaatliche Gestaltungsprinzip setzte sich auch im Bildungswesen um, vor allem in
– der *Einheitsschule* und
– der *ideologischen Homogenisierung* aller Bildungsbereiche.
Der einheitliche Zugriff auf das gesamte Bildungssystem führte zum Aufbau einer demokratischen Einheitsschule, die ‚die gesamte Erziehung vom Kindergarten bis zur Hochschule umfaßt und sich nach den Aufgaben, die aus den gesellschaftlichen Bedürfnissen erwachsen', gliedert (vgl. Anweiler 1992, 130/131). Infolgedessen verliefen die Phasen – anders als in Westdeutschland – in der DDR in den verschiedenen Bildungsbereichen nahezu parallel.

Für die Entwicklung im schulischen Bereich sind – ähnlich wie in der Erwachsenenbildung – folgende *Phasen* zu unterscheiden:

- die Etappe der antifaschistisch-demokratischen Schulreform (1945–49),
- die Etappe des Aufbaus der sozialistischen Schule (1949–1961/62),
- die Etappe der Gestaltung des einheitlichen sozialistischen Bildungssystems seit 1961/62.

Die Eigenart jeder dieser Etappen ist an den ihnen entsprechenden *Schulgesetzen* festzumachen: dem Gesetz zur Demokratisierung der deutschen Schule vom Mai/Juni 1946, dem Gesetz über die sozialistische Entwicklung des Schulwesens in der Deutschen Demokratischen Republik vom 2. Dezember 1959 und dem Gesetz über das einheitliche sozialistische Bildungssystem vom 25. Februar 1965.

Im *Gesetz zur Demokratisierung der deutschen Schule* vom Mai/Juni 1946 ist kritisch angemerkt, daß die deutsche Schule ‚nie eine Stätte wirklich demokratischer Erziehung der Jugend zu verantwortungs- und selbstbewußten freien Bürgern war. Sie war eine Standesschule. Für die Söhne und Töchter des einfachen Volkes waren die Tore der höheren Schule und der Hochschule in der Regel verschlossen, weil nicht die Fähigkeit der Kinder, sondern die Vermögenslage der Eltern über deren Bildungsgang bestimmte‘.

§ 1 umreißt Ziel und Aufgaben der deutschen Schule:
„Die deutsche demokratische Schule soll die Jugend zu selbständig denkenden und verantwortungsbewußt handelnden Menschen erziehen, die fähig und bereit sind, sich voll in den Dienst der Gemeinschaft des Volkes zu stellen. Als Mittlerin der Kultur hat sie die Aufgabe, die Jugend frei von nazistischen und militaristischen Auffassungen im Geiste des friedlichen und freundschaftlichen Zusammenlebens der Völker zu erziehen" (zitiert nach Anweiler, 1992, S. 130/131).

In scharfer Abhebung zur Situation der Schule in der Weimarer Republik, der letztlich ein antidemokratischer Zug unterstellt wurde, begreift sich das neu zu errichtende Schulsystem in der DDR als **egalitär**: Jedem Kind – ungeachtet seiner sozialen Herkunft – soll eine Ausbildung entsprechend seinen Neigungen und Fähigkeiten ermöglicht werden. Die Differenzierung nach Schularten entfällt zugunsten der nach Schulstufen: Vorstufe (Kindergarten), achtklassige Grundstufe (Grundschule) und Oberstufe. Hier allerdings bestehen Berufsschule und Fachschule sowie Oberschule nebeneinander.

In der *zweiten Phase* erfolgte der Aufbau der sozialistischen Schule, deren Struktur im Gesetz von 1946 nur grob umrissen war. Im Schulgesetz vom 2. Dezember 1959 fand die sozialistische Schule daher ihre erste präzise Fassung:
- die zehnjährige allgemeinbildende polytechnische Oberschule wurde zur Pflichtschule erklärt,
- die Hochschulreife wurde über die erweiterte Oberschule (EOS) erlangt.

Das Gesetz blieb zwar nur kurz über fünf Jahre in Kraft, brachte aber bildungspolitisch gesehen zumindest auf der Ebene der Absichtserklärung beachtenswerte Neuerungen mit sich:
- Die *zehnjährige Pflichtschule* für alle Schüler wurde eingeführt (in Westdeutschland wurde

die zehnjährige Hauptschule erst mit Beginn der 70er Jahre sukzessive verbindlich eingeführt).
– Schulbildung wurde *polytechnisch* verstanden, das heißt als Einheit von allgemeiner und
  berufsbezogener praktischer Bildung und
– der Fach- und Hochschulnachwuchs sollte überwiegend auf dem Wege der *Berufsausbildung* rekrutiert werden.

Allerdings entsprach die Wirklichkeit nach 1959 nicht den im Gesetz erklärten
Absichten: Nicht alle Schüler durchliefen das zehnte Schuljahr, viele brachen vor-
her die Schullaufbahn ab. Entgegen dem Gesetzeswillen führte der Hauptweg zur
Hochschule faktisch nicht über die Berufsausbildung, sondern die erweiterte
Oberschule (EOS).

Insgesamt war das Gesetz von 1959 noch eher ideologisch fundiert: Es betonte
die politischen Ziele der sozialistischen Schule, formulierte einen egalitären Bil-
dungsauftrag, wonach alle Schüler das Bildungs- und Erziehungsziel der sozialistischen Schule erreichen sollten, folglich fehlten auch Hinweise auf die Berücksichtigung individueller Fähigkeiten und Neigungen von Schülern.

Diese Mängel beziehungsweise Einseitigkeiten sollten in der *dritten Phase* beseitigt werden. Zugleich bemühte sich das Bildungsgesetz von 1965, das diese Phase
kennzeichnet, auf die Herausforderungen zu reagieren, die der wissenschaftlich-
technische Fortschritt und die ökonomische Entwicklung mit sich brachten. Das
Gesetz hat das gesamte sozialistische Bildungssystem von der Vorschule bis zur
Hochschule und der Weiterbildung im Blick. Die zehnklassige allgemeinbildende
polytechnische Oberschule ist als grundlegender Schultyp festgelegt. Das Bildungsgesetz betont weiterhin die ,ökonomischen Aufgaben', insbesondere die
,Meisterung der technischen Revolution'. Schließlich wird jetzt der Bildungsgang auch von den individuellen Begabungen des einzelnen abhängig gemacht,
die es jeweils durch unterschiedliche Stufen im Bildungssystem zu fördern gilt.

In dieser Form blieb das Schulsystem der DDR bis zur Wiedervereinigung bestehen.

Mit dem *Einigungsvertrag von 1990* sind Schulformen und -abschlüsse in der
ehemaligen DDR neu strukturiert worden, um sie in Passung zu den Schulstruk-
turen in den alten Bundesländern zu bringen. Das Schulwesen in den neuen Bundesländern etablierte sich als *gegliedertes*, entweder mit allen drei Schulformen
(Hauptschule, Realschule, Gymnasium) wie in Mecklenburg-Vorpommern oder
nur zweigliedrig wie etwa in Sachsen mit Mittelschule (Sekundarstufe 1) und
Gymnasium. Daneben wurde das *Elternrecht* in Kraft gesetzt und das *Recht jedes
jungen Menschen*, eine seinen Fähigkeiten und Neigungen entsprechende Bildung
und Erziehung zu erlangen, unabhängig von der Herkunft und wirtschaftlichen
oder sozialen Stellung der Eltern.

Ein struktureller Unterschied besteht allerdings in der Gestaltung der *gymnasialen Oberstufe*. In vier der neuen Bundesländer ist das Abitur nach zwölf und nicht
wie in Westdeutschland nach dreizehn Schuljahren erreichbar.

5.3 Erwachsenenbildung / Weiterbildung

Auch hier soll vorab eine Begriffsklärung erfolgen.

Im Nebeneinanderstellen beider Begriffe deutet sich bereits ihre Nähe an. Immer häufiger werden sie sogar synonym gebraucht. Um jedoch eine Nuance von Unterscheidung beizubehalten, kann man auf den Strukturplan für das Bildungswesen des Deutschen Bildungsrats aus dem Jahr 1970 zurückzugreifen.

Der Strukturplan spricht zunächst nur von Weiterbildung und definiert sie lapidar: „Weiterbildung umfaßt Fortbildung, Umschulung und Erwachsenenbildung. Sie ergänzt die herkömmlichen geschlossenen Bildungsgänge und setzt sie unter nachschulischen Bedingungen fort." (STRUKTURPLAN 1972, S. 51)

Begründet wird die Notwendigkeit von fortgesetzter (permanenter) Weiterbildung mit dem technischen Fortschritt. Er bedingt den Erwerb neuer Kenntnisse und Fähigkeiten, weil die bisher geltenden veralten. Weiterbildung hilft dem einzelnen, den daraus resultierenden Wandlungstendenzen gerecht zu werden, mit wechselnden Aufgaben in Beruf und Gesellschaft zurecht zu kommen und eine zunehmend vorausgesetzte Mobilität aufzubringen.

Die Bereiche der Weiterbildung – Fortbildung, Umschulung und Erwachsenenbildung – sind danach auf unterschiedliche Erfordernisse hin angelegt:

Fortbildung sichert die Qualifikationen im Berufsfeld, die durch wissenschaftlich-technischen Fortschritt und wirtschaftlichen Wandel jeweils neu gefordert sind.

Umschulung reagiert auf einen tiefergreifenden Strukturwandel, der einen Wechsel des Berufsfeldes erfordert, weil der bisherige Beruf wegfällt.

Der Bereich der *Erwachsenenbildung* ist nicht in ebenso expliziter Art umrissen. Vielmehr ist dem Strukturplan indirekt zu entnehmen, welche Aufgaben in diesem Bereich anstehen: personale Entfaltung (S. 57), sozio-kulturelle Bildung (S. 57), Berücksichtigung individueller Bildungsbedürfnisse (S. 56), Ermöglichung von ‚Orientierung und Eigentätigkeit' (S. 204).

Im Strukturplan kommt also ein Spannungsmoment zum tragen, das sich aus der Ausrichtung auf berufliche Qualifikationen einerseits und personbezogene Fähigkeiten und Kenntnissen andererseits ergibt. Man spricht deshalb von *Qualifikationslernen* auf der einen und *Identitätslernen* auf der anderen Seite (vgl. TIETGENS 1975, S. 17).

Im Interesse einer exakten Begriffsbestimmung ist zumindest der Tendenz nach folgende Unterscheidung zwischen Erwachsenen- und Weiterbildung festzuhalten:

Der Begriff der **Erwachsenenbildung** orientiert sich an der Person des Adressaten und der Intention, ihn in seinem Bemühen um Selbstbildung, um Gewinnung und Sicherung von Identität zu unterstützen.

Weiterbildung zielt dagegen eher auf die Vermittlung eines Qualifikationsbedarfs ab, der zur Sicherung beruflicher Leistungsfähigkeit unabdingbar ist. Die Aufgabe der Weiterbildung ergibt sich aus der Notwendigkeit, angesichts permanenter technischer Entwicklung einen sich ebenfalls verändernden Vorrat an Wissen, Fähigkeiten und Fertigkeiten zu vermitteln.

Diese Differenz läßt sich auf die Formel bringen:

Erwachsenenbildung ist stärker subjektorientiert, Weiterbildung dagegen eher systemorientiert.

Soviel zu einer mittlerweile subtil gewordenen Differenzierung zwischen Erwachsenenbildung und Weiterbildung, die Sie zumindest kennen sollten und die wir dort, wo die Differenzierung durchhaltbar ist, weitestgehend beachten wollen. Im alltäglichen Gebrauch ist sie kaum noch im Blick, man verwendet gegenwärtig beide Begriffe meist unterschiedslos.

Geschichte der Erwachsenenbildung

Bildung Erwachsener hat es schon seit der Antike gegeben. Das griechische Theater oder das Philosophieren im sokratischen Sinn waren im Altertum ebenso Formen dieses Unternehmens wie im Mittelalter die Predigt und mit Aufkommen des Buchdrucks der Kalender als Mitteilungs- und Unterweisungsblatt.

Die Wurzeln der modernen, das heißt der *institutionalisierten Erwachsenenbildung* reichen allerdings nicht ganz so weit zurück. Sie liegen im 18. Jahrhundert und werden auf das Entstehen der **moralischen Wochenschriften** und der **Volksaufklärung** datiert.

Die *moralischen Wochenschriften* hatten die ‚Versittlichung des Menschen‘ zum Ziel. Sie wollten einen Beitrag zur Entwicklung von Werten wie Umsicht, Kenntnisreichtum und Ehrlichkeit als Eckpfeilern des neuen bürgerlichen Selbstverständnisses leisten und letztlich an der ‚Verbesserung der Welt‘ arbeiten.

Im Laufe des 18. Jahrhunderts, vor allem in den 70er und 80er Jahren, wurden erhebliche Anstrengungen unternommen, um diese pädagogischen Aktivitäten über den Kreis des wohlhabenden und gebildeten Bürgertums hinaus auch auf das Volk, den ‚großen Haufen‘, so GILLET, einer der konservativen Vertreter in der Aufklärungsdiskussion, auszuweiten. Hierzu zählten in erster Linie die Bauern, aber auch Handwerker, Dienstboten, Lakaien und Tagelöhner. Zwar gab es auch für diesen Adressatenkreis bereits ‚pädagogische‘ Schriften: neben der Bibel zählten dazu besonders die schon erwähnten Kalender, in denen allerdings vorurteilsbehaftete und von Aberglauben durchtränkte Geschichten, Regeln, Verhaltensvorschriften transportiert wurden. Die *Volksaufklärung* versuchte dem mit pädagogischen Schriften zu begegnen, die vom Bemühen um sachlich richtige Informationen getragen waren.

Im Zuge zunehmender Institutionalisierung etablierte sich die Erwachsenenbildung im 19. Jahrhundert endgültig in Form der **Gesellschaft zur Verbreitung von Volksbildung**. Sie hat sich angesichts der enormen Weiterentwicklung von Wissenschaft und Technik in diesem Jahrhundert zur Aufgabe gestellt, *wissenschaftliches Wissen* auch an breite Volksschichten weiterzugeben. Dies geschah vor allem in Form von Vorträgen durch Wissenschaftler und durch Wanderdozenten: „es muß für die Docenten Ehrensache werden, die Wissenschaft unter das Volk zu tragen, und die Kluft zwischen den Leuten mit sog. höherer und niederer Bildung wird dann von der Aristokratie des Geistes selbst überbrückt werden" (BÖHMERT 1875, S. 100).

Den Wissenschaften wurde allerdings nach dem Sturz der Monarchie und mit dem Entstehen der Weimarer Republik keine hinreichende Erklärung des Geschehens, vor allem in der sozialen Welt mehr zugetraut. Zunehmend wurde die Brüchigkeit, die Relativität dessen sichtbar, was im 19. Jahrhundert noch als stabil und eindeutig angesehen wurde: Wissenschaftliche Erkenntnisse hatten keine absolute Geltung mehr, man sah, daß auch sie zum Beispiel politisch-gesellschaftlichen Einflüssen und Bedingungen unterlagen. Die politische Ordnung war nicht mehr wie noch zu Zeiten der Monarchie eindeutig, sondern Ordnungsvorstellungen und Weltanschauungen konkurrierten miteinander, bekämpften sich. Die Kluft zwischen den sozialen Schichten trat angesichts demokratischer Postulate immer deutlicher zutage. Insgesamt wurden bisher feste Bezugspunkte zur Orientierung in der Welt schwankend, wenn sie nicht sogar mit der alten Ordnung verschwanden.

In dieser Situation sah sich die Erwachsenenbildung vor neue Aufgaben gestellt. In ihrer Verpflichtung für alle Bürger und ihrer Ausrichtung auf das ganze Volk mußte sie angesichts der Disparitäten der Lebenslagen, der Trennlinien zwischen den politischen Lagern und dem Kampf der Weltanschauungen Voraussetzungen schaffen, damit Bildungsarbeit über die sozialen Grenzen hinweg möglich wurde. Ihren organisatorischen Ausdruck fanden diese Bemühungen in der **Arbeitsgemeinschaft der Neuen Richtung in der Weimarer Zeit**. W. FLITNER, einer der Protagonisten dieser Bewegung, begründet Notwendigkeit und pädagogische Vorteile von Arbeitsgemeinschaften mit folgenden Gesichtspunkten:
– Aus einer *politischen* Überlegung heraus: Die Arbeitsgemeinschaft ermöglicht, Teilnehmer trotz ihrer unterschiedlichen politischen Anschauungen wieder miteinander ins Gespräch kommen zu lassen.
– Mit Blick auf einen *pädagogisch-methodischen* Aspekt: In der Arbeitsgemeinschaft kann der Kursleiter wegen der überschaubaren Größe der Gruppe individuell auf jeden Teilnehmer eingehen. Damit wird verhindert ‚daß er über die Köpfe der Teilnehmer wegspricht‘ (vgl. FLITNER 1920 [1982], S. 17).
– Unter *pädagogisch-kognitiver* Perspektive: Die Arbeitsgemeinschaft fordert jeden einzelnen Teilnehmer und bietet Raum für seine Selbsttätigkeit.
Mit dem **Nationalsozialismus** brach diese Tradition ab. Die Erwachsenenbildung wurde von den neuen Machthabern vereinnahmt und als Instrument der Ideologisierung mißbraucht. Sie diente als Vehikel zur Vermittlung ‚wahrer‘ deutscher Kultur, zum Aufbau eines völkischen Gemeinschaftsgefühls und zur Durchsetzung der Forderung nach blindem Gehorsam gegenüber dem Führer.
    Nach 1945 ging die Erwachsenenbildung in *Westdeutschland* und der *DDR* unterschiedliche Wege.

In der **Bundesrepublik** versuchte man an die Positionen der Weimarer Zeit anzuknüpfen und Erwachsenenbildung als *Bildung der Person* zu begreifen (Phase von 1945 bis Mitte der 60er Jahre).

In dem Maß, in dem technischer Wandel, berufliche Mobilität und gesellschaftliche Demokratisierungsprozesse einsetzten, modifizierte sich die Aufgabe von Erwachsenenbildung. Im Sinne einer *realistischen Wende* sah sie nicht mehr primär die Personbildung, sondern zunehmend Qualifizierung als ihre Aufgabe. Dieser Aspekt setzte sich schließlich angesichts der wirtschaftlichen Aufwärtsentwicklung wie auch – simultan – ökonomischer Krisenerfahrungen in den 70er Jahren so stark durch, daß man von der *Qualifizierungsphase oder Qualifizierungsoffensive* in der Weiterbildung spricht (Phase von Beginn der 70er bis Mitte der 80er Jahre).

Wie schon erwähnt, wurde zunehmend auch die Kehrseite der Entwicklung deutlich: Ökologische Krisen, häufiger Arbeitsplatzwechsel, der vom einzelnen nicht nur als Chance, sondern auch als Bedrohung empfunden wurde, Arbeitslosigkeit, Verlust an intakten Lebensbezügen wie Nachbarschaft oder Stadtviertel. Im Gefolge dieser Negativentwicklungen bildete sich für Erwachsenenbildung eine neue Aufgabe heraus: **das Identitätslernen.** Damit ist das Bemühen angesprochen, dem einzelnen durch entsprechende Bildungsveranstaltungen – Seminare über Ethik, über Spurensuche, Kreativseminare bis hin zu Meditationsseminaren, zu helfen, ein authentisches Verhältnis zu sich, zu Mitmenschen und zu seiner unmittelbaren Umwelt, zu seiner *Lebenswelt* zu gewinnen. Abstrakt formuliert geht es darum, Identität, das heißt Bewußtsein seiner selbst, zu sichern angesichts zunehmenden Systemdrucks und Erosion von Lebenswelten. Man spricht aufgrund der Rückbesinnung auf sich auch von der *reflexiven Phase* (Mitte 80er Jahre bis heute).

In der **DDR** lassen sich – einer Darstellung der damaligen DDR-Pädagogik folgend (vgl. SCHNEIDER 1988, S. 46 ff) – drei große Phasen in der Entwicklung der Erwachsenenbildung unterscheiden:
– 1945 bis 1949 Aufbau einer antifaschistisch-demokratischen Ordnung,
– 1949 bis 1961 Schaffung der Grundlagen des Sozialismus,
– ab 1961 Gestaltung der entwickelten sozialistischen Gesellschaft durch Optimierung des Qualifikationspotentials.

Die *erste Phase* ist gekennzeichnet durch einen **Umerziehungsprozeß.** Die Reste der faschistischen NS-Ideologie waren zu beseitigen. Parallel dazu erfolgte die Säuberung des Lehrpersonals, in Schulen wie in der Erwachsenenbildung. Entsprechend dem Befehl Nr. 22 der Sowjetischen Militäradministration Deutschlands vom 23. Januar 1946 war die Bevölkerung nun ,im Geiste der Demokratie, des Antifaschismus und des Antimilitarismus zu erziehen' (vgl. SCHNEIDER, S. 47). Auch das Bildungsangebot ist mit entsprechenden Akzenten versehen. Themen von Erwachsenenbildungsveranstaltungen sind: ,Deutsche kriegsgegnerische (antifaschistische) Literatur' oder ,Einführung in die Philosophie der Arbeit (historischer Materialismus)' (vgl. SCHNEIDER 1988, S. 48).

Zur Sicherung einer qualifizierten Arbeiterschaft, eine der wichtigen Voraussetzungen für den wirtschaftlichen Wiederaufbau, ist ab 1946 die betrieblich organisierte Bildungsarbeit aufgebaut worden. In den neu gegründeten Betriebsvolkshochschulen war auch die Möglichkeit gegeben, qualifizierende Abschlüsse zur Aufnahme eines Studiums zu erwerben.

In der *zweiten Phase* stellte sich vor allem die Aufgabe, angesichts ehrgeiziger Pläne zur Steigerung der wirtschaftlichen Produktivität das Qualifikationsniveau der Werktätigen zu festigen und zu erhöhen. Die Aufgabe der **Qualifikationssicherung** fiel verstärkt den schon seit 1946 bestehenden Einrichtungen der betrieblichen Aus- und Weiterbildung zu, die in dieser Phase enorm ausgebaut wurden.

Parallel dazu sicherte man auch die *allgemeine Erwachsenenbildung* im Sinne der eingangs vorgenommenen Akzentuierung des Begriffs. Deswegen kam es am 17. Juni 1954 zur Gründung der Gesellschaft zur Verbreitung wissenschaftlicher Kenntnisse. Sie wurde 1966 in *Urania* umbenannt. Ebenfalls in den 50er Jahren entstanden Kulturhäuser und Clubs der Betriebe. Eher im Verständnis von Weiterbildung wurde Anfang der 50er Jahre zudem das Fernstudium eingeführt.

In den frühen 60er Jahren setzte die *dritte Phase* ein. Sie zielte auf den Erhalt und die **Optimierung** des bislang erreichten Qualifikationspotentials. Hierzu wurden die Erwachsenenbildung straffer organisiert und neue Zielgruppen angesprochen. Dazu gehörten ,bewährte Facharbeiter', denen der Weg zu einer Meisterausbildung angeboten wurde, und insbesondere Frauen.

Das Tableau erlaubt noch einmal die zusammenfassende Übersicht (S. 242).

(31) Tableau: *Geschichte der Erwachsenenbildung in Deutschland*

Epoche / Phase	Pädagogische Ausrichtung der Erwachsenenbildung
18. Jahrhundert	*Moralische Wochenschriften* Entwicklung und Propagierung bürgerlicher Moralvorstellungen *Volksaufklärung* Bildung im Sinne einer rational fundierten Lebensführung
19. Jahrhundert	*1871: Gesellschaft zur Verbreitung von Volksbildung* Wissenschaft(en) als Bezugsgröße für Inhalte der Erwachsenenbildung Einschluß breiter Volksschichten als Adressaten
Weimarer Zeit	*Arbeitsgemeinschaft der Neuen Richtung* Überwindung von politischer, gesellschaftlicher, kultureller Zerrissenheit durch Arbeit in der überschaubaren und auf Verständigung angelegten Gruppe (Arbeitsgemeinschaft)
Nationalsozialismus	Vereinnahmung der Erwachsenenbildung zur *Propagierung und Durchsetzung nationalsozialistischer Ideologie* und völkischer Lebensform

Strukturmerkmale von Erwachsenenbildung / Weiterbildung

Auch für die Erwachsenenbildung sind gesellschaftliche, politische und pädgogische Elemente hervorzuheben, die diesen Bildungsbereich durchgängig kennzeichnen. Dazu zählen insbesondere:

- *institutionelle Staffelung,*
- *Trägerautonomie,*
- *Inhalte und Ziele,*
- *Offenheit,*
- *Professionalisierung,*
- *Kursleiterrolle.*

Diese Charakteristika werden im folgenden kurz erläutert.

Institutionelle Staffelung

Mit diesem Begriff ist auf das Gliederungsprinzip im Erwachsenenbildungsbereich abgehoben. Ausgehend von der konkreten Einzelveranstaltung werden die dahinterliegenden institutionellen Ebenen – Programmplanung, Einrichtung, Träger – immer abstrakter (vgl. TIETGENS 1991, S. 146).

Nach dem 2. Weltkrieg

BRD		DDR	
1945 – Mitte der 60er Jahre	*Personbildung,* Lebenshilfe	1945–1949	Aufbau antifaschi-stisch-demokratischer Ordnung
1970 – Mitte der 80er Jahre	*realistische Wende,* Qualifizierungs-offensive	1949–1961	Schaffung und Festi-gung der Grundlagen des Sozialismus
ab Mitte 80er Jahre	*reflexive Wende,* Identitätsaufbau und -sicherung	1961–1990	Optimierung des erreichten Qualifika-tionspotentials

Liest man diese Gliederung umgekehrt von ‚oben' nach ‚unten', stellt sich das institutionelle Gefüge von Erwachsenenbildung folgendermaßen dar:

Ganz ‚oben' legt der Träger, zum Beispiel eine der Kirchen, von seinem Selbst-verständnis her einen allgemeinen Zielrahmen für seine Bildungsarbeit mit Er-wachsenen fest. Seine *Einrichtungen,* etwa Bildungswerke oder Bildungsstätten, müssen sich innerhalb dieses Rahmens bewegen, konkret-inhaltlich können sie ihn dann allerdings auf der nächsten Ebene selbständig ausfüllen. Das Ergebnis dieser Präzisierung manifestiert sich im *Bildungsprogramm* der jeweiligen Einrich-tung. Es legt die Arbeit für einen bestimmten Zeitraum (Semester oder Jahr) fest, informiert potentielle Adressaten über das Angebot, worauf die angebotenen *Ein-zelveranstaltungen* durchgeführt werden.

Die Träger lassen sich grob danach unterscheiden, ob sie *verbandlich* oder *kom-munal* verfaßt sind. Zur ersten Gruppe gehören die Kirchen, Gewerkschaften, die Wirtschaft mit ihren jeweiligen Bildungseinrichtungen, zur kommunal verfaßten Gruppe zählen Gemeinden, Kreise oder kommunale Zweckverbände mit der Volkshochschule als ihrer Einrichtung. Müssen staatliche Regelungen in Form von Weiterbildungs- oder Erwachsenenbildungsgesetzen samt ihren Ausfüh-rungsbestimmungen getroffen werden, sind die Träger, nicht die einzelnen Ein-richtungen, Ansprech- und Verhandlungspartner.

(32) Tableau: *Institutionelle Staffelung im Erwachsenen- / Weiterbildungsbereich*

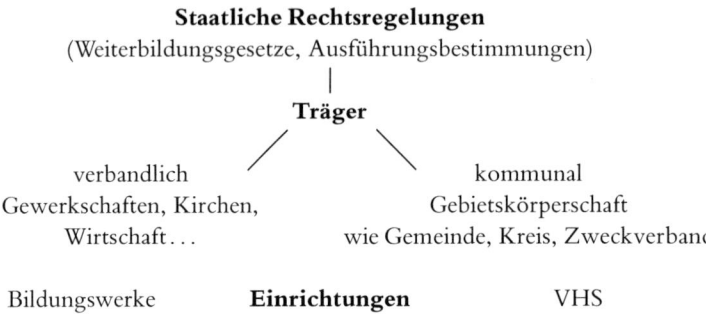

Staatliche Rechtsregelungen
(Weiterbildungsgesetze, Ausführungsbestimmungen)

Träger

verbandlich	kommunal
Gewerkschaften, Kirchen,	Gebietskörperschaft
Wirtschaft...	wie Gemeinde, Kreis, Zweckverband

Bildungswerke   **Einrichtungen**   VHS
Bildungsstätten

Programmplanung
Semester- oder Jahresangebot; orientiert sich an
träger-/ einrichtungsspezifischen Zielen

(Einzel-)Veranstaltung
Didaktisch-methodisch durchgeführte Bildungsarbeit
mit Teilnehmern

Trägerautonomie

Im Gegensatz zum schulischen Bereich gibt es in der Erwachsenenbildung keine vom Staat vorgeschriebenen Lernziele und Lehrpläne. Sie wissen bereits, daß jeder Träger seine Bildungskonturen eigenverantwortlich, *autonom*, bestimmt. Resultat ist eine facettenreiche Bildungslandschaft, in der die Einrichtungen der einzelnen Träger flexibel auf Nachfrageänderungen bei ihren Adressaten reagieren können.

Allerdings darf nicht verkannt werden, daß über die *Finanzierung von Weiterbildung* indirekt Einfluß auf das Programm eines Trägers genommen wird. Legt er Wert auf staatliche Unterstützung, muß er sein Angebot inhaltlich und methodisch schließlich doch auch an gesetzlichen Auflagen orientieren. Auch dann handelt es sich nicht um einen direkten Zugriff auf das Programm eines Trägers, sondern um die Vorgabe eines weiten *Rahmens*, den der Träger autonom ausfüllt. So ist beispielsweise rechtlich festgehalten, daß die Veranstaltungen in Form organisierten Lernens angelegt sein müssen und keinen Erholungs- oder Unterhaltungscharakter aufweisen dürfen wie dies etwa bei Hobbykursen, Dichterlesungen und Wanderungen, aber auch Vereins- und Wettkampfsportarten der Fall wäre. Bei Beachtung dieser Rahmenvorgabe liegt es in der Entscheidung jeder Einrichtung, welche Themen sie mit welchen konkreten Zielsetzungen, in welchem Zeitrahmen und mit welchen Arbeitsweisen anbietet.

Inhalte der Erwachsenenbildung / Weiterbildung

Das breite Veranstaltungsspektrum von Erwachsenenbildung wurde bereits erwähnt. Unterscheidbar sind folgende Themenbereiche mit der Vermittlung von:

- überprüfbaren Kenntnissen, Fähigkeiten und Fertigkeiten (Beispiel: Sprachkurse),
- Informationen für den täglichen Gebrauch (Beispiel: Verbraucherseminare, Umgang mit dem PC),
- allgemeiner Lebensorientierung (Beispiel: Kurse zu Philosophie, Sinnfragen, Politik),
- Sensibilität für symbolische Ausdrucksformen (Beispiel: Seminare zu Literatur, bildender Kunst, Musik),
- Möglichkeiten des problemorientierten Austauschs von Erfahrungen und Meinungen (Beispiel: Veranstaltungen zu Fragen der Urbanisierung und des Wohnens, der Arbeitslosigkeit, des Lebens mit Ausländern),
- Fähigkeiten zu gestaltender, spielerischer Betätigung (Beispiel: Töpfern, Tanzen, Sport),
- Möglichkeiten der Selbsterfahrung und Selbsterprobung (Beispiel: Meditation),
- lernbaren Voraussetzungen für soziales Handeln (Beispiel: Rhetorik, Konflikttraining) (vgl. TIETGENS 1991, S. 145).

Sie sehen, daß einige der Inhaltsfelder und ihnen entsprechende Veranstaltungen von staatlicher finanzieller Förderung ausgeschlossen sind. Sie dienen – wie Tanzen – nach Meinung des Gesetzgebers ‚nur‘ der Unterhaltung. Darin ist kein Widerspruch zum Prinzip der Trägerautonomie zu sehen, denn Träger können sie selbstverständlich in Eigenverantwortung bei Selbstfinanzierung anbieten.

Ziele der Erwachsenenbildung

Unter Einbezug des Kapitelanfangs sind hier drei **Zielkomplexe** aufzuführen. Erwachsenenbildung / Weiterbildung ist ausgerichtet auf Ziele,

- die zur Bildung der Person, zur ‚Lebenshilfe‘, zur Orientierung, zur Sicherung von Identität des einzelnen beitragen (*personorientierte Komponente*);
- die dem Erwerb, der Sicherung und Erneuerung beruflicher Qualifikationen dienen. Hierbei liegt der Akzent auf der Vermittlung von Schlüsselqualifikationen (*qualifikationsorientiertes Element*);
- die politische Kompetenzen vermitteln, um Mitsprache- und Urteilsfähigkeit des Erwachsenen in Staat und Gesellschaft zu fördern (*gemeinwohlorientierter Aspekt*).
  Dieser Zielkomplex konnte sich nicht zuletzt aufgrund der Rechtsprechung des Bundesverfassungsgerichts als eigenständig etablieren. In seinem Beschluß vom 15. Dezember 1987 verpflichtete es die Arbeitgeber zur Lohnfortzahlung im Rahmen von Bildungsurlaub auch bei Weiterbildungsveranstaltungen zu politischen Themen. Die Begründung: Solche Veranstaltungen förderten ‚die in einem demokratischen Gemeinwesen anzusprechende Mitsprache und Mitverantwortung in Staat, Gesellschaft und Beruf‘.

Offenheit

Dieses Strukturmerkmal thematisiert das Verhältnis von Trägern und Adressat. Es besagt zunächst, daß Angebote der Erwachsenenbildung dann *jedem zugänglich* sein müssen, wenn der Träger vom Staat als ,öffentlich' anerkannt ist, was zwischenzeitlich auf die meisten zutrifft.

Diese Entwicklung basiert auf zwei Überlegungen: Einmal auf der Einsicht, daß sozialer Wandel und technischer Fortschritt für den einzelnen und die Gesellschaft enorme Auswirkungen haben und der Erwachsenenbildung zur Bewältigung der Konsequenzen Bedeutung zukommt. Sie ist damit nicht mehr allein als private Angelegenheit zu betrachten, sondern verstärkt als öffentlich zu verantwortende Aufgabe anzusehen.

Korrespondierend dazu steht die verfassungsrechtliche Sicht, wonach Aufgaben dann als öffentlich gelten, wenn sie für die Gesellschaft insgesamt von Relevanz sind, auch wenn sie nicht von staatlichen Instanzen, sondern von gesellschaftlichen Verbänden (Trägern) angegangen werden (vgl. SENZKY 1991, S. 130).

Allerdings ist die Anerkennung eines Trägers als öffentlich an Voraussetzungen gebunden: Er muß über längere Zeit bestehen, über eine eigene Organisationsstruktur verfügen, eine Grundausstattung an Personal- und Sachmitteln vorweisen sowie allen zugänglich sein.

Professionalität

Dieses Strukturmerkmal ist Resultat einer aktuellen Entwicklung. Viele größere Träger der Erwachsenenbildung haben bis weit in die 70er Jahre, oft sogar bis heute mit einem Personal gearbeitet, das erwachsenenpädagogisch nicht professionalisiert war. Es handelte und handelt sich noch um ehrenamtliche Mitarbeiter, die meist in anderen Berufen arbeiten, oder um hauptamtliche Mitarbeiter, die sich on-the-job in das neue Aufgabenfeld eingearbeitet haben, aber – von Lehrern abgesehen – nicht aus pädagogischen Berufsbereichen kamen.

Diese Sachlage änderte sich aufgrund mehrerer Faktoren, die den Weg zumindest der hauptamtlichen pädagogischen Mitarbeiter in die Professionalisierung ebneten.

– Der hohe Stellenwert, der in den 60er Jahren der Bildung generell zuerkannt wurde, erhöhte auch die Bedeutung des Personals, das in diesem Bereich tätig war.

– In Erwachsenenbildungsgesetzen, die im Laufe der 70er Jahre entstanden, war die Anerkennung einer Weiterbildungseinrichtung als ,öffentlich' gebunden an hauptberufliches, qualifiziertes Personal.

– Erwachsenenbildung galt nicht mehr allein individuellen Bildungsinteressen, sondern zunehmend Qualifizierungserfordernissen, was Spezialisten für Lernprozesse und Kompetenzen erforderte, die nicht ,nebenbei und irgendwie' zu erwerben waren.

– Schließlich entstand mit der Einrichtung eines entsprechenden Diplomstudiengangs an den Universitäten auch der fachwissenschaftliche Hintergrund zur Vermittlung der erforderten Kenntnisse.

Allerdings stellt sich für die Erwachsenenbildung Professionalisierung nicht als abgeschlossener, sondern als immer noch problematischer Vorgang dar.

Das Berufsbild weist nach wie vor keine genügend scharfen Konturen auf, da es wesentlich von *extrafunktionalen Qualifikationen* wie Organisationstalent, Kooperationsfähigkeit, Kommunikationsfähigkeit, Initiative, Kreativität geprägt ist. Dabei handelt es sich um Kompetenzen, die für Professionen generell erfordert sind, ohne daß ein spezifisch erwachsenenpädagogisches Moment identifizierbar wird. Weiter werden Stellen im Bereich der Erwachsenenbildung / Weiterbildung nicht, wie etwa bei Medizinern oder Juristen, ausschließlich über den entsprechenden akademischen Studiengang besetzt. Es besteht vielmehr eine breite *Berufsflexibilität*. Neben Absolventen aus dem Diplomstudiengang Pädagogik besetzen auch Theologen, Soziologen und Literaturwissenschaftler hauptamtliche pädagogische Mitarbeiterstellen, was ebenfalls die Konturen des Berufsbildes verwischt. Schließlich haben Erwachsenenbildner bislang keine, etwa Juristen oder Medizinern vergleichbaren starken *Berufsverbände* aufgebaut und verfügen von daher auch kaum über verbandlichen Einfluß.

Teilnehmerorientierung

Mit diesem Begriff sind mehrere Dimensionen angesprochen: eine *programmatische*, eine *didaktische* und eine *methodische*.

Unter *programmatischem Aspekt* bedeutet Teilnehmerorientierung Ausrichtung des Programmangebots an Interessen, Bedürfnissen und Problemen potentieller Teilnehmer. Der Begriff deckt in dieser Variante weitgehend das ab, was mit dem *Prinzip der Erfahrungsorientierung* und der *Handlungsorientierung* (Grundlegendes zu beiden Begriffen finden Sie in Kap. 2.4.5.3 und 6.2.2.2) gemeint ist: Bildungsangebote sollen Fragen und Probleme aufgreifen, mit denen Erwachsene unmittelbar konfrontiert sind, in aller Regel solche aus ihrem Lebensweltkontext beziehungsweise ihrem subjektiven Erfahrungszusammenhang.

In *didaktischer Hinsicht* ist gefordert, Teilnehmer an Entscheidungen über die Struktur einer Veranstaltung, über Lernziele und -inhalte partizipieren zu lassen. Dieses Verständnis von Teilnehmerorientierung begründet sich aus einer *subjekttheoretischen* und einer *motivationstheoretischen Überlegung*.

Unter *subjekttheoretischer* Perspektive ist der Erwachsene als Lerner angesehen, der selbst darüber befinden kann, wozu er lernen will und seine Lernerwartungen artikuliert. Er wird nicht als ‚Schüler‘ gesehen, dem ein Lehrer mit guten Gründen Lernziele und Lerninhalte vorgibt und ihn darauf verpflichtet. Der erwachsene Lerner steht mit dem Erwachsenenbildungsdozenten in einem dialogisch definierten Verhältnis (vgl. MEUELER 1993).

Motivational gesehen steht hinter dem didaktischen Aspekt der Teilnehmerorientierung die Einsicht, daß selbst getroffene Entscheidungen höhere Motivationskraft besitzen als von anderen vorgegebene. Der einzelne fühlt sich in stärkerem Maß verpflichtet, für das einzustehen, was er selbst mitbestimmt hat. Lernbereitschaft und Durchhaltewille sind ausgeprägter.

Die dritte Variante im Konzept der Teilnehmerorientierung spricht die *methodische Dimension* an. Dem Teilnehmer soll durch entsprechende Methodenarrangements Raum zur Selbsttätigkeit, zum Probehandeln, zur Selbstevaluation gegeben werden. Teilnehmerorientierte Bildungsarbeit favorisiert daher Methoden wie Gruppenarbeit, Rollenspiel, Arbeit mit Metaplan, Pro- und Contra-Diskussion, Fallarbeit, Theaterspiel.

Kursleiterrolle

Das Prinzip der Teilnehmerorientierung hat ebenso wie das Zielverständnis von Erwachsenenbildung Auswirkungen auf die Kursleiterrolle. Er steht den Teilnehmern nicht als Lehrer gegenüber, der einen festgelegten Inhaltskanon verpflichtend an Schüler weiterzugeben hat. Eher kommt ihm die Rolle eines **Lernbegleiters** zu, der *unterstützend, moderierend* und *anregend* agiert.

Unterstützend durch die Vorbereitung eines Methodenarrangements, das die Lern-, Arbeits- und Denkvoraussetzungen der Teilnehmer berücksichtigt und ihnen auf diese Weise die Auseinandersetzung mit dem Thema erleichtert.

Moderierend, um vor allem in der Anfangsphase einer Veranstaltung den Arbeitsprozeß der Teilnehmer mitzugestalten und auf den Weg zu bringen.

Anregend vor allem hinsichtlich seiner Sachkompetenz. Der Kursleiter kann auf Aspekte am Thema aufmerksam machen, die noch nicht in den Blick kamen. Er wird auf erklärungshaltiges Wissen, in aller Regel wissenschaftliches Wissen verweisen, er wird Widersprüche thematisieren, in die sich Teilnehmer bei der Erklärung eines Phänomens verwickelt haben, Begründungen einfordern, wo sich Teilnehmer mit Behauptungen zufrieden geben. In der Anregungsfunktion sichert der Kursleiter den *Sachbezug*, das Fundament jeder Bildungsarbeit.

In all diesen Funktionen ist er jedoch nur gefordert, wenn Teilnehmer sie nicht selbst erbringen können. Umgekehrt formuliert: Der Kursleiter übernimmt bei Bildungsarbeit, die auf teilnehmerorientierten Prinzipien beruht, keine Funktion, die die Teilnehmer selbst wahrnehmen können. Diese Handlungsregel stellt sich als eine gewisse Kontrollinstanz mit Blick auf den Kursleiter dar. Sie verhindert beziehungsweise soll verhindern, daß sich seine Sachkompetenz unter der Hand zum Führungs- und Definitionsanspruch ausweitet.

5.3.1 Schlüsselqualifikationen

Schon öfter wurde auf den technischen Wandel als zentrales Strukturmerkmal der Moderne hingewiesen. Seine Folgen:
- eine hohe Veralterungsrate von Wissen,
- gestiegene Anforderungen an berufliche Flexibilität und Mobilität der Arbeitskräfte sowie
- eine Umstrukturierung des Arbeitsprozesses vom Handeln auf Anordnung hin zur relativ selbständigen Ausführung eines Auftrags.

Diesen Wandlungstendenzen glauben Schule und insbesondere Erwachsenenbildung / Weiterbildung mit dem Konzept der Schlüsselqualifikationen begegnen zu können.

In einem ersten Verständnis können **Schlüsselqualifikationen** nämlich begriffen werden als

allgemeine, formale, übertragbare Kompetenzen zur Bewältigung sich je neu einstellender Berufserfordernisse.

Diese Fähigkeiten werden als ‚Schlüssel‘ angesehen, der immer wieder Zugang zu neuen beruflichen Tätigkeitserfordernissen sichert und erfolgreiches Handeln ermöglicht.

Im nächsten Schritt ist diese erste Definition von Schlüsselqualifikation zu präzisieren und auszudifferenzieren. Es ist zu überlegen, welche Kompetenzen im einzelnen als *grundlegend*, als *unverzichtbar* anzusehen sind, um berufliches Handeln auch unter sich permanent wandelnden Bedingungen weiterhin zu sichern (vgl. KAISER 1992).

Angesichts sich recht schnell wandelnder Berufsinhalte im Gefolge der Einführung neuer Technologien und angesichts der Umstrukturierung des Arbeitsprozesses vom Anordnungs- hin zum Auftragshandeln ist die Berufsfähigkeit des einzelnen zunehmend von zentralen, berufsübergreifenden Qualifikationen abhängig, die wie ein ‚Schlüssel‘ zum Öffnen des Berufsbereichs wirken, um dort erfolgreiches Handeln zu ermöglichen.

Um dem gerade angesprochenen Wandel effizient begegnen zu können, muß der einzelne zunehmend über die Fähigkeit verfügen, selbständig relevante Informationen zu finden, sie auszuwerten, mit Informationsmedien wie Handbüchern, Lehrfilmen, Merkblättern umzugehen. Er muß also über eine Schlüsselqualifikation verfügen, die man **Fähigkeit zur Selbständigkeit** nennen könnte.

Folge dieser Tendenz ist auch die Erwartung, daß Mitarbeiter Probleme, die in ihrem Aufgabenbereich anfallen, zunehmend selbständig lösen statt auf Weisungen von ‚oben' zu warten. Hier sind entsprechende Fähigkeiten verlangt wie etwa die zur Hypothesenbildung, zum deduktiven Denken, zur Bildung von Regeln. Man kann diese Qualifikation unter dem Terminus **kognitive Kompetenz** zusammenfassen.

In aller Regel steht der Mitarbeiter nicht allein einer Aufgabe gegenüber, sondern arbeitet im Rahmen einer Gruppe oder Abteilung. Dies erfordert von ihm die Fähigkeit, zusammen mit anderen einen Arbeitsvorgang arbeitsteilig anzugehen, verschiedene Positionen in der Gruppe zu übernehmen, Konflikte sozialverträglich mit den anderen zu lösen. Die entsprechende Qualifikation könnte man **Teamorientierung** oder **Sozialkompetenz** nennen.

Arbeitsprozesse werden zunehmend in formale Regelwerke eingelassen, etwa in den Rahmen des Betriebsverfassungsgesetzes, der Umweltschutzverordnungen, der Urlaubs- und der Ausbildungsverordnungen. Mitarbeiter müssen somit auch mit institutionalisierten Strukturen, mit Gruppierungen im Unternehmen, mit Hierarchien, mit gesetzlichen Regelungen umgehen können. Qualifikationen dieser Art kann man als **Institutionenkompetenz** zusammenfassen.

Wird schließlich davon ausgegangen, daß Mitarbeiter in ihrem jeweiligen Bereich Probleme wie etwa gestiegene Ausschußquoten, Kommunikationsschwierigkeiten oder hohen Ausfall durch Krankmeldungen selbst angehen und zu lösen versuchen und dies in entsprechenden Arbeitsgruppen wie etwa dem Qualitätszirkel auch tatsächlich tun, ist eine selbstkritische Haltung erfordert. Das heißt, die Betreffenden müssen sich selbst im Zusammenhang des Arbeitsablaufs, des Arbeitsplatzes und Arbeitsklimas sehen können. Gefordert ist unter diesem Blickwinkel eine Schlüsselqualifikation, die man **Reflexivität** nennen könnte.

Zahl und Art der Schlüsselqualifikationen liegen nicht definitiv fest. Sie variieren je nach Adressatengruppe (z. B. Führungskräfte oder Facharbeiter) und damit verbunden je nach Aufgabenbereich (z. B. stärker koordinierende, leitende oder eher ausführende Tätigkeiten). In jedem Fall aber werden Schlüsselqualifikationen für den Erwerb von Berufstätigkeit als so zentral erachtet, daß sie zum festen Bestandteil von konkreten Ausbildungskonzepten geworden sind – etwa dem bei Siemens entwickelten PETRA-Ansatz. (BORRETTY u. a. 1988).

Bei diesem Konzept zur beruflichen Bildung sind als Schlüsselqualifikationen hervorgehoben:

– **Organisation und Ausführung der Übungsaufgabe.** Hierzu zählen Fähigkeiten wie die, einen Arbeitsplan zu entwerfen, auf Unerwartetes flexibel zu reagieren und anstehende Aufgaben genau ausführen zu können;
– **Kommunikation und Kooperation.** Dazu gehören Fähigkeiten wie Aufgeschlossenheit gegenüber den Anliegen anderer, Einfühlungsvermögen, Fairneß;
– **Anwenden von Lerntechniken und geistigen Arbeitstechniken** wie Abstrahieren, Analogieschlüsse bilden, Verstehen von Schemata und Zeichnungen;
– **Selbständigkeit und Verantwortung.** Dieser Schlüsselqualifikation sind Fähigkeiten wie Mitdenken, Entscheidungsfähigkeit, Vertreten der eigenen Meinung zugeordnet;
– **Belastbarkeit** mit Einzelqualifikationen wie Ausdauer, Konzentrationsfähigkeit, Aufmerksamkeit.

Da Lernende sich die Schlüsselqualifikationen sicherlich nicht mit einem Zugriff aneignen und damit vollständig zur Verfügung haben können, nimmt man eine Stufung in ihrem Erwerb bis hin zur vollständigen Beherrschung an. In Anlehnung an die Lernstufen, die die Bildungskommission des Deutschen Bildungsrates (1970, S. 78 ff) unterscheidet, wird beim Petra–Projekt von folgender Stufenfolge ausgegangen:

Stufe A: **Reproduktion:** Wissen kann auf Abruf wiedergegeben werden, wobei sich dieses Wissen sowohl auf Einzelheiten (,Fakten') als auch auf größere Zusammenhänge (Theorien) beziehen kann.

Stufe B: **Reorganisation:** Das vorhandene Wissen wird nicht bloß wiedergegeben, sondern neu gruppiert: So läßt man bei der Behandlung einer bestimmten Fragestellung einiges von dem, was man weiß, als irrelevant beiseite, anderes dagegen stellt man besonders heraus.

Stufe C: **Transfer:** Übertragung des Gelernten auf veränderte bzw. neue, aber ähnliche Aufgaben. Dies erfordert die Fähigkeit zur Bildung von Analogieschlüssen.

Stufe D: **Problemlösen:** Das bisher Gelernte wird eingesetzt zur Lösung neuer, z. T. komplexer Fragestellungen.

Bringt man beide Dimensionen, die der Schlüsselqualifikationen und die der Lernstufen, in Beziehung zueinander, läßt sich das jeweils erreichte Qualifikationsprofil auf einer ,Bewertungsscheibe' festhalten; kontrastierend zum erreichten (beobachteten) Profil des Lernenden kann dort auch noch das vom Ausbilder geplante und nach seiner Meinung erreichbare eingezeichnet werden (vgl. S. 254).

Eine Bemerkung ist allerdings noch anzubringen. Wenn es zutrifft, daß sich die

(33) Strukturbild: *Ausbildungsprofil beim Erwerb von Schlüsselqualifikationen*

SIEMENS Gewerbliche Berufsbildung	Beobachtungsprofil	Standort:	Datum:
			Blatt:
Ausbildungsberuf:	Ausbildungshalbjahr:	Ausbilder:	

Übungsaufgabe:	benötigte Zeit:
Zeichnungs-Nr.:	
Organisationsform: SEA ☐ GEA ☐ GRA ☐	Gruppenstärke:

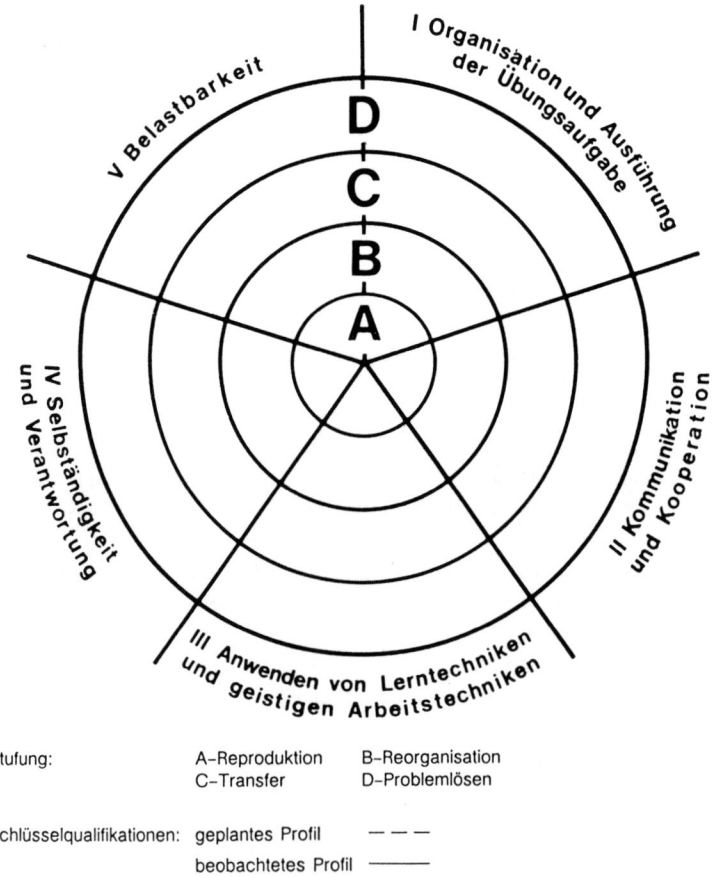

Stufung: A–Reproduktion   B–Reorganisation
                  C–Transfer   D–Problemlösen

Schlüsselqualifikationen: geplantes Profil   – – –

                           beobachtetes Profil   ⎯⎯⎯

aus: Boretty u. a. 1988

Schere öffnet zwischen der Dequalifizierung einfacher und mittlerer Berufe und der Höherqualifizierung nur weniger Spitzenberufe (Polaritätsthese), dann scheint das Konzept der Schlüsselqualifikationen eher für letztere geeignet. Allenfalls mögen bei stärker in Gruppen organisierten Arbeitsabläufen einzelne der Schlüsselqualifikationen zum Tragen kommen, etwa die der Teamorientierung oder die im PETRA-PROJEKT erwähnten Qualifikationen der Kommunikation und Kooperation sowie der Belastbarkeit.

5.3.2 Lerntafel

Begriff von Erwachsenenbildung / Weiterbildung

Erwachsenenbildung ist orientiert an der Person des Adressaten in der Intention, ihn im Bemühen um Gewinnung und Sicherung von Identität zu unterstützen.

Weiterbildung ist ausgerichtet auf die Vermittlung von Qualifikationen zur Sicherung beruflicher Leistungsfähigkeit.

Geschichte der Erwachsenenbildung

Anfänge im 18. Jahrhundert mit den *moralischen Wochenschriften* (Propagierung des neuen bürgerlichen Selbstbewußtseins) und der *Volksaufklärung* (Vermittlung sachlich richtiger Information an das [Land-]Volk).

Weitere Institutionalisierung im 19. Jahrhundert mit dem Ziel der *Weitergabe wissenschaftlichen Wissens* an breite Volksschichten (Gesellschaft zur Verbreitung von Volksbildung).

Anfang des 20. Jahrhunderts: Neue Richtung in der Weimarer Zeit. Erwachsenenbildung versteht die *Arbeitsgemeinschaft* als Ort der Begegnung von Menschen über ihre politischen und sozialen Unterschiede hinweg.

Instrumentalisierung der Erwachsenenbildung durch die *NS-Ideologie*: Erzeugung völkischen Gemeinschaftsgefühls und von Führergehorsam.

Nach dem 2. Weltkrieg: Unterschiedliche Entwicklung in der BRD und der DDR.

Phase	BRD	DDR
1. Phase	Personbildung, Lebenshilfe (1945–1970)	Aufbau antifaschistisch-demokratischer Ordnung (1945–1949)
2. Phase	realistische Wende; Qualifizierungsoffensive (1970 – Mitte der 80er Jahre)	Schaffung und Festigung der Grundlagen des Sozialismus; Qualifikationssicherung (1949–1961)

3. Phase   reflexive Wende;   Optimierung des erreichten
             Identitätslernen   Qualifikationspotentials
             (ab Mitte der 80er Jahre)   (1961–1990)

Strukturmerkmale von Erwachsenenbildung

Institutionelle   Zunehmend abstrakter werdende Ebenen (Einzelveranstal-
Staffelung   tung – Programmplanung – Einrichtung – Träger).
Trägerautonomie   Träger bestimmt sein Bildungsprofil ohne (enge) staatliche
                        Vorgaben.
Inhalte   Breites Themenspektrum, das von Informationsvermitt-
                        lung über Sinnfragen bis zu Selbstfindungs- und Kreativi-
                        tätsseminaren reicht.
Ziele   Personorientierte Zielkomplexe
                        Qualifikationsorientierte Ziele
                        Gemeinwohlorientierte Ziele.
Offenheit   Veranstaltungen öffentlich anerkannter Träger sind jeder-
                        mann zugänglich.
Professiona-   Bindung des Berufsprofils an einen akademischen Studien-
lisierung   gang. Theoretisch fundierte Handlungskompetenz, artiku-
                        lationsstarke Interessenvertretung.
Teilnehmer-   Programmatische Ausrichtung des Angebots an Proble-
orientierung   Dimension: men, Interessen der Adressaten.
                        Didaktischer   Partizipation der Teilnehmer an Ent-
                            Aspekt: scheidungen über Ziele und Inhalte
                                          einer Veranstaltung.
                        Methodische   Teilnehmern Raum zu Selbsttätigkeit
                        Dimension: geben.
Kursleiterrolle   Lernbegleiter mit unterstützender, moderierender und an-
                        regender Funktion.

Schlüsselqulifikationen
Aufgabenorientierung des Arbeitsprozesses und Einstellen auf technische Neuerungen am Arbeitsplatz verlangen die Aneignung von **Schlüsselqualifikationen**: *Selbständigkeit, kognitive Kompetenz, Teamorientierung, Institutionenkompetenz, Reflexivität.*

5.4 Literatur

Zur Stellung der Schule

S. Bernfeld, ‚Sisyphos oder die Grenzen der Erziehung,' Frankfurt 1979
G. W. F. Hegel, Gymnasialreden 1809–1815, Sämtliche Werke, hrsg. v. H. Glockner, 3. Band,
    Stuttgart 1949

Überblicksliteratur:

G. Brinkmann u. a. (Hrsg.), Theorie der Schule – Konzepte und Kritik, Kronberg 1974

Zum Verhältnis von Schule und Staat

O. Anweiler (Hrsg.), Bildungspolitik in Deutschland 1945 bis 1990, Bonn 1992
★R. Dahrendorf, Bildung ist Bürgerrecht, Hamburg 1968
J. Derbolav, Pädagogik und Politik, Stuttgart 1975
Entscheidungen des Bundesverfassungsgerichts 47, hrsg. v. den Mitgliedern des Bundesverfas-
    sungsgerichts, Tübingen 1978
A. Fischer, Das Bildungssystem der DDR, Darmstadt 1992
L. Froese (Hrsg.), Bildungspolitik und Bildungsreform, München 1969
Empfehlungen zur Arbeit in der gymnasialen Oberstufe gem. Vereinbarung zur Neugestaltung
    der gymnasialen Oberstufe in der Sekundarstufe II – Beschluß der Kultusministerkonfe-
    renz vom 7. Juli 1972, in: Sammlung der Beschlüsse, Neuwied 1978 und in der Fassung
    vom 11. 4. 1988, Neuwied 1988
Philologenverband Nordrhein-Westfalen (Hrsg.), Plädoyer für das gegliederte Schulwesen,
    Düsseldorf 1977
L.-R. Reuter, Bildungspolitik im Parteienvergleich, in: Beilage zur Wochenzeitung Das Parla-
    ment, B 35 / 80, S. 3 ff
J.-J. Rousseau, Du contrat social, Paris 1962
★H. Scheuerl, Probleme der Hochschulreife, Heidelberg 1962
Strukturplan für das Bildungswesen, Deutscher Bildungsrat, Empfehlungen der Bildungs-
    kommission, Stuttgart 1971
Vereinbarung zur Neugestaltung der gymnasialen Oberstufe in der Sekundarstufe II (Bonner
    Vereinbarung), Sammlung der Beschlüsse, Neuwied 1972 und in der Fassung vom
    11. 4. 1988, Neuwied 1988

Überblicksliteratur:

J. Derbolav, (Hrsg.), Grundlagen und Probleme der Bildungspolitik, München 1977

Zur Erwachsenenbildung

V. Böhmert, Hochschulen und Volksakademien, in: Der Arbeitsfreund 13 (1875), S. 193–199.
    Abgedruckt in: H. Dräger, Volksbildung in Deutschland im 19. Jahrhundert, Bd. 2,
    Bad Heilbrunn 1984, S. 94–100
R. Borretty / R. Fink / H. Holzapfel / U. Klein, PETRA-Projekt- und transferorientierte
    Ausbildung; SIEMENS Aktiengesellschaft; Berlin, München 1988
W. Gieseke, Durch berufliche Sozialisation zur Professionalität?, in: Studienbibliothek für Er-

wachsenenbildung, hrsg. v. der Pädagogischen Arbeitsstelle des deutschen Volkshoch-schul-Verbandes, Frankfurt/Main 1991, S. 159–172

* A. KAISER, Sinn und Situation, Bad Heilbrunn 1985

ders. (Hrsg.), Gesellige Bildung, Bad Heilbrunn 1989

ders., Schlüsselqualifikationen in der Arbeitnehmer-Weiterbildung, Neuwied 1992

ders., Bildung und Lebenswelt, in: Weiterbildung im Alter, hrsg. v. dem Bistum Aachen, Neu-wied 1994, S. 51–62

E. MEUELER, Die Türen des Käfigs. Wege zum Subjekt in der Erwachsenenbildung, Stuttgart 1993

L. REETZ, Zum Konzept der Schlüsselqualifikationen in der Berufsbildung (Teil I und II), in: Berufsbildung in Wissenschaft und Praxis, 5, 1989, S. 3–10; 6, 1989, S. 24–30

G. SCHNEIDER (Hrsg.), Erwachsenenbildung, Berlin 1988

K. SENZKY, Rechtsgrundlagen der Erwachsenenbildung, in: Studienbibliothek für Erwachsenen-bildung, hrsg. v. der Pädagogischen Arbeitsstelle des deutschen Volkshochschul-Ver-bandes, Frankfurt/Main 1991, S. 120–139

Strukturplan für das Bildungswesen. DEUTSCHER BILDUNGSRAT, Empfehlung der Bildungskom-mission, Stuttgart 1972

H. TIETGENS, Reflexionen zur Erwachsenendidaktik, Bad Heilbrunn 1992

* ders., Institutionelle Strukturen der Erwachsenenbildung, in: Studienbibliothek für Erwachse-nenbildung, hrsg. v. der Pädagogischen Arbeitsstelle des deutschen Volkshochschul-Verbandes, Frankfurt/Main 1991, S. 140–158

Umrisse und Perspektiven der Weiterbildung. DEUTSCHER BILDUNGSRAT, Gutachten und Stu-dien der Bildungskommission 46, Stuttgart 1975

* B. WEIDENMANN, Erfolgreiche Kurse und Seminare. Professionelles Lernen mit Erwachsenen, Weinheim 1995

J. WITTPOTH, Wissenschaftliche Rationalität und berufspraktische Erfahrung, Bad Heilbrunn 1987

Überblicksliteratur:

Grundlagen der Weiterbildung – Praxishilfen, Loseblattsammlung, Neuwied 1991 ff

6. Didaktische Dimension der Erziehung
Unterricht – Didaktik – Curriculum

Im Mittelpunkt dieses Kapitels steht die Inhaltsfrage von Unterricht; es geht also weniger um die Klärung sozial-interaktioneller Momente am Lerngeschehen (Kap. 4), nicht um lerntheoretische (Kap. 3) oder um institutionelle Aspekte (Kap. 5), sondern um die Fragen:
– Wodurch ist Unterricht als Ort inhaltlich-didaktischen Geschehens gekennzeichnet (Strukturmomente von Unterricht)?
– Was ist überhaupt Didaktik (Transformation von Inhalten)?
– Aufgrund welcher Überlegungen sind die Inhalte, die didaktisch transformiert worden sind, überhaupt ausgewählt worden (curriculare Fragestellung)?

6.1 Was ist Unterricht?

In den vorangegangenen Kapiteln ist eine ganze Reihe von Beispielen für Unterricht festgehalten. Beispiele, bei denen die Unterrichtssituationen in der Ermahnung eines Schülers, in der Vermittlung von Lehrstoff, in der Klärung von Verhaltensweisen, in der morgendlich-rituellen Begrüßung bestanden. Darauf bezogen, könnten Antworten auf die Frage nach dem, was Unterricht eigentlich sei, lauten:

Unterricht ist Wissensvermittlung; Unterricht ist Erziehung, ist Charakterbildung; Unterricht ist Interaktion zwischen Lehrer und Schüler; Unterricht ist kommunikatives Handeln.

Versucht man, Übersicht in die verschiedenen Positionen und Definitionen zu bringen, so sind in analytischer Hinsicht zunächst zwei große Momente an Unterricht zu unterscheiden: der *interaktionell–soziale* und der *didaktisch–methodische Aspekt*.

Wichtig ist dabei der Ausdruck ‚in analytischer Hinsicht': Man findet in der Realität Unterricht nicht fein säuberlich in beide Dimensionen getrennt vor, sondern Unterricht ist *ein* Geschehen, bei dem beides ineinander greift, eins auf dem andern aufbaut und eins das andere voraussetzt. Gedanklich jedoch – etwa zu Zwecken der Modellbildung – kann man sich fragen, was denn wesentliche, voneinander unterscheidbare (analytisch trennbare) Handlungsprinzipien im komplexen Feld des Unterrichts sind. Dann ergeben sich die beiden schon erwähnten Dimensionen:

Einmal geht es im Unterricht darum, Lerninhalte an bestimmte Adressaten (Schüler) zu vermitteln.

Zum anderen ist diese Vermittlung (das Lerngeschehen im engeren Sinn) in Interaktionen eingebettet, die zum Teil auch Eigenleben gewinnen können. Im Unterricht wird gelernt, aber es werden auch Meinungen aufoktroyiert oder zugelassen, Herrschaftsverhältnisse aufgebaut, es wird gestört, gespielt, geträumt, geärgert, angegeben, d. h. es läuft eine Vielzahl komplexer sozialer Handlungen ab, oft in engem Zusammenhang mit dem eigentlichen Lerngeschehen; sie können aber wie gesagt zu Erkenntniszwecken gedanklich von ihm isoliert werden.

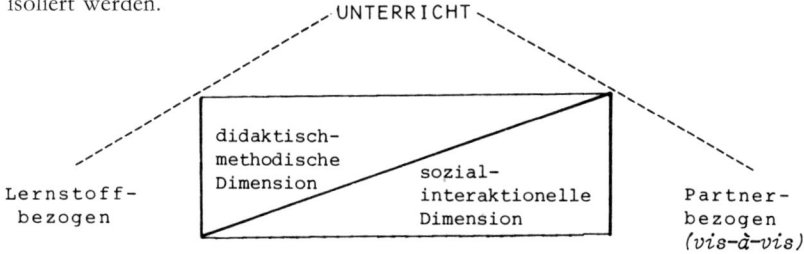

Diejenigen Fragen, die aus der interaktionellen Sicht an Unterricht und Schule gestellt werden können, sind in Kap. 4 behandelt und werden hier nicht mehr eigens thematisiert (außer dort, wo der Zusammenhang so eng ist, daß er auch in diesem Kontext aufgegriffen werden muß, wie beispielsweise bei den Verfahren der Unterrichtsanalyse).

Vielmehr sollen jetzt jene Aspekte des Unterrichts aufgegriffen werden, die seine didaktisch-methodische Struktur angehen. Es handelt sich – wie schon öfter – darum, *Strukturmomente,* also wesentliche, notwendige Aspekte an Unterricht festzuhalten.

Hierzu greifen wir noch einmal auf das Unterrichtsbeispiel über Karl den Großen zurück (Kap. 4, S. 172) dessen soziale Dimension entwickelt wurde. Wie dort angedeutet, wie aber vorher schon bei dem ROUSSEAU–Beispiel deutlich wurde, interagieren Lehrer und Schüler nicht bloß um des Interagierens willen miteinander, sondern es soll dabei das Ziel erreicht werden, sich mit einem Problem, mit einer Sachfrage auseinanderzusetzen.

Was geschieht also in unserem Beispiel hinsichtlich der inhaltlich-didaktischen Dimension? – Es werden Kenntnisse über Karl den Großen angestrebt. Karl der Große ist das Thema des Unterrichts, der Unterrichtsinhalt. Zu möglichen Unterrichtsinhalten in den verschiedenen Fächern zählen aber nicht nur wie in diesem Fall Wissensinhalte; dazu gehören auch so unterschiedliche Dinge wie Bewegungen (Felge am Reck), Tätigkeiten (Zeichnen, Werken), Fähigkeiten (Tabellen erstellen, Befragungen durchführen).

Diese Inhalte werden jedoch nicht als Selbstzweck im Unterricht eingesetzt, sondern in bestimmter Absicht, aus bestimmten Gründen: In unserem Beispiel etwa, um sich an Karl dem Großen als gutem Christenmenschen ein Beispiel zu nehmen; vielleicht gibt es auch noch untergeordnete Absichten, die aus der Eigenart des Faches herrühren, z. B. geschichtliche Zusammenhänge oder die Bedeutung großer Persönlichkeiten für die geschichtliche Entwicklung erkennen; denkbar ist auch, daß vielleicht an diesem Inhalt nur Sprachübungen als Suche nach dem treffenden Adjektiv veranstaltet werden sollen.

Denkt man beide Aspekte – den des Inhalts und den der Absicht – zusammen, so kann man sagen: *Im Unterricht werden Inhalte (Themen) unter bestimmten Intentionen (Absichten) behandelt.*

Nun weiß jeder, der in der Schule war, daß man Schülern nicht einfach ein Thema vorsetzen kann mit der Empfehlung ‚nun macht mal schön‘; vielmehr sind ihre Lern- und Arbeitsvoraussetzungen zu berücksichtigen, von denen her überlegt werden muß, wie man den Stoff gliedert, wie man einen Text kürzt, wann man eine Tabelle einsetzt, welche Arbeitsfragen man stellt, was an Zusatzinformation man anbietet, was man als Lehrer vorträgt, was dagegen die Schüler selber erarbeiten können usw.

Kurz: *Man muß das Thema hinsichtlich der Adressatenbedingungen methodisch aufbereiten.*

Eng verbunden mit dem methodischen Bereich ist das Moment der *medialen Vermittlung,* also die Frage nach den ‚Informationsträgern‘ wie Tafel, Projektor, Film, Dia, Schulbuch.

Zu beiden Dimensionen bietet unser Fall keine expliziten Anhaltspunkte, aber man könnte ansatzweise die Art der lehrerzentrierten Gesprächsführung oder das seltsame ‚Wortfindungsverfahren‘ zum methodischen Aspekt dieses Unterrichts zählen. In medialer Hinsicht arbeitet der Lehrer in dieser Phase sehr enthaltsam, es scheint, daß als Medium wohl nur das Schulbuch vorgesehen ist.

Schließlich gehört noch ein weiteres Moment wesentlich zum Unterricht, das im Unterrichtsbeispiel auch nur indirekt in den bewertenden und korrigierenden Lehreräußerungen zum Vorschein kommt: der Aspekt der *Lernkontrolle.*

Exkurs

Dieser Aspekt sollte nicht vorschnell mit Schlagworten wie Leistungsdruck, Veräußerlichung des Lernens, Entfremdung des Lernenden belegt werden. Er gehört zunächst einmal konstitutiv zum Lerngeschehen dazu. Lernen ist Leistungsgewinn, sei es als Modifikation vorhandener oder als Erwerb ganz neuer Leistungen. Dabei muß selbstverständlich an irgendeinem Punkt des Lernens auch einmal sichergestellt werden, was und wie gut man gelernt hat, denn nur so sieht man klar, wo beispielsweise zusätzliche Übungen erforderlich sind. Die Arten der Evaluation sind vielfältig: Sie kann als Eigen- oder Fremdprüfung erfolgen, als Prüfung des Lernergebnisses (Produktevaluation), des Lernweges, um z. B. Lernhemmnisse ausfindig zu machen (Prozeßevaluation). So betrachtet ist Lernkontrolle eigentlich ein recht undramatischer Vorgang. Ihr negatives Vorzeichen erhält die Prozedur jedoch dann, wenn sie ausschließlich zu Selektionszwecken vorgenommen wird (‚Lernen, um abgeprüft und beurteilt zu werden‘), wenn das Prüfungsergebnis ernsthafte und tiefgreifende Folgen für weitere Entscheidungen, etwa beruflicher Art, nach sich zieht oder wenn Lernen unter der Kuratel vorgegebener Normen steht, wie beispielsweise im Fall einzelner ‚Normbücher‘ zur Vereinheitlichung der Anforderungen bei der Abiturprüfung. Hier ist es dann schon eher angebracht, von Veräußerlichung des Lernens und von Lern- bzw. Leistungsdruck zu sprechen (s. auch Kap. 4.3.3 über Prüfungsangst). Bei der Evaluation sind also die (positiven) Funktionen vom Aspekt der Selektion zu unterscheiden.

Halten wir an **Strukturmerkmalen** von Unterricht fest:

Unterricht in seiner didaktischen Dimension vermittelt unter bestimmten Intentionen Inhalte (Themen), die auf die Adressatengruppe bezogen methodisch-medial aufbereitet und hinsichtlich des Lernerfolgs evaluiert werden.

(34) Strukturbild: *Entscheidungsfelder des Unterrichts*

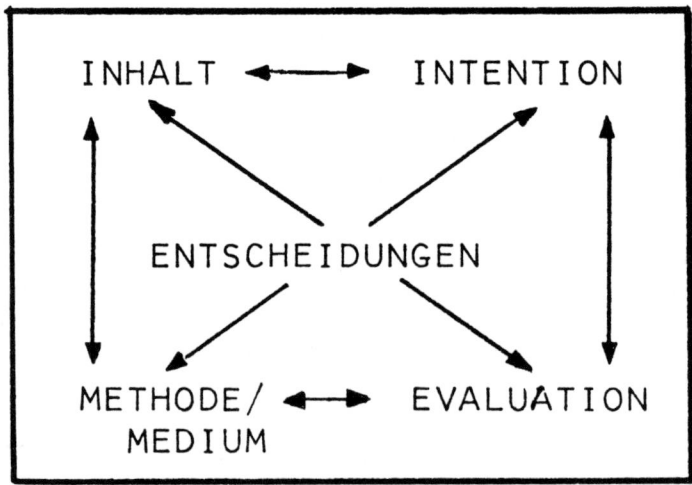

Die Graphik bringt in der Anordnung der Pfeile noch eine wichtige Beziehung zwischen den einzelnen Größen zum Ausdruck: Sie stehen in wechselseitiger Abhängigkeit und Beeinflussung zueinander. Die Wahl einer bestimmten Intention (z. B. Lernen, eine Statistik zu lesen) impliziert bestimmte Inhalte, bedingt ein bestimmtes methodisches Vorgehen und legt entsprechende Medien nahe.

Beispielsweise: Bei der eben angesprochenen Intention wählt man als Inhalt Ergebnisse einer Befragung zur Zukunftserwartung der Deutschen, läßt die Ergebnisse der einzelnen

Statements in Partnerarbeit als Tabelle anlegen und mit Bezug auf Arbeitsfragen versuchsweise interpretieren, präsentiert und fixiert die Ergebnisse anschließend auf Overhead-Folie.

Man bezeichnet dieses wechselseitige Verhältnis der einzelnen Momente mit einem Fachausdruck als *Implikationszusammenhang*. Dabei darf der Zusammenhang aber nicht nur in einer Richtung gelesen werden, so als würden zunächst die Intentionen festgesetzt, dann Inhalte ausgesucht, Methoden überlegt und Medien gewählt.

Die unterrichtlichen Entscheidungen können vielmehr an jedem Punkt einsetzen:

– Man kann einen bestimmten Stoff behandeln wollen (Beginn der Überlegungen beim Inhaltsaspekt).
– Man kann Methoden einüben (z. B. Textanalyse) und bestimmte Sozialformen festigen wollen (z. B. Gruppenarbeit).
– Man kann bei Intentionen einsetzen (z. B. Problemlösungslernen).
– Und man kann auch Inhalte unter Evaluationsgesichtspunkten behandeln (Vorbereitung eines Tests).

Wir versuchten, mit Blick auf das Beispiel einen Gedanken herauszuarbeiten, der sehr viel differenzierter von P. HEIMANN als Strukturtheorie des Unterrichts entwickelt worden ist. HEIMANNS ursprüngliche Absicht bestand in der Beantwortung der Frage, was Unterricht eigentlich kennzeichne, welches seine wesentlichen Aspekte seien. Und auch nur in dieser Absicht soll sein Ansatz hier erwähnt werden, ein Ansatz, der über diesen rein analytischen Zweck hinaus als sogenanntes ‚Berliner Modell‘ Grundlage auch eines Unterrichtsvorbereitungs-Rasters wurde und konkurrierend vor allem neben dem ‚KLAFKI–Modell‘ steht.

Es geht an dieser Stelle aber nicht um Unterrichtsvorbereitungsmodelle, sondern um die Klärung der Momente, die Unterricht wesentlich konstituieren. Von daher begründet sich auch die Beschränkung auf HEIMANN.

Er unterscheidet an Unterricht ebenfalls den Bereich der Thematik, der Intentionalität, der Methode und Medien; den Evaluationsgesichtspunkt hat er nicht eigens aufgeführt. Diese Momente an Unterricht rechnet er zum **Entscheidungsfeld**, da der Lehrer hier bei jedem der einzelnen Aspekte in seiner Planung bewußte Setzungen für seine Unterrichtsarbeit vornimmt. Davon hebt er einen anderen großen Bereich ab, den der **Bedingungsfaktoren**. Damit sind Gegebenheiten gemeint, die der Lehrer vorfindet und die er zunächst einmal als Ausgangsdaten für seine unterrichtlichen Entscheidungen betrachten muß, so beispielsweise das Vorwissen der Schüler, ihre Schichtherkunft, ihr Sprachverhalten, ihre Disziplin, ihre Leistungsbereitschaft.

Aber der Lehrer wird sich auch über die bei ihm liegenden Voraussetzungen der Unterrichtsarbeit Klarheit verschaffen müssen, über seine Wertungen hinsichtlich bestimmter Unterrichtsinhalte (z. B. im gesellschaftlich-politischen

Bereich), über seine Wissenschaftsauffassung, über seine Methodenvorlieben, seinen bevorzugten Unterrichtsstil. HEIMANN nennt diesen Bereich mit einem nicht ganz glücklichen Begriff *Normenkritik*. So müßte sich unser Lehrer eigentlich dringend Rechenschaft ablegen über die weltanschaulich-ideologischen Voraussetzungen, von denen her er Geschichtsunterricht betreibt, über seine Rolle im Interaktionsgeschehen, über seinen dominanten Lehrerstil, der die Schülerleistungen auf bloßes Raten reduziert.

Schließlich sind noch zwei weitere wichtige Determinanten für didaktische Unterrichtsentscheidungen festzuhalten: die offiziellen *Vorgaben in Lehrplänen und Richtlinien,* die allerdings meist sehr offen gehalten sind und dem Lehrer großen inhaltlichen Spielraum lassen, und die *institutionell–rechtlichen sowie interaktionellen Gegebenheiten von Schule* (Mitbestimmungsmöglichkeiten der Eltern und Schüler, Kontrollfunktion des Direktors, Regelungen über Klassenarbeiten, Absprachen für Team-teaching).

(35) Strukturbild: *Strukturmomente von Unterricht*

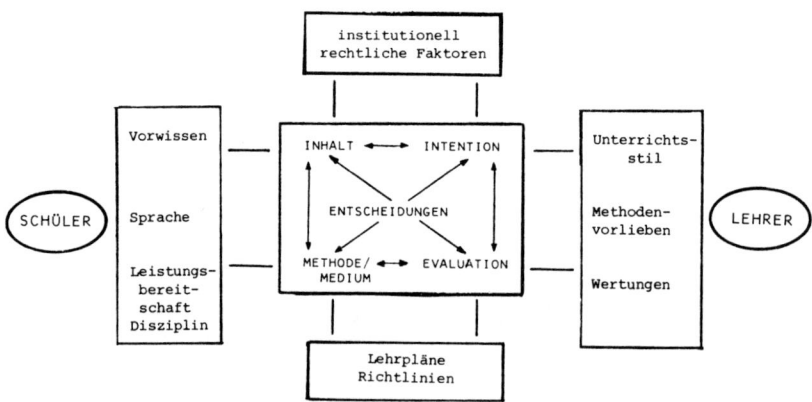

Wichtig ist der Hinweis: Die Bedingungsfaktoren sind keine unverrückbaren Rahmendaten für Unterricht, sondern können durch ihn verändert werden. Ja, teilweise ist es geradezu die Aufgabe von Unterricht, hier fördernd anzusetzen, indem beispielsweise die Sprachfähigkeit der Schüler entwickelt, ihr Vorwissen erweitert, ihre Leistungsbereitschaft geweckt werden.

Auch auf die anderen Bedingungsfaktoren wirkt sich Unterricht verändernd aus, wenn auch nicht immer mit der gleichen Intensität, wie dies bei den Adressatenbedingungen der Fall sein kann. So können zum Beispiel als Folge von Rückmeldungen aus dem Unterricht der Lehrerstil verändert, interaktionelle Rahmenbedingungen modifiziert oder sogar Richtlinien, zumindest in Teilaspekten, revidiert werden.

Schließlich ist noch zu fragen, wie Unterricht – unabhängig von Adressaten oder Institutionen – generell aufgebaut und geplant ist. Der Verlauf muß einer Bewegung zunehmender Komplexität, materialer wie kritischer Art, genügen oder sie zulassen. Dieser Bewegungsablauf des Arbeitsprozesses läßt sich als Folge von **Unterrichts-** oder **Bildungsphasen** beschreiben.

6.1.1 Phasen des Kurs- oder Unterrichtsprozesses

Der Gedanke soll an einem Beispiel aus dem Bereich der Erwachsenenbildung verdeutlicht werden.

Beispiel:
In der Tagungsstätte eines kirchlichen Trägers zur Erwachsenenbildung ist ein Seminar angeboten zum Thema ‚Mit Ausländern leben?‘ Die zweitägige Veranstaltung hat in der Mehrzahl deutsche, aber auch einige ausländische Teilnehmer. Sie berichten am ersten Tag von ihrer eigenen alltäglichen Lebenssituation her über Erfahrungen im Umgang mit Ausländern, die sie in Schule (Elternpflegschaft), Betrieb, Nachbarschaft, Verein gemacht haben. Dabei halten sie je einen Bericht über positive und negative Erlebnisse fest. Danach sehen sie sich einen Film über die Wohn- und Arbeitsplatzsituation von Ausländern an. Anschließend versuchen die deutschen und die ausländischen Teilnehmer in Gruppen, jeweils aus ihrer Perspektive das berichtete Geschehen zu ‚erklären‘; hierzu können sie zusätzlich auf Texte zurückgreifen, die die Seminarleitung zur Verfügung gestellt hatte. Im Plenum stehen sich dann zum selben Bericht voneinander abweichende Erklärungen der beiden Teilnehmergruppen gegenüber. Die Plenumsdiskussion endet im Bemühen, für diese Abweichungen Gründe zu finden, die abschließend für alle sichtbar fixiert werden.

Diesem grob und überblicksartig skizzierten Verlauf sind einzelne Geschehensabschnitte oder -phasen zu entnehmen und voneinander abzuheben. Sie unterscheiden sich hinsichtlich ganz bestimmter Aktivitäten und Absichten:

– Zunächst wird den Teilnehmern die Möglichkeit gegeben, sich unmittelbar über ihre Erfahrungen mit der jeweils ‚fremden‘ Gruppe zu äußern und in diesem Zusammenhang auch Gründe für ihre Teilnahme an dieser Veranstaltung auszutauschen.
– Der anschließend vorgeführte Film ermöglicht den Teilnehmern, zusätzlich zu den eigenen Überlegungen auf weitere Problemlagen von Ausländern in Deutschland aufmerksam zu werden und von ihnen bereits erwähnte Gesichtspunkte zu ergänzen.
– In den Berichten angesprochene Probleme werden in Gruppen bearbeitet, d. h. näher beschrieben und unter Heranziehung entsprechender Sachtexte in ihren Entstehungsbedingungen zu erklären versucht.
– Die Vorstellung der Gruppenarbeitsergebnisse im Plenum will besonderes Augenmerk auf die Frage richten, welche Unterschiede zwischen Deutschen

und Ausländern in ihren Anschauungen und Gewohnheiten bestehen, in welchen Aspekten die Wahrnehmung des anderen fixiert ist, wie Vorurteile ins Spiel kommen und was an Mißverständnissen schlicht auf Unkenntnis der Anschauungen und Gewohnheiten des anderen beruht.

Lenkt man den Blick nun nicht mehr so sehr auf das konkrete Seminarthema und die materiale Füllung der Arbeitsschritte, sondern rückt die Frage in den Vordergrund, *welche grundsätzliche Funktion den einzelnen Handlungsabschnitten zukommt,* erhält man Einblick in den Phasenverlauf, wie er Bildungsveranstaltungen generell zugrunde liegt. Dabei lassen sich folgende **Phasen des Lern- und Arbeitsablaufs** unterscheiden:

Kontakt:
Die Teilnehmer machen sich in einer ersten Annäherung mit dem Thema, der Aufgabe, dem Projekt vertraut, indem sie es auf eigene Erfahrungen, ihnen schon verfügbares Wissen und auf schon beherrschte Fertigkeiten beziehen.

Formulieren der Fragestellung(en):
Vor dem Hintergrund der eigenen Erfahrungen, Interessen und des Vorwissens halten die Teilnehmer für sie wichtige Aspekte, Fragen, Probleme am Thema fest, die sie weiterverfolgen wollen.

Erarbeitung:
Die Teilnehmer versuchen, sich in die gewählten Probleme und Fragestellungen einzuarbeiten, Erklärungen zu finden und gegebenenfalls auch Lösungsvorschläge zu erarbeiten. Hierzu greifen sie auf Materialien (Texte, Filme, Tabellen) zurück, die zusätzliche und wissenschaftlich abgesicherte Informationen bieten.

Präsentation:
Die Arbeitsergebnisse werden allen anderen Teilnehmern des Kurses oder Seminars verfügbar gemacht; damit sind angebotene Erklärungen oder Lösungsvorschläge diskutierbar, prüfbar und werden u. U. um neue Gesichtspunkte ergänzt. In der Konfrontation und im Vergleich von Vorschlägen kommt zusätzlich ein kritisches Moment ins Spiel.

Festhalten – Übertragen:
Die Arbeits- und Diskussionsresultate werden in Form von Wandzeitungen, Overhead-Folien, bei größeren Projekten auch in Form von Ausstellungen oder Broschüren festgehalten. Wo es sich vom Thema her anbietet, sind dabei auch Hinweise aufgenommen, wie sich die Seminar- oder Kursergebnisse in die Lebenswelt der Teilnehmer übertragen und in ihr anwenden lassen.

Zusammenfassend verdeutlicht das Schaubild den Gedankengang:

(36) Tableau: *Phasen des Unterrichtsprozesses*

Phase	Funktion
Kontakt	Referent und Teilnehmer machen sich miteinander bekannt, Gespräch mit den Teilnehmern über ihre Erwartungen an die Tagung. Vorstellen des geplanten Veranstaltungsablaufs durch den Referenten oder durch eine Vorbereitungsgruppe
Fragestellung	Diskussion der Teilnehmererwartungen und Interessenschwerpunkte beim Thema; Festhalten der für die weitere Arbeit wichtigsten Grobaspekte; Festlegen des weiteren Veranstaltungsablaufs
Erarbeitung	Problemlösungsversuche; Abklären (Bewußtwerden) eigener Standpunkte; Aneignung und Verarbeitung neuer Information
Präsentation	Informieren anderer Teilnehmer; Prüfung, Diskussion, Kritik der Arbeitsergebnisse
Festhalten/Übertrag (Transfer)	Festhalten der Tagungsergebnisse; Verfügbarkeit erarbeiteter Kenntnisse, Einsichten, Fähigkeiten

aus: KAISER 1986, S. 146f

Wie im Vorwort erwähnt und an mehreren Stellen im Studienbuch verdeutlicht, handelt es sich beim Phasenverlauf von Bildungsveranstaltungen um eine Struktur, die sowohl für schulische als auch außerschulische Bildungsarbeit, d.h. für Jugendbildung, Erwachsenenbildung und berufliche Weiterbildung Geltung besitzt. Eine Schulstunde über Faschismus, ein Projekt mit Jugendlichen über Neofaschismus, ein Seminar der Erwachsenenbildung über faschistischen Widerstand im eigenen Stadtteil gehorchen letztlich der gleichen Phasenbewegung. Der Grund: Die Phasen hängen nicht von institutionellen Gegebenheiten ab – etwa den Bedingungen einer Schule, eines Betriebs oder einer Volkshochschule. Der Phasenablauf ergibt sich vielmehr aus einer grundlegenden Lern- und Arbeitsbewegung, die immer dann in Gang gesetzt ist, wenn Menschen in Bildungsabsichten an Aufgaben, Themen, Problemen, Projekten arbeiten. Wohl wirken institutionelle Bedingungen wie Zeiteinteilung oder die Frage, ob mit einem festen Curriculum oder mit relativ offenen Programmbereichen gearbeitet wird, auf die Gewichtung und Akzentuierung der Phase ein. So kann bei einer schulischen Unterrichtsstunde, die innerhalb einer schon länger laufenden Unterrichtsreihe steht, die Kontaktphase knapp gehalten sein, wogegen sie bei einem einmalig durchgeführten Wochenendseminar mit Erwachsenen sicher breiter angelegt sein wird. Allerdings ändern diese Modifikationen nichts an der Tatsache, daß sie wie auch die anderen Phasen konstitutiver Bestandteil des Arbeitsprozesses in Weiterbildungsbereichen sind.

6.1.2 Unterrichtsanalyse

Es interessiert den Lehrer bzw. Kursleiter nicht nur zu wissen, welche Aspekte an Unterricht er bei seinen Entscheidungen berücksichtigen, welche Gegebenheiten er dabei etwa im Rahmen seiner Unterrichtsplanung in Rechnung stellen muß und wie er den Unterrichts- oder Kursprozeß mit Blick auf die Phasen strukturiert. Genauso wichtig sind ihm auch Erkenntnisse über den faktisch abgelaufenen Unterricht, also Einsichten über sein Verhalten, über die Reaktionen bzw. Eigenaktivitäten der Schüler, über Sprach- und Sachstrukturen seines Unterrichts, typische Gesprächsverläufe, Einstellungen und Meinungen der Schüler bzw. Teilnehmer zum Unterricht.

Erkenntnisse dieser Art lassen sich durch verschiedene Verfahren der Unterrichtsanalyse gewinnen. Man kann dabei die Vielzahl der Ansätze anhand zweier Auswahlkriterien reduzieren: So banal die Aussage auch klingen mag, Unterrichtsanalyseverfahren müssen dem *Kriterium der einfachen Anwendung* standhalten; sie sind überflüssig, wenn sie im Unterrichtsalltag nicht praktizierbar sind. Daneben interessiert auch die Frage, *welche Aspekte an Unterricht ein Ansatz schwerpunktmäßig erfaßt*. Dabei kommt mit einzelnen Verfahren doch auch wieder die interaktionelle Dimension an Unterricht in den Blick, von der Anlage dieses Kapitels her ein Nachteil, den wir aber in Kauf genommen haben, da erst nach dem Aufweis der Strukturmomente im zweiten Schritt die Verfahren zur Analyse von Unterricht entwickelt werden sollen.

Bei der Berücksichtigung der beiden Auswahlkriterien sollen hier vorgestellt werden die:

Interaktionsanalyse (FLANDERS): Sie richtet sich auf die soziale Dimension von Unterricht.

Sprachanalyse (BELLACK): Sie bezieht stärker den sachlogisch-didaktischen Aspekt ein.

Bedeutungsanalyse: Sie zielt auf die der Interaktion im Unterricht zugrundeliegenden Bedeutungen (Motive) der Interaktionspartner. Auf diesem Gebiet arbeitet beispielsweise TERHART, ohne daß – wie bei den anderen Verfahren – sein Name für den gesamten Ansatz stehen kann.

Eine Klärung dessen, was die Kurzcharakteristik umschreibt, wird in den folgenden Kapiteln angestrebt. Dabei ist allen hier behandelten Verfahren zur Unterrichtsanalyse gemeinsam, daß sie zwar zunächst zu Forschungszwecken entwickelt worden sind, aber die Möglichkeit bieten, vom Lehrer zur eigenen Analyse eingesetzt zu werden. Hierzu müssen die Verfahren wohl zum Teil vereinfacht werden, was ihrer grundsätzlichen Leistungsfähigkeit aber keinen Abbruch tut.

6.1.2.1 *Interaktionsanalyse* (FLANDERS)

Das Hauptinteresse beim Ansatz von FLANDERS ist auf die Analyse des Lehrerverhaltens gerichtet, genauer auf die Frage, ob der Lehrer Unterricht direkt oder indirekt steuert. Dies wird in einem Zahlenwert ausgedrückt, dem I/D-Quotienten, der das Verhältnis von indirekten zu den direkten Verhaltensweisen angibt.

Zum Verfahren: Man arbeitet mit zehn Kategorien, die man nach Lehrer- und Schüleräußerungen unterteilt und die beim Lehrer noch einmal hinsichtlich seines direkten und indirekten Verhaltens differenziert sind.

Lehreräußerungen	**indirekte Beeinflussung**	(1)	Akzeptiert Gefühle: akzeptiert und klärt die Gefühlshaltung der Schüler, ohne zu drohen. Die Gefühle können positiv oder negativ sein. Das Voraussagen von oder Sich-Erinnern an Gefühlshaltungen ist eingeschlossen.
		(2)	Lobt oder ermutigt: lobt den Schüler für seine Handlungsweise oder sein Verhalten oder ermutigt ihn; Scherze zur Verminderung der Spannung, jedoch nicht auf Kosten eines anderen, Kopfnicken und Äußerungen wie „Hm" oder „weiter" sind eingeschlossen.
		(3)	Geht auf Gedanken (Ideen) von Schülern ein: klärt und entwickelt Anregungen von Schülern; wenn der Lehrer mehr eigene Ideen verwendet, benutzt man Kategorie 5.
		(4)	Stellt Fragen: stellt Fragen nach Inhalt und Verfahren, die die Schüler beantworten sollen.
	direkte Beeinflussung	(5)	Trägt vor (doziert): nennt Tatsachen oder Meinungen über Inhalte und Verfahren; äußert seine eigenen Gedanken, stellt rhetorische Fragen.
		(6)	Gibt Anweisungen: befiehlt, ordnet an, steuert den Unterricht und erwartet, daß die Schüler Folge leisten.
		(7)	Kritisiert oder rechtfertigt Maßnahmen: will mit seinen Äußerungen das Verhalten des Schülers in seinem Sinne verändern, schreit einen Schüler an, gibt die Gründe für sein Verhalten an, extreme Selbstdarstellung.
Schüler-äußerungen		(8)	Schüler antwortet: Schüler antworten dem Lehrer: Lehrer initiiert den Kontakt oder bittet um Schüleräußerung.
		(9)	Schüler spricht freiwillig (aus eigener Initiative): Schüler sprechen auf eigenen Wunsch hin. Wenn der Lehrer nur aufruft, um die Reihenfolge der Sprecher festzulegen, muß der Beobachter entscheiden, ob der Schüler etwas sagen wollte. Wenn ja, wird diese Kategorie verwendet.
		(10)	Schweigen oder Durcheinander: Pausen, kurze Perioden der Ruhe und Perioden des Durcheinanders, in denen der Beobachter nichts verstehen kann.

aus: Louis 1976, S. 17.

Alle drei Sekunden nimmt man eine Notierung vor. Gerade bei nicht allzu routinierten Beobachtern empfiehlt sich wegen des dadurch entstehenden Zeitdrucks eine Tonband- oder Videoaufzeichnung des Unterrichts, um sich einzelne Sequenzen noch einmal in Ruhe anhören oder anschauen zu können. Die Ergebnisse der Notierung werden dann in einer Tabelle paarweise aufgelistet und anschließend auf eine Matrix übertragen, aus der man den I/D-Quotienten und andere Aussagen über die Interaktionsstrukturen ermitteln kann.

Beispiel:
(Die Notierungen sind über den Text geschrieben, die Querstriche kennzeichnen den 3-Sekunden-Abstand.)

10. Klasse, Politik

L: Also, wollen wir doch[5] einmal an Hand des Textes/zu erklären versuchen[3], welche Rolle/ die ‚Solidari[5]tät' in Polen spielte./Welche anderen[4] Kräfte im Staat/sind danebe[4]n noch erwähnt?/

S[1]: Die Kirche und[8]die Partei./

S[2]: (halblaut): Das ist viell[9]eicht alles langweilig./

L: (zu S[2]): Spar dir bitte deine unqualifizierten Bemerkungen./Was gibt[4]es, Paul?/

S[Paul]: Wieso spielte eige[9]ntlich die Kirche/ in einem kommunistischen [9]Staat wie Polen/ eine so w[9]ichtige Rolle?/

Als Zahlenreihe zusammengestellt:

$$
\begin{array}{c}
10 \\
5 \\
5 \\
5 \\
4 \\
4 \\
8 \\
10 \\
9 \\
7 \\
4 \\
9 \\
9 \\
9 \\
10
\end{array}
$$

Folgende Festsetzungen sind dabei zu beachten:

Am Anfang und Ende wird jeweils eine 10 notiert, da man annimmt, daß Unterricht mit einer Still- oder Unruhephase beginnt und aufhört. Um den Wechsel von Sprechern anzudeuten (S_1–S_2) wird ebenfalls eine 10 dazwischen notiert.

Die Zahlenreihe wird dann in die Matrix übertragen. Die entspechenden Felder ergeben sich aus dem Knotenpunkt der von der ersten Zahl des Paares bezeichneten Zeile und der von der zweiten Zahl bezeichneten Spalte der Matrix.

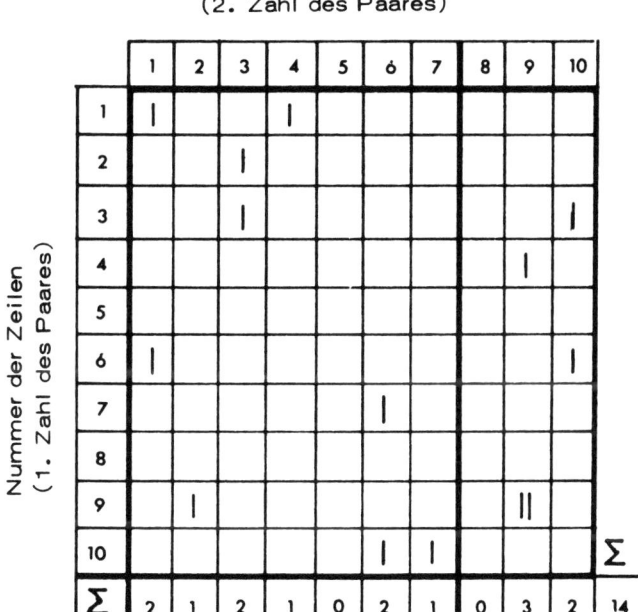

aus: Louis 1976, S. 28

Nun kann man die unterschiedlichen Auswertungen vornehmen, beispielsweise

– den I/D-Quotienten bestimmen:

$$I/D = \frac{\text{Summe der Spalten 1–4}}{\text{Summe der Spalten 1–7}} = \frac{3}{7} = 0,43$$

Die Zahl 0,43 sagt aus, daß auf jede indirekte etwas mehr als eine direkte Lehreräußerung kommt. Bei 0,5 wäre das Verhältnis 1:1, bei 0,66 käme auf zwei indirekte Äußerungen eine direkte.

– das Ausmaß der Schüleräußerungen ermitteln:

$$S_{\text{Äuß}} = \frac{\text{Summe der Spalten 8–9}}{\text{Summe der Spalten 1–10}} \times 100 = \frac{5}{14} \times 100 = 35,7\%$$

Die Schüler sprechen also während ungefähr einem Drittel der Unterrichtszeit.

Außer den beiden – hier nur zu Illustrationszwecken vorgestellten – Zahlenwerten können noch einige mehr berechnet werden; hierüber informiert genau und recht anschaulich das Buch von B. Louis, Das Interaktionsanalysesystem nach Ned. E. Flanders, München 1976. Anstelle einer akribischen Darstellung der technisch-organisatorischen Seite, die das Buch natürlich viel besser leistet, ist für uns die Frage nach der Fähigkeit des Ansatzes wichtig.

Zur Bewertung des Ansatzes:

– Zunächst besteht hier ein Problem, das allen diesen Verfahren gemeinsam ist: Sie wollen letztlich *quantitative Ergebnisse* haben (Zahlenwerte), müssen aber bei der Beobachtung mit *Interpretationen* arbeiten, denn häufig liegt es im Ermessen des Beobachters, welche Kategorie er einsetzt. Man kann zwar durch Beobachtertraining diesen Spielraum eng halten, muß dann aber eine Reihe von Zusatzregeln aufstellen, die das Verfahren unhandlich werden lassen.

Also: Die Daten und Zahlenwerte verdecken die Tatsache, daß zuvor in gewissem Rahmen nach Ermessen des Beobachters subjektiv interpretiert wurde.

– Die Kategorien sagen wenig aus über den tatsächlichen Verlauf einer Unterrichtssequenz und über den Zusammenhang, in dem eine Äußerung steht.

Im Beispiel wird bei S_2 die Kategorie 9, ‚spricht freiwillig‘, notiert. Es ist aber inhaltlich gesehen eine Kritik am Unterricht, und für eine Analyse ist die Reaktion des Lehrers auf solche Kritik vielleicht von erheblich größerem Aufschluß als eine ganze Matrix.

– Eng mit diesem Einwand zusammen hängt der kritische Hinweis auf die Zeitintervall-Notierung. Ohne Kommunikationszusammenhänge zu berücksichtigen, etwa ein eng zusammengehörendes Teilgespräch von Lehrer und Schüler oder eine Sequenz, in der Schüler untereinander auf den gleichen Inhalt bezogen diskutieren, wird alle 3 Sekunden schematisch notiert. Unterricht wird damit eher *segmentiert,* in isolierte Teilchen zerlegt, anstatt als ein organisches Ganzes erfaßt zu werden.

– Nahezu vollkommen aus dem Gesichtsfeld ausgeblendet ist der Unterrichtsinhalt. Nun könnte man einwenden, daß bei einer Interaktionsanalyse der Inhalt auch gar nicht so sehr interessiert, weil primär das Verhalten der Beteiligten erfaßt werden solle. Aber das ist nur bedingt richtig. Da Unterricht in erster Linie Lerngeschehen ist, hängt die Interaktionsstruktur auch in großem Maß vom Lerngegenstand und den Lernverfahren ab. Wird beispielsweise zu Beginn einer Unterrichtsreihe eine Kurzinformation vom Lehrer gegeben, so notiert man die Lehreräußerungen vorwiegend im Bereich des direkten Verhaltens, ohne zu bedenken, daß dies auf den Lerngegenstand und den Lernablauf bezogen ein durchaus angemessenes, ja ein bewußt auf Transparenz angelegtes Verhalten darstellt.

– Und schließlich trifft auf diesen wie auch die meisten anderen Ansätze zu, daß sie mit viel Aufwand Dinge klären, die man ohnehin schnell erkennt. Ob ein Lehrer den Unterricht stark auf sich bezogen führt, ob er Schüler nicht zu Wort kommen läßt, ob er bloß abfragt oder auch spontane Schülerbeiträge ermöglicht, all dies wird einem Beobachter auch ohne ausgeklügelte Matrizes schnell aufgehen.

Andererseits aber kann es durchaus von Vorteil sein, auf eine solch detaillierte Art Grundstrukturen des Interaktionsverhaltens bei Lehrern und Schülern festzuhalten. Das Geschehen wird gleichsam dahingehend ‚objektiviert‘, daß es aus dem lebendigen Fluß des Unterrichtsablaufs hervorgehoben und dem Beobachter oder Analytiker distanziert gegenübergestellt wird. Man kann als sich selbst beobachtender Lehrer von Augenblicksstimmungen Abstand gewinnen, seine eigene Rolle in die Überlegungen mit einbeziehen und so ein Stück Aufklärung auch über den eigenen Beitrag zum Interaktionsklima erhalten.

Schematisch wäre damit festzuhalten:

Vorteile:
– Versachlichung der Interaktionsanalyse durch Distanznahme
– Fixierung momentan ablaufender Ereignisse im Unterricht

Nachteile:
– Interpretationsspielraum (Ungenauigkeitszone)
– Zusammenhang von Unterricht wird auseinandergerissen
– Unterrichtsinhalte bleiben unberücksichtigt

Einige Punkte der Kritik sind zumindest ansatzweise im nächsten Verfahren behoben.

6.1.2.2 *Sprachanalyse* (BELLACK)

Zentrale Intention dieses Ansatzes ist es nämlich, typische Sprachverlaufsmuster im Unterricht zu analysieren; damit ist das Inhaltsproblem immerhin thematisiert. Man kann Unterrichtssprache als ein auf eine spezifische Situation bezogenes Sprechen ansehen, mit einem Ausdruck von WITTGENSTEIN als ein besonderes *Sprachspiel,* d. h. als einen Zusammenhang von Sprachformen, die – ähnlich den Spielzügen bei einem Brettspiel – aufgrund fester Regeln in vielfältigen Kombinationen und Sprachzügen vorkommen. Mit einer groß angelegten Untersuchung, bei der der gleiche Unterrichtsinhalt von verschiedenen Lehrern in verschiedenen Klassen behandelt wurde, konnte BELLACK folgende große Sprachmuster im Unterricht ermitteln:

„Strukturieren (structuring): Strukturierende Züge erfüllen die unterrichtliche Funktion, den Kontext für nachfolgendes Verhalten zu setzen, indem Interaktionen zwischen Lehrern und Schülern entweder in Gang gesetzt oder aufgehalten bzw. unterbunden werden. Zum Beispiel eröffnen Lehrer eine Unterrichtsstunde häufig mit einem strukturierenden

Zug, indem sie die Aufmerksamkeit auf das Thema oder Problem lenken, das in dieser Stunde besprochen werden soll.

Auffordern (soliciting): Spielzüge dieser Kategorie sind dazu bestimmt, eine sprachliche oder physische Reaktion hervorzurufen oder die angesprochenen Personen zur Aufmerksamkeit für eine bestimmte Sache zu ermuntern. Alle Fragen, Befehle, imperativische Äußerungen und Bitten gelten als solche Aufforderungen.

Reagieren (responding): Diese Züge stehen in wechselseitigem Bezug zu den Spielzügen des Aufforderns und treten nur im Zusammenhang mit ihnen auf. Ihre unterrichtliche Funktion besteht darin, die durch auffordernde Züge gesetzten Erwartungen zu erfüllen; in diesem Sinne werden etwa Antworten der Schüler auf Fragen des Lehrers als reagierende Züge gewertet.

Fortführen (reacting): Diese Spielzüge werden zwar von einem strukturierenden, auffordernden, reagierenden- oder einem vorausgegangenen fortführenden- Zug veranlaßt, aber nicht unmittelbar durch ihn hervorgerufen. Ihre unterrichtliche Funktion ist es, das bereits Gesagte zu modifizieren (durch Klärung, Zusammenfassung, Erweiterung) und/ oder (positiv oder negativ) zu beurteilen. Fortführende Spielzüge unterscheiden sich von reagierenden Zügen: Während ein reagierender Spielzug immer direkt durch eine Aufforderung ausgelöst wird, bedarf das Fortführen der jeweils vorangehenden Züge nur eines Anlasses. Als fortführender Spielzug gilt z. B. die Beurteilung einer Schülerreaktion durch den Lehrer."

aus: Bellack u. a. 1974, S. 13/14

Man kürzt die Bezeichnungen der Sprachzüge bei der Notierung eines Unterrichtsprotokolls ab und stellt sie zu Sprachsequenzen zusammen, beispielsweise:

AUFF – REAG – FORT: Das kann heißen: Der Lehrer fragt, ein Schüler antwortet darauf, ein anderer greift dessen Antwort auf und modifiziert sie mit einem eigenen Gedanken.

Die Sprachäußerungen sind von Bellack noch weiter mit charakterisierenden Hinweisen versehen, beispielsweise, wer sie macht (S oder L), ob sie sich auf sachinhaltliche oder auf unterrichtsorganisatorische Aspekte beziehen und wie lang die jeweiligen Redeanteile sind.

„Sachinhaltliche Bedeutungen beziehen sich auf den Unterrichtsstoff; dazu gehören etwa Begriffe wie ,multilateraler Handel' und Verallgemeinerungen wie z. B. ,die Beziehungen zwischen Spezialisierung und den Faktoren des Produktionsprozesses.'

Sachlogische Bedeutungen beziehen sich auf die kognitiven Prozesse, die bei der Beschäftigung mit dem Unterrichtsstoff auftreten, z. B. das Definieren, Interpretieren, Erklären, Tatsachen-Feststellen, Meinen und Rechtfertigen.

Unterrichtsorganisatorische Bedeutungen beziehen sich auf Anweisungen, (Lehr-) Materialien und Routinevorgänge des Klassenbetriebs, soweit sie Bestandteil des Unterrichts werden.

Unterrichtslogische Bedeutungen beziehen sich auf ausdrücklich didaktisch gemeinte sprachliche Prozesse, wie sie etwa in positiven oder negativen Beurteilungen, Erklärungsvorgängen oder in der Erteilung von Direktiven auftreten."

aus: Bellack 1974, S. 15

Bei der von Bellack durchgeführten Untersuchung stellten sich zudem folgende Detailergebnisse heraus:

– Schüler strukturieren kaum aus eigener Spontaneität; sie fordern den Lehrer selten auf, sich zu inhaltlichen Bedeutungen zu äußern.
– Strukturierende Züge nehmen den geringsten Teil im Unterrichtsgespräch ein (ca. 10%), die anderen Züge dagegen 20% bis 30%.
– Die sachlogischen Bedeutungen (dazu gehören: definieren, interpretieren, formulieren, erklären, begründen) beziehen sich zu 50% – 60% auf empirische Bedeutungen (feststellen und erklären des Sachverhalts).
– Die häufigsten Zugkombinationen sind
  Auff – Reag – Fort 26%
  Auff – Reag 22,3%
– 85% der Zugkombinationen werden durch den Lehrer eröffnet.

Um auch dieses Verfahren anschaulicher zu machen, soll das Beispiel von eben wieder aufgegriffen und diesmal nach den Kategorien von Bellack analysiert werden.

Beispiel: 10. Klasse, Politik

1:

L: Also, wollen wir doch einmal an Hand des Textes zu klären versuchen, welche Rolle die ‚Solidarität‘ in Polen spielte. Welche anderen Kräfte im Staat sind daneben noch erwähnt:

S_1: Die Kirche und die Parteien.

2:

S_2: (halblaut): Das ist vielleicht alles langweilig.

L (zu S_2): Spar dir bitte deine unqualifizierten Bemerkungen.
   Was gibt es, Paul?

3:

Paul: Wieso spielte eigentlich die Kirche in einem kommunisitischen Staat wie Polen eine so wichtige Rolle?

Die Züge:

1: $STRK_{L, sachl.}$ – $AUFF_{L, sachspez.}$ – $REAG_{S, sachspez.}$
2: $FORT_{S, unterr. spez.}$ – $FORT_{L, unter. log.}$ ($STRK_{S, unter. spez.}$)
3: $AUFF_{L, unter. log.}$ – $REAG_{S, sachspez.}$ ($FORT_{S, sachspez.}$)

Auch hier wird wieder ein Problem dieser Ansätze deutlich; der *Interpretationsspielraum.*

So kann man beispielsweise über die Notierung 2: $FORT_S$ diskutieren: Ist die Äußerung des Schülers eine Fortsetzung, bezogen auf die für ihn uninteressanten Sachfragen, oder ist sie eine Strukturierung hinsichtlich der Unterrichtsorganisation, die – wenn sie aufgegriffen würde – eine Reihe unterrichtsthematisierender Spielzüge eröffnen könnte?

Ähnlich im Fall der Notierung 3: Bezogen auf die Aufforderung des Lehrers (‚Was gibt es, Paul?‘), könnte man REAG notieren. Andererseits aber kommt Paul von sich aus wieder auf das Thema zurück, so daß man evtl. mit FORT notieren müßte.

Vorteilhafter als bei FLANDERS ist hier die Möglichkeit, Sprach- bzw. Interaktionszusammenhänge zu erkennen und auch grob den Bereich angeben zu können, um den es dabei ging- um das Thema, um die Art, wie es behandelt wurde oder um unterrichtsorganisatorische Fragen.

Von daher kann man, etwa im Rahmen eines Lehrertrainings, auch zu einem gegebenen Spielzug alternative Züge probeweise durchspielen; man kann die Gesprächsstellen ausmachen, an denen die Kommunikation in eine andere Richtung ging; man kann dort einhaken und sich nachträglich noch einmal bewußt machen, wieso die Gesprächsentwicklung bei einem selbst in diese Richtung gelaufen ist. Die Arbeits- und Auswertungsmöglichkeiten sind also bei diesem Ansatz tiefergehend und für die Eigenanalyse relevanter als bei der bloßen Interaktionsanalyse.

Vorteile:
– Sprach- und Interaktionsmuster werden als Zusammenhang dargestellt
– Sachaspekt des Unterrichts wird berücksichtigt
– Knotenpunkte werden festgehalten, an denen das Gespräch in eine bestimmte Richtung weiterlief.

Nachteile:
– Interpretationsspielraum beim Beobachter
– keine Analyse der didaktischen Struktur (eher nur die der lerntheoretischen Dimension).

Weiterreichend als die bisherigen Verfahren ist der folgende Ansatz insofern, als er auf die Bedeutungsvoraussetzungen eingeht, von denen her Lehrer und Schüler Unterricht überhaupt erst wahrnehmen.

6.1.2.3 *Bedeutungsanalyse (Interpretatives Verfahren)*

Dieser Ansatz zur Unterrichtsanalyse hat noch den Status eines Programms, einer Absichtserklärung und weniger den eines ausgearbeiteten Verfahrens. Er hat sich aus zwei Richtungen her entwickelt:
– aus der *Kritik an den eben geschilderten quantitativen Verfahren.* Man verweist dabei auf ihre Unfähigkeit, tatsächlich zu erfassen, was eigentlich bei den am Unterricht Beteiligten abläuft, welche Einstellung sie zum Geschehen haben, warum sie so handelten, wie man es beobachten konnte, d. h. also, welche Motive und Vorstellungen hinter ihrem Handeln stehen.

– Aus dem *Aufgreifen von Theoriestücken des Symbolischen Interaktionismus*. Um nämlich auf die von den empirischen Ansätzen nicht beantworteten Fragen eingehen zu können, greift man hier auf Interaktionstheorien und Verfahren zurück, die unabhängig vom Unterricht ganz allgemein die Bedeutungsdimension beim Handeln erfassen wollen.

Man erinnere sich an Kap. 4: In einer Interaktion schreibt der eine dem anderen Handlungsmotive zu, die er an Hand von Zeichen zu interpretieren versucht, um aus dem Verständnis von sich selbst und der Auslegung der Situation heraus dann das eigene Handeln entwerfen zu können.

Wichtig ist: Neben der augenblicklichen Interpretation in einer Situation hat man immer auch einen Vorrat an schon fertigen Auslegungen, an Vorstellungen, an Konzepten über entsprechende Situationen bereit.

Auf Unterricht als eine solche Handlungssituation bezogen heißt das, daß Lehrer und Schüler zwar immer im Augenblick und auf ein je aktuell geäußertes Handeln hin ihr eigenes Tun entwerfen müssen; aber dies erfolgt vor dem Hintergrund von schon vorhandenen Vorstellungen über Unterricht und Schule. Ja, diese Vorstellungen leiten sogar die augenblickliche Interpretation der Situation, bedingen sie oder legen sie gar fest – wie in Kap. 4 hinsichtlich der sozialen Wahrnehmung ausgeführt.

So gibt es beispielsweise Lehrer, die von Unterricht die Vorstellung eines Kampfplatzes haben. Schüler sind eine Horde von Chaoten, nur darauf aus zu stören, sich dem Lernen, wo immer es geht, zu entziehen, und ihre liebste Beschäftigung ist es dabei, den Lehrer lächerlich zu machen. Daher muß man als Lehrer von Anfang an zeigen, wer der Herr im Haus ist. Sie kennen die probate Empfehlung altgedienter Kämpen: „Erst mal den dicken Daumen zeigen, dann kann man die Zügel immer noch locker lassen."

Es ist klar, daß eine solche Hintergrundvorstellung von Unterricht die Interpretation auch des augenblicklichen Geschehens festlegt. Auch konstruktiv aufzufassende Vorschläge der Schüler zum Unterrichtsgeschehen werden als Angriff interpretiert und lösen bei dem betreffenden Lehrer ein vorschnelles Abwehrverhalten aus.

Man könnte sogar sagen, der Lehrer habe eine eigene *‚Theorie' von Unterricht,* also einen Zusammenhang von Regeln (‚Gesetzen'), die aus Erfahrungen gewonnen wurden und die als Handlungsanweisungen für alle noch kommenden Situationen gelten. Im Lichte dieser Theorie interpretiert er auch Unterrichtssituationen, ganz wie ein Wissenschaftler dies von seiner – meist ausgefeilteren und methodisch abgesicherten – Theorie her auch macht.

Wie kommt man nun durch Unterrichtsanalyse an diese Theorien heran, die der Lehrer und die Schüler zur Interpretation ihres Alltags mit sich führen? Befragen ist schlecht, da man dann nur das zu hören bekommt, wovon der Befragte meint, es sei sinnvoll und richtig, die Dinge so zu sehen. Direkte Beobachtung ist unsicher, wie man bei den anderen Verfahren sah, da man dann wieder aus Zeichen (Gesten, Tonfall, Einzelhandiungen) interpretieren muß und damit eigene Vorstellungen, eigene ‚Theorien‘ ins Spiel bringt.

Man ist auf einen interessanten Ausweg verfallen, indem man mit den Betreffenden Interpretationsexperimente anstellt. Sie erhalten beispielsweise ein Unterrichtsprotokoll, das fortlaufend, also ohne Interpunktion und Rollenangaben, geschrieben ist (sog. *Kettenprotokoll)*. Die Befragten sollen nun von sich aus das Protokoll strukturieren. ‚Von sich aus‘ heißt genauer, daß die Befragten wahrscheinlich vor dem Hintergrund ihrer Auffassung, ihrer ‚Theorie‘, das Protokoll gliedern, Lehrer und Schülerrollen verteilen und damit Unterricht in ihrem Sinne auslegen.

Beispiel:

also wollen wir doch einmal an Hand des Textes zu klären versuchen welche Rolle die Solidarität in Polen spielte welche anderen Kräfte im Staat sind daneben noch erwähnt die Kirche und die Parteien das ist vielleicht alles langweilig spar dir bitte deine unqualifizierten Bemerkungen was gibt es Paul wieso spielte eigentliche die Kirche in einem kommunistischen Staat wie Polen eine so wichtige Rolle

Man könnte – um das Verfahren nur kurz zu demonstrieren – beispielsweise gegen Ende das Protokoll so strukturieren:

L: Was gibt es? – Paul, wieso spielt eigentlich die Kirche in einem kommunistischen Staat wie Polen eine so wichtige Rolle?

Sie werden bei eigener Setzung von Interpunktion selbst bei diesem kurzen Text zu einer Vielzahl von Möglichkeiten und Rollenverteilungen kommen. Hinter der hier demonstrierten Art, den Unterricht zu gliedern, könnte man eine Auffassung vermuten, die den Lehrer sehr direkt das Unterrichtsgeschehen lenken sieht und ihm zudem ein hohes Maß an Sanktionsmöglichkeiten zuerkennt: Er engt den Freiraum der Schüler ein, selbst dort, wo sie wenigstens entscheiden könnten, ob sie sich zu einer Frage melden oder nicht, indem er von vornherein den Antwortenden bestimmt; zudem könnte dies auch als Retourkutsche aufgefaßt werden, wenn man annimmt, daß Paul der Schüler mit dem despektierlichen Kommentar zum Unterrichtsgeschehen war.

Hier ergibt sich ein Ansatzpunkt, an dem man einhaken und mit dem Betreffenden zusammen diese seine implizite und versteckte Unterrichstheorie bewußt thematisieren könnte.

Bei der Auswertung eines solchen Kettenprotokolls in Arbeits*gruppen* (z. B. bestehend aus Lehrern und Schülern) kann man die einzelnen Interpunktionsergebnisse vergleichen etwa hinsichtlich der

– Kohärenz, d. h. der Gleichartigkeit und Übereinstimmung der Interpunktion in der Gruppe;
– Differenz, d. i. der Abweichung einzelner Interpunktionssequenzen in oder zwischen den Gruppen.

Zur Bewertung des Ansatzes:
– Der Unterrichtsinhalt wird nicht erfaßt. Hier geht es eher um *Interaktions-zusammenhänge* und um die Vorstellungen, von denen her eine Interaktion entworfen und das Handeln des anderen interpretiert werden.
– Für Lehrerausbildung und -training gibt dieser Ansatz nicht allzuviel her. Selbst wenn man einem selbst bisher noch nicht bewußte ‚Theorien' aufge-deckt hat, ist damit noch nichts über ihre Richtigkeit und praktische Taug-lichkeit gesagt. Erst gemessen an einer anderen Theorie von Unterricht könnte man zu dem Urteil kommen, sie zu ändern oder ganz aufgeben zu müssen.
– Wo aber kommt diese Theorie her? – Es wird wahrscheinlich die eines Wis-senschaftlers oder Ausbilders am Studienseminar sein. Es wird sich um eine Theorie handeln, in deren Licht die ‚Theorie' des betreffenden Lehrers inter-pretiert und bewertet wird.

Auf etlichen Umwegen ist man eigentlich herausgekommen, wo man immer schon war: sich mit dem anderen im Gespräch, in der Diskussion über die Angemessenheit verschiedener Auffassungen von Unterricht auseinanderzu-setzen; dabei mag es als Diskussionseinstieg recht nützlich sein, ein unstruk-turiertes Protokoll zu bearbeiten, um überhaupt eine Diskussionsgrundlage zu haben.

Als besonders positiv hervorzuheben ist der methodische Ansatz des Verfahrens: Sinnzusammenhänge – um solche handelt es sich nämlich bei Unterricht – nicht mit irgendwelchen quantitativen Kategorien analysieren zu wollen, sondern sie *hermeneutisch* zu erfassen (s. Kap. 7.1), denn Sinn kann letztendlich nur verstan-den (interpretiert), nicht aber quantitativ ausgezählt werden.

Zudem regen die Verfahren, etwa wie in unserem Beispiel das Kettenproto-koll, den Betreffenden dazu an, sich intensiv mit den Voraussetzungen zu be-schäftigen, von denen her er ein solches Protokoll strukturiert. Das Verfahren bringt also ein hohes Maß an Reflexionsanreiz mit sich.

Schließlich macht es alternative Ablaufmuster von Unterricht deutlich, erst recht wenn unterschiedlich strukturierte Protokolle einander gegenübergestellt und etwa im Rahmen der Lehrerausbildung zum Gegenstand der Diskussion gemacht werden.

Fassen wir auch hier die Wertung überblicksartig zusammen:

Vorteile:
– hermeneutischer Zugriff
– reflexionsanregendes Verfahren
– Aufweis alternativer Ablaufmuster von Unterricht

Nachteile:
– Unterrichtsinhalt wird nicht erfaßt.

– Die Analyse von heimlichen Unterrichtstheorien sagt noch nichts über die Richtigkeit und praktische Tauglichkeit aus; Aussagen hierzu ergeben sich erst in der Konfrontation mit anderen Unterrichtstheorien.

6.1.3 Lerntafel

An Unterricht können unterschieden werden
– didaktisch-methodische Dimension (lernstoffbezogen)
– sozial-interaktionelle Dimension (partnerbezogen) (s. Kap. 4)

Hinsichtlich der didaktisch-methodischen Dimension müssen die Strukturmomente von Unterricht bestimmt werden, da sie als Einflußfaktoren auf den Lerngegenstand bei der Unterrichtsplanung und -analyse Bedeutung erlangen.

Bedingungsfaktoren	Entscheidungsfelder	Normenkritik
Vorwissen der Schüler	– Intentionalität	Unterrichts-
Sprachverwendung	– Thematik	stile
	– Methoden/Medien	
Disziplin	– Evaluation	Wertungen
Leistungsbereitschaft		Methodenvorlieben
institutionell-		Richtlinien-
rechtliche Bedingungen		kritik

Aber nicht nur der abstrahierende Aufweis der Strukturmomente, auch die Verfahren zur Analyse des konkreten Unterrichtsgeschehens sind im Zusammenhang seiner didaktisch-methodischen Dimension von Interesse.

Verfahren zur Unterrichtsanalyse
1. Interaktionsanalyse: Ermittlung des I/D-Quotienten (indirektes/direktes Verhalten) (FLANDERS)

2. Sprachanalyse: Analyse der sprachlichen Spielzüge im Unterricht nach den Grundkategorien:
   Strukturieren
   Auffordern
   Reagieren
   Fortführen
   (BELLACK)

3. Bedeutungsanalyse:
   Interpretation der den beteiligten Lehrern und Schülern eigenen ‚Unterrichtstheorie' (Analyse ihres Vorverständnisses von Unterricht).

4. Phasen des Unterrichtsprozesses:
   Kontaktphase: Vertrautwerden mit dem Thema.
   Formulieren der Fragestellung: Ermitteln der Aspekte am Thema, die im Lauf des Kurses oder Seminars erarbeitet werden sollen.
   Erarbeitung: Erklärungen finden, Problemlösungen vorschlagen.
   Präsentation: Darstellung der Arbeitsergebnisse und ihre kritische Diskussion,
   Festhalten/Transfer: Kurs- oder Tagungsergebnisse werden festgehalten; Möglichkeiten ihrer Anwendung in der Lebenswelt der Teilnehmer werden aufgezeigt.

6.1.4 Arbeitsvorschlag

Analysieren Sie den folgenden Auszug aus einer Unterrichtssequenz nach dem Ansatz von BELLACK.

L liest die Geschichte vom ‚Wolfsjungen' vor, einem Kind, das bei Wölfen aufgewachsen ist, um daran anschließend einige anthropologische Gedankengänge mit den Schülern zu erarbeiten.

L: Wir wollen noch einmal kurz auf das Milieu zurückkommen. Wie nennen wir das, was sich um den Menschen befindet?

S: Umfeld

L: Hm

S: Umwelt

L: Hm

S: Gesellschaft

L: Halten wir das doch mal fest; das scheint auf der richtigen Linie zu liegen. Wo ist der Unterschied zwischen Umwelt und Gesellschaft?

6.2 Begriff der Didaktik und didaktische Prinzipien

Wir haben im ersten Teil des Kapitels Klarheit über die didaktisch-methodische Seite von Unterricht zu gewinnen und wichtige Dimensionen dieses Aspekts von Unterricht zu erarbeiten versucht (Strukturmomente des Unterrichts). Dabei war der Begriff der Didaktik kurz erwähnt, ist aber noch nicht entwickelt worden. Dies soll nun Aufgabe des nächsten Teils sein.

6.2.1 Begriff der Didaktik – Abgrenzung von Didaktik und Methodik

Auf die Frage: ‚Was ist Didaktik?‘ erhält man mühelos eine Handvoll verschiedener Antworten:
- Didaktik ist Auswahl der Bildungsinhalte,
- Didaktik ist Systemplanung des Unterrichts,
- Didaktik ist kommunikativ-edukatives Unterrichtshandeln,
- Didaktik ist die Frage nach den erkenntnisleitenden Interessen der Vermittlung von Unterrichtsinhalten,
- Didaktik ist Dramaturgie des Unterrichts.

Dann gibt es noch Begriffe wie didaktische Emanzipation, didaktische Strukturgitter, didaktische Analyse; es konkurrieren miteinander bildungstheoretische, systemtheoretische, kommunikative, lerntheoretische, handlungstheoretische Didaktiken, und die Reihe kann keineswegs als vollständig gelten.

Sie sollen nun keinesfalls gelangweilt werden mit der Aufzählung aller Positionen und Nebenpositionen, die sich häufig nur in Nuancierungen von der Hauptposition unterscheiden. Vielmehr soll auch hier versucht werden, aus der *Analyse des Handlungsvorgangs* selbst Klarheit über den Begriff der Didaktik zu gewinnen.

Im Unterricht werden Inhalte unter einer bestimmten Intention vermittelt. Sie erinnern sich: Zu den Inhalten zählen Fähigkeiten, Fertigkeiten und Einstellungen; ‚Vermitteln‘ bezeichnet einen Vorgang, der sowohl vom Lehrer als auch vom Schüler aktive Aneignungs- und Verarbeitungsprozesse verlangt, wie z. B. den Gedanken erfassen, ihn modifizieren, übertragen, Bewegungsabläufe nachahmen, künstlerische Gestaltungsmomente erkennen usw. Und dies alles geschieht nicht aus Selbstzweck, sondern in bestimmter Absicht – zur Problemlösungsschulung, zum körperlichen Training, zur ästhetischen Sensibilisierung.

Wenn Unterricht somit als intentional geprägte Aufarbeitung von Inhalten verstanden wird, stellen sich notwendig auch die Fragen:

Wo kommen diese Inhalte eigentlich her? Aufgrund welcher Kriterien wählt man sie aus? Aufgrund welcher Prinzipien überträgt man sie in den Unterricht?

Hierauf eine Antwort zu finden, macht es nötig, den Blick vorübergehend auf das Vorfeld von Unterricht zu konzentrieren. Dann stehen sich nämlich auf der einen Seite *Unterricht* und auf der anderen der *Bereich möglicher Inhalte* gegenüber. Dies können Inhalte der Wissenschaften sein, solche, die in Medien mitgeteilt werden, das können Inhalte aus Büchern, Comic-Heften oder Berichte, Erzählungen von anderen Menschen sein, Dokumente, Inschriften, Gebäude. Das heißt: So vieles kann Inhalt sein, daß es in seiner Gesamtheit nie und nimmer von Unterricht aufgenommen zu werden vermag.

In der Konsequenz ergibt sich die Notwendigkeit:

– *Auszuwählen,* aus welchen großen Bereichen der Wirklichkeit überhaupt Inhalte berücksichtigt werden sollen. Das sind dann auf Schule und Unterricht übertragen die Schulfächer oder Aufgabenfelder. Geklärt werden diese Fragen von der Lehrplan- bzw. Curriculumtheorie.

– Nach der Abgrenzung solcher Bereiche ist zusätzlich die weitere zentrale Frage zu klären: *Was* aus diesen Bereichen, aus der Physik, der Verkehrskunde, der Literatur, soll *wie* im Unterricht behandelt werden.

Denn: Nicht alles, was ein Physiker, der Verkehrsexperte im Ministerium oder ein Literaturwissenschaftler machen, ist gleichermaßen relevant und kann aus lern- und zeitökonomischen Gründen im Unterricht behandelt werden.

Und schließlich:

– Die Dinge können nicht einfach so in den Unterricht übernommen werden, wie sie beispielsweise in einem Fachbuch zur Elektronik, in einem Expertengutachten oder in einem literaturwissenschaftlichen Artikel abgehandelt sind. Sondern sie müssen für Unterrichtszwecke aufbereitet, genauer: *transformiert* werden, und zwar hinsichtlich

der Intention, auf die bezogen sie im Unterricht eingesetzt werden,

der Adressaten, die sich im Unterricht damit auseinandersetzen.

Ein solcher ‚Übersetzungsprozeß‘ erfordert selbstverständlich auch Kriterien, nach denen man transformieren kann. Diese Kriterien oder besser Prinzipien zu ermitteln ist Aufgabe der Allgemeinen Didaktik.

Didaktik ist also *die nach bestimmten Prinzipien durchgeführte und auf allgemeine Intentionen bezogene Transformation von Inhalten zu Unterrichtsgegenständen.*

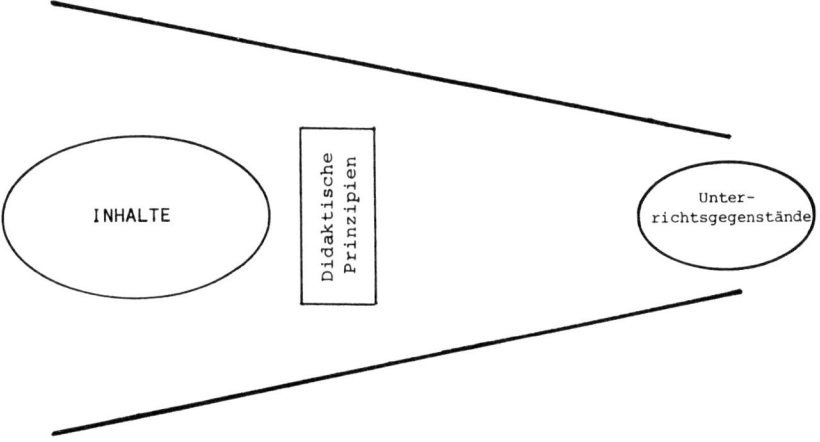

Abzuheben vom Begriff der Didaktik ist der in diesem Zusammenhang häufig auftauchende Begriff der Methodik, der also nicht synonym gebraucht werden kann. Vielmehr ist **Methodik** *die auf die bestimmte Lerngruppe ausgerichtete Aufarbeitung der transformierten Inhalte.*
Diese Definition verdeutlicht den nachgeordneten Stellenwert der Methodik im Begriffsgefüge. Damit ist jedoch keine Wertung bezüglich der Wichtigkeit beider Arbeitsschritte getroffen.

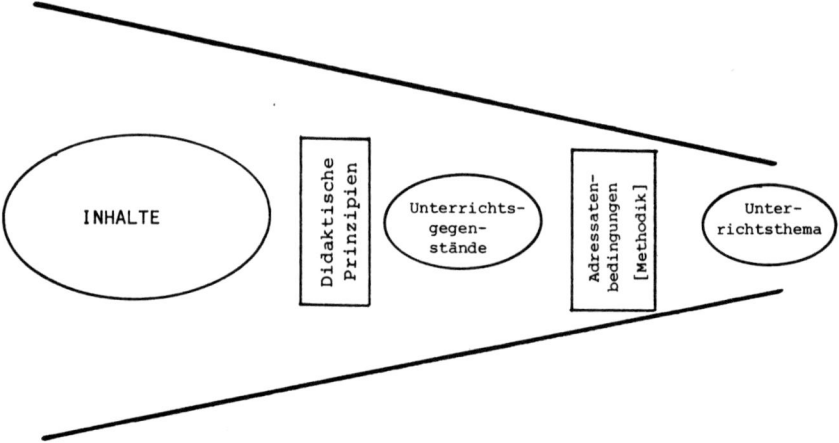

Die Zuordnung verdeutlicht der Graph abstrakt, das Beispiel soll sie zusätzlich konkretisieren:

Beispiel:

Im Lernbereich (Fach) Politik/soziales Handeln wäre ein möglicher Inhalt ‚die Familie'. Dazu haben Soziologen, Schriftsteller, Politiker, Eltern, Kirchenmänner, Jugendliche, Geschiedene etwas zu sagen. Dazu findet man etwas in Readern zur Familiensoziologie, in Romanen, in Parteiprogrammen.
Bezogen auf Unterricht ist nun der erste Schritt: *Transformation dieses Inhalts* und seiner zahlreichen Aspekte nach bestimmten Prinzipien und Intentionen, z. B. nach der Frage, welche allgemeinen gesellschaftlichen Strukturen an dem Beispiel der modernen Kleinfamilie aufgezeigt werden können (Transformation nach dem exemplarischen Prinzip).
Daran schließt sich der zweite Schritt an: Die so transformierten und jetzt didaktischen Inhalte *methodisch* für die Lerngruppe aufzubereiten, beispielsweise für die Klasse 9, die schon über einige Fähigkeiten in Gruppenarbeit verfügt und im letzten Halbjahr in Geschichte das Thema ‚Industrielle Revolution und ihre sozialen Folgen' behandelt hat, die aus dem Deutschunterricht über gut entwickelte Techniken der Textanalyse verfügt usw.

Zur Methodik gehören weiter auch die Überlegungen, wie das Arbeitsmaterial gestaltet ist, welche Arbeitsweisen man veranschlagt, wie man die Ergebnisse sichert, woran man den Transfer übt.

Es wird erkennbar, daß die methodischen Entscheidungen offensichtlich sehr stark auf das in Kapitel 6.1 so genannte Bedingungsfeld von Unterricht bezogen sind, also auf die lerntheoretischen, wissens- und verhaltensmäßigen Voraussetzungen bei den Schülern.

Exkurs

Eine Anmerkung noch zum *Verhältnis von Didaktik und Methodik*. In der Erziehungswissenschaft ist auch diskutiert worden, welche von beiden Fragestellungen eigentlich gedanklich Vorrang habe, ein Punkt, der eben schon kurz angesprochen war. Die eine Position behauptet: Erst müssen die didaktischen Fragen geklärt werden, dann erst kann über das Wie der Vermittlung nachgedacht werden. Denn solange man nicht weiß, was man im Unterricht behandeln will, kann man logischerweise nichts darüber sagen, wie man es machen will (*Primat der Didaktik*).

Die andere Position setzt dagegen: Die grundlegendere Entscheidung ist die auf die Lernvoraussetzungen der Schüler bezogene methodische Frage, von der her erst zu entscheiden ist, was die Schüler überhaupt lernen können. Zudem erarbeite sich der Schüler den Gegenstand über die Methode, sie konstituiere somit den Gegenstand im Unterricht (*Primat der Methode*). Dabei führen die Verfechter dieses Standpunktes eine neue Aufteilung ein. Sie bezeichnen als Methode Arbeitsformen, in denen schon erzieherische Intentionen stecken – z. B. Gruppenarbeit als Methode, mit der als Lernziel kooperatives Verhalten erreicht werden soll. Methode sei daher identisch mit dem bei HEIMANN verwendeten Begriff der Intention. Davon heben sie den Bereich der Arbeitstechniken ab, die nur die Art und Weise der Bearbeitung von Lernstoff kennzeichnen, z. B. eine Tabelle aufstellen, ein Referat anfertigen, ein Strukturbild zeichnen (vgl. MENCK 1972).

Bei näherer Betrachtung jedoch sind das nur scheinbar unversöhnliche Positionen; in der krassen Gegenüberstellung sind die Bedingungen nicht klar erkennbar, unter denen man das Verhältnis von Didaktik und Methodik zueinander sieht.

Denkt man stärker an die *Inhaltsseite* von Unterricht, daran, was ein Schüler zur Bewältigung von Handlungssituationen an Wissen und Fähigkeiten benötigt, was dabei von besonderer Bedeutung ist, was dagegen eher zurückgestellt werden kann, dann ist damit notwendig der Primat der Didaktik hervorgehoben.

Konzentriert man sich stärker auf den *Vermittlungsaspekt* von Unterricht, darauf, daß der Inhalt in der Interaktion von Lehrer und Schüler unter Berücksichtigung der Leistungsfähigkeit und Selbständigkeit der Schüler aufgearbeitet wird, steht die methodische Frage im Vordergrund, einschließlich ihrer gegenstandskonstituierenden Leistung.

Es handelt sich also weniger um ein starres Vor- und Nachordnungsverhältnis, als vielmehr um einen grundsätzlichen Perspektivwechsel, der zwischen dem Pol des Inhalts und dem des Vermittlungsaspekts möglich ist. Andernfalls bedeutet es entweder einen Rückfall in die Position eines formalen Bildungsverständnisses, wenn nämlich für (mit

Methoden in Verbindung gebrachte) formale Fähigkeiten, wie z. B. kooperatives Verhalten, im nachhinein beliebige Inhalte gesucht werden. Oder aber die Vertreter dieser Position setzen stillschweigend den Begriff der Methodik mit dem der allgemeinen Intentionen gleich – Unterricht solle beim einzelnen beispielsweise auch soziales Verhalten wie Kooperationsbereitschaft erzielen. Da solche allgemeinen Intentionen von Unterricht sicher vor der didaktischen Überlegung rangieren, kann man von daher den Primat der Methodik postulieren, was dann aber eher zur Sprachverwirrung als zur Klärung des Sachverhalts führt.

6.2.2 Didaktische Prinzipien

Auch hier wieder möchten wir Ihnen und uns die monotone Aufzählung der diversen didaktischen Prinzipien ersparen, da sie wenig Erkenntniswert hat und man spätestens beim dritten von zehn Prinzipien zu gähnen beginnt. Vielleicht gehen Sie mit uns einen anderen Weg. Daß es so viele didaktische Prinzipien gibt, ist sicherlich ein Indiz dafür, daß die Transformationsaufgabe wohl mehrere Aspekte umfaßt. Es wäre daher zu überlegen, ob nicht aus der Analyse der einzelnen Stationen bei der didaktischen Transformation die notwendigen didaktischen Prinzipien abgeleitet werden können. Man hätte dann nicht mehr oder weniger wahllos Prinzipien aufgezählt, sondern begründet, warum die behandelten auch die wichtigen sind.

   Will man Inhalte didaktisch transformieren, so ist zweierlei grundsätzlich zu beachten:
– Man muß den Inhaltsbereich, den man transformieren will, verfügbar haben bzw. sich erarbeiten (Sachanalyse).
– Man muß den in der Sachanalyse aufgearbeiteten Inhaltsbereich nach didaktischen Prinzipien zu Unterrichtsgegenständen transformieren.

   Bei der *Sachanalyse* geht es darum, den Inhaltsbereich überhaupt einmal abzuklären. Hier ist die Sachkompetenz des Lehrers oder Erwachsenenbildungsdozenten gefordert, die ihm erlaubt, ein Thema meist in bezug auf seine fachwissenschaftliche Beschlagenheit auszuloten, es in seinen verschiedenen Aspekten aufzuarbeiten, sich um neuere Erkenntnisse zu bemühen, sich die Entstehungs- und Entwicklungsgeschichte des Themas zu verdeutlichen u. a.

   Der Lehrer macht dann nicht eigens eine Sachanalyse, wenn er nach vorstrukturierten Lerneinheiten arbeitet – etwa nach dem Schulbuch. Anders sieht es schon aus, wenn er selber zum Beispiel einen Halbjahreskurs inhaltlich entwerfen muß oder wenn ein Dozent in der Erwachsenenbildung ein Wochenendseminar vorbereitet. Dann muß das Thema erst einmal in einer gediegenen Sachanalyse aufgearbeitet sein, will man nicht auf gut Glück irgendwo herumstochern und hoffen, ein paar Inhaltsbrocken aufzuspießen.

   Steht die Sachanalyse, dann muß sie *didaktisch transformiert werden;* dabei ist vorab zu klären, woraufhin transformiert werden soll, denn nur so sind die Prinzipien der Transformation, die didaktischen Prinzipien, zu entwickeln. Lernen in Schule und Unterricht, aber auch in der außerschulischen Bildung, ist zunächst einmal ganz global auf das Ziel ausgerichtet, die Betreffenden in die Lage zu versetzen, ihr Leben in den Griff zu bekommen. Der Bereich dessen, was mit dieser umgangssprachlichen und vagen Formulierung abgedeckt ist, reicht vom einfachen Verstehen einzelner Phänomene des alltäglichen Lebens bis hin zum explizit entworfenen Plan zur Durchführung komplizierter Handlungen. In der neueren Didaktik hat man diese Ausrichtung auf das Leben, für das Schule vorbereitet, mit dem Stichwort der *Situationsbezogenheit des Lernens* zu fassen versucht. Nach diesem Konzept ist Erziehung Hilfe zur Bewältigung von Situationen, und verschiedene Situationstypen (private, politisch-öffentliche, berufliche) müssen identifiziert werden, um sie auf ihre Relevanz für Erziehungsprozesse hin zu analysieren. Im Anschluß daran ist zu fragen, welche Qualifikationen vom Schüler erworben werden müssen, um diese relevanten Situationen zu bewältigen.

Wichtiger für unsere didaktischen Überlegungen ist der Gesichtspunkt, der nicht mit der Auflistung von Situationen, sondern mit dem Begriff der *Bewältigung* zusammenhängt. Leicht entsteht nämlich der Eindruck – auch bei Didaktikern – als sei hiermit so etwas wie konkrete Handlungsanleitung angesprochen, als müsse etwas konkret hergestellt werden, als könne Lernen sich damit nur auf solche handlungs- und herstellungsbezogenen Situationen richten. Wer so argumentiert, kommt leicht in die verzwickte Situation, etwa den Sinn der Differentialrechnung in der Mathematik, des Investiturstreits in der Geschichte oder des l'art-pour-l'art-Standpunktes in der Literatur nicht mehr angemessen darlegen zu können; aus dem einfachen Grund, daß er den Begriff der Situationsbewältigung zu eng faßt.

Daher noch einmal ein kurzer Rückgriff auf die anthropologischen Erörterungen (s. Kap. 1.1.2): Situationen werden durch Sinn mittels Sprache erfaßt. Auch wenn der Mensch konkret handelt, geschieht dies im Medium von Sinn. Situationen werden daher in dem Maß bewältigt, wie sie als sinnvoll, sinnhaft aufgenommen werden: Zur Situationsbewältigung gehören sowohl *Sinnverständnis* als auch *Sinnherstellung*.

Man kann z. B. Einkaufen als eine konkrete Situation nur bewältigen, wenn man um die Funktion des Geldes weiß, um die Aufgaben des Verkäufers, ein Preisschild lesen, die verschiedenen Abteilungen im Kaufhaus auseinanderhalten kann (= *Sinnverständnis* der Situation); aber gleichermaßen notwendig ist es auch, seinen Kaufwunsch vorbringen zu können, eine angebotene Ware zu prüfen und evtl. zurückzuweisen, auf der gewünschten Farbe und Größe des Kleides zu beharren (= *Sinnherstellung* der Situation).

Geht man jetzt noch einmal zum Ausgangspunkt der Frage nach den didaktischen Prinzipien zurück, so kann gefolgert werden:

Die Prinzipien der didaktischen Transformation müssen der grundlegenden Tatsache entsprechen, daß der Mensch im Rahmen konkreter *Situationen* handelt; Situationen werden im Medium von Sinn wahrgenommen, da nur so *Handlungsorientierung* möglich wird. Sowohl im Begriff der Handlung als auch in dem des Sinnes ist der des Wissens impliziert, und die nicht hintergehbare Instanz zur Produktion und Prüfung des Wissens sind die *Wissenschaften*. Da schon aus zeit-, aber auch aus lern- und denkökonomischen Gründen nicht alles Wissen für alle Situationen und Orientierungsmöglichkeiten in ihnen vermittelt werden kann, sollten vernünftigerweise nur ausgewählte, *tragfähige Beispiele (Exempla)* im Unterricht aufgearbeitet werden; diese Beispiele sind auf die zu behandelnden Sachverhalte und Sachbezüge hin klar und deutlich zu *strukturieren*.

Als Prinzipien der Transformation sind daher festzuhalten:

1. Lernen sollte auf Situationen im weitesten Sinne bezogen oder beziehbar sein: **Prinzip der Situationsbezogenheit**.
2. Lernen sollte auf die Bewältigung solcher Situationen ausgerichtet sein: **Prinzip der Handlungsorientierung**.
3. Zum Verständnis und zur Bewältigung von Situationen sowie zu der dafür erforderlichen Handlungsfähigkeit ist Wissen, vor allem aus den Wissenschaften, unverzichtbar: **Prinzip der Wissenschaftsorientierung**.
4. Nicht alles Wissen, nicht alle Sachverhalte und nicht alle Situationen können im Unterricht vermittelt werden. Man muß solche auswählen, die für andere beispielhaft sind: **Prinzip des Exemplarischen**.
5. Anhand dieser Beispiele sollen das relevante Wissen und die entsprechenden Sachverhalte und Situationen so aufbereitet werden, daß sie für den Lernenden gegliedert, geordnet, strukturiert sind: **Prinzip der Struktur**.

Die didaktischen Prinzipien sind zunächst ganz allgemein aus dem anthropologischen Gedanken abgeleitet, daß der Mensch Situationen über Sinn bewältigt. Im folgenden sollen sie konkret in ihrer Leistung für die didaktische Transformation erhellt, sollen sie auf Vor- und Nachteile geprüft und für die Unterrichtsvorbereitung in Leitfragen übersetzt werden.

6.2.2.1 *Prinzip der Situationsbezogenheit*

Wir erfuhren schon: Mit diesem Prinzip wird bei der didaktischen Transformation der Tatsache Rechnung getragen, daß Lernen letztlich zur Bewältigung von Situationen befähigen soll. Daher müssen Lerninhalte auch eine entsprechende Situationsbezogenheit aufweisen. Dies kann zunächst so verstanden werden, als wären Unterrichtsinhalte nur noch als Simulation von Situationen aufzubereiten, etwa eines Verkaufsgespräches, einer Verkehrssituation, eines Rechtsstreites, einer politischen Versammlung.

Dazu ist dreierlei anzumerken:

(a) Wird das Prinzip als alleiniges Transformationskriterium für Unterrichtsinhalte angewandt, können weite Lernfelder und Lerneinheiten nicht mehr angemessen begründet werden; z.B. lassen sich Themen aus der Mathematik, der Literaturgeschichte (vielleicht ein Rollenspiel über die Pleiade?) oder der theoretischen Volkswirtschaftslehre nicht als Situationen simulieren.

(b) Selbst wenn man eine Situation noch so realitätsgerecht in Unterricht einbezieht, bleibt sie eine dargestellte, eine schon abstrahierte, modellhafte Situation.

(c) Daher ist grundlegend zu beachten, daß Situationen auch im konkreten Fall dahingehend *indirekt* bewältigt werden, als sie im Medium von Sinn und Sprache wahrgenommen, interpretiert und angegangen werden (im Zweifelsfall bitte noch einmal bei der Anthropologie, Kap. 1.1.2 nachschauen).

Situationsbezogenheit im Unterricht heißt also nicht bloß, die eine oder andere Situation im Unterricht durchzuspielen, auch nicht, für jeden Unterrichtsinhalt eine entsprechende Situation bei der Hand zu haben, sondern *die Konstitutionsleistung von Sinn und Sprache zur Wahrnehmung, Interpretation und zum Bestehen von Situationen herauszuarbeiten.*

Dann macht es auch wenig Schwierigkeiten, etwa die Leistung der Physik, Chemie oder Mathematik für die Sinnkonstituierung entsprechender, manchmal auch weit gefaßter Situationen transparent werden zu lassen (zum Situationsbegriff vgl. auch Kap. 6.3 über Curriculummodelle).

Folgende *Leitfragen zur Transformation* bieten sich an:
– Welches sind Ausgangssituationen bei den Adressaten?
– Auf welche Erfahrungen kann bei ihnen zurückgegriffen werden?
– Bezieht sich der Inhalt auf Situationen, in denen die Lernenden schon jetzt oder erst später einmal stehen?
– Falls es eine zukünftige Situation ist: Ist sie schon durch sekundäre Erfahrung (Erzählung, Lektüre, Fernsehen) bekannt?
– Welchen Stellenwert hat sie im Leben des Lernenden?
– Welche Teilaspekte an ihr sollen im Unterricht hervorgehoben werden?
– Welche Sinnstrukturen sind für ihr Verständnis wesentlich?

6.2.2.2 *Prinzip der Handlungsorientierung*

Situationen werden handelnd bewältigt, wobei der Begriff des Handelns nicht nur explizit bewußte Vollzüge, sondern auch routinierte Formen umfaßt. Nun heißt das Prinzip aber nicht Prinzip des Handelns, sondern der Handlungs*orientierung*. Dazu ein paar Worte.

Lernen ist aufgrund der Mittelstellung von Schule (s. Kap. 5.) vorläufig und indirekt. Es bereitet auf Situationen vor, es ist aber nicht selber schon die Situation. Lernen zielt auch nicht darauf ab, den anderen unmittelbar zum Handeln aufzufordern, sondern gibt ihm meist lediglich Hilfestellung, Orientierung für späteres Handeln. Ob und wie er dann handeln wird, ist seine eigene Angelegenheit, darauf kann Lernen (Schule) keinen direkten Einfluß mehr nehmen.

Dabei gilt es aber zu beachten, daß Lernen zwar in seinem *didaktisch–methodischen Aspekt indirekt* ist; die Lernsituation in ihrer *sozialen Dimension* aber ist *direkt,* ist unmittelbar, ist für den Schüler wirkliche Situation.

Zur Konkretisierung:

Wenn im Wirtschaftslehreunterricht Angebot und Nachfrage behandelt werden und wenn man von verschiedenen Situationen, z. B. im Kontext des jugendlichen Kaufverhaltens, spricht, wenn man sie gar in einem Rollenspiel darstellt, so sind dies doch simulierte Situationen; Lernen ist indirekt, es verweist auf die wirkliche Situation.

Davon abzuheben ist aber die Lernsituation selber, daß z. B. der Unterricht bei diesem Lehrer, in der soundsovielten Stunde, nach den und den Pausenereignissen usw. stattfindet. Hier läuft Lernen in Form von schulischen Sozialisationsprozessen ab (s. Kap. 4), und dieses Lernen kann selbstverständlich auch Gegenstand von Unterricht werden.

Handlungsorientierung bedeutet also im Rückgriff auf den ersten Teil des Beispiels,
– durch Unterricht Hilfestellung, Orientierungspunkte bei Handlungsentscheidungen und der Handlungsdurchführung zu bieten.
Bezogen auf die direkte Lernsituation ist die Zielsetzung dagegen,
– im Unterricht sich auch auf das dort ablaufende Handeln von Schülern und Lehrer auszurichten (Unterricht über Unterricht), um in diesem Handlungsfeld ebenfalls Orientierungspunkte zum Verständnis oder zur Verbesserung zu erarbeiten.

Leitfragen zu diesem Prinzip:
– Welche Einsichten geben Aufschluß über Handlungszusammenhänge in der Situation?
– Welches Wissen kann als Grundlage bei der Handlungsentscheidung dienen?
– Ermöglicht dieses Wissen, Folgen und Nebenfolgen einer Handlung abzuschätzen?
– Inwiefern bietet der Lerngegenstand Orientierungsmöglichkeit in Handlungsfeldern?
– Worin besteht die Orientierungsleistung:
   a) in der Einführung in wichtige Situationsbereiche?
   b) in der Vermittlung unmittelbar auf Situationen bezogener Fähigkeiten, Fertigkeiten?

– Wie wird Handlungsorientierung in den Lernprozeß eingebracht? Mit welchen Methoden wird Handlungsorientierung angestrebt, werden z. B. Handlungsmöglichkeiten simuliert, eingeübt, am Modell dargestellt?

6.2.2.3 *Prinzip der Wissenschaftsorientierung*

Das Prinzip der Situationsbezogenheit erinnert daran, daß Unterricht letztlich auf die Bewältigung von Lebenssituationen vorbereiten soll; die Bewältigung erfordert entsprechende Handlungskompetenz der Betreffenden; Schule hat auch hierfür Orientierungsmöglichkeiten bereitzustellen.

Fragt man aber danach, worauf die Situationsbewältigung und die Handlungskompetenz gründen, was die Basis für die Sinnkonstituierung einer Situation und den Entwurf von Handlungsmustern ist, dann ist man auf den Aspekt des Wissens verwiesen: Wissen als Grundlage für Urteil und Einsicht, damit als ein Fundament für die Planung und Durchführung von Handlungen. Als Antwort auf die Frage, wo Wissen vorzugsweise produziert wird und wo es gelagert ist, ergibt sich die Antwort: in den *Wissenschaften*.

Sie haben damit im Zusammenhang dieser didaktischen Überlegungen die Funktion eines Wissensreservoirs für Unterrichtsinhalte, aus dem man letztlich immer schöpfen muß, an dem man nicht vorbeikommt. Das von den Wissenschaften bereitgestellte Wissen ist seinem Anspruch nach kontrolliertes Wissen, bei dem angegeben ist, wie es zustande kommt, und bei dem Regeln und Verfahrensweisen zur Prüfung mitgeliefert sind. Allerdings ist dieser Anspruch nur allzu häufig unterboten: Wissenschaftliches Wissen – erst recht, wenn es als eine ‚Schulmeinung‘ vertreten wird – kann auch dogmatisch, starr, gegen jegliche Kritik abgeschottet sein. Oder wissenschaftliches Wissen kann Symbiosen mit politischen Standpunkten eingehen, und Kritik erschöpft sich dann darin, den anderen je nach seiner Position als reaktionär oder messianisch hinzustellen.

Aber trotz aller gesunden Skepsis gegenüber wissenschaftlichem Wissen, auch trotz des Bemühens, mit dem Alltagswissen der Schüler, mit ihren unmittelbaren Erfahrungen, mit Popularwissen auszukommen, ist man mit dem allerersten Versuch der Erklärung von dort angesprochenen Zusammenhängen schon wieder in der Wissenschaft. Deshalb muß letztendlich für unseren Gedankengang doch an ihrer exponierten Stellung festgehalten werden.

Aber nicht bloß in dieser als Zulieferer von Wissens- und Erklärungszusammenhängen verstandenen Rolle tritt Wissenschaft in der Didaktik auf. Sie kommt auch unmittelbar im Lernprozeß zur Geltung, und das erst kennzeichnet eigentlich das Prinzip der **Wissenschaftsorientierung:** *Lernprozesse an Inhalten und Verfahren der Wissenschaften auszurichten.*

Was kann so gesehen Wissenschaftsorientierung im einzelnen heißen, was nicht?

– Zunächst ist die Grenze zur **Wissenschaftspropädeutik** zu ziehen. Unter Wissenschaftspropädeutik soll *die Hinführung, die Einführung in die Wissenschaften selber* verstanden werden, also eine Vorübung für den späteren Umgang mit Wissenschaften im Rahmen einer vollen Adaption ihrer Struktur und Methoden. In diesem didaktischen Prinzip ist die Begegnung mit Wissenschaft unmittelbarer gegeben als in dem der Wissenschaftsorientierung.

– Orientierung, Ausrichtung an der bzw. an den Wissenschaften kann heißen, die im Unterricht vermittelten Inhalte auf den Kenntnisstand der Wissenschaften zu beziehen. Dies meint das von WENIGER so genannte *Wahrheitskriterium*. Ein solcher Unterricht hat sich damit aber auch am *materialen Bestand* einer oder mehrerer Wissenschaften auszurichten, erst recht, wenn bisher angenommene Erklärungsmöglichkeiten sich als zu eng, zu einseitig, unvollständig erwiesen haben und neue Zugriffsweisen auf den Gegenstand zum Tragen gekommen sind. Ein Beispiel hierfür ist die Entwicklung in der Didaktik des Deutschunterrichts, bei der geistesgeschichtliche oder morphologische Betrachtungsweisen der Sprache um Aspekte einer Sprechakttheorie erweitert worden sind.

– Neben dem inhaltlichen Aspekt zielt wissenschaftsorientierter Unterricht auf die *Verfahren,* die methodische Struktur der Wissenschaften ab, also darauf, Aussagen zu belegen, sie kontrollierbar zu machen, die Bedingungen anzugeben, unter denen sie gelten usw. Eng verbunden mit diesem Gesichtspunkt ist schließlich auch das Bemühen, die dem *wissenschaftlichen Vorgehen eigene Haltung* zu vermitteln: Gegenargumenten gegenüber aufgeschlossen, zur Revidierung eigener Positionen bereit zu sein, die unvoreingenommene Prüfung eines Sachverhaltes anzustreben u. ä.

– Und schließlich beinhaltet Wissenschaftsorientierung auch eine *Reflexion auf die Möglichkeiten und Grenzen wissenschaftlichen Vorgehens,* um so einer blinden Wissenschaftsgläubigkeit entgegenzuwirken.

Die Orientierung des schulischen Unterrichts an den Wissenschaften hat natürlich auch vielfältige Kritik erfahren, nicht zuletzt von Wissenschaftlern und Wissenschaftstheoretikern selbst.

– So meint beispielsweise FEYERABEND auf eine Entwicklungstendenz aufmerksam machen zu müssen, bei der seiner Meinung nach Wissenschaft zusehends mit fast theologischem Anspruch auftrete und alle Lebensbereiche usurpiere.

„Geburt, Erziehung, Seelsorge, Heilung – alles ist heute in den Händen der Wissenschaften, und sinkt der müde Bürger schließlich in sein wohlverdientes Grab, dann sorgt die Grabeswissenschaft dafür, daß auch dieses Ereignis nach streng wissenschaftlichen Prinzipien abläuft."

aus: FEYERABEND 1980, S. 119.

Auf die Kritik einer solchen Verabsolutierung von Wissenschaft zielt – in anderem theoretischen Zusammenhang – auch der Hinweis HABERMAS' auf Wissenschaft als Ideologie ab: Er verweist auf die Gefahr, die mit dem Übergreifen des Rationalitätsprinzips der Wissenschaften in den sozialen Bereich verbunden ist. Mit dem Hinweis auf die Sachgesetzlichkeit bzw. Sachnotwendigkeit gesellschaftlicher Maßnahmen und Entwicklungen werde die Reflexion auf ihre Legitimität unterbunden.

Sicherlich kann in unserer Zeit eine Neigung zur Wissenschaftsgläubigkeit konstatiert werden, eine Tendenz, gegen die anzugehen gerade auch eine wohlverstandene Aufgabe wissenschaftsorientierten Unterrichts sein kann: Im Aufweis der Bedingungen, unter denen wissenschaftliche Aussagen gelten, ihre Grenzen aufzuzeigen.

– Weiter ist kritisiert worden, daß Wissenschaftsorientierung nur einen Teil des Menschen erfasse – den rationalen – und spielerische, ästhetische, bewegungsbezogene Bereiche verkommen lasse. Allerdings trifft diese Kritik eher extreme Formen der Wissenschaftsorientierung, nämlich einen Unterricht, der sich kaum der Frage nach seinen Adressatenbedingungen stellt bzw. von verkürzten anthropologischen Auffassungen ausgeht, sofern er den Menschen nur als rationales, nicht aber auch als sinnliches Wesen begreift.

– Ein anderes Argument lautet, Wissenschaftsorientierung führe leicht zu einer ‚Abbilddidaktik'. Darunter versteht man ein didaktisches Konzept, das die Gliederung, die Inhalte, das häufig spezialisierte Vorgehen einer wissenschaftlichen Disziplin unverändert in den Unterricht übernimmt. Es fragt sich jedoch, ob man mit dem Argument nicht auf etwas aufmerksam machen will, das in dieser Form kaum als Gefahr für Unterricht auftreten kann.

Der Lehrer bzw. der Didaktiker wird nämlich notgedrungen – und zwar angehalten durch die Umstände des Situationsfeldes, in dem er sich bewegt – die Bedingungen seines Tuns in eben diesem Handlungskontext mitreflektieren, will er nicht situationsunangemessen handeln. Dies heißt konkret: Er wird sich sowohl nach seinen eigenen Handlungsabsichten (Intentionen) als auch nach den Lernbedingungen und Erwartungen der Adressatengruppe fragen müssen. Damit aber steht er schon in der didaktischen Überlegung, so rudimentär sie auch sein mag, womit die nackte Wissenschaftsstruktur gebrochen ist.

Halten wir in der Rückkehr zur konkreten Hilfestellung bei einer didaktischen Transformation unter diesem Aspekt folgende *Leitfragen* fest:
– Was an Information und Erklärungsmöglichkeiten soll aus der oder den betreffenden Disziplin(en) im Unterricht eingebracht werden?
– Mit welchen Methoden werden Erklärungen erarbeitet?

– Welche interdisziplinären Zusammenhänge können beim Thema angesprochen werden?
– Wo können Grenzen im wissenschaftlichen Zugriff auf das Thema gezogen werden? Solche Grenzen ergeben sich, wenn
a) ein Sachverhalt unangemessen erfaßt wird (z. B. menschliche Sprache als Reiz-Reaktions-Geschehen),
b) Erklärungslücken vorhanden sind,
c) die Vorläufigkeit, Unsicherheit von wissenschaftlichen Erklärungen offensichtlich wird,
d) wissenschaftliche Erklärung und persönliche Wertung des Wissenschaftlers unbemerkt ineinander übergehen.

6.2.2.4 *Prinzip des Exemplarischen*

Wir wiederholen: Lernen zielt auf Handlungsorientierung zur Bewältigung relevanter Situationen auf der Grundlage eines entsprechenden Wissens. Es gibt jedoch unzählige solcher Situationen, und das für sie erforderliche Wissen ist enorm. Man wird daher schon allein aus zeitökonomischen Gründen nicht alle Situationen und nicht alles erforderliche Wissen im Unterricht vermitteln können, sondern sich beschränken müssen. Wichtig wäre dabei, daß die Beschränkung nicht dahin führt, ganze Situations- und Wissensbereiche unwiederbringlich auszublenden; man müßte vielmehr trotz der Notwendigkeit zur Beschränkung darauf achten, indirekt ein bei weitem größeres Spektrum an Wissen, Fähigkeiten und Fertigkeiten abzudecken, als die Auflistung der zu behandelnden Themen vermuten läßt. Dies zu leisten, ist Anspruch des exemplarischen Prinzips und macht seine Bedeutung aus.

Hinter diesem Prinzip stehen zwei Gedankengänge:
– Man möchte das einzelne Beispiel stellvertretend auch für andere ähnlich gelagerte Fälle behandeln, die Französische Revolution etwa als Grundlage für die Erklärung von Entwicklungsabläufen bei der Russischen Revolution, die Phädra als Beispiel für andere klassische französische Tragödien, das Po-Delta als Beispiel für die Deltabildung auch am Nil und Mississippi.
  Das Exemplarische ist hier ein Prinzip der *quantitativen Reduktion*. Es müssen nicht hintereinander fünf ähnliche Deltabildungen oder sechs ähnlich strukturierte Tragödien behandelt werden. Man kann die Zahl der Gegenstände auf das eine Beispiel reduzieren und die Phänomenreihe an ihm exemplarisch verarbeiten. Unter diesem Blickwinkel geht es beim Exemplarischen also um das *Verhältnis von Einzelnem und Vielem*.
– Am konkreten Beispiel sollen aber auch allgemeine Einsichten in den betreffenden Sachverhalt erarbeitet werden. Das Exemplarische ist unter dieser Perspektive betrachtet ein Prinzip *qualitativer Verdichtung*. Am be-

sonderen Beispiel sind in konzentrierter Form allgemeine Struktureigenheiten und charakteristische Aspekte auffindbar. Das exemplarische Prinzip drückt hier das *Verhältnis von Besonderem und Allgemeinem* aus, und nicht wie oben das von Einzelnem und Vielem. Es ist daher möglich, einen Streik in der Metallindustrie als Beispiel für die Struktur gesellschaftlicher Konflikte zu behandeln oder die Schilderung einer konkreten Erziehungssituation als Beispiel für allgemeine Strukturmerkmale von Erziehung heranzuziehen.

Das eben Gesagte muß allerdings dahingehend relativiert werden, daß sich bei Anwendung des exemplarischen Prinzips Probleme stellen für diejenigen Sachbereiche, die es mit *Singularitäten,* mit besonderen, einmaligen Ereignissen zu tun haben, also beispielsweise im Bereich der Geschichte, der Literatur, der Kunst. So betrachtet sind die Französische Revolution, die Phädra, ein Landschaftsbild zunächst keine Beispiele für etwas anderes, sondern sie stehen für sich selber.

Die Konstellationen, aus denen die Französische Revolution erklärbar ist, sind historisch einmalig, die Phädra hat ihre eigene Thematik, ihren eigenen Aufbau und eigene Handlungsstränge, und ‚Regatta bei Argenteuil' von Monet ist in seiner Gestaltung des Motivs ebenfalls einmalig.

Andererseits aber sind diese Besonderheiten eingelagert in Zusammenhänge, in Ereignisketten, in Struktur- und Motivzusammenhänge, die ihnen mit anderen Situationen oder Werken gemeinsam sind. Das Zusammenspiel von politischen, ökonomischen und sozialen Faktoren ist neben der Französischen auch für die Russische Revolution von 1917 konstitutiv; die Aufbauprinzipien der Phädra gelten in ähnlicher Weise auch für andere Tragödien der französischen Klassik und Maltechnik, Motiv sowie Farbkonzeption des Bildes von Monet stehen auch für andere wichtige Bilder und Maler des französischen Impressionismus.

Wir können schließlich festhalten:

Auf einer höheren Abstraktionsebene, also dort, wo man von den ganz besonderen und einmaligen Kennzeichen des vorliegenden Falles oder Gegenstandes absieht und das *Strukturelle* an ihnen festhält, können die ‚Singularitäten' doch wieder als Exempla angesehen werden. Eine weitere Anmerkung bezieht sich auf die Tatsache, daß das exemplarische Prinzip vom Gedanken des *Transfers* lebt. Die im Einzelfall erarbeiteten Einsichten werden auf andere, ähnliche Fälle übertragen (transferiert). Dabei findet aber der Transfer nur unter bestimmten Bedingungen statt: Übertrag ist nur anzunehmen bei *ähnlichen Inhaltsmomenten* und/oder bei *ähnlichen Verfahrensweisen (Methoden).* Zudem stellt sich der Übertrag nicht von alleine ein, sondern er muß selbst auch gelernt werden, denn in erster Linie werden an einem Lerngegenstand dessen eigene Sachaspekte erarbeitet: An der Phädra werden beispielsweise zunächst die nur ihr zukommenden

Motivstränge, Personen, Krisen erschlossen. Für unterrichtsplanerische Entscheidungen ist es – in voller Ausschöpfung des Leistungspotentials dieses Prinzips – aber auch notwendig, die Beziehung zu anderen Lerngegenständen explizit herzustellen. Erst mit der Vermittlung der Fähigkeit, die am Beispiel gewonnenen Erkenntnisse auch tatsächlich auf ähnlich gelagerte Fälle beziehen zu können, kommt das exemplarische Prinzip voll zum Tragen.

Kommen wir zu den *Leitfragen:*
– Für welche anderen Fälle kann das Beispiel auch noch stehen?
– Welche allgemeinen Sachverhalte werden am Beispiel erhellt?
– Wo liegen Grenzen des Beispiels
     a) vom Gegenstandstyp her (handelt es sich um Singularitäten)?
     b) von seiner Eignung für den Transfer her?
– Wie kann die Fähigkeit eingeübt werden, vom Beispiel her auch auf andere ähnlich gelagerte Fälle zu schließen?

6.2.2.5 *Prinzip der Struktur*

Das exemplarische Prinzip läßt im Grunde die Fragen offen:
– Warum ist das gewählte Beispiel denn nun auch wirklich beispielhaft, was an ihm macht seine Exemplarizität aus?
– Worauf basiert eigentlich die Transferannahme bei dem jeweiligen Beispiel?

Aufschlüsse über diese Fragen bei der didaktischen Transformation kann das Prinzip der Struktur geben. Zunächst ist zu fragen, was eine **Struktur** ist. *Sie kann begriffen werden als eine geordnete Verbindung von Einzelteilen zu einem sinnvollen Ganzen.*

Der Vorgang des Strukturierens beinhaltet also:
(a) die Analyse wichtiger Einzelteile aus einem zunächst ungegliedert gegebenen komplexen Zusammenhang,
(b) die Festlegung der Beziehungen zwischen den Einzelteilen,
(c) die Konstruktion eines Ganzen, eben der Struktur.

Verdeutlichen wir den Gedanken an einem Beispiel zur Struktur erzieherischen Handelns:

Schritt (a): *Analyse einzelner Teile* bei zunächst ungegliederten komplexen Fällen von Erziehungshandeln. Vergleichen Sie bitte als Beispiel Kap. 1.2, die ‚Emile‘-Szene.

Schritt (b): *Festlegen der Beziehungen* zwischen den Einzelteilen, z. B. die Rolle des Erziehers und darauf bezogen die des Lernenden; Beziehung zwischen Intentionen und methodischem Arrangement; Einwirkungen auf die Richtung des Erziehungshandelns bei Berücksichtigung des Mündigkeitspostulats usw.

Schritt (c): *‚Zusammenbauen‘ der Einzelteile* zu einem geordneten Bild, zu einer Struktur – wobei man die Metapher vom Strukturbild bisweilen wörtlich nehmen kann (s. Strukturbild S. 43, Kap. 1.2)

Ein solcher strukturierender Zugriff bringt auch für das Lernen – sowohl in der Schule als auch mit diesem Studienbuch – Vorteile mit sich:
– Werden von einem Gegenstandsfeld grundlegende Strukturen gelernt, wird der betreffende Bereich faßlicher.
– Strukturen haben eine regenerative Funktion. Das menschliche Gedächtnis vergißt Einzelheiten schnell, wenn sie nicht in eine strukturierte Form gebracht werden.
– Das Erlernen von Strukturen wirkt sich positiv auf den Transfer aus. Mit der Struktur lernt man auch ein Modell für das Verstehen anderer, ähnlicher Sachverhalte.
– Schließlich hilft die Struktur dadurch, daß sie sich auf grundlegendes Wissen in einer Disziplin bezieht, den Abstand zwischen fortgeschrittenem und elementarem Wissen zu verringern und die Neuerungsrate des vermittelten Wissens zu senken.
– Strukturen geben – auf Unterricht bezogen – das Gerüst für zusätzliches, spezialisiertes Wissen ab. Sie können daher fortschreitend immer wieder aufgegriffen, vertieft und angereichert werden (sog. ‚Spiralcurriculum‘).

Strukturen treten also auf in Form von Modellen, grundlegenden Erklärungsschemata, Theorien oder Theorieteilen, Grundbegriffen, Schlüsselbegriffen und wichtigen Fakten. Die Struktur einer Disziplin, aber auch eines ihrer Teilstücke (z. B. Theorie des Konflikts) kann entsprechend den einzelnen Abstraktionsstufen als Strukturpyramide dargestellt werden:

Beispiel: Strukturpyramide zum Konfliktbegriff

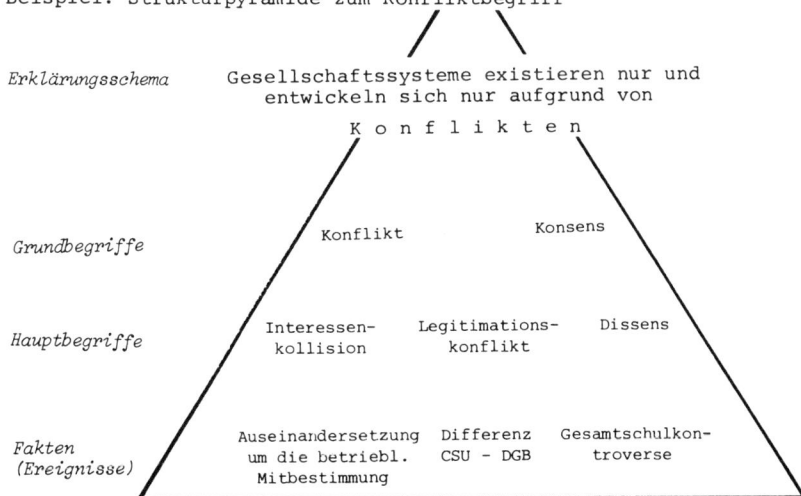

Von diesen *inhaltlichen Strukturen (substantive structures)* hebt man *methodische Strukturen (syntactical structures)* ab, die sich auf wichtige Wissenschaftsmethoden beziehen. Beides zusammen – methodischer Zugriff und inhaltliche Aussagen – erschließen erst den Gegenstand. Ja, es gibt Didaktiker, die den methodischen Aspekt so hoch veranschlagen, daß sie unter dem Stichwort ‚process as content' Methodenlernen zum Gegenstand von Unterricht machen wollen. Allerdings ist dies im Grunde die Position eines formalen Bildungsverständnisses und teilt mit ihm auch die problematischen Einseitigkeiten (vgl. noch einmal Kap. 2.4.2).

Auf einen Punkt gilt es bei diesem Prinzip noch besonders aufmerksam zu machen: Man spricht zwar immer von *der* Struktur eines Sachverhalts (z. B. des Konflikts) oder einer wissenschaftlichen Disziplin (z. B. Struktur der Biologie), aber der Singular ist irreführend.

Es gibt nicht die Struktur, sondern eine *Mehrzahl von Strukturen,* auch zum gleichen Sachverhalt. Man entwickelt dessen Strukturen nämlich nicht voraussetzungslos, sondern bringt immer schon – wenn auch weitgefaßte – Vorannahmen in die Analyse mit ein.

Greifen wir unser Beispiel zur Struktur des sozialen Konflikts noch einmal auf:

Hier hängt die Strukturierung davon ab, von welchen grundlegenden, weitgefaßten Annahmen über die Gesellschaft, ihren Aufbau, ihren Wandel, ihren Entwicklungsprozeß man ausgeht.

Sieht man Gesellschaft beispielsweise aus vielen Gruppen mit annähernd gleicher Stärke (pluralistisches Konzept) zusammengesetzt, so ist die Struktur des Konflikts von Interessengegensätzen zwischen diesen Gruppen geprägt, im Miteinander-Sprechen werden Lösungen ausgehandelt (bargaining); dabei spielt der Kompromiß eine große Rolle. Man sieht, daß von dieser Auffassung die Strukturpyramide auf Seite 295 getragen ist.

Ganz anders stellt sich die Struktur des Konflikts bei einem Gesellschaftsbild dar, das nur zwei große soziale Klassen kennt, die zudem einander feindlich gegenüberstehen (Klassenantagonismus) und bei der historisch unausweichlich eine der beiden Klassen die andere aufheben wird. Konflikte sind hier Klassen- und nicht bloß vereinzelte Gruppenkonflikte. Sie entstehen notwendig und werden nicht durch Kompromiß, sondern letztlich durch den Sieg einer der beiden Klassen – des Proletariats – beendet.

In der didaktischen Transformation ist daher bei dem Prinzip der Struktur auch darauf zu reflektieren, welche anderen Zugriffsweisen außerdem noch möglich wären, um so auch den konstruierten Charakter von Strukturen im Lernprozeß deutlich zu machen.

Leitfragen:
– Was sind wichtige Einzelaspekte am Thema?
– Wie können sie aufeinander bezogen werden?
– In welcher Form können sie als Zusammenhang dargestellt werden (als Modell, als Bild, als Gesetzeszusammenhang)?

- Von welchen Vorannahmen, z. B. wissenschaftstheoretischer oder politisch-ideologischer Art ist für mich als Lehrer die Strukturierung getragen?
- Welche anderen Strukturierungsmöglichkeiten sind denkbar oder liegen schon vor?
- Worin unterscheiden sie sich?
- Bedingen sie eine andere Sichtweise des behandelten Sachverhalts?

(37) Strukturbild: *Zusammenhang von*
Sachanalyse – Didaktischer Analyse – Lernzielen

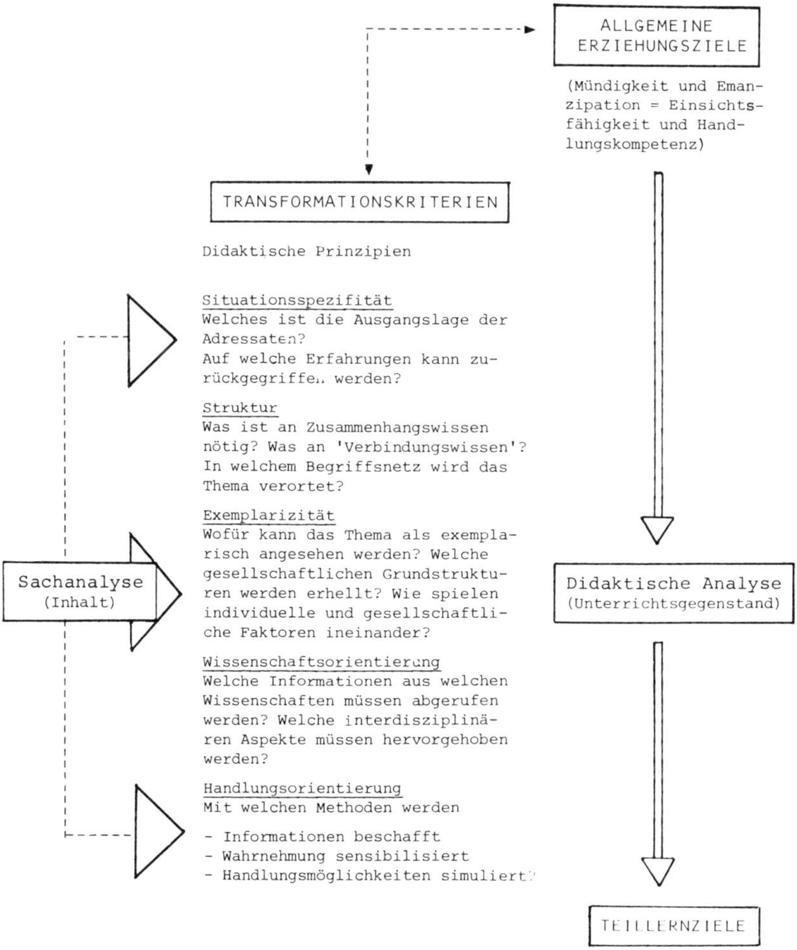

```
                           ┌──────────────────┐
          ----------------►│    ALLGEMEINE    │
         ╎                 │  ERZIEHUNGSZIELE │
         ╎                 └──────────────────┘
         ╎
         ╎                 (Mündigkeit und Eman-
         ╎                 zipation = Einsichts-
         ╎                 fähigkeit und Hand-
         ▼                 lungskompetenz)

   ┌─────────────────────────────────┐
   │   TRANSFORMATIONSKRITERIEN       │
   └─────────────────────────────────┘

   Didaktische Prinzipien

        Situationsspezifität
        Welches ist die Ausgangslage der
        Adressaten?
        Auf welche Erfahrungen kann zu-
        rückgegriffen werden?

        Struktur
        Was ist an Zusammenhangswissen
        nötig? Was an 'Verbindungswissen'?
        In welchem Begriffsnetz wird das
        Thema verortet?

        Exemplarizität
        Wofür kann das Thema als exempla-
        risch angesehen werden? Welche
        gesellschaftlichen Grundstruktu-         ┌──────────────────────┐
Sachanalyse  ren werden erhellt? Wie spielen        │  Didaktische Analyse │
(Inhalt)     individuelle und gesellschaftli-       │ (Unterrichtsgegenstand)│
        che Faktoren ineinander?                 └──────────────────────┘

        Wissenschaftsorientierung
        Welche Informationen aus welchen
        Wissenschaften müssen abgerufen
        werden? Welche interdisziplinä-
        ren Aspekte müssen hervorgehoben
        werden?

        Handlungsorientierung
        Mit welchen Methoden werden

        - Informationen beschafft
        - Wahrnehmung sensibilisiert
        - Handlungsmöglichkeiten simuliert?

                                              ┌──────────────────┐
                                              │  TEILLERNZIELE   │
                                              └──────────────────┘
```

6.2.3 Methodenprinzipien

Ähnlich wie die didaktischen Prinzipien als Bausteine für die Konstruktion von Unterrichtsgegenständen und Kursmaterial fungieren, lassen sich Methodenprinzipien als solche für den Aufbau von Arbeitsformen begreifen, die die Auseinandersetzung des Adressaten mit den Unterrichts- oder Kursinhalten unterstützen.

Dies ist am Beispiel eines Rollenspiels darstellbar, das bei einem Wochenendseminar zum Thema ‚Familienkonflikte' im Rahmen einer erwachsenenpädagogischen Veranstaltung durchgeführt wird. Drei Teilnehmer spielen eine Familienszene, in der eine Teilnehmerin die Rolle des Vaters, ein (männlicher) Teilnehmer die der Mutter und ein zweiter die der 16jährigen Tochter übernimmt. Ausgangspunkt des Spiels ist die Weigerung der Tochter, auf Anordnung des Vaters spätestens um 10 Uhr abends aus der Disco zu Hause zu sein. Die drei Spieler entwickeln nun in ihrer Szene einen denkbaren weiteren Verlauf des Konflikts bis hin zu der von ihnen favorisierten Lösung.

Dieses Rollenspiel erweist sich bei näherer Betrachtung als Produkt aus der Kombination einer bestimmten Anzahl von Methodenprinzipien: So ist das Spiel zunächst einmal, ganz trivial, für jeden Teilnehmer wahrnehmbar. Er kann zuhören, zuschauen. Ein Sachverhalt, ein Ereignis, eine Problemsituation werden konkret greifbar, jenseits aller Abstraktion und Realitätsferne dargestellt. Im Rollenspiel steckt als ein erstes Methodenprinzip das der **Anschaulichkeit**.

In diesem besonderen Fall übernehmen Männer die Frauenrolle und umgekehrt. Für die Betreffenden wie für die Zuschauer ist dies zunächst insofern außergewöhnlich, als gewohnte Wahrnehmungen und eingefahrenes Verständnis, hier etwa ‚typisch' geschlechtsspezifisches Verhalten, durchbrochen oder sogar umgekehrt werden. Damit ist ein weiteres Methodenprinzip des Rollenspiels, das der **Verfremdung** angesprochen. Grundsätzlich gesehen ist der Effekt dieses Vorgehens, im Aufbrechen des bisher Selbstverständlichen Gewohntes einer Kritik unterziehen zu können, es auf seinen Sinn, seine Berechtigung hin zu befragen, um so den Blick auf andere Möglichkeiten entstehen zu lassen.

Das Spiel insgesamt und erst recht der Verfremdungseffekt durch die vertauschten Rollen lassen bei allen Beteiligten Fragen danach aufkommen, wie *sie* sich verhalten, was *sie* gesagt hätten bzw. wie der gleiche oder ein ähnlicher Konflikt bei *ihnen* in der Familie abgelaufen wäre, vielleicht auch tatsächlich ausgetragen wurde. Damit beginnen die Teilnehmer, Zusammenhänge oder Unterschiede zu anderen erdachten Fällen oder auch realen Situationen zu konstruieren. Als drittes Methodenprinzip ist also das des **Vergleichs** festzuhalten. Der Vergleich – parallelisierend oder kontrastierend – ist das grundlegende gedankliche Mittel,

mit dem der Mensch auf Regelmäßigkeiten oder Abweichungen bei einer Reihe
beobachteter und für ihn zusammenhängender Phänomene aufmerksam wird.

Schließlich – das wurde schon nebenher bemerkt – wird nicht nur über etwas
geredet, es wird auch etwas getan, produziert, präsentiert: Als viertes grundlegendes Methodenprinzip ist das der **Tätigkeit** hervorzuheben. Es spricht nicht
einseitig nur den Verstand des Menschen an, sondern fordert ihn auch in seinen
anderen Handlungsmöglichkeiten wie ästhetischem Empfinden, Handfertigkeit,
gegebenenfalls auch Kooperation mit anderen. Dies läßt den Schluß zu, daß im
Prinzip der Tätigkeit die verschiedenen Leistungsbereiche des Menschen wie
Denken, Fühlen, Wollen und Empfinden zusammenkommen.

Zumindest einige, oft aber auch alle diese Methoden*prinzipien* sind in jeder
Methoden*form* enthalten, denken Sie etwa an Bildvergleich, Experiment oder
Collagen. Denkbar ist auch, in bewußter Akzentuierung favorisierter Methodenprinzipien und ihrer Kombination zu einer bestimmten Methodenform zu
gelangen. So enthalten alle Schaubilder, Strukturbilder, Graphiken die Anschauung als wesentliches Element. Sind die Bilder – wie etwa bei der Bildkartei –
eher unspezifisch angelegt, etwa um Assoziationen zu einem Thema freizusetzen
(z. B. wenn ein Bild eine moosbewachsene Brücke zeigt und es eingesetzt wird
im Zusammenhang des Themas Freizeit), so ist die Anschauung mit dem Prinzip
der Verfremdung, eventuell auch dem des Vergleichs kombiniert. Beim Meta-
planverfahren, mit dem man abstrakte Denkzusammenhänge in Form von
Wandbildern darstellt, die aus Kärtchen bestimmter Formen und Farben zusammengesetzt sind, werden die Prinzipien der Anschaulichkeit und Tätigkeit kombiniert.

6.2.4 Lerntafel

Didaktik ist die nach bestimmten Prinzipien durchgeführte und auf allgemeine
Intentionen bezogene Transformation von Inhalten zu Unterrichtsgegenständen.

Methodik ist die auf die Adressatenbedingungen ausgerichtete Art und Weise
der Aufbereitung der Unterrichtsgegenstände.

Wie können die zur Transformation erforderlichen Prinzipien bestimmt werden?
Ausgangspunkt: Lernen im Unterricht soll dem Schüler dazu verhelfen, Situationen im Medium von Sinn zu bewältigen.

Folgerungen:
- Lerneinheiten müssen Affinitäten zu Situationen haben bzw. sie herstellen können (*Prinzip des Situationsbezugs*).
- Lerneinheiten müssen konkrete Möglichkeiten der Bewältigung von Situationen aufzeigen (*Prinzip der Handlungsorientierung*).
- Lerneinheiten müssen den dafür notwendigen Bestand an Wissen, vorzugsweise aus den Wissenschaften, bereitstellen (*Prinzip der Wissenschaftsorientierung*).
- Lerneinheiten müssen unter denk-, lern- und zeitökonomischen Gesichtspunkten die Fülle der Situationen und des Wissens auf wenige Fälle reduzieren (*Prinzip des Exemplarischen*).
- Lerneinheiten müssen die Situationen, das Wissen und die beispielhaften Fälle selbst in ihren Strukturen transparent werden lassen (*Prinzip der Struktur*).

Didaktische Prinzipien:

Prinzip der Situationsbezogenheit
Mit diesem Transformationsprinzip ist intendiert, Lerneinheiten auf
- konkrete gegenwärtige und/oder zukünftige Situationen hin anzulegen und
- die konstitutive Leistung von Sinn und Sprache bei der Wahrnehmung, Interpretation und beim Bestehen von Situationen herauszustellen.

Prinzip der Handlungsorientierung
Bei diesem Prinzip der Transformation ist ein doppelter Bezug zu beachten:
- durch Unterricht Hilfestellung, Orientierungspunkte bei Handlungsentscheidungen und der Handlungsdurchführung zu bieten.
- Sich im Unterricht auch auf das dort ablaufende Handeln von Schülern und Lehrern auszurichten (Unterricht über Unterricht).

Prinzip der Wissenschaftsorientierung
Es besteht eine Differenz zwischen Wissenschaftsorientierung und Wissenschaftspropädeutik:
Das Prinzip der *Wissenschaftspropädeutik* zielt darauf ab, Unterrichtsgegenstände zur Einführung in einzelne Disziplinen auszuwählen.
Nach dem Prinzip der *Wissenschaftsorientierung* sollen Unterrichtsgegenstände am Erkenntnisstand, an den Inhalten und Methoden, an der dem wissenschaftlichen Arbeiten eigenen Haltung ausgerichtet werden.
Für beide Prinzipien gleichermaßen relevant ist das Bemühen, auch Grenzen des wissenschaftlichen Zugriffs deutlich werden zu lassen.

Prinzip des Exemplarischen

Das Exemplarische ist ein Prinzip der quantitativen Reduktion und der qualitativen Verdichtung.

Quantitative Reduktion: An *einem* typischen Beispiel werden stellvertretend *viele* ähnliche Sachverhalte erarbeitet (Phädra – klassische französische Tragödie). Qualitative Verdichtung: Am *besonderen* Fall werden *allgemeine* Einsichten über den entsprechenden Phänomenbereich erworben (Streik, soziale Konflikte).

Prinzip der Struktur

Eine Struktur ist die geordnete Verbindung von Einzelteilen zu einem sinnvollen Ganzen.

Mit diesem Transformationsprinzip sollen an Unterrichtsgegenständen grundlegende begrifflich-theoretische Aspekte herausgestellt werden.

Das sind: wichtige Fakten, Grundbegriffe, Theorieteile, Modelle, Erklärungsschemata.

Methodenprinzipien

Anschaulichkeit: Herstellen von Bezügen zum Verstehenshorizont des Adressaten.

Verfremdung: Durchbrechen eingefahrener oder verfestigter Sichtweisen.

Vergleich: Ermöglichen von Einsicht in Zusammenhänge.

Tätigkeit: Aktivierung des menschlichen Leistungsspektrums (Verstand, Handfertigkeit, Fühlen, Wollen).

6.2.5 Arbeitsvorschlag

Versuchen Sie den Inhalt „Familie in der modernen Gesellschaft" nach den hier entwickelten didaktischen Prinzipien zu transformieren.

Die gleiche Aufgabe wurde einem Fachseminar im Rahmen der zweiten Ausbildung am Studienseminar gestellt. Grundlage war eine Unterrichtsvorbereitung zu diesem Thema. In der Sachanalyse wurden folgende Aspekte aufgearbeitet: die Entwicklung vom oikos zur modernen Kleinfamilie; historische, politische und ökonomische Faktoren des Wandels; Strukturmerkmale der modernen Kleinfamilie; Funktionsverlust der Familie; Rollendifferenzierung; Familie als Instanz der Primärsozialisation; Versorgungs- und Konsumtionsfunktion der Familie.

6.3 Curriculum

Bei der Didaktik steht die Frage der Transformation von Inhalten zu Unterrichtsgegenständen im Vordergrund der Überlegungen. Geklärt werden muß aber noch, wie welche Inhalte überhaupt ermittelt und begründet werden können, wie sie zu Schulfächern zusammengefaßt werden, welche Überlegungen bei der Einführung oder dem Fortfall eines Faches angestellt werden und welche Begründung hinter dem Gesamtfächerkanon einer Schulform steht. Diese Fragen zu klären bemüht sich die Curriculumtheorie.

Curriculumtheorie kann also aufgefaßt werden als *Theorie der Inhaltsbereiche, d.h. ihrer Auswahl, Begründung, Anordnung und Evaluation (Überprüfung mit Bezug auf die veranschlagten Auswahlkriterien).*

Der Begriff des Curriculum stammt aus der Lehrplantheorie des Barock. In dem Buch ‚Polyhistor‘ des Barockpädagogen Georg Daniel MORHOF von 1688 findet sich ein Kapitel ‚De curriculo scholastico‘. In Deutschland ging dieser Begriff verloren und ist erst wieder durch die Schrift von S. B. ROBINSON ‚Bildungsreform als Revision des Curriculum‘ 1967 eingeführt worden. Hier jedoch wurde die US-amerikanische Terminologie aufgegriffen – sowohl im Hinblick auf das Wort als auch auf das entsprechende empirisch-analytische Wissenschaftsverständnis.

Die Fragenkomplexe allerdings, die mit der Curriculumtheorie angesprochen sind, waren nicht gänzlich neu, sondern in Deutschland im Rahmen der Lehrplantheorie schon vorher thematisiert worden. Zwar sprach man hier nicht von ‚Lernzielen‘, von ‚Operationalisierung‘, von ‚Taxonomisierung‘, sondern konzentrierte sich vor dem auf die Diskussion über die ‚Bildungsgüter‘.

Die Hauptfrage, um die es bei der alten *Lehrplantheorie* ging: In welche Inhaltsbereiche muß jemand eingeführt sein, der als gebildet gelten, d.h. der in der Lage sein soll, seinen geistigen Standort in unserer Kultur zu finden?

Aus dieser Überlegung entwickelt z.B. W. FLITNER im Zusammenhang mit Fragen der allgemeinen Hochschulreife den Begriff der ‚grundlegenden Geistesbildung‘ (vgl. auch Kap. 5.2.2). Auf das Gymnasium bezogen betont er, daß die einzelnen Lernbereiche keine didaktischen Schubfächer für Einzelwissenschaften, sondern Lehrgänge darstellen, die in die grundlegenden Dimensionen unserer Kultur einführen. FLITNER nennt dies ‚Initiation in ein Fach‘ oder eine geistige Grundrichtung. Aus dem Verständnis der abendländischen Kultur unterscheidet er fünf solcher Grundrichtungen:
– die philosophische Fragestellung,
– die theologische Gedankenführung,
– die dichterische Symbolisierungsweise,
– die naturwissenschaftlichen Denkformen,
– die hermeneutische, historisch-philologische Denkweise
(vgl. FLITNER, 1961, S.41).

Die konkreten Lehrpläne entsprachen aber nicht diesen theoretischen Überlegungen. Sie waren meist *Stoffkataloge,* die für die jeweiligen Schuljahre angaben, was zu behandeln sei. Vor jedem Lehrplan stand noch eine *Präambel,* in der auf pompöse Art die Grundintention von Schule und Unterricht bzw. die des betreffenden Faches deklamiert wurden.

Mit dem Aufkommen sozialwissenschaftlicher Fragestellungen und Methoden – wie z. B. Inhaltsanalyse, Sprachkritik, Institutionenkritik – wurde zunehmend im Rahmen der Pädagogik *Kritik an diesen Lehrplänen* laut. Hierzu hat neben der eher wissenschaftsimmanenten Kritik auch die auf politischem Gebiet verstärkt einsetzende Diskussion um die Reform schulischer Lehrpläne, Schullaufbahnen und -abschlüsse beigetragen. Folgende Kritikpunkte wurden besonders hervorgehoben:

– Die in den Präambeln der Lehrpläne aufgeführten allgemeinen Erziehungsziele haben *Leerformelcharakter.* Sie sind bloße Slogans, zu deren Umsetzung dem Lehrer keinerlei konkrete Hinweise gegeben werden.
– Das Verfahren der Lehrplanerstellung ist *dezisionistisch.* Einige Kultusbeamte und Wissenschaftler setzen fest, was in der Schule wann behandelt werden soll.
– Die Lehrpläne sind in ihrem gegebenen Gefüge *unzeitgemäß:* Es fehlen vor allem ökonomische, technische und sozialwissenschaftliche Inhalte.
– Die Lehrpläne sind eine bloße *Ansammlung von Stoffkatalogen,* ohne Angabe und Hinweis darauf, was mit diesen Inhalten zu geschehen habe.
– Verbunden mit dem Prinzip des Stoffkatalogs liegt den Lehrplänen eine *materiale Fassung des Bildungsprinzips* zugrunde.

Demgegenüber trat die *Curriculumtheorie* mit den Postulaten auf:

– Überprüfbare (operationalisierbare) *Lernziele* sollen erstellt werden.
– Die Verfahren der Curriculumerstellung müssen *rational,* d. h. entscheidungsorientiert und kontrollierbar sein.
– Durch *permanente Revision* muß der Zeit- und Wirklichkeitsbezug der Inhalte gesichert sein.
– Mit Bezug auf allgemeine Erziehungsziele sollen *Lernzielkataloge* (Qualifikationskataloge) abgeleitet werden.
– Es soll weniger ein Kanon fester Inhalte vermittelt, als vielmehr allgemeine, *vielseitig verwendbare (formale) Fähigkeiten* beim Lernenden angestrebt werden.

6.3.1 Curriculummodelle

Zur Erstellung von Curricula muß überlegt werden, nach welchen Gesichtspunkten man Inhalte auswählt, wer an der Auswahl beteiligt ist, wie man die Inhalte mit Qualifikationen verbindet und wie man diese überprüft. Den Stellenwert dieser einzelnen Arbeitsschritte, ihre Beziehung zueinander, die Reihenfolge der Arbeitsgänge hält man in einem Curriculummodell fest.

Wir haben uns hier auf zwei wichtige Curriculummodelle beschränkt, die jeweils für eine Gruppe ähnlicher Modelle repräsentativ sind und die von ganz unterschiedlichen Grundannahmen ausgehen, so daß mit ihnen auch das mögliche Spektrum von Curriculummodellen in seiner Breite angedeutet werden kann.

6.3.1.1 *Situationsanalytische Ansätze*

Warum eigentlich nicht auch in der Wissenschaft einmal mit einem Märchen anfangen!

Es war einmal ein Steinzeitstamm, der einen großen Denker und Innovator besaß, ‚Neue Faust' genannt. Von ihm soll, nach selbstverständlich nicht unwidersprochen gebliebenen historischen Forschungen, der Faustkeil erfunden worden sein: daher wohl auch der Name. Eines Tages schaute er seinen Kindern beim Spielen zu.

„Die Kinder spielten mit Stöcken und Kieselsteinen; die Erwachsenen besorgten das Essen, die Höhlen und die Bekleidung. Die Kinder bewahrten sich vor Langeweile, die Erwachsenen schützten sich vor Gefahren.

‚Wenn ich nun diese Kinder dazu bringen könnte, sich mit solchen Dingen zu beschäftigen, die ihnen dazu verhelfen, mehr Nahrung, besseren Wohnraum und mehr Sicherheit zu bekommen' dachte Neue Faust, ‚dann könnte ich dazu beitragen, daß dieser Stamm ein besseres Leben führt. Wenn die Kinder dann erwachsen wären, hätten sie mehr Fleisch zum Essen, mehr Fell, um sich warm zu halten, bessere Höhlen zum Schlafen und wären weniger gefährdet durch den gestreiften Tod mit seinen geschweiften Zähnen, der nachts auf Raubzüge geht.'

Nachdem er ein Erziehungsziel gesetzt hatte, machte Neue Faust sich daran, ein Curriculum zu konstruieren, um auf dieses Ziel hin zu lehren.

‚Was müssen wir Stammesmenschen können, um mit vollem Bauch, warmer Kleidung und ohne Furcht leben zu können?' fragte er sich selbst. Um diese Frage beantworten zu können, machte er sich einige Gedanken: ‚Wir müssen im Teich jenseits der großen Flußbiegung mit bloßen Händen Fische grabschen. Wir müssen mit den Händen fischen, in jedem Teich auf dieselbe Weise. Immer fischen wir nur mit den Händen.' So entdeckte Neue Faust den ersten Gegenstand seines Curriculum: Fische-grabschen-mit-bloßen-Händen.

‚Wir knüppeln die kleinen zottigen Pferde mit unseren Stöcken zu Tode', fuhr er in seiner Analyse fort, ‚wir knüppeln sie auf der Sandbank im Fluß, wo sie immer zum Trinken sind. Und in den Dickichten, wo sie immer schlafen. Und auf der Ebene, wo sie immer grasen. Überall, wo wir sie finden.' Das war der zweite Gegenstand seines Curriculum: die-kleinen-zottigen-Pferde-knüppeln.

‚Und schließlich vertreiben wir den Säbelzahntiger mit Feuer.' Neue Faust dachte weiter: ‚Wir vertreiben ihn von unseren Höhleneingängen mit Feuer. Wir vertreiben ihn von unseren Wegen mit brennenden Zweigen. Wir machen Feuer und vertreiben ihn von unserem Wasserloch. Überall müssen wir ihn vertreiben, und überall tun wir es mit Feuer.' Das war der dritte Gegenstand: Tiger-vertreiben-mit-Feuer."

aus: Peddiwell 1974, S. 30/31

Versuchen wir uns als Theoretiker an der Praxis von ‚Neuer Faust'.

Seine *Grundannahme* lautet: Erziehung könnte zur Verbesserung der Situation des Stammes genutzt werden.

Darauf bezogene *Teilannahmen:* Wesentlich für das Stammesleben sind Nahrung durch Fische, Wohnung bzw. Schutz durch Felle, Sicherheit durch Tigervertreibung.

Seine *Folgerung:*

a) Diese Handlungsfelder müßten zu Inhalten der Erziehung werden;

b) die erforderlichen Fähigkeiten müßten durch geeignete Übungen vermittelt werden.

Exakter und versehen mit entsprechenden methodischen Feinheiten ist dieser Ansatz zur Curriculumplanung in unserem Jahrhundert konsequent entwickelt worden. In Deutschland hat S. B. ROBINSOHN 1967 mit seiner kleinen Schrift ‚Bildungsreform als Revision des Curriculum' die Diskussion in Gang gesetzt.

„Wir gehen also von den Annahmen aus, daß in der Erziehung Ausstattung zur Bewältigung von Lebenssituationen geleistet wird; daß diese Ausstattung geschieht, indem gewisse Qualifikationen und eine gewisse ‚Disponibilität' durch die Aneignung von Kenntnissen, Einsichten, Haltungen und Fertigkeiten erworben werden; und daß eben die Curricula und – im engeren Sinne – ausgewählte Bildungsinhalte zur Vermittlung derartiger Qualifikationen bestimmt sind. Damit ergibt sich für Curriculumforschung die Aufgabe,

Methoden zu finden und anzuwenden, durch welche diese *Situationen* und die in ihnen geforderten *Funktionen,*

die zu deren Bewältigung notwendigen *Qualifikationen*

und die *Bildungsinhalte* und *Gegenstände,* durch welche diese Qualifizierung bewirkt werden soll,

in optimaler Objektivierung identifiziert werden können. Eine solche Identifizierung wiederum kann nur erfolgen, indem die Adäquatheit und Effektivität bestimmter Inhalte jener Qualifikationen und die Adäquatheit und Effektivität der Qualifikationen zur Ausübung eben jener Funktionen und zur Bewährung in den ausgemachten Lebenssituationen systematisch überprüft werden."

aus: ROBINSOHN 1969, S. 45.

Man kann den Dreischritt konstruieren: Situation – Qualifikation – Lerngegenstand und die Reihe in beiden Richtungen lesen:

– *Situationen* werden festgelegt, die zu ihrer Bewältigung erforderlichen *Fähigkeiten* ermittelt und darauf bezogen *Inhalte* bestimmt.

– In der Auseinandersetzung mit Inhalten werden im Unterricht Qualifikationen erworben, die zur Bewältigung bestimmter Situationen befähigen. Die so ermittelten Bildungsinhalte werden an *Kriterien* gemessen, die als Maßstäbe für die Güte und Eignung der Inhalte anzusehen sind.

„*Kriterien:* Es werden drei Sätze von Kriterien für die Auswahl von Bildungsinhalten angenommen:

- Die Bedeutung eines Gegenstandes im Gefüge der Wissenschaft, damit auch als Voraussetzung für weiteres Studium und weitere Ausbildung;
- die Leistung eines Gegenstandes für Weltverstehen, d. h. für die Orientierung innerhalb einer Kultur und für die Interpretation ihrer Phänomene;
- die Funktion eines Gegenstandes in spezifischen Verwendungssituationen des privaten und öffentlichen Lebens."

aus: ROBINSOHN 1969, S. 47; die Numerierung im Original wurde nicht übernommen.

Als Verfahren zur Überprüfung des Zusammenhangs von Inhalt und Qualifikation bzw. Situation sind Arbeitsplatzanalysen geeignet, Expertenbefragungen, Analyse von Freizeitverhalten u. a.

Bei genauerem Hinsehen bleibt der Ansatz jedoch nicht mehr so unproblematisch, wie dies für Neue Faust noch der Fall war und wie es bei ROBINSOHN der erste Eindruck nahelegt.

- Es gibt unzählige Situationen, die man – um überhaupt einen Überblick zu erhalten – nach bestimmten Gesichtspunkten gruppieren muß. Dafür aber benötigt man *Einteilungs- oder Ordnungskriterien,* die man schon vor einer solchen Situationseinteilung haben muß, sonst kann man sie erst gar nicht anfangen.

    Eine Situation ist etwas Konkretes, stellt eine bestimmte, einmalige Konstellation dar. Wenn eine Mutter ihr Kind bei der Aussprache eines Wortes verbessert, ein Sozialarbeiter ein Meeting im Jugendzentrum organisiert, ein Lehrer mit einem Schüler die verhauene Klassenarbeit bespricht, dann sind dies je konkrete und nicht miteinander gleichzusetzende Situationen. Vergleichbar sind sie aber dann, wenn man ein Ordnungsschema zur Verfügung hat, wodurch sie in diesem Fall dem Situationstyp ‚Erziehungshandeln' zugeordnet werden können.

- Wie will man entscheiden, was *relevante* und was *weniger wichtige* Situationen sind? Dies kann nämlich abhängen

    (a) von den individuellen Lebensumständen eines jeden. Für das Mitglied des christlichen Bildungsringes ist der monatliche Theaterabend im Kleinen Schwarzen eine relevante Situation, bei anderen mag sie eher Fluchtbewegungen auslösen;

    (b) von augenblicklichen gesellschaftlichen Gegebenheiten, die aber in Zukunft, für die Erziehung ja auch qualifizieren soll, unwichtig werden können. Dieses Problem stellt sich besonders im Bereich beruflicher Situationen;

    (c) von den Einschätzungen der mit der Situationsanalyse Beauftragten, die zudem selten übereinstimmen.

    Was sind beispielsweise relevante Situationen für den zukünftigen Lehrer: die Unterrichtssituation mit ihrer Anforderung, den Schülern etwas beizubringen, oder die Situation als Beamter mit ihrer Anforderung, Ministerialerlasse im Kopf zu haben, oder die Beratungssituation mit ihrer Anforderung, Eltern die Lernschwierigkeiten ihres Kindes plausibel zu erklären.

– Noch schwieriger wird es bei der *Analyse der Qualifikationen*. Zunächst ist es schon ungeheuer schwer, die zur Bewältigung einer Situation notwendigen Qualifikationen auszuloten. Zusätzlich zur Unterscheidung von relevanten und weniger wichtigen Qualifikationen kommt noch die gerade für Lernprozesse dringliche Frage, ob es sich dabei um solche Fähigkeiten handelt, die auch zur Bewältigung von anderen Situationen geeignet sind (Transferleistung von Qualifikationen).

Stellen Sie sich eine relativ einfache Situation vor wie ‚ein Buch in einer Buchhandlung kaufen‘. Was können hierfür relevante Qualifikationen sein? Gehören dazu Kenntnisse aus der Bücherkunde (Auflage, Einband), Einsichten in die Funktion des Titels oder mehr marktbezogene Qualifikationen wie ein (Ver-)Kaufsgespräch führen, Preisvergleiche anstellen können?

Wie sieht es dabei mit Klienten aus, die eine gewisse Distanz zum Buchhandelsgeschäft haben und erst ihre ‚Schwellenangst‘ überwinden müssen? Für die Betreffenden ist das sicher eine relevante Qualifikation, ist sie es aber auch allgemein für die Situation ‚Buchkauf‘?

– Wie steht es mit den unterschiedlichen *Qualifikationsdimensionen?* – In einer Situation kommen funktionale (technische) und extra-funktionale (normative) Qualifikationen zum Tragen; beide zusammen ermöglichen erst die Bewältigung der Situation.

Ein Lehrer muß beispielsweise als technische Qualifikation die Fähigkeit besitzen, eine korrekte Klassenbucheintragung zu machen, Punktbewertungsskalen aufstellen und Lernstoff auf 45 Minuten einteilen zu können. Und er muß (sollte) über extra-funktionale Qualifikationen wie Einfühlungsvermögen, Verständnis, Durchsetzungsvermögen verfügen. Gerade bei dieser Art von Fähigkeiten treten Probleme in der Ermittlung und vor allem der Einübung auf.

– Die Qualifikationen werden über Inhalte *indirekt* vermittelt. Die Schwierigkeit dabei: Wieso kann man sicher sein, daß der betreffende Inhalt auch wirklich die entsprechende Qualifikation erreichen läßt?

Eine Qualifikation beispielsweise im Kontext sozialen Lernens könnte sich auf die Fähigkeit zur Rollendistanz und -kritik beziehen. Als entsprechender Lerninhalt wählt der Lehrer einen Film über eine jugendliche Rockerbande aus. Dabei ist es sicher nicht auszuschließen, daß das Verhalten der Jugendlichen im Film, mit ihren gefährlich aussehenden Monturen und auf ihren schweren Maschinen, einzelne Schüler eher zu nachahmendem Rollenverhalten als zu Rollendistanz und Rollenkritik animiert.

– Was heißt schließlich *‚Bewältigung einer Situation‘?* – Ist die Situation ‚Fernsehen‘ bewältigt, wenn man auf die verschiedenen Knöpfe für die einzelnen Programme drücken kann; gehört dazu die Auswahl von Sendungen nach einer Programmzeitschrift oder, als gesteigerte Bewältigung, die kritische Auswahl nach dem im SPIEGEL schon vorgedachten Programmauszug? Oder ist die Situation erst dann bewältigt, wenn man ganz auf Fernsehen verzichtet?

Die Frage der Bewältigung hängt in wesentlichen Punkten von normativen Bewertungen einer Situation ab, die individuell bedingt sind und für eine Situation nicht allgemein verbindlich festgeschrieben werden können.

Will man das Verfahren von ROBINSOHN abschließend charakterisieren, so könnte man es **planrational** nennen: Man analysiert Schritt für Schritt die einzelnen Situationen, um dann den Lernprozeß kontrolliert und effizient in Gang setzen zu können. Da hier wenig Spielraum für die beteiligten Lehrer und Schüler zur Einflußnahme auf die Lerninhalte und damit zusammenhängend auf die Qualifikationen und die Auswahl der Situationen bleibt, kann man das Konzept als *geschlossen* bezeichnen. Die Curriculumkonstruktion läuft nach einem festen Schema ab, dem R – D & D – Muster:

*R*esearch (Forschung)
*D*evelopment (Entwicklung des Curriculum)
*D*issemination (allgemeine Einführung und Verbreitung des Curriculum).

Um nun den Widerspruch zu vermeiden, der zwischen einem solchen Planungskonzept und der Forderung nach mündigen, selbsturteilenden Lehrern und Schülern besteht, versteht sich eine andere große Gruppe von Curriculummodellen als offen und versucht, die Adressaten in den Prozeß der Curriculumkonstruktion aktiv einzubeziehen.

6.3.1.2 *Offene Curriculummodelle*

Curricula, die nach dem Prinzip offener Konstruktion zustande gekommen sind, werden vor Ort in der engen Kooperation von Wissenschaftlern, Lehrern und Schülern erstellt (*schulnahe Curriculumentwicklung*).

Dahinter steht ein anderes Verständnis von wissenschaftlicher Arbeit als bei dem planrationalen Verfahren ROBINSOHN's. Dort hat Wissenschaft die Aufgabe der Erforschung und des Entwurfs eines Curriculum, das dann in Schulen erprobt und anschließend allgemein verbindlich für Unterricht eingeführt wird.

Bei der offenen Curriculumkonstruktion dagegen orientiert man sich an einem Verständnis von **Handlungsforschung**, das von folgenden Prinzipien getragen ist.

(a) Forschung ist ein *komplexer Lernprozeß* sowohl für Wissenschaftler als auch für Lehrer und Schüler.

Entwickeln Lehrer, Schüler und Wissenschaftler gemeinsam ein Curriculum, so müssen die Schulpraktiker eine dem Vorhaben entsprechende Sachkompetenz erwerben, und für die Forscher stellt sich die Aufgabe, ihre Fragestellung und die Hypothesen aus dem Verständnis der konkreten Belange von Unterricht heraus zu formulieren und zu ändern, also: nicht vom grünen Tisch aus Curricula zu entwickeln, sondern in Tuchfühlung mit der Praxis.

(b) Handlungsforschung basiert auf einem *politischen Verständnis von Wissenschaft*. Wissenschaft wird nicht als wertfreies Unternehmen betrachtet, sondern ihr liegt ein Demokratieverständnis zugrunde, das in den Leitformeln von der gesellschaftlichen Mündigkeit bzw. Emanzipation seinen Ausdruck findet. Für Curriculumprojekte ergibt sich daraus die prinzipielle Gleichberechtigung von Forschern und Praktikern. Vor allem sollen, demokratischen Prinzipien entsprechend, gegen den Willen von Lehrern und Schülern keine Forschungsverfahren eingesetzt werden, Forschungsergebnisse bleiben ihnen nicht vorenthalten, und sogar über die Zielsetzung solcher Projekte wird gleichberechtigt entschieden.

(c) Wenn damit auch *keine grundsätzliche Rollenverteilung* zwischen Forschern und Praktikern besteht, so müssen doch Rollendifferenzierungen anerkannt werden.
Es wirken sich nämlich nicht nur die Qualifikationsunterschiede aus, sondern auch der unterschiedliche Grad der Betroffenheit von Forschern auf der einen und besonders Lehrern auf der anderen Seite. Der Praktiker steht unter dem Zwang der täglichen Behauptung in der Schule, er ist bei Curriculumprojekten an relativ kurzfristig umsetzbaren Hilfen interessiert. Die Forscher dagegen sind der direkten Verantwortung für das Unterrichtsgeschehen enthoben und treten ihm eher mit einer gewissen theoretischen Distanz gegenüber.

(d) Auch die so entstandenen Curricula oder Curriculumteilstücke sind nicht als feste Lernblöcke anzusehen, sondern als *offene Elemente,* die Modellcharakter haben, um Lehrer zur selbständigen Entwicklung ähnlicher Einheiten zu befähigen. Offen heißt dabei
- Die Curriculumelemente müssen überprüfbar und kritisierbar sein, d. h. sie müssen Begründungen enthalten.
- Die einzelnen Etappen bei der Entwicklung einer solchen Lerneinheit müssen nachvollziehbar dargestellt sein.
- Die Unterrichtseinheiten sollen exemplarisch sein.
- Es sollten zwei bis drei Varianten einer Lerneinheit vorgestellt werden.
- Schwierigkeiten und Fehler bei der Erstellung sollten auch aufgezeigt sein.

So sehr auch einige Postulate dieses Verfahrens bejaht werden können, so problematisch scheinen andere Forderungen zu sein:
- Es ist sicher sehr begrüßenswert, in der Kommunikation mit Lehrern und Schülern zu versuchen, Informations- und Kompetenzunterschiede ausgleichen zu wollen. Nur letztendlich bleibt wohl doch die grundsätzliche Differenz zwischen Forscher und Praktiker bestehen, bedingt durch die unterschiedliche berufliche Sozialisation (Ausbildung) und Tätigkeit.
- Ebenfalls akzeptiert werden kann die Intention, Curricula auf Zielvorstellungen im konkreten Erziehungsprozeß hin zu entwerfen – worauf hin sollten

sie auch sonst sinnvollerweise bezogen werden? Eine ganz andere Sache dagegen ist es, die Zielvorstellungen mit einem bestimmten politischen Vorzeichen zu versehen, und erst recht stimmt es höchst nachdenklich, wenn der ganze Forschungsprozeß unter solchen politischen Prämissen in Gang gesetzt wird.

In Kap. 2.4 und 5.2 sind politsche Ideologien und ihre Rolle für Unterricht und Schule dargestellt. Sie erinnern sich: Im Spektrum unterschiedlicher politischer Standpunkte ist der des demokratischen Sozialismus, der Demokratie als Fundamentaldemokratie versteht, d. h. als Durchdringung aller Lebensbereiche mit demokratischen Prinzipien wie ‚Kontrolle‘ oder ‚Mitbestimmung‘, nur eine Position. Genau sie ist aber bei Handlungsforschungsprojekten zum Ausgangspunkt für Curriculumentwicklung und allgemein für Forschungsvorhaben bezogen. Damit ist in dieser Hinsicht der *Anspruch auf Offenheit aufgegeben,* denn Offenheit und zugleich Festlegen auf einen ideologischen Standpunkt vertragen sich nicht.

– Die Einschränkung der Offenheit kann sich in zweierlei Hinsicht besonders bemerkbar machen: Zum einen wird durch die politischen Implikationen die Offenheit des Ansatzes für entsprechende *Adressaten,* vor allem für Lehrer, eingeengt. Vermutlich werden nur diejenigen unter ihnen mit Curriculumbausteinen solcher Projekte arbeiten, die das politische Verständnis der Projektgruppe teilen.

Zum anderen werden sich die politischen Grundannahmen des Ansatzes auch auf die erstellten *Curriculuminhalte* übertragen. Man wird Inhalte so auswählen und aufbereiten, daß die politischen Implikationen des Modells zum Ausdruck kommen.

Man kann diesen ‚Induktionsvorgang‘ beim MARBURGER GRUNDSCHULPROJEKT verfolgen, bei dem z. B. Inhalte des Deutschunterrichts von verwandten Wissenschaftsansätzen her übernommen sind, etwa von einer materialistisch-gesellschaftskritischen Literaturtheorie.

Aber trotz der Einwände sollte doch festgehalten werden, daß die Stärke dieses Ansatzes darin liegt, den Adressaten in den Arbeitsprozeß einzubeziehen und damit auch unter besonderer Berücksichtigung der Handlungsumstände im Unterrichtsfeld Lerneinheiten entwickeln zu können, die aus einer gegenseitigen Anregung von Wissenschaftlern und Praktikern entstanden sind. Werden dabei nicht die prinzipiellen Grenzen der Kooperation aus dem Auge verloren und wird das Diskursprinzip nicht realitätsblind zum Selbstzweck erhoben, dann wird dieser Ansatz den geschlossenen Modellen überlegen sein hinsichtlich

– der Berücksichtigung der Handlungsumstände im Praxisfeld,
– der Motivation der Beteiligten, die entwickelten Lerneinheiten auch tatsächlich im Unterricht einzusetzen,

– der Revision der Lerneinheiten durch unmittelbaren Kontakt zwischen Wissenschaftlern und Lehrern, wobei hier allerdings einschränkend die intervenierende Rolle der Kultusbürokratie berücksichtigt werden müßte.

6.3.2 Curriculum und Lernzielorientierung

Als einer der Unterschiede zwischen Lehrplan und Curriculum wurde dessen Lernzielorientierung hervorgehoben. Curricula geben an, unter welchen Intentionen, also mit Bezug auf welche Lernziele Inhalte vermittelt werden.

Der Lernzielansatz fußt auf behavioristischen Voraussetzungen (zum Behaviorismus, vgl. bitte Kap. 3.3) und postuliert konsequent die Beobachtbarkeit und damit Überprüfung des Lerngeschehens.

Sie kennen vielleicht die ironische Beantwortung der Frage, was ein Lernender tut, wenn er Musik versteht. Sie stammt von R. F. MAGER, einem Lernzieltheoretiker mit Papststatus.

a) Der Lernende seufzt ekstatisch, wenn er Bach hört.
b) Der Lernende kauft eine Hi-Fi-Einrichtung und Schallplatten im Werte von 500 Dollar.
c) Der Lernende beantwortet 95 Auswahl-Antwort-Fragen zur Musikgeschichte richtig.
d) Der Lernende schreibt einen flüssigen Aufsatz über die Bedeutung von 37 Opern.
e) Der Lernende sagt: „Mann, glaub mir, ich bin Fachmann. Es ist einfach großartig."
aus: MAGER 1972, S. 15

Selbst wenn MAGER in wohl selbstironischer Absicht hier sein eigenes Konzept überpointiert darstellt, so gehen seine Vorstellungen doch nicht ganz an dieser Karikatur vorbei. Er fordert tatsächlich festzulegen, was der Lernende genau können muß, woran man sein Können überprüft und welches Verhalten er dabei zeigen soll. Im einzelnen stellt er folgende *Anforderungen an ein Lernziel:*

„Zusammenfassung
Unter Lernziel versteht man eine Aussage, in der die beabsichtigten Ergebnisse des Unterrichts beschrieben werden.

Ein Lernziel ist in dem Maße brauchbar, wie es dem Leser die Unterrichtsabsicht verdeutlicht und das vom Lernenden erwartete Endverhalten beschreibt oder definiert.

Das Endverhalten ist definiert durch:
a) Bestimmung und Bezeichnung des beobachtbaren Verhaltens, das als Zeichen dafür gelten kann, daß der Lernende das Lernziel erreicht hat.
b) Beschreibung der notwendigen Bedingungen (erlaubte und verbotene Hilfsmittel), aufgrund derer Verhaltensweisen auszuschließen sind, die nicht als Zeichen für den Lernerfolg gelten sollen."
aus: MAGER 1972, S. 43.

Allgemein werden als wichtigste *Dimensionen eines Lernziels* angesehen:
- Beschreibung des beobachtbaren Tuns,
- Angabe des Gesamtverhaltens (Endverhalten),
- Angabe der Bedingungen, unter denen das Tun abläuft (z.b. Hilfsmittel),
- Festlegung des Bewertungsmaßstabes.

Für einen streng lernzielorientierten Unterricht stellen sich zusätzlich die Aufgaben:
- Das Teilverhalten mit Bezug auf das Gesamt- oder Endverhalten festzulegen oder – auf den Lernprozeß bezogen – die Teilziele hinsichtlich des Gesamtzieles zu bestimmen. Diese Aufgabe wird durch die **Operationalisierung** von allgemeinen Lernzielen zu lösen versucht.
- Die unterschiedlichen Teilziele nach bestimmten Gesichtspunkten zu ordnen: Manche Ziele beziehen sich beispielsweise auf ganz konkrete Leistungen wie ,Wissen wiedergeben können', andere auf schon komplexere Fähigkeiten wie ,einen Text analysieren'. Es geht also hier um die Aufgabe, Lernziele zu **hierarchisieren**.

Die genannten Aufgaben sollen nun kurz dargestellt, in ihren Leistungsmöglichkeiten, aber auch in ihren Grenzen diskutiert werden.

6.3.2.1 *Die Operationalisierung von Lernzielen*

Man geht im Unterricht meist von recht allgemein formulierten Zielvorstellungen aus wie z. B., ,einen Text verstehen' lernen. Diese allgemeinen Ziele kann man als Grobziele bezeichnen oder als Lernziele erster Ordnung und hebt sie damit von den konkreteren Feinzielen oder Lernzielen zweiter und dritter Ordnung ab.

Mit den Lernzielen sollten die Erziehungsziele nicht verwechselt werden, die in Kap. 2 behandelt sind. Lernziele sind inhaltsbezogene Ziele, in deren Formulierung der Bezug auf einen Gegenstand, einen Lerninhalt aufgenommen ist (z. B. der Schüler soll einen Prosatext von HEINE analysieren können).

Erziehungsziele dagegen sind allgemeine Richtpunkte der erzieherischen Arbeit, sei es, daß sie im Rahmen eines Faches oder einer Fächergruppe oder gar hinsichtlich des Gesamtauftrags von Schule und Unterricht formuliert sind. Sie geben den Orientierungsrahmen für die einzelnen fach- und gegenstandsspezifischen Lernziele ab.

Entsprechend dem behavioristischen Kredo überzeugter Lernzielstrategen werden die allgemeinen inhaltsbezogenen Lernziele in konkrete Teilziele (Feinziele) übersetzt, die beobachtbares Teilverhalten angeben. Diesen Vorgang nennt man Operationalisieren.

Operationalisierung ist die *Festlegung der konkreten Tätigkeiten (Operationen), die Schüler ausführen können müssen, soll das allgemeine Lernziel erreicht werden.*

Die einzelnen, bei dem Operationalisierungsvorgang ermittelten beobachtbaren Tätigkeiten werden durch Indikatoren bezeichnet. Der Vorgang der Operationalisierung ist also ein *Konkretisierungsverfahren,* bei dem man einen allgemeinen Begriff über immer konkretere Stufen beobachtbar macht.

Beispiel
Allgemeines Lernziel: Einen Text *verstehen*

Operationalisierte Teilschritte:
   Text gliedern
   Handlungsstränge voneinander abheben
   Handlungsträger unterscheiden
Indikatoren:
   Abschnitte machen
   Ereignisse herausfiltern
   Personen und ihre Handlungen nennen
Tätigkeiten:
   Kapitel unterstreichen
   Textstellen nennen
   neben die Personennamen entsprechende Verben aus dem Text schreiben.

Diese Prozedur hat ihre Schwierigkeiten.

(a) Häufig findet man bei Lernzielvertretern den Hinweis, die Operationalisierung sei ein *Ableitungsverfahren.* Damit entsteht unterschwellig der Eindruck, als ob sich die operationalisierten Teilziele notwendig und automatisch aus dem allgemeinen Ziel ergäben.

In Wirklichkeit jedoch handelt es sich um ein *Interpretationsverfahren.* Man macht nämlich nichts anderes, als sein eigenes Vorverständnis des betreffenden Zielbegriffs in Worte zu fassen. Deshalb ist auch erklärlich, warum derselbe Begriff von zwei Lehrern unterschiedlich ,operationalisiert', tatsächlich aber: interpretiert wird.

(b) Bei operationalisierten Lernzielen stellen sich Fragen wie:
   – Sind alle wesentlichen Dimensionen am allgemeinen Ziel getroffen?
      Im Beispiel des Verstehensbegriffs wird man sicher wichtige Aspekte vermissen, wie etwa das eigene Vorverständnis abklären, das Verhältnis von Teil und Ganzem bestimmen.

   – Erfassen die operationalisierten Teilziele auch wirklich den entsprechenden allgemeinen Zielbegriff oder nicht etwa einen ganz anderen?
      Man stelle sich vor, ,Eine Wochenzeitung kaufen' sei operationalisiertes Teilziel für das allgemeine Ziel ,Interesse am politischen Geschehen zeigen'. Genausogut aber kann dieses Teilverhalten sich auf etwas ganz anderes beziehen, etwa daß die Zeitung – in diesem Fall vielleicht die FAZ oder DER SPIEGEL – als modisch-intellektuelles Accessoire zum flotten Trench getragen wird.
   – Tendiert man bei der Operationalisierung nicht allzu leicht zum Ausklam-

mern von wichtigen allgemeinen Zielen, die sich nur schwer oder gar nicht operationalisieren lassen?

Wie will man beispielsweise das oben erwähnte Ziel des Musikverständnisses oder das der ästhetischen Sensibilisierung oder der Offenheit für den Glauben oder des historischen Bewußtseins operationalisieren?

– Entsteht bei der rigiden Operationalisierung nicht der Eindruck, als baue sich die Gesamtleistung summativ aus der Addition der einzelnen Teilschritte auf? Verkannt wird dabei der ganzheitliche, vieldimensionale Charakter solcher allgemeinen Verhaltensweisen.

Bleiben wir beim Beispiel des allgemeinen Lernziels ‚einen Text verstehen‘. Man kann hier wohl kaum davon ausgehen, daß aus der Aufsummierung von Textunterstreichungen, Kapitelhervorhebung und Personenbenennung das Gesamtvermögen des Verstehens resultiert.

– Riskiert Unterricht nicht unmerklich, trivialisiert zu werden, indem sich die Arbeit mit den Schülern darin erschöpft, simple Tätigkeiten in Gang zu setzen (wie nennen, unterstreichen, hinweisen)?

Es gibt zum Beispiel tatsächlich Mentoren, Fach- oder Seminarleiter, die sich in der Lehrerausbildung nicht entblöden, Punkt für Punkt solche operationalisierten Ziele beim Unterrichtsbesuch abzuhaken; das Ziel einer solchen Stunde besteht meist darin, daß an der Tafel fünf Sätze stehen, genauso formuliert wie in der Unterrichtsvorbereitung.

(c) Grundsätzlich steht hinter der Lernzieloperationalisierung die Unterschlagung der Differenz zwischen *Verhalten und Haltung, Einstellung, Motiv.*

Aus dem geäußerten und beobachtbaren Verhalten allein kann nicht kurzerhand auch auf entsprechende Einstellungen geschlossen werden.

6.3.2.2 *Lernziele und Lernzielhierarchien (Taxonomie von Lernzielen)*

Hat man nun Feinziele auf dem Weg der Operationalisierung gefunden, so werden sie in einem zweiten Schritt geordnet: Einfachere Lernziele werden vor komplexen angeordnet, konkretere vor abstrakteren. Als ein Hilfsmittel hierzu wird häufig die ‚Taxonomie von Erziehungszielen‘ angesehen.

Taxonomien *sind Ordnungsschemata, die nach bestimmten Prinzipien strukturiert werden und einen in sich konsistenten Aufbau haben.*

Taxonomische Systeme sind z. B. das Periodensystem der chemischen Elemente oder zoologische Klassifikationen. Die Taxonomie von Erziehungszielen stellt ebenfalls einen solchen Klassifikationszusammenhang dar, in dem alle für die Erziehung relevanten Lernziele in einem hierarchischen Ordnungsverhältnis stehen. Die bekanntesten dieser Ordnungssysteme sind die von B. S. Bloom, D. R. Krathwohl und die Stufen des menschlichen Lernens von R. M. Gagné.

Bei der Taxonomie von Erziehungszielen nahmen BLOOM u. a. eine Einteilung der Gesamtmenge aller Erziehungsziele in drei unterschiedliche Bereiche vor, in den kognitiven, den affektiven und den psychomotorischen Bereich. Der *kognitive* Bereich umfaßt solche Lernziele, die sich auf Kenntnisse und intellektuelle Fähigkeiten sowie Fertigkeiten beziehen, der *affektive* Bereich bezieht sich auf Werthaltungen und Einstellungen, der *psychomotorische* auf den Bewegungsapparat des Menschen. Die einzelnen Kategorien sind in der Stufung so angeordnet, daß jede folgende komplexer und abstrakter als die vorausgehende ist. Beispielsweise sind Lernleistungen vom Typ ‚Analysieren‘ komplexer als etwa die des Typs ‚Kenntnis von Fakten‘. Im einzelnen hat die Taxonomie für den kognitiven Bereich, die wir zur Illustration ausgewählt haben, folgenden Aufbau:

1.00 Wissen
1.10 Wissen von konkreten Einzelheiten
1.11 Terminologisches Wissen
1.12 Wissen einzelner Fakten
1.20 Wissen der Wege und Mittel, mit konkreten Einzelheiten zu arbeiten
1.21 Wissen von Konventionen
1.22 Wissen von Trends und zeitlichen Abfolgen
1.23 Wissen von Klassifikationen und Kategorien
1.24 Wissen von Kriterien
1.25 Wissen von Methoden
1.30 Wissen von Verallgemeinerungen und Abstraktionen eines Fachgebietes
1.31 Wissen von Prinzipien und Verallgemeinerungen
1.32 Wissen von Theorien und Strukturen

2.00 Verstehen
2.10 Übersetzen
2.20 Interpretieren
2.30 Extrapolieren

3.00 Anwendung

4.00 Analyse
4.10 Analyse von Elementen
4.20 Analyse von Beziehungen
4.30 Analyse von ordnenden Prinzipien

5.00 Synthese
5.10 Herstellen einer einzigartigen Nachricht
5.20 Entwerfen eines Plans für bestimmte Handlungen
5.30 Ableiten einer Folge abstrakter Beziehungen

6.00 Evaluation
6.10 Urteilen aufgrund innerer Evidenz
6.20 Urteilen aufgrund äußerer Kriterien
aus: BLOOM 1972, S. 71 ff.

Es ist nun zu fragen, welche Vorteile eine solche Taxonomie von Erziehungszielen hat, und welche Nachteile festgehalten werden müssen.

– Die Taxonomie bringt sicher *Vorteile* hinsichtlich der *Formulierung von Lernzielen* und der Verständigung über die verwendeten Bezeichnungen. Wenn man die Taxonomie akzeptiert, dann weiß man, was mit ‚Wissen‘, mit ‚Verstehen‘, mit ‚Synthese‘ usw. gemeint ist.

– Weiter ermöglicht die Taxonomie auch die Einordnung von Lernzielen und damit Erkenntnisse über das *Anspruchsniveau* eines Unterrichts. Liegt die Mehrzahl aller angestrebten Lernziele z. B. in der Klasse 1.00 ‚Wissen‘, so muß man sich fragen, ob in diesem Fall nicht andere Lernleistungen wie ‚Analyse‘ oder ‚beziehungsvolles Lernen‘ zu kurz kommen, ob der Unterricht also nicht auf einem zu niedrigen Anspruchsniveau liegt.

– Wer in den Unterricht *lernzielorientierte Tests* einbeziehen will, hat in der Taxonomie eine gute Fundgrube für Formulierung, Aufstellung und Auswertung entsprechender Lernziele und Testfragen.

– Da die Anordnung der Klassen auch lernpsychologischen Gesichtspunkten entspricht, da hohe Leistungen die niedrigeren enthalten und voraussetzen, hilft die Taxonomie auch bei der *lerntheoretischen Strukturierung* einer Unterrichtssequenz: Man kann sehen, welche Lernleistungen vor anderen erbracht werden müßten, und kann von daher die aufeinander folgenden Schwierigkeitsstufen im Lernprozeß genau bestimmen.

Andererseits aber wiegen auch die *Nachteile* der Taxonomie schwer.

– Sie reißt durch die Einteilung von kognitivem, affektivem und psychomotorischem Bereich Aspekte des menschlichen Lernens auseinander, die untrennbar miteinander verbunden sind. Der Lernende steht nicht emotionslos und wertungsfrei dem Gegenstand gegenüber, sondern Denken, Fühlen und Wollen greifen ineinander. Daneben muß auch berücksichtigt werden, daß Einstellungen und Haltung nicht direkt eingepflanzt werden können, sondern den Weg über das Wissen und die Einsicht beim Lernenden gehen. Was er nicht einsieht, das wird er schwerlich aus freien Stücken zur Grundlage seines Verhaltens machen. Damit verweisen die in der Taxonomie auseinandergerissenen Bereiche wieder sehr stark aufeinander und stellen sich als Einheit beim Lernen dar.

– Auch innerhalb der einzelnen Bereiche werden die *Zusammenhänge auseinandergerissen.* So beziehen sich beispielsweise die Klassen 1.00 ‚Wissen‘ (von Fakten) und 5.00 ‚Synthese‘ eng aufeinander. Man kann letztlich ein Faktum nur wirklich erfassen, wenn man es in Beziehung zu umfassenderen, meist grundlegenden Gegebenheiten setzen kann, wenn man also zugleich auch Lernleistungen vom Typ der Synthese erbringt. So sagt ein Faktum wie ‚Helmut Schmidt ist Bundeskanzler‘ demjenigen wenig, der nicht wenigstens über grundlegende Einsichten in den Zusammenhang unserer Verfassungsordnung verfügt (d. h., der bezogen auf die entsprechenden Kenntnisse nicht zugleich auch Leistungen der Klasse 5.00 ‚Synthese' erbringt).

– Die Begriffe selbst gehen in einzelnen Fällen an den Bedeutungen vorbei, wie sie sich aus der Problemgeschichte in der europäischen Diskussion herausgeschält haben. Beispiel: Der Verstehensbegriff der Taxonomie trifft ganz und gar nicht das, was in der Hermeneutik unter Verstehen gemeint ist. In der Taxonomie zielt er bei BLOOM auf ‚Erfassen des wörtlichen Inhalts' eines Satzes oder Textes, in der Hermeneutik sind in Beziehung auf diesen Begriff jedoch auch die Bedingungen reflektiert, unter denen Verstehen abläuft, etwa in Form der Geschichtlichkeit, der Vorurteilsstruktur und der Voraussetzungshaftigkeit (vgl. auch Kap. 7.1).

– Man muß auf die Gefahr hinweisen, daß die Taxonomie leicht zu einem *formalen Bildungsverständnis* verleitet. Sie erinnern sich an die Informationen zur formalen Bildungstheorie (Kap. 2.4.2): Ausgangspunkt ist die Annahme unterschiedlicher formaler Fähigkeiten beim Menschen, die durch Unterricht geschult und entwickelt werden sollen. Orientiert man sich nun stark an der Taxonomie, die ja genau solche formalen Fähigkeiten erfaßt hat, dann riskiert man, Unterricht schwerpunktmäßig auf das in den Taxonomie-Klassen definierte Leistungsvermögen auszurichten und dafür nachträglich, sozusagen als bloßes Übungsmaterial, geeignete Inhalte zu suchen.

Stichpunktartig können Vor- und Nachteile einander gegenübergestellt werden:

Vorteile:
– eindeutige Verständigung
– Analyse des lerntheoretischen Anspruchsniveaus von Unterricht
– Hilfe zur Formulierung und Aufstellung von lernzielorientierten Tests
– Planung der Lernschritte von Unterricht bezüglich des Schwierigkeitsgrads

Nachteile:
– Auseinanderreißen von Aspekten beim menschlichen Lernen, die untrennbar zusammengehören
– Zusammenhang der Klassen ist verlorengegangen
– Bedeutungsverschiebung bei der Bezeichnung einzelner Klassen
– Risiko eines formalen Bildungsverständnisses

6.3.3 Lerntafel

Curriculumtheorie ist die *Theorie der Inhalte* von Bildungsprozessen, d. h.
– der Auswahl von Inhalten,
– ihrer Begründung (Legitimation),
– ihrer Anordnung,
– ihrer Überprüfung (Evaluation).

Die einzelnen Arbeitsschritte und der Stellenwert der einzelnen theoretischen Aspekte werden in einem Curriculummodell abgebildet.
Hier sind zwei große, unterschiedliche Modelle vorgestellt:

1. Das *situationsanalytische (planrationale) Modell*
Curriculumkonstruktion geht den Weg von gegenwärtig oder in Zukunft zu bewältigenden *Situationen* zu den hierfür benötigten *Qualifikationen,* die im Unterricht durch geeignete *Inhalte* vermittelt werden sollen.
  Bei diesem Modell sind folgende Probleme festzuhalten:
– Kriterien sind nicht vorhanden, um Situationen zusammenfassen, ordnen zu können, wobei diese Kriterien nicht selbst wieder aus einer Situationsanalyse gewonnen werden können.
– Es fehlen Maßstäbe, um relevante von nicht relevanten Situationen unterscheiden zu können.
– Es besteht Unklarheit über die verschiedenen Dimensionen einer Qualifikation (z.B. funktionale und extrafunktionale Dimension) und ihr Verhältnis zueinander.
– Die Beziehung von Inhalt und Qualifikation ist mehrdeutig, da mit einem Inhalt verschiedene, auch nicht erwünschte Qualifikationen vermittelt werden können.

2. *Offene Curriculummodelle*
Sie gehen vom Anspruch aus, daß Curriculumeinheiten gleichberechtigt von Wissenschaftlern und Praktikern nach den *Prinzipien von Handlungsforschung* erstellt werden sollen.
  Probleme dieses Ansatzes:
– Die Kompetenz- und Informationsunterschiede zwischen Wissenschaftlern und Praktikern bleiben bestehen.
– Die Affinität des Ansatzes zu einer bestimmten politisch-ideologischen Position engt die postulierte Offenheit wieder ein.

Lernzielorientierung von Curricula
Ein **Lernziel** soll enthalten
– die Angabe beobachtbarer Verhaltensmerkmale, im
– Rahmen des Gesamtverhaltens unter
– Angabe der Bedingungen, unter denen das Verhalten ablaufen soll bei
– Festlegung des Bewertungsmaßstabes.

Diese behavioristische Auffassung eines Lernziels erfordert die **Lernziel-operationalisierung,** d.h. die Festlegung der konkret auszuführenden Operationen (Tätigkeiten), die das im Lernziel beschriebene Verhalten beobachtbar machen.

Dieses Verfahren ist in mehrerer Hinsicht problematisch:

– Lernzieloperationalisierung ist kein Ableitungsverfahren, wie von den Vertretern dieses Ansatzes oft behauptet, sondern ein interpretativer Vorgang.
– Es besteht die Gefahr,

daß nicht alle wesentlichen Dimensionen am Lernziel berücksichtigt sind;

daß das ‚abgeleitete' Verhalten auf ein ganz anderes als das operationalisierte Ziel verweist;

daß die Gesamtleistung als summativ aufgebaut verstanden wird;

daß Lernen und Unterricht trivialisiert werden.

– Grundsätzlich wird die Differenz von Verhalten und Haltung (Einstellung, Motiv) verkannt.

Die auf diesem Weg ermittelten Lernziele werden anschließend mit Hilfe von Taxonomien hierarchisiert.

Taxonomien sind Ordnungsschemata, mit denen in diesem Fall Lernziele nach logischen und psychologischen Gesichtspunkten gegliedert werden können.

Die Taxonomien sind horizontal nach Bereichen unterschieden, nach dem *kognitiven* (Denken), dem *affektiven* (Werte und Einstellungen) und dem *psychomotorischen* (Bewegungen) Bereich.

Vertikal sind sie nach dem Prinzip zunehmender Komplexität der Leistungen aufgebaut.

Problematisch ist hierbei:

– Zusammenhängende Aspekte werden auseinandergerissen (z. B. Denken und Fühlen).
– Einzelne Begriffe, z. B. der Verstehensbegriff, sind um wichtige Merkmale verkürzt worden.
– Die Taxonomie fördert ein formales Bildungsverständnis.

6.3.4 Arbeitsvorschlag

Von welchen impliziten curriculumtheoretischen Überlegungen her hat der in der Karikatur dargestellte Lehrer seinen Unterricht konzipiert? Welche Probleme bringt dieser Ansatz mit sich?

aus: betrifft: erziehung 8, 1976, S. 60. © G. Seyfried, Berlin.

6.4 Literatur

Zum Unterricht

*A. BELLACK u. a., Die Sprache im Klassenzimmer, Düsseldorf 1974

P. HEIMANN, Didaktik als Theorie und Lehre, in: Die Deutsche Schule 54, 1962, S. 407 ff

*P. HEIMANN, G. OTTO, W. SCHULZ, Unterricht – Analyse und Planung, Hannover ⁵1970

A. KAISER, Bildungsarbeit mit Erwachsenen. Leitfaden zur Didaktik und Methodik, München 1986

B. LOUIS, Interaktionsanalysesystem nach Ned. A. FLANDERS, München 1976

E. TERHART, Erfahrungswissen und wissenschaftliches Wissen über Unterricht, in: F. THIE-
MANN, Konturen des Alltäglichen, Königstein 1980, S. 83 ff

Überblicksliteratur:

H. MEYER, Leitfaden zur Unterrichtsvorbereitung, Frankfurt / Main [13] 1993

Zur Didaktik

* J. BRUNER, Der Prozeß der Erziehung, Düsseldorf 1970
P. FEYERABAND, Erkenntnis für freie Menschen, Frankfurt / Main 1980
W. FLÖSSNER / A. SCHMIDT / H. SEEGER, Theorie: Oberstufe, Braunschweig 1977
* B. GERNER (Hrsg.), Das exemplarische Prinzip, Darmstadt 1972
A. KAISER, Sinn und Situation. Grundlinien einer Didaktik der Erwachsenenbildung, Bad Heil-
brunn 1985
P. MENCK, Ansätze zur Erforschung von Unterrichtsmethode in der BRD, in: P. MENCK /
G. THOMA (Hrsg.), Unterrichtsmethode, München 1972, S. 158 ff
K. H. WÖHLER (Hrsg.), Didaktische Prinzipien, München 1979

Überblicksliteratur:

W. JANK / H. MEYER, Didaktische Modelle, Frankfurt / Main [3] 1994

Zum Curriculum

B. S. BLOOM u. a., Taxonomie von Lernzielen im kognitiven Bereich, Weinheim, Basel 1972
W. FLITNER, Die gymnasiale Oberstufe, Heidelberg 1961
A. KAISER, Strukturprobleme des Curriculum, Frankfurt / Bern 1975
ders., Theorie qualitativer Bildungsplanung, Bad Heilbrunn 1980
R. F. MAGER, Lernziele und Programmierter Unterricht, Weinheim 1972
* DAS MARBURGER GRUNDSCHULPROJEKT, Beiträge zur schulnahen Curriculumentwicklung und
zur Handlungsforschung, Auswahl: Reihe A 15, Hannover 1977
J. A. PEDDIWELL, Das Säbelzahn-Curriculum, Stuttgart 1974
* S. B. ROBINSOHN, Bildungsreform als Revision des Curriculum, Neuwied, Berlin 1969

Überblicksliteratur:

W. ZIMMERMANN u. a., Von der Curriculumtheorie zur Unterrichtsplanung, Paderborn 1977

7. Wissenschaftstheoretische Dimension der Pädagogik

Dieses Kapitel hat uns vor die wohl schwierigste Entscheidung bei der Konzeption des Studienbuchs gestellt. Mit der Behandlung der Wissenschaftstheorie kreuzt wieder eine heilige Kuh insofern unseren Weg, als gerade auf diesem Gebiet Wissenschaftler gerne den Nachweis ihrer Reflexionskompetenz erbringen wollen und oft auch von ihren Aussagen auf diesem Gebiet her beurteilt werden. Wir sollten aber um der Intention des Buches willen die Kuh diesmal schlachten und gewisse Vereinfachungen in Kauf nehmen. Unter Verzicht auf eine allzu spezialisierte Sprache und unter Verzicht auf eine verwirrende Komplexität der Gedankengänge haben wir versucht, das Thema anschaulich, konkret darzustellen und so zu vereinfachen und umfangmäßig einzuengen, daß es auch ein Studienanfänger mit Erfolg in Angriff nehmen kann.

Bisher haben sich alle Überlegungen auf die Klärung eines bestimmten ‚Gegenstandes' bezogen, auf den der Erziehung. Wir haben uns dabei ganz auf das Objekt konzentriert und die verschiedenen Dimensionen an ihm herauszuarbeiten versucht, bei der Zieldimension angefangen und bei der didaktisch-methodischen aufgehört.

Halten wir diesen Gedankengang, der das bisherige Vorgehen beschreibt, im Bild fest:

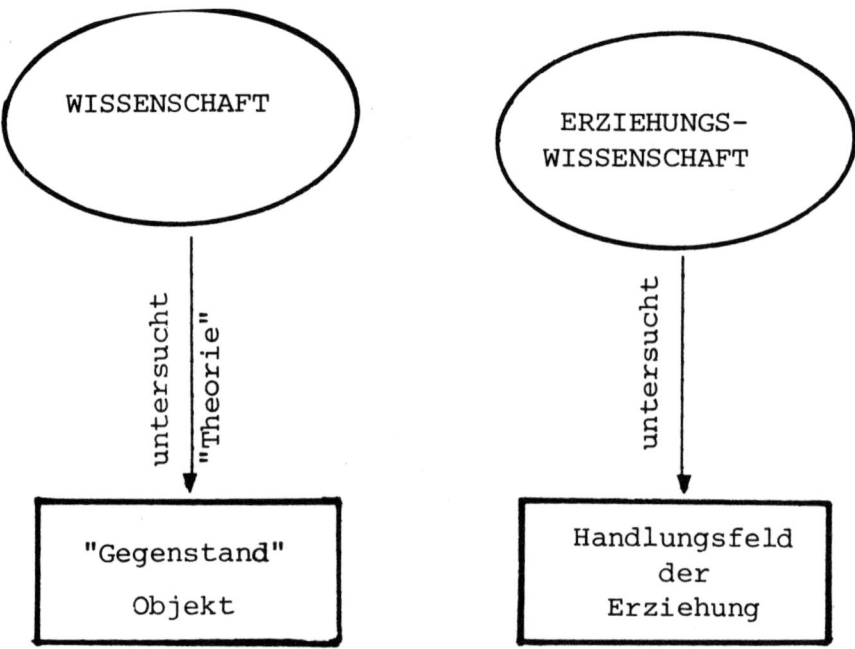

Ein ganz anderer Zusammenhang entsteht, wenn man eine Antwort auf die Frage fordert, was denn Wissenschaft genau mache, wenn sie untersucht, wie sie sich dem Objekt nähert, mit welchen Verfahren sie arbeitet und wie tragfähig diese sind. Dann richtet sich Wissenschaft nicht mehr auf das Objekt, sondern auf sich selber; man betreibt *Wissenschaft über Wissenschaft,* d. h. **Wissenschaftstheorie**. Das Objekt der Wissenschaftstheorie ist also die Wissenschaft, sind besonders die Einzelwissenschaften und die Art, wie sie das Objekt untersuchen.

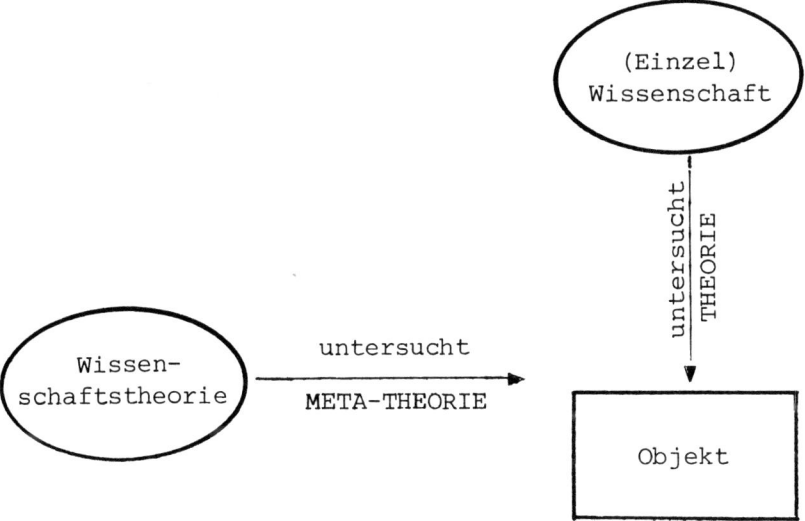

In unserem Fall ist die *Erziehungswissenschaft* die Einzeldisziplin, deren wichtigste wissenschaftstheoretische Postionen dargestellt werden sollen.

Vor dem Hintergrund der Tatsache, daß die Erziehungswissenschaft genau besehen aus einer Vielzahl, zum Teil divergierender Positonen besteht, stellt sich als *zentrale Frage* für dieses Kapitel:

Aus welchen Grundannahmen resultieren jeweils die Unterschiede zwischen den einzelnen Ansätzen?

Bezogen hierauf sind aber vorab die *Teilfragen* zu klären: Wieso haben sich überhaupt verschiedene Positionen herauskristallisiert? Ist das wissenschaftliche Vorgehen nicht immer dasselbe, wenn man einen Sachverhalt bestimmen will?

Unser Beispiel wird zeigen, daß dies durchaus nicht der Fall ist.

Beispiel:

In der 3. Stunde soll eine Klassenarbeit in Deutsch zurückgegeben werden. Die Schüler sind in der Pause davor unruhig, manche schreien herum, zwei brüllen sich wütend an, andere stehen eher still beiseite und sehen etwas bleich aus.

Die ersten Unterschiede im wissenschaftlichen Zugriff treten schon bei der Frage auf: Kann dieses Phänomen *erklärt* oder nur *verstanden* werden? Diese Unterscheidung stammt von W. DILTHEY und sollte zunächst als Kennzeichnung der unterschiedlichen Verfahrensweise in den Natur- und in den Geisteswissenschaften dienen. Diese strenge Zuordnung ist aber durch die Übertragung empirischer Arbeitsweisen auch auf das Gebiet der Geisteswissenschaften aufgebrochen worden. Heute arbeitet man außer in den Naturwissenschaften auch in den beiden anderen großen Wissenschaftsgruppen, den Sozial- und den Geisteswissenschaften, erklärend (bei DILTHEY waren beide Wissenschaftsgruppen unter der Bezeichnung ‚Geisteswissenschaften' noch als Einheit aufgefaßt).

Steht daher ein Sozialwissenschaftler auf dem Standpunkt, das gesellschaftliche Phänomen könne naturwissenschaftlich exakt erklärt werden, dann bedingt das auch andere Methoden als beim Verstehensprinzip.

Andere Unterschiede entstehen aus der Frage, ob Wissenschaft nur ganz wertfrei sagen kann, wie ein Phänomen zustande kommt, oder ob sie auch angeben soll, wie es zu verändern oder gar aufzuheben ist.

Aus der Bestimmung der Aufgabe von Wissenschaft, aus methodischen Fragen, aus der Abgrenzung des Gegenstandsbereichs resultieren also die unterschiedlichen Ansätze. Man kann die Vielzahl einzelner wissenschaftlicher Positionen und Teilpositionen auf drei große Ansätze reduzieren, die in etwa auch den gerade entwickelten Zugriffsweisen bei der Bearbeitung eines Phänomens entsprechen:

Das Phänomen soll *verstanden* werden – **hermeneutische Position.**
Das Phänomen soll *erklärt* werden – **Position des Kritischen Rationalismus.**
Das Phänomen soll *bewertet und eventuell verändert* werden – **Position der Kritischen Theorie.**

Die Anordnung der drei großen Positionen ist vor dem Hintergrund der jüngeren Wissenschaftsgeschichte in der Pädagogik vorgenommen. Die Diskussion in unserer Disziplin hat sich, vor allem nach 1945, vor dem Hintergrund der bis dahin unangefochtenen hermeneutischen Position im Rahmen der geisteswissenschaftlichen Pädagogik entwickelt. Wissenschaftsgeschichtlich und wissenschaftspolitisch gesehen ist den hermeneutischen Positionen das Feld zunächst von Ansätzen des Kritischen Rationalismus streitig gemacht worden. Gegen beide Positionen – die hermeneutische und die des Kritischen Rationalismus – ist schließlich die Kritische Theorie angetreten und hat versucht, sich als eine Art dialektischer Überhöhung der beiden anderen Ansätze darzustellen. Inwieweit dies berechtigt ist, kommt bei der Behandlung dieses Ansatzes in Kapitel 7.3 kurz zur Sprache.

7.1 Die hermeneutische Position

Zur hermeneutischen Position kann man alle Ansätze zählen, die die Aufgabe von Wissenschaft in der *verstehensmäßigen Auslegung* eines Phänomens sehen. Es kann sich dabei um einen Text von ROUSSEAU, um eine Tonbandaufzeichnung aus dem Unterricht, um das Verhalten des Gegenüber in einer konkreten Situation, um Bankkritzeleien, Schülerzeitungen, Plakate, Karikaturen handeln. Als Vertreter dieser Position können Wissenschaftler der geisteswissenschaftlichen Pädagogik (H. NOHL, E. WENIGER, W. FLITNER), der dialektischen (J. DERBOLAV), der phänomenologischen (M. LANGEVELD) oder der existenzphilosophischen Pädagogik (O. BOLLNOW) genannt werden.

Zur Abklärung unseres Begriffsinventars sollte zunächst danach gefragt werden, was Verstehen heißt.

Verstehen kann definiert werden als *Erfassung von Bedeutung aus wahrnehmbaren Zeichen.*

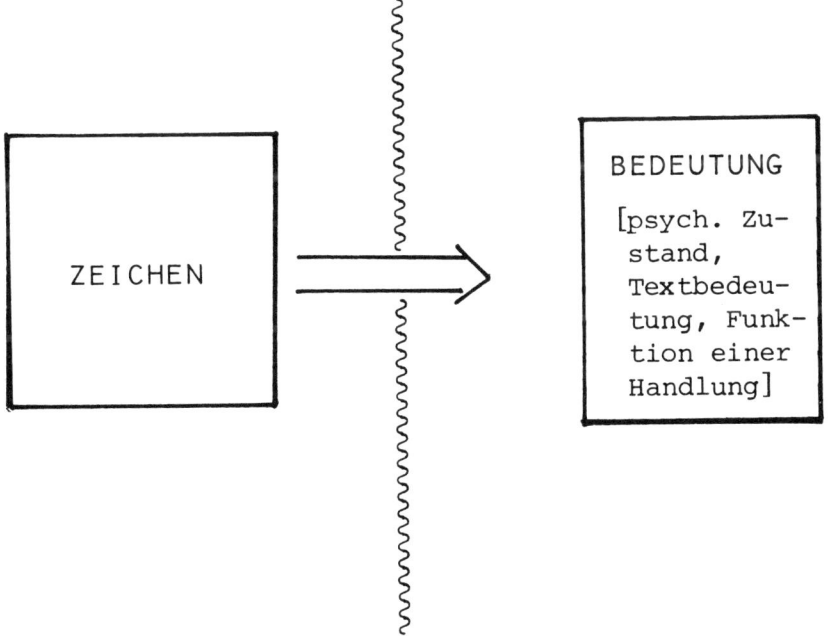

Gehen wir die einzelnen Bestandteile der Definition – Wahrnehmen, Zeichen und Bedeutung, Erfassen – durch und fragen, welche Aussagemöglichkeiten sie auf unser Beispiel bezogen bieten.

Man sieht, wie einzelne Schüler herumlaufen, andere etwas bleich ausschauen, man hört, wie einer sagt, er müsse unbedingt eine Vier haben (Wahrnehmung).

Das was man sieht und hört, wertet man als Zeichen für etwas weniger Offensichtliches, für etwas nur *indirekt* Faßbares. Die Körperhaltung, Mimik, Gesichtsfarbe nimmt man als Anzeichen für bestimmte psychische Zustände: Erregung, Angst, Unsicherheit, Gespanntsein, Gereiztheit (Differenz von Zeichen und Bedeutung).

Nimmt man beide Aspekte zusammen, so kann man sagen: Man erfaßt den Gesichtsausdruck (Zeichen) als Unsicherheit (Bedeutung), oder noch anders formuliert: Man *interpretiert* den Gesichtsausdruck *als* Unsicherheit.

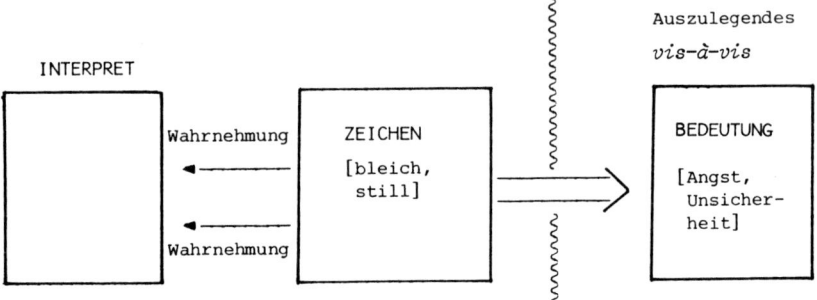

Wieso aber schließt man beispielsweise aus der Tatsache, daß jemand still in der Ecke steht, auf seine Angst oder Anspannung? Wieso nimmt man nicht an, daß er Yoga-Übungen macht? Man kann das sicherlich nicht ausschließen, aber von der *Gesamtsituation* her – Rückgabe der Klassenarbeit – interpretiert man das Verhalten als ängstliches, angespanntes Warten.

Was heißt: Von der Gesamtsituation her?

Man weiß, was eine Klassenarbeit für die Versetzung bedeutet, man weiß um die Wichtigkeit von Versetzungen, man weiß, welche Rolle der Schulabschluß für das weitere Leben haben kann, man weiß, wie Eltern am schulischen Fortkommen ihrer Kinder interessiert sind.

Woher weiß man es? – Weil man selbst einmal in der entsprechenden Situation stand; wenn dies nicht der Fall war, verfügt man zumindest aufgrund von Lektüre oder Erzählungen über Kenntnisse der Lebensbedingungen in der dargestellten Situation.

Jetzt sieht also der Verstehensvorgang so aus, daß der Interpret vor dem Hintergrund schon verstandener Zusammenhänge einzelne wahrgenommene Zeichen ordnet, sie auf diesen Hintergrund bezieht und von dort her interpretiert.

Der Hintergrund ist also etwas schon Gewußtes, er ist ein Bereich des *Vorverständnisses,* und zwar eines *Lebenszusammenhanges,* der dem Interpret mit dem zu Verstehenden mindestens teilweise gemeinsam sein muß. Diesen Hintergrund kann man als *Sinnbereich* bezeichnen und damit die Begriffe des Sinnes und der Bedeutung unterscheiden.

Sinn bezieht sich auf das allgemeine *Verstehensrepertoire* in einem Kulturkreis (Sprache, Verhaltensregeln, Bildsymbole usw.).

Bedeutung dagegen kennzeichnet die *konkrete Situation,* die sich in einer ‚Verbesonderung‘ von allgemeinem Sinn durch bestimmte situative Umstände abhebt.

Relativ einfach kann man sich diesen Zusammenhang von Sinn und Bedeutung am Beispiel der Sprache klarmachen: Im Lexikon einer Sprache gibt es das Wort ‚Frau‘, sein Sinn ist jedem kompetenten Sprecher verfügbar: ein Mensch mit bestimmten Geschlechtsmerkmalen.

Im konkreten Sprachgebrauch, in bestimmten Situationen gewinnt das Wort verschiedene Bedeutung: Ein männlicher Autofahrer schimpft ‚Typisch, Frau am Steuer‘, ein unternehmungslustiger junger Mann meint bewundernd ‚Tolle Frau‘. Die Bedeutung ergibt sich hier aus den pragmatischen Bedingungen des Sprechens, also aus den konkreten Gegebenheiten, unter denen der eine schimpft und der andere bewundert.

Werden die einzelnen Momente am Verstehensbegriff zusammengefaßt, ergibt sich folgendes detailliertes Strukturbild:

(38) Strukturbild: *Hermeneutische Beziehung von ‚Text‘ und Interpret*

"Vor der Rückgabe einer Klassenarbeit"

Berücksichtigt man nicht so sehr die Einzelmomente, sondern den groben Zusammenhang der Verstehensbewegung, so kann man sagen: Verstehen läuft ab in der Verbindung von

Ausdruck	Leben	Verstehen
(Gesichtsfarbe)	Gesamtsituation	(Angst der betreffenden
	(Schule, Klassenarbeit)	Schüler)

Man muß also schon etwas wissen, um verstehen zu können. Dies ist eine Aussage über ein Vorgehen, bei dem man sich im Kreis dreht.

Der Interpret muß schon etwas über Schule, Klassenarbeiten, Versetzungsordnungen und Noten wissen, um die Situation vor der Rückgabe der Arbeit verstehen zu können. Und zugleich erweitert aber auch das Verstehen der Situation sein Wissen um Schule, Versetzung, Noten.

Man sagt:

Das Verstehen des Einzelnen – Rückgabe der Arbeit – setzt das des Ganzen – Rolle von Schule oder des Gesamtphänomens – voraus.

Das Verstehen des Ganzen setzt das Verstehen des Einzelnen voraus; in Anspielung auf diese Kreisbewegung spricht man vom hermeneutischen Zirkel.

Große Diskussion: Ist das nicht ein schlechter Zirkel, ein circulus vitiosus? Wie kann man etwas verstehen, das man nur versteht, wenn man es schon verstanden hat?

Das Mißverständnis liegt hier nicht zuletzt in einer unglücklichen Wortwahl. Das Verstehen folgt genau besehen nicht einer Kreis- sondern einer aufstrebenden Spiralbewegung.

Aufgrund des Vorverständnisses einer Situation hat man einen vagen, einen vorläufigen Eindruck, der im Verstehen zunehmend präzisiert und differenziert, vielleicht auch modifiziert wird, bei dem man sich also auf eine *immer höhere Ebene des Verständnisses* bewegt.

Deutlich wird das beim Verstehen eines Textes, z.B. eines Gedichtes:

Beim ersten Lesen eines bisher unbekannten Gedichtes ist das Ganze nicht schon in dem Sinne verstanden, als wüßte man im voraus seinen Inhalt. Wohl aber liest man den Text unter der Perspektive allgemeiner Erwartungen, die mit Bezug auf strukturelle grundlegende Begriffe gestellt werden: Die Überschrift, der Gattungscharakter des Textes, ein Grobeindruck von Reim und Strophung geben dabei erste Hinweise auf das Ganze. Im weiteren und erst recht wiederholten Lesen werden sowohl der Gesamteindruck klarer gefaßt, als auch die Teile schärfer differenziert und genauer bestimmt.

Man kann zusammenfassen:

– Verstehen fußt auf einem – Interpreten und Ausgelegtem zumindest teilweise gemeinsamen – Lebenszusammenhang.
– Verstehen geht von einem (groben) Vorverständnis aus, klärt und differenziert dieses zunehmend durch die Auslegung (Spiralbewegung des Verstehens).
– Verstehen schließt von Zeichen auf Bedeutungen, wobei die Zeichen in den Kontext eines schon verstandenen Lebenszusammenhanges eingeordnet werden (Ausdruck-Leben-Verstehen).

Welche *Vorteile* sind mit diesem Wissenschaftsansatz verbunden?

(a) Positiv hervorzuheben ist die dem Gegenstand angemessene Zugriffsweise des hermeneutischen Ansatzes. Bei der Auslegung einer sozialen Situation, eines Textes, einer Inschrift handelt es sich immer um das Erfassen von Bedeutung, die je unterschiedlich sichtbar wird (im Gesichtsausdruck, in Sätzen, auf Papier oder Holz).

Erfaßbar sind Bedeutungen vor dem Hintergrund von Sinn. Sinn ist ein geistiger Zusammenhang, er ist nicht meßbar und nicht unmittelbar beobachtbar, sondern nur *verstehbar* aufgrund der dem Ausgelegten und Interpreten zumindest teilweise gemeinsamen Sinnbereiche. Also: Sinn und Bedeutung können nur hermeneutisch adäquat erfaßt werden.

(b) Der hermeneutische Ansatz ermöglicht explizit *Selbstreflexion,* sofern man sich auf die eigenen Voraussetzungen richtet, von denen her man interpretiert. Fragt man nach den Bedingungen, unter denen man ein Phänomen auslegt, so ist auf den Bereich des eigenen Vorverständnisses und, in einem nicht negativen Sinn aufgefaßt, auf den der eigenen Vorurteile verwiesen. Damit thematisiert man den eigenen Verstehenshintergrund, der die bestimmte, vom Interpret vorgenommene Auslegung prägt. Mit Bezug auf die neuere hermeneutische Theorie könnte man hier vom Prinzip der Voraussetzungshaftigkeit allen Verstehens sprechen (GADAMER 1960, S. 261 ff).

(c) Der hermeneutische Ansatz bringt auch den *historisch–genetischen Zusammenhang* zum Bewußtsein: Der eigene Verstehenshintergrund, der des Vorverständnisses, ist immer ein geschichtlich gewordener und aus der Tradition erwachsener Zusammenhang. Man spricht in der hermeneutischen Theorie sowohl vom *‚Prinzip der Wirkungsgeschichte‘,* daß nämlich alles Verstehen in einen geschichtlichen Wirkungszusammenhang eingelagert und geschichtlich vermittelt ist, als auch vom *‚Prinzip der Horizontverschmelzung‘.* Hiermit verweist man auf die Tatsache, daß Verstehen nicht in der distanzierten Gegenüberstellung eines auslegenden Subjekts und eines zu interpretierenden Objekts, sondern in der Verbindung zweier Horizonte erfolgt. Der Begriff des Horizonts verweist auf den jedem Verstehen und jedem geistigen Gebilde zugrundeliegenden geschichtlich gebundenen Sinnkreis, in den es eingelagert ist. Im Verstehen begegnen und durchdringen sich daher zwei unterschiedliche Horizonte, zwei unterschiedliche Sinnkreise, die sich zu einem neuen, weiteren, umfassenderen Horizont oder Sinnkreis formieren.

Allerdings hat das Verfahren auch *Nachteile:*

(a) Massive Einwände gegen den hermeneutischen Ansatz werden dahingehend vorgebracht, daß man ihm vorwirft,

– er könne eigentlich ein Phänomen immer nur so verstehen, wie es gegeben sei;

– er könne damit die Notwendigkeit der Veränderung von Wirklichkeit nicht begründen;

– er verfestige Praxis, ohne sie darauf zu befragen, wie vernünftig und sinnvoll sie sei.

Diese verschiedenen Argumente beziehen sich letztlich auf einen zentralen Punkt der Kritik: Hermeneutische Ansätze zeichnen im Grunde Wirklichkeit nur nach. Sie sind daher insofern *ideologisch,* als ihnen Kritik und Bewertung des zu Verstehenden nicht möglich sind.

Auf unser Beispiel bezogen: Man versteht zwar das stille Verhalten des Schülers in dieser Situation, kann aber nicht sagen, daß die Situation schlecht ist und als angstfreie neu konstituiert werden muß.

Kann man das wirklich nicht? – Um ein solches bewertendes Urteil fällen zu können, benötigt man einen Maßstab, ein Kriterium, auf das man den Sachverhalt vergleichend-wertend beziehen kann. Ein solches Kriterium ist in Ansätzen immer schon mit dem Vorverständnis des Verstehenden gegeben. Man darf sich den Bereich des Vorwissens nicht als isolierte, herumliegende Einzelbrokken vorstellen, sondern als ein miteinander verbundenes, aus vielen einander überlagernden Ebenen sich aufbauendes Gefüge von Sinnbereichen (vgl. Strukturbild S. 327).

Beim Verstehen werden somit auch unterschiedliche Sinnbereiche aktiviert, miteinander und mit dem Phänomen verglichen, und im Vergleich wird man zumindest in Ansätzen immer auch werten.

Bei unserem Beispiel: Man aktiviert beim Verstehen des Phänomens nicht nur Sinnbereiche, die sich auf Schule und Versetzung bzw. Leistung richten, sondern auch solche, die sich auf Schule und Lernen, auf Freude, auf Jugend und Unbeschwertheit, Kind und Hilflosigkeit, Abhängigkeit beziehen. Damit erhält das Phänomen im Verstehen ganz unterschiedliche Vorzeichen, die es auch jeweils anders bewertbar machen.

Man könnte dieses Vorgehen eine *implizite Wertung im Verstehen* nennen, weil man sich über dieses Vorgehen nicht immer genau Rechenschaft ablegt, weil man die zum Verstehen aktivierten Sinnbereiche nicht immer eigens thematisiert und abgrenzt, sondern dies alles eher beiläufig im Verstehensvollzug macht.

Anders sieht es bei *explizitem Werten* aus, wie es etwa in diesem Fall ein Pädagoge machen würde. Sein Verstehen von pädagogischen Phänomenen steht nämlich immer auch unter der Frage nach dem Zweck, dem Sinn, dem Ziel pädagogischen Handelns, also unter Fragen, die er auf den Bildungsbegriff als letzten Bezugspunkt kritisch-wertend beziehen kann. Hier ist ein Sinnbereich verfügbar, der ein pädagogisches Phänomen nicht nur verstehbar, sondern immer auch zugleich bewertbar werden läßt, und zwar deswegen, weil der Bildungsbegriff selbst schon eine kritische Komponente enthält (vgl. noch einmal

Kapitel 2.4). Der Einwand, hermeneutische Verfahren zeichneten Wirklichkeit bloß nach, trifft ein entwickeltes, explizites Verstehen nicht.

(b) Ein ähnlich gelagerter Einwand lautet: Verstehen wird von einigen Hermeneutikern, besonders von GADAMER, als in Tradition eingelagert gesehen, es ist immer aus der Perspektive des je historisch Gewachsenen vollziehbar. Damit sind zwei Folgen verbunden:

– Tradition kann nur als *vernünftige* angenommen werden.
– Tradition kann *nicht selbst befragt* werden, denn dann müßten die Bezugspunkte außerhalb von ihr liegen.

HABERMAS, von dem dieser kritische Hinweis stammt, versucht nun solche Bezugspunkte außerhalb der Tradition zu entwickeln. Er nennt als Bezugspunkte die *Medien der Vergesellschaftung*: Arbeit, Sprache und Herrschaft. Damit sind Bedingungen angesprochen, unter denen Gesellschaft überhaupt möglich ist. Jede Gesellschaft sichert über Arbeit ihre Existenzgrundlage; jede Gesellschaft kennt in interaktioneller Hinsicht Rollen mit unterschiedlichen Befugnissen, und jede Gesellschaft ist insgesamt nur handlungsfähig, weil sie Sprache hat. Diese Medien der Vergesellschaftung sind nicht neutral als nur funktionale Bedingungen von Gesellschaft verstanden, wie etwa die funktionalen Gebote bei PARSONS (s. Kap. 4.1), sondern sie werden auf einen Maßstab bezogen. Bezugspunkt der Kritik, von dem her man Tradition auf die Medien der Vergesellschaftung beziehen kann, ist für HABERMAS die Vorstellung von Freiheit, genauer die von *Emanzipation,* die dem Gattungscharakter des Menschen entspricht.

Kritik der Tradition heißt dann soviel wie Kritik der Produktionsweisen (Arbeit), Kritik der Vergesellschaftungsformen (Herrschaft) und Sprachkritik (Sprache).

An dieser kurzen Skizzierung der Kritik von HABERMAS an GADAMER wird aber ein Gesichtspunkt deutlich: HABERMAS bezieht keine Standpunkte außerhalb von Tradition, um diese bewerten zu können. Vielmehr wird hier ein Traditionszusammenhang gegen einen anderen ins Feld geführt, denn HABERMAS' Ansatz steht auch in einer bestimmten Tradition, der des marxistischen Humanismus.

Es bleibt daher doch dabei: *Verstehen ist eingelagert in Tradition,* wobei Bezugspunkte der Kritik nur aus der Konfrontation mit unterschiedlichen Traditionssträngen gewonnen werden können.

7.1.1 Hermeneutische Sozialforschung und qualitative Methoden

Eben wurde bei der Charakterisierung des hermeneutischen Ansatzes hervorgehoben, daß Sinn durch Verstehen erfaßt wird und daß dies den adäquaten

Zugang darstellt, da Sinn auslegbar, nicht aber meßbar und direkt beobachtbar ist.

Zur Durchführung von Forschungsvorhaben ist diese allgemeine Einsicht allerdings in Form konkreter Untersuchungsmethoden umzusetzen. Dabei müssen einerseits die Bedingungen von Verstehen im Auge behalten werden, etwa das Prinzip des Vorverständnisses, das des gemeinsamen Lebenszusammenhangs (der gemeinsamen Lebenswelt) oder das der Horizontverschmelzung; andererseits haben diese verstehenden Methoden grundlegenden Ansprüchen an jedes wissenschaftliche Arbeiten zu genügen: Wenn sie auch nicht – wie in quantitativer, auf Messen ausgerichteter Sozialforschung Zahlenwerte ermitteln wollen, so müssen sie doch ihre Ergebnisse für jeden anderen Forscher nachvollziehbar halten. Diesen Bedingungen versucht in den letzten Jahren die **qualitative** Sozialforschung, die sich durch das kennzeichnende Adjektiv von der eben erwähnten quantitativen Wissenschaftsrichtung abhebt, verstärkt zu genügen. Entsprechend den hermeneutischen Prämissen, nämlich der Forderung nach lebensweiteingelagertem Verstehen, sind an diese Methoden folgende Anforderungen gestellt:

– Sie müssen ermöglichen, zur *Weltsicht der Erforschten* (insider's view) vorzudringen, um auf diesem Weg sicherzustellen, daß nicht der Forscher, für ihn selbst unbemerkt, seine eigene Sicht der Dinge für die des Befragten hält.
– Sie müssen den *Forschungsprozeß offen halten.* Die Fragestellung der Untersuchung darf nicht durch den Forscher von vornherein auf bestimmte Aspekte festgelegt sein.
– Sie müssen gewährleisten, daß der Befragte oder Erzähler *seine eigenen Deutungen der Geschehnisse* berichten, von ihm gewünschte Richtungen einschlagen und dabei ihm wichtige Akzentuierungen vornehmen kann.
– Sie müssen berücksichtigen, daß speziell bei Methoden der Befragung – auch bei standardisierten – immer *eine Form von Interaktion zwischen Forscher und Informant* stattfindet. Das bedeutet, daß Worte oder Begriffe nie vollkommen deckungsgleich von den Interaktionspartnern verstanden werden, sondern jeder immer auch eigene Deutungen ins Spiel bringt.

Vor dem Hintergrund dieser Prämissen hat sich mittlerweile in Weiterentwicklung des hermeneutischen Ansatzes ein recht breites Methodenspektrum ausdifferenziert, zu dem Verfahren gehören wie Lebensweltanalyse, narratives Interview oder Analysen von Autobiographien. Da zur Lebensweltanalyse schon einiges gesagt ist (s. Kapitel 4.2.2) und Sie sicher vom Vorverständnis her zur Analyse von Autobiographien eine Vorstellung haben, soll hier zumindest skizzenhaft das narrative Interview umrissen werden, um das Anliegen wie auch die Probleme dieses Methodenzugriffs zu verdeutlichen.

7.1.1.1 Narratives Interview

Das **narrative Interview** (lat.: narrare = erzählen) kann insofern als typische Methode innerhalb der qualitativen Sozialforschung angesehen werden, als es – im Idealfall – alle diejenigen Gesichtspunkte berücksichtigt, die diesen Forschungsansatz kennzeichnen.

Es ähnelt in Anlage und Verlauf dem *Alltagsgespräch*. Wie dort auch begegnen sich zwei gleichberechtigte Gesprächspartner. Der Interviewer tritt also nicht mit einem dominanten Anspruch auf, von dem her er das Gespräch lenkt. Zwar fragt er zurück, wenn er etwa meint, Widersprüche beim Erzähler festgestellt zu haben; dies erfolgt aber letztlich aus einem Verständnis als Zuhörer, nicht als Zensor.

Entsprechend *offen und frei* ist die Rolle des Interviewten definiert. Es bleibt ihm überlassen, wie er die Erzählung etwa zu zentralen Erlebnissen seiner Kindheit, seines Berufslebens, seines Familienlebens, seine Wahrnehmung politisch-kultureller Ereignisse strukturiert, wo er Schwerpunkte setzt, was er besonders hervorheben und werten will. Dieses hohe Maß an Selbständigkeit im Erzählen ist geradezu Bedingung für den angestrebten Erkenntniszweck, *nämlich Einblick zu erhalten in die vom Interviewten unverfälscht vorgenommene Gliederung und Bewertung seiner sozialen Wirklichkeit mittels seiner Deutungsschemata.*

Um dieses Ziel zu erreichen, werden in der Analyse des vorliegenden Erzähltextes verschiedene Interpretationsebenen ausdifferenziert, die aufeinander aufbauen und schließlich erlauben, zur Schicht der Deutungsmuster des Erzählers vorzudringen. Folgende sich überhöhende Interpretationsschritte lassen sich unterscheiden:

– Erfassen der objektiven biographischen Daten,
– Analyse der vom Interviewten erwähnten Themen und Ereignisse,
– Herausarbeiten der Wertungen, mit denen der Erzähler die Themen versieht,
– Ermitteln der Orientierungen und Anschauungen (Deutungsmuster), die ‚hinter‘ den Wertungen liegen und diese verstehbar werden lassen.

Allerdings unterliegt dieses (Ideal-)Ziel qualitativ angelegter Forschung bei allen Formen des Interviews oder auch der teilnehmenden Beobachtung einer prinzipiell gegebenen Einschränkung. Jede Befragung – und dies gilt vom Prinzip her auch für standardisierte, schriftlich vorliegende Fragen – ist Interaktion. In interaktiven Prozessen werden Meinungen ausgetauscht, Einstellungen mitgeteilt, Deutungen vorgenommen (s. auch 4.2.1). Dies berücksichtigen alter und ego bei ihren Interaktionsbeiträgen wechselseitig. Sie nehmen die geäußerten Meinungen usw. des jeweils anderen bei sich auf, verarbeiten sie gedanklich und lassen sie in der verarbeiteten Form wieder in den dann erfolgenden eigenen Interaktionszug, beispielsweise eine Bemerkung, einfließen. *Auf diese Art und Weise erstellen alter und ego gemeinsam das Gespräch.* Damit ist auch für das narrative Interview festzuhalten:

> Die Erzählung des Interviewten ist – entgegen dem Anspruch qualitativer Sozialforschung – nicht ausschließlich Ergebnis seiner eigenen Deutungen, sie ist vielmehr notgedrungen Resultat *gemeinsamer* Anstrengungen von alter und ego im Rahmen des Interaktionsprozesses. Man kann dies noch allgemeiner ausdrücken und sagen, *die Erzählung ist zwischen alter und ego interaktiv ausgehandelt.*

Berücksichtigt man diesen Tatbestand, dann kann sich die Auswertung des narrativen Interviews nicht allein auf den Inhalt der Erzählung richten, sondern muß darüber hinaus auch den Interaktionsprozeß, d. h. die Gesprächssituation erfassen und deren Auswirkung auf die Erzählung, ihren Verlauf, ihre Themen, die in ihr enthaltenen Wertungen und Deutungen zu bestimmen suchen.

Diese Tatsache hat allerdings Rückwirkung auf die allgemein erhobene Forderung qualitativer Sozialforschung, die Sicht des Erzählers (insider's view) zur Sprache kommen zu lassen. Wenn Erzählungen im oben erwähnten Sinn interaktiv konstruiert sind, dann stellen sie das Resultat eines Aushandlungsprozesses dar, der bei anderen Interaktionspartnern (Interviewern) und unter anderen Situationsbedingungen vermutlich anders ausgefallen wäre. Streng genommen spiegelt damit das narrative Interview die Deutungsschemata des Erzählers nicht unmodifiziert wider. Wohl hat er aufgrund der offenen Erzähl-(Interview-)Situation die Möglichkeit gehabt, im Lichte seiner Deutungsmuster Erzählbeiträge zu liefern und auf die Interaktionsangebote des anderen einzugehen. Damit erlaubt das narrative Interview Rückschlüsse zu ziehen, die tatsächlich Elemente der Deutungsmuster des Interviewten treffen und nicht etwa auf Anschauungen des Befragten verweisen, die ihm vom Interviewer bzw. vom Forscher hypothetisch im voraus schon unterstellt waren. Man kann folglich sagen:

Das narrative Interview ermöglicht valide Aussagen zu Deutungsmustern des Befragten. Von daher läßt sich – diesen Einschränkungen zum Trotz – die Behauptung mit guten Gründen vertreten, es sei zur Erfassung von Einstellungen, Meinungen, Sichtweisen geeigneter als standardisierte Verfahren der quantitativ-numerischen Sozialforschung.

7.1.2 Lerntafel

Die Methode hermeneutischer Wissenschaftspositionen ist das Verstehen.
Verstehen heißt *Erfassen von Bedeutung aus wahrnehmbaren Zeichen.*
Bei diesem Vorgang handelt es sich um ein Schlußverfahren. Aus Zeichen
(Worten, Mimik, Artefakten) wird auf Bedeutung geschlossen.
Der Schluß ist aber nur möglich aufgrund der durch die *Gesamtsituation* aktua-
lisierten *Sinnbereiche* über den entsprechenden *Lebenszusammenhang.* Verstehen
läuft damit ab in der Bewegung

Ausdruck	Leben	Verstehen
(Zeichen)	(Gesamtsituation)	(Bedeutung)

Dem Verstehen unterliegt eine *Zirkel- bzw. Spiralbewegung:*
Das Einzelne wird nur verstanden, sofern das Ganze verstanden ist,
das Ganze wird nur verstanden, sofern das Einzelne verstanden ist.
Aber: Dies ist kein schlechter Zirkel, sondern eine Bewegung der zunehmenden
    Differenzierung und Präzisierung eines allgemeinen Vorverständnisses.
    Daher trifft die Metapher von der Spirale besser zu als die vom Zirkel.

Zur Bewertung des Ansatzes:
– Hermeneutische Positionen verweisen mit Recht darauf, daß Sinn und Bedeutung nur *verstanden* und nicht etwa quantitativ adäquat erfaßt werden
  können.
– Verstehen fußt auf einem *Vorverständnis*, das geschichtlich eingelagert ist und
  sich über Tradition konstituiert.
– Hermeneutischem Vorgehen kann entgegengehalten werden, es zeichne Wirklichkeit bloß nach und sei *ideologisch*, da ihm Kritik und Bewertung des so
  Verstandenen nicht möglich seien.
    Aber: Durch die Aktivierung unterschiedlicher Vorverständnisse erfolgt
    eine *implizite Bewertung*, durch den Bezug auf grundlegende Sinnprinzipien
    (z. B. Bildungsbegriff) ist auch *explizite Kritik* möglich.
– Die Kritik an einem das Vorverständnis tragenden Traditionszusammenhang
  kann nicht außerhalb von Tradition stehen, sondern ist – entgegen anders-
  lautenden Argumenten – Kritik lediglich aus der Perspektive einer *anderen*
  Tradition.

Forschungsmethodisch umgesetzt haben sich die hermeneutischen Prinzipien
im Konzept der **qualitativen Sozialforschung**. Sie ist gekennzeichnet durch
– Offenheit des Forschungsprozesses,
– Eingehen auf den Deutungshorizont des Befragten,
– Berücksichtigung des Intraktionsprozesses, in den die Befragung eingelagert
  ist.

Eine für diesen Forschungsansatz typische Methode ist das **narrative Interview**: Der Befragte wird als Informant über seine Lebenswelt angesehen. Ziel des narrativen Interviews: Aufschluß gewinnen über die Deutungsmuster des Erzählers (Interviewten).

7.2 Die Position des Kritischen Rationalismus

Vertreter dieser Position sind im Bereich der Pädagogik W. Brezinka, der sich in seiner programmatischen Schrift ‚Von der Pädagogik zur Erziehungswissenschaft' (1971) vor allem gegen die hermeneutische (geisteswissenschaftliche) Position wandte, und L. Rössner. Beide greifen in ihren wissenschaftstheoretischen Aussagen vor allem auf die Arbeiten von K. R. Popper und H. Albert zurück.

Beim Kritischen Rationalismus handelt es sich um eine Position, die sich deutlich auf naturwissenschaftliche Verfahrensweisen und Bestimmungen der Aufgaben von Wissenschaft bezieht, dies auch bei der Erfassung von Sinnzusammenhängen. Entsprechend der Unterscheidung Diltheys spricht man hier nicht vom Verstehen sinnhafter Gegebenheiten, sondern von ihrem *Erklären*.

Erklären heißt, *ein Ereignis aus mindestens einem allgemeinen Gesetz und Randbedingungen zu deduzieren.*

Man unterscheidet dabei zwischen dem Ereignis (e) und dem Satz (E), der es beschreibt; genauso sind die Gesetzesaussage (G) und die Beschreibung der Randbedingungen (A) von den entsprechenden Sachverhalten (g, a) abzuheben. Die Randbedingungen werden mit den Buchstaben (A), (a) deshalb gekennzeichnet, weil sie in einer Latinisierung auch *Antecedens*-Daten heißen (antecedere = lat.: vorangehen).

Das Ereignis, das man erklären will, nennt man *Explanandum* (explanare = lat.: erklären, hier: das zu Erklärende); das, womit man erklärt, heißt *Explanans* (das Erklärende).

Verdeutlichen wir das bisher Gesagte am Beispiel:

Der Satz (E): ‚Schüler stehen still in der Ecke' beschreibt das Ereignis(e), daß Schüler still und bleich in der Ecke stehen. Dieses Ereignis soll erklärt werden. Dafür erforderlich sind mindestens ein allgemeines Gesetz und Randbedingungen. Eine Erklärung könnte somit in folgender Form erfolgen:
Allgemeine Gesetze (G):
– Immer wenn Menschen sich in einer unklar definierten Situation befinden, dann verspüren sie Unsicherheit.
– Psychische Zustände machen sich physiologisch als Streß bemerkbar.
– Streß verursacht eine Verengung der Blutgefäße und läßt die Haut bleich aussehen.
Randbedingungen (A):
– Die Situation vor der Rückgabe einer Klassenarbeit ist unklar definiert.

– Angst ist ein psychischer Zustand und Streß.
Ereignis-Aussage (E):
– Die Schüler sind bleich im Gesicht.

Das Schema, nach dem hier das Ereignis (E) deduziert ist, nennt man nach zwei amerikanischen Wissenschaftstheoretikern, die es entwickelt haben, HEMPEL-OPPENHEIM-SCHEMA (H-O-Schema). Da es sich hierbei um einen *logischen Schluß* handelt, nennt man die Randbedingungen und Gesetze die Prämissen und den abgeleiteten Satz über das Ereignis Conclusio (conclusio = lat.: Schluß, Folgerung).

Nun ist aber nicht jede nach diesem Schema ablaufende Erklärung eine wissenschaftliche. Sie muß vielmehr bestimmten Kriterien oder *Adäquatheitsbedingungen* genügen.

(a) Der Schritt, der vom Explanans zum Explanandum führt, muß korrekt sein, d. h. er muß logischen Schlußregeln entsprechen.

(39) Strukturbild: *Erklärung eines Ereignisses (H-O-Schema)*

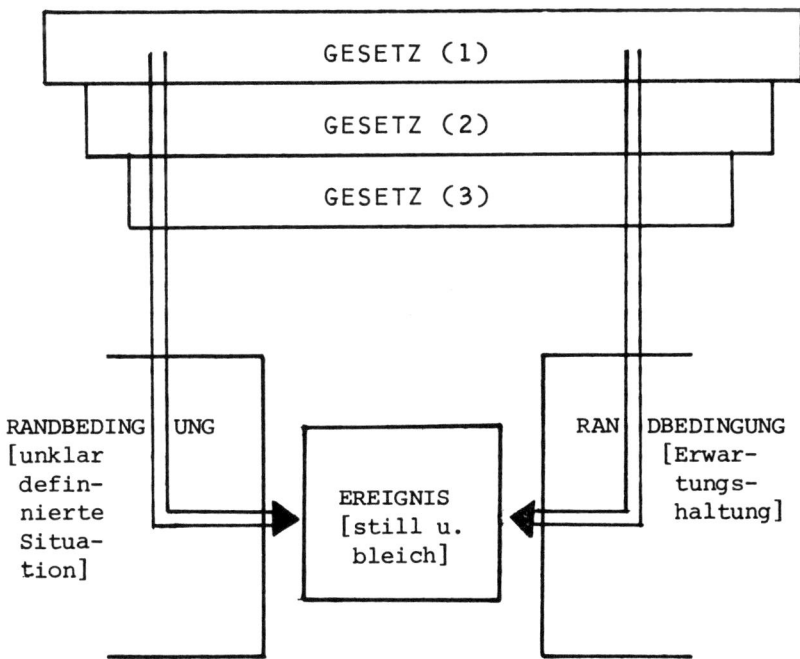

(b) Das Explanans muß mindestens ein allgemeines Gesetz enthalten.

(c) Das Explanans muß einen empirischen Gehalt besitzen.

Man kann also nicht sagen: Immer wenn Menschen den Atem der Schicksalsgeister verspüren, empfinden sie Angst und Unsicherheit.

Die ungläubigen Wissenschaftler bezweifeln nämlich, ob Schicksalsgeister empirisch nachweisbar sind, daß sie etwa hinsichtlich Körpergröße, Gewicht, Hautfarbe beschreibbar sind.

(d) Die Sätze, aus denen das Explanans besteht, müssen wahr sein. Wahrheit heißt hier, daß die im Satz ausgesagten Zusammenhänge auch auf die Tatsachen zutreffen müssen.

Es bleibt die Frage nach der Bezeichnung des Ansatzes: Wieso heißt er ‚Kritischer Rationalismus'? Welches Wissenschaftsprogramm steht hinter diesem Namen?

‚Rationalistisch' heißt diese Wissenschaftsauffassung, weil sie behauptet: Wissenschaft beschreibt Wirklichkeit nicht bloß so, wie sie ist, sie zeichnet sie nicht nach, sondern Wissenschaft *entwirft gedankliche (rationale) Konstruktionen,* mit denen man Wirklichkeit erklären kann.

Solche Konstruktionen sind die wissenschaftlichen Theorien. Das sind Zusammenhänge von einzelnen Gesetzen, die nach rationalen Grundsätzen, nach logischen Regeln entworfen sind.

Nun kann man sicherlich vieles konstruieren, wieso aber ist man sicher, daß es geeignet ist, die Wirklichkeit zu erklären?

Zunächst einmal konstruiert man eine Theorie nicht ins Blaue hinein, sondern aufgrund von Erfahrungen, Beobachtungen und mit Blick auf schon vorhandene Theorien oder Theoriestücke. Allerdings kann man den Beobachtungsergebnissen und den Theoriestücken die neue Theorie nicht einfach entnehmen. Eine Theorie wird entworfen, es kommt daher zur Beobachtung und zum Wissen um einzelne Zusammenhänge ein konstruktiv-schöpferisches Moment hinzu. Man hat also einzelne Anhaltspunkte, eine vage Vorstellung von dem, was man herausfinden will, und konstruiert darauf bezogen die Theorie oder das Einzelgesetz. Dieser Vorgang ist demnach sehr stark von induktivem Vorgehen geprägt. Von einzelnen Fällen, von einzelnen Ereignissen schließt man auf einen allgemeinen Zusammenhang zwischen Ereignissen, dem alle vergleichbaren Fälle unterliegen.

Induktiv gewonnen ist die in Kap. 4 ausgedrückte Meinung eines Schülers, Lehrer wollten Schüler nur schikanieren. Aus der Erfahrung mit diesem und jenem Lehrer hat er induktiv auf alle Lehrer geschlossen und so ein ‚Gesetz' konstruiert.

Da man aber nicht alle Ereignisse betrachtet hat und die in Zukunft noch vorkommenden auch gar nicht berücksichtigen kann, spricht man hier von einer *unvollständigen Induktion.*

Eine *vollständige Induktion* dagegen ist die Feststellung, daß es zwischen 1 und 20 acht Primzahlen gibt; das kann man endgültig durch Abzählen bestimmen.

Es leuchtet unmittelbar ein: Im Gegensatz zur vollständigen ist die unvollständige Induktion recht problematisch. Unser Gesetz G1 beispielsweise kann so zustande gekommen sein, daß man an sich selbst gedacht hat, an einzelne Menschen, die man kennt und in entsprechenden Situationen erlebt hat; diese einzelnen Fälle hat man dann verallgemeinert.

Kann dieses Gesetz nun einfach als wahr hingenommen werden? Nein, sagen die Vertreter des Kritischen Rationalismus, es muß erst der kritischen Prüfung unterzogen werden. Kommen wir also zur Erklärung des zweiten Kennzeichens dieser Ansätze, zum Begriff des *Kritischen*.

Wie verfährt die Kritik? – Sicher nicht so, daß man nun möglichst viele Belege für ein Gesetz finden muß. Das geht schon aus prinzipiellen Gründen nicht, da dann alle jetzt und in Zukunft lebenden Menschen oder alle Sachverhalte auf den im Gesetz behaupteten Zusammenhang hin geprüft werden müßten. Ein solches Verfahren bliebe notwendigerweise immer eine unvollständige Prüfung.

Statt dessen gehen die Kritischen Rationalisten umgekehrt vor und sagen: In einem Gesetz der Form ‚Immer wenn ... dann‘ (‚Immer wenn Menschen in einer unklar definierten Situation stehen, empfinden sie Unsicherheit‘) ist ein Allsatz enthalten. Man kann diesen Satz daher umformulieren und sagen: ‚Alle Menschen empfinden in einer unklar definierten Situation Unsicherheit‘.

Dieses Gesetz kann aus den oben genannten Gründen niemals belegt werden, aber es kann *ständig daraufhin überprüft* werden, ob es zumindest einen Fall gibt, auf den es nicht zutrifft.

Dies zu prüfen ist durch eine Umformung der ‚Wenn ... dann-Aussage‘ möglich. Wenn alle Menschen in der angegebenen Art empfinden, dann kann man auch behaupten: Es gibt keinen Menschen, der nicht so empfindet.

Trifft man doch auf einen solchen Menschen, dann gilt das Gesetz als *falsifiziert*. Dem abgeleiteten Satz: ‚Es gibt keinen solchen Menschen‘ steht jetzt die Beobachtung gegenüber: ‚Es gibt doch einen solchen Menschen.‘

Man nennt diese ‚Es-gibt-Sätze‘ Basissätze und das Verfahren zur Überprüfung der Theorien und Gesetze bezeichnet man als Falsifikation.

‚Kritik‘ bedeutet damit beim Kritischen Rationalismus soviel wie Theorien und Gesetze *permanenten Falsifikationsversuchen* auszusetzen. Solange eine Falsifikation nicht gelungen ist, kann das Gesetz oder die Theorie als ‚gut bestätigt‘ angesehen werden; im anderen Fall dagegen ist sie widerlegt.

Man kann Theorien aber noch auf eine andere Art prüfen, sofern man nämlich eine Erklärung in eine Prognose umwandelt. Die **Erklärung** folgt dem Schema:

e hat stattgefunden; der Satz E, der es beschreibt, wird aus G und A deduktiv abgeleitet.

Dagegen das Schema der **Prognose**:

Man hat G, legt A fest, dann wird – wenn man die Bedingungen in der Wirklichkeit herstellt – das im Satz E beschriebene Ereignis(e) eintreten müssen.

Wenn Menschen in unklar definierten Situationen Unsicherheit empfinden und Angst sich in der angegebenen Art physiologisch bemerkbar macht, und wenn die Rückgabe einer Klassenarbeit eine unklar definierte Situation ist, *dann werden* Schüler bleich und still in der Ecke stehen.

Das in der Prognose ausgesagte Ereignis (E) muß also bei geltenden Gesetzen und den entsprechenden Randbedingungen eintreten (e); und das kann man beobachten. Tritt es nicht ein, so könnte man meinen, das Gesetz sei falsifiziert.

Aber so schnell spricht man in der Wissenschaft kein Verdikt über ein Gesetz oder eine Theorie aus. An unserem Beispiel läßt sich auch schnell erkennen, warum dies so ist.

Wir haben zwei Möglichkeiten der Prüfung.

Erste Möglichkeit:

Man sagt aufgrund der Gesetze G und der Randbedingungen: Es gibt keinen Schüler, der nicht bleich und still in der Ecke steht (Basissatz).

Nehmen wir an, diesen Basissatz kann man durch Beobachtung widerlegen; Eine Gruppe von Schülern steht lachend in einer Ecke und macht Witze. Sind damit die allgemeinen Gesetze widerlegt (falsifiziert)?

Das ist nicht der Fall, da man verschiedene Gesetzestypen unterscheiden muß. Es gibt nämlich

– Gesetze, die von strenger Allgemeingültigkeit sind und keine Ausnahme zulassen: *deterministische* Gesetze (z. B. das über den freien Fall),
– Gesetze, die funktionale Zusammenhänge zwischen Variablen und Zweckbeziehungen zwischen ihnen ausdrücken: *funktionale* oder *teleologische* Gesetze (z. B. in der Biologie),
– Gesetze, die nur Wahrscheinlichkeitsaussagen enthalten, die damit den abweichenden Einzelfall durchaus zulassen: *probabilistische* Gesetze (probabilitas = lat.: Wahrscheinlichkeit). Von dieser Art sind die meisten Gesetze in den Sozialwissenschaften.

Um ein solches Gesetz wird es sich auch bei unserem Beispiel handeln, so daß die lachende Schülergruppe nicht als falsifizierendes Ereignis angesehen zu werden braucht. Einige Schüler werden eher bleich sein in Erwartung des Unheils, andere dagegen erwarten es überhaupt nicht oder aber legen bewußt ein Gegenverhalten an den Tag.

Zweite Möglichkeit:

Man kann eine Theorie bzw. ein Gesetz auch über die Prognose eines Ereignisses prüfen, bei unserem Beispiel in Form der Vorhersage: Die Schüler werden still und bleich in der Ecke stehen.

Dagegen ergibt die Beobachtung: Die Schüler sind gelöst und lachen.

Auch hier braucht das allgemeine Gesetz nicht als widerlegt betrachtet zu werden, da bei der Erklärung und Prognose neben den Gesetzen auch die Randbedingungen wichtig sind. Und diese können falsch festgelegt bzw. ermittelt worden sein, so daß das allgemeine Gesetz gilt, obwohl die Basissätze sich ausschließen. Im Beispiel:

Bei einem guten Interaktionsklima zwischen Lehrer und Schüler oder bei einem leichten Test oder bei einem wegen seiner guten Notengebung bekannten Lehrer ist es denkbar, daß die Rückgabe einer Klassenarbeit nicht als unklar definierte Situation empfunden wird. Dann gilt zwar weiterhin das Gesetz, aber aufgrund der veränderten Randbedingung kann das prognostizierte Ereignis nicht eintreten.

Erklärung und Prognose sind nach Auffassung des Kritischen Rationalismus wesentliche Aufgaben der Wissenschaft, wobei in Verbindung mit der Prognose *Steuerung* und *Planung von Ereignissen* möglich ist.

Man könnte unser Beispiel leicht abwandeln und eine Schulklasse nach folgenden Gesetzen und Randbedingungen steuern:

G1: Gruppen, in denen Angst und Unsicherheit herrschen, sind von Führern leicht zu beherrschen und zu lenken.

G2: Permanente Leistungskontrolle erzeugt Angst und Unsicherheit.

Randbedingung: Klassenarbeiten, Tests, Noten sind permanente Leistungskontrollen.

Ereignis-Aussage (E): Sobald der Lehrer sein rotes Buch aufschlägt, sitzen die Schüler totenstill in der Bank.

Man kann nun das Ereignis bzw. den Verhaltenszusammenhang, in dem die Schüler stehen, herbeiführen, indem man entsprechende Randbedingungen (permanente Tests, Arbeiten, Noten) herstellt bei Geltung der allgemeinen Gesetze. Das Ereignis (e) wird dann eintreffen.

Solche Zusammenhänge hat der Wissenschaftler *wertfrei* zu erforschen. Gegenstand der wissenschaftlichen Arbeit ist die werturteilsfreie Erklärung oder Prognose eines Ereignisses.

Als Kritischer Rationalist kann man also nicht in einer Randbedingung formulieren: ‚Tests, Arbeiten, Noten sind unwürdige Leistungskontrollen', da mit dem Adjektiv ‚unwürdig' in die Erklärung bzw. Prognose eine persönliche Wertung aufgenommen ist.

Man sagt auch:

Der *Erklärungs- oder Prognosezusammenhang* ist wertfrei, wogegen in den *Entdeckungszusammenhang* auch Werturteile einfließen können. Wenn ein Wissenschaftler von der bedrückenden Situation seines Kindes, die ihn empört, veranlaßt wird, diesen Zusammenhang zu erforschen, so fällt das solange nicht unter das Werturteilsverbot, als diese seine Meinung bei der Erklärung des Phänomens beiseite bleibt.

Einige Punkte zur Bewertung dieser Position:

– Im Hinweis auf die permanente Prüfung wissenschaftlicher Ergebnisse ist programmatisch eine *Grundhaltung von Wissenschaft* berücksichtigt: Nicht um jeden Preis bestätigen zu wollen, was man herausgefunden hat, es nicht gegen Kritik abzuschotten und dogmatisch zu vertreten, sondern es im Gegenteil immer wieder in Frage zu stellen.

Aber die Praxis von Wissenschaft sieht häufig anders aus als das Programm. Man gibt auch bei abweichender Beobachtung nicht die ganze Theorie, sondern höchstens einzelne Teile auf; noch häufiger aber wird man *Hilfshypothesen* suchen, um die Theorie abzustützen und vor dem Zusammenbruch zu bewahren, oder man wird – wie in unserem Beispiel – die Bedingungen enger fassen, unter denen die Erklärung gelten soll (z. B. in den Randbedingungen auch das Interaktionsklima der Klasse erfassen).

– Die Beobachtungssätze können nicht als einfache Konstatierungen eines Sachverhalts angesehen werden, um über Annahme oder Verwerfen eines Gesetzes oder einer Theorie zu entscheiden. Beobachtungssätze werden

(40) Strukturbild: *Entdeckungs-, Erklärungs- und Verwendungszusammenhang*

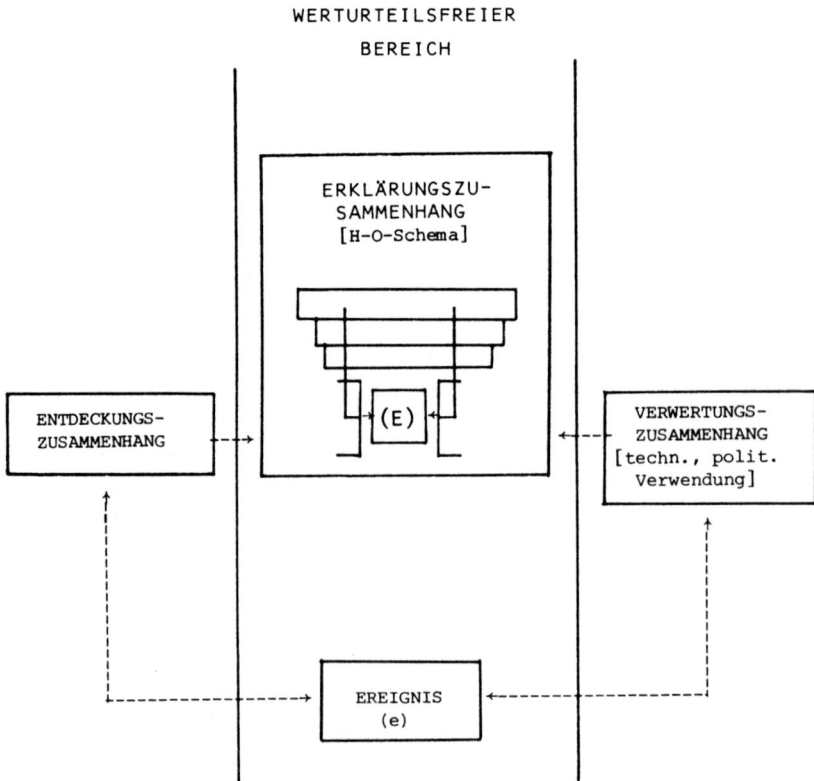

selbst unter dem *Einfluß von Theorien* aufgestellt, so daß in einem Beobachtungssatz immer schon ein Stück Theorie enthalten ist.

Und: Aus der Vielfalt möglicher beobachtbarer Ereignisse muß man auswählen; man wählt die für die zu prüfende Theorie relevanten Ereignisse aus, wobei die Frage der Relevanz eines Ereignisses wieder nur vor dem Hintergrund der entsprechenden Theorie zu entscheiden ist.

Das wiederum kann dazu führen, daß ein Beobachtungssatz, der als Widerlegung gelten könnte, nicht akzeptiert wird, weil er vor dem Hintergrund einer anderen Theorie aufgestellt und wahrgenommen wurde.

– Das Deduktionsschema verdeckt den davorliegenden *hermeneutischen Zusammenhang.* Um nämlich bezogen auf das zu erklärende Ereignis die entsprechenden Gesetze heranziehen zu können, muß man schon um den Zusammenhang wissen, in dem das Ereignis stehen kann.

> Wenn man nicht schon vorher weiß, daß eine unklar definierte Situation Angst erzeugen kann und Angst sich in dem entsprechenden Ausdrucksverhalten zeigt, dann wird man das Ereignis (e) nie mit den entsprechenden Gesetzen erklären können.

Drückt man es noch allgemeiner aus: Wenn man nicht über ein entsprechendes Vorverständnis des Lebenszusammenhangs verfügt, wird man einzelne Ereignisse aus ihm auch nicht erklären können.

7.2.1 Lerntafel

Die Verfahrensweise des Kritischen Rationalismus ist ausgerichtet am Bemühen um *Erklärung von Ereignissen.*

Erklären heißt, ein Ereignis aus mindestens einem allgemeinen Gesetz und Randbedingungen zu deduzieren.

Gesetz und Randbedingungen sind das *Explanans,* das deduzierte Ereignis das *Explanandum.*

Das *Erklärungsschema* heißt auch H-O-Schema, so benannt nach den beiden ‚Entdeckern‘, den amerikanischen Wissenschaftstheoretikern HEMPEL und OPPENHEIM.

Ziel von Wissenschaft ist nach Auffassung des Kritischen Rationalismus, Theorien und Gesetze nicht durch Induktion zu bestätigen, sondern sie durch *Falsifikationsversuche permanent zu prüfen.*

Falsifikation bedeutet den Nachweis der Unvereinbarkeit eines aus dem Gesetz oder der Theorie abgeleiteten Basissatzes (‚Es-gibt-Satz‘) mit dem beobachteten Ereignis.

Das Vorgehen des Wissenschaftlers ist *werturteilsfrei* im Bereich der Erklärung, Prognose und Technologie, dem wissenschaftlichen Bereich im engeren Sinne. Dagegen können in den Entstehungs- und Verwertungszusammenhang durchaus Wertungen Eingang finden.

Zur Bewertung der Position:
- Die Aufforderung zu ständiger Prüfung entspricht einer *Grundhaltung von Wissenschaft*. Allerdings wird dieses Postulat in der wissenschaftlichen Praxis häufig unterlaufen durch das Bemühen um immer weitere Abstützung der durch Falsifikation bedrohten Gesetze oder Theorieteile.
- Beobachtungen sind keine einfachen Konstatierungen, sondern schon *theoriehaltige Aussagen* über einen Sachverhalt (,Ereignis‘). Daher kann der Vorgang der Falsifikation insofern zirkelhaft werden, als Beobachtungssätze, die im Zusammenhang der überprüften Theorie aufgestellt wurden, nun über die Stichhaltigkeit derselben Theorie entscheiden.
- Das Deduktionsschema setzt ein hermeneutisch gewonnenes Verständnis des Lebenszusammenhangs voraus, denn um ein Ereignis unter entsprechende Gesetze subsumieren zu können, muß man schon vorgängig den Zusammenhang zwischen Ereignis und den im Gesetz ausgesagten Sachverhalten verstanden haben.

7.3 Die Position der Kritischen Theorie

Ihrer Herkunft nach hebt sich die Kritische Theorie scharf ab von den beiden vorangegangenen, der hermeneutischen Position und der des Kritischen Rationalismus, die sie zusammengefaßt als *,traditionelle Theorie‘* kennzeichnet. Die Differenzierung in kritische und traditionelle Theorie stammt von M. HORKHEIMER, einem in der NS-Zeit nach den USA ausgewanderten und später zurückgekehrten deutschen Soziologen, der zusammen mit ADORNO, MARCUSE und später HABERMAS zu den Hauptvertretern dieses Wissenschaftsansatzes zählt (sogenannte ,Frankfurter Schule‘). Es schien uns der einleuchtendste Weg, zunächst knapp das Gesamtkonzept vorzustellen und dann in die Erklärung oder Kritik der Einzelelemente zu gehen, da die Kritische Theorie überwiegend allgemein programmatischen Charakter hat und weniger spezielle Einzelprobleme detailliert entwickelt.

Kritische Theorie propagiert in ihrem ursprünglichen Verständnis bei HORKHEIMER den *Gesellschaftsbezug von Wissenschaft*. Wissenschaft ist ein Moment im gesamtgesellschaftlichen Zusammenhang, sie spielt in der Gesellschaft eine genauso wichtige Rolle wie die Politik oder die Wirtschaft. Der Wissenschaftler kann sich angesichts der Bedeutung seines Tuns im 20. Jahrhundert nicht wie bei der traditionellen Theorie auf den Standpunkt zurückziehen, mit seiner Forschung interesselos nur der reinen Wahrheit dienen zu wollen und Kritik nur als die an der Effizienz seiner Methoden und der Stichhaltigkeit der Ergebnisse zu begreifen.

Vielmehr hat Wissenschaft dahingehend kritisch zu sein, daß sie die gesellschaftliche Wirklichkeit, von der sie selbst auch ein Teil ist, einer Kritik unterzieht, die an der Vorstellung von der *Selbstbestimmung* des Menschen und der *Aufhebung von Entfremdung* ausgerichtet ist. Dabei muß eine so betriebene Wissenschaft auch historisch-kritisch vorgehen und geschichtlich gewachsene Gesellschaftsformen unter dem Blickwinkel befragen, inwiefern sie Selbstbestimmung ermöglichen oder verhindern. Dies führt bei HORKHEIMER, ADORNO und MARCUSE für unsere Gesellschaft zur Kritik am Kapitalismus als einer Wirtschaftsform, bei der in der privaten Verfügung über Produktionsmittel und durch die Form massenhafter Produktion menschliche Arbeitskraft entfremdet eingesetzt wird.

Der Begriff der Entfremdung ist von MARX übernommen. Er unterscheidet in den Frühschriften vier Formen der Entfremdung:
– Entfremdung des Menschen vom Produkt,
– Entfremdung des Menschen vom Arbeitsprozeß,
– Entfremdung des Menschen vom anderen Menschen,
– Entfremdung des Menschen von sich selbst.

Allgemein bezeichnet Entfremdung einen Zustand, bei dem der Gattungscharakter des Menschen ganz oder teilweise verlorengegangen ist. Zum Gattungscharakter, also dazu, was den Menschen zum Menschen macht, zählt wesentlich seine Fähigkeit zu selbstbestimmtem Handeln aufgrund von sinnhaften Vorstellungen (s. Kap. 1). Wenn dies nicht mehr möglich ist, weil der Mensch in Zwängen steht, seien sie ökonomischer Art, kultureller (z. B. Werbung und Kulturindustrie), bildungsmäßiger Art, dann sind das entfremdete Bedingungen seiner Existenz.

Aufgabe nicht nur des politischen Handelns, sondern auch und gerade der Wissenschaft als Kritischer Theorie ist die Aufdeckung solcher den Menschen entfremdenden Zustände im Interesse seiner Emanzipation.

Bezugspunkt und Aufgabe von Wissenschaft in diesem Verständnis ist die *menschliche Emanzipation als Befreiung des Menschen aus Zwängen, die seine Selbstbestimmung verhindern.* (Vgl. zum Emanzipationsbegriff auch Kap. 2.4.1).

Stichpunktartig und vereinfacht können traditionelle und Kritische Theorie folgendermaßen einander gegenübergestellt werden:

Traditionelle Theorie	Kritische Theorie
Erklären bzw. Verstehen	Gesellschaftskritik

als Verfahren

reine Erkenntnis	Veränderung

als Aufgabe von Wissenschaft

Wahrheit	Emanzipation

als Ziel von Wissenschaft

Analyse von isolierten Variablen	dialektischer Zusammenhang von Besonderem und Allgemeinem

Da das einzelne Phänomen (‚Ereignis' in der Sprache des Kritischen Rationalismus) immer auch aus seiner Einlagerung in den gesellschaftlichen Zusammenhang betrachtet werden muß, verfährt die Kritische Theorie *dialektisch*.

Dialektik heißt hier Einlagerung des Einzelnen in den gesellschaftlichen Zusammenhang, so daß

– das Einzelne erst aus diesem Zusammenhang (der *gesellschaftlichen Totalität*) verstehbar

– und das Ganze, die Gesellschaft, im Einzelnen faßbar wird.

(dialektisch-hermeneutischer Ansatz)

ADORNO drückt den Gedanken so aus:

„Die gesellschaftliche Totalität führt kein Eigenleben oberhalb des von ihr Zusammengefaßten, aus dem sie selbst besteht. Sie produziert und reproduziert sich durch ihre einzelnen Momente hindurch ...

So wenig aber jenes Ganze vom Leben, von der Kooperation und dem Antagonismus seiner Elemente abzusondern ist, so wenig kann irgendein Element auch bloß in seinem Funktionieren verstanden werden, ohne Einsicht in das Ganze, das an der Bewegung des einzelnen selbst sein Wesen hat. System und Einzelheit sind reziprok und nur in ihrer Reziprozität zu erkennen."

aus: ADORNO 1972, S. 127.

Wie sähe das dialektische Vorgehen bei unserem Beispiel aus?

Das Einzelphänomen – ängstliches, stilles Verhalten vor der Rückgabe der Klassenarbeit – wird im größeren Zusammenhang von Schule als gesellschaftlicher Institution betrachtet und auf die *gesamtgesellschaftliche Perspektive* ausgeweitet.

Schule hat neben anderen Funktionen gesellschaftlich gesehen auch eine Reproduktions-, Allokations- und Integrationsfunktion. Über Schule wird der Bestand einer Gesellschaft garantiert (Reproduktionsfunktion), über Schule rekrutiert das Beschäftigungssystem seine Berufspositionen (Allokationsfunktion), und über Schule werden die grundlegenden politischen Verhaltensmuster vermittelt (Integrationsfunktion, vgl. auch noch Kap. 5.).

Unsere Gesellschaft kann als *(spät-) kapitalistisch* bezeichnet werden, sie ist geprägt von der Tendenz, Menschen als Arbeitskraft zu verwerten, wobei ihre Anpassung an vorgegebene Leistungsstandards und die Internalisierung der damit verbundenen Wertmuster Voraussetzung sind.

Die Lehrer sind als Sozialisationsagenten zu sehen, die den gesellschaftlichen Auftrag an der Schule ausführen.

Die Situation der Schüler vor Rückgabe der Klassenarbeit spiegelt deutlich die auf der gesamtgesellschaftlichen Ebene feststellbare *entfremdete Situation* in einer massenhaft Waren produzierenden Wirtschaft wider: Die Gesellschaft ist nur interessiert an der Leistung der Individuen, an ihrer Verwertbarkeit. Sie zeigt sich gleichgültig gegenüber den Begleiterscheinungen einer solcherart entfremdeten Existenzweise der Individuen: gleichgültig gegenüber ihrer Isolation, gegenüber den Problemen der einzelnen mit sich selbst und auch gleichgültig gegenüber der entfremdeten Lernsituation. Es wird nur gelernt, um verwertbare Leistung hervorzubringen, nicht aber etwa, um die Fähigkeit zur eigenbestimmten Gestaltung des Lebens anzustreben.

Diese konkrete, besondere Situation der Schüler ist nur aus der Einlagerung in gesamtgesellschaftliche Verhältnisse zu begreifen und nicht als zufällige, individuell bedingte Reaktion der Betreffenden auf eine Streßsituation anzusehen. Totalität der Gesellschaft und gesellschaftliches Einzelphänomen sind nur aus ihrem dialektischen Zusammenhang heraus zu begreifen.

Neben diesen allgemeinen Aussagen zum Anspruch und Vorgehen der Kritischen Theorie ist für die Erziehungswissenschaft der Ansatz von HABERMAS besonders relevant, und zwar in zweierlei Hinsicht:

(a) Er hat auf einer wissenschaftstheoretischen Betrachtungsebene die Grundintentionen der drei großen Wissenschaftsgruppen – der Natur-, der Geistes- und der Sozialwissenschaften – herausgearbeitet und im Begriff der **erkenntnisleitenden Interessen** festgehalten.

(b) Durch seine sprachphilosophischen Arbeiten hat er mit dem **Diskurs** ein Modell entwickelt, das ähnlich wie der Bildungsbegriff als eine Art regulatives Prinzip für pädagogisches Handeln angesehen werden könnte. (Vgl. Sie hierzu bitte Kap. 2.4).

7.3.1 Das Konzept der erkenntnisleitenden Interessen

Auf die Frage, in welcher Absicht eigentlich Natur-, Geistes- und Sozialwissenschaften betrieben würden, antwortet die traditionelle Theorie: in der Intention, wahre Erkenntnis zu erlangen.

Die Kritische Theorie dagegen betrachtet die Wissenschaft aus ihrer Einlagerung in gesellschaftliche Zusammenhänge, sie sieht Wissenschaft daher als eine bestimmte Art des Umgangs mit ‚Objekten' an, die wie jedes Handeln von spezifischen Intentionen getragen ist. Jede der drei großen Wissenschaftsgruppen verfolgt eine besondere Intention. Die Naturwissenschaften sind an erfolgskontrolliertem Handeln durch das Experiment, die Geisteswissenschaften an der Sicherung von Verständigung durch Auslegung und die Sozialwissenschaften (zu der auch die Pädagogik gerechnet wird) an der Aufhebung von Fremdbestimmung durch Ideologiekritik interessiert.

Anders formuliert: Die Naturwissenschaften sind von einem **technischen** Erkenntnisinteresse, die Geisteswissenschaften von einem **praktischen** und die Sozialwissenschaften von einem **emanzipatorischen** Erkenntnisinteresse getragen.

Technisch heißt das Interesse der Naturwissenschaften, weil sie im Experiment solche Bedingungen herstellen, daß bei Geltung der allgemeinen Gesetze das entsprechende Ereignis eintreten muß/soll. Dieser *instrumentale* Zusammenhang ist dann auch technisch nutzbar zu machen.

Praktisch ist das Interesse der Geisteswissenschaften, weil sie in der Interpretation von Zeichen gestörte oder nicht problemlos ablaufende *Verständigung wieder herstellen* wollen. Wenn man will, so ist z. B. die Verständigung zwischen unserer und der mittelalterlichen Sprache gestört, da wir nicht über die gleiche Syntax, die gleichen Bedeutungen und den gleichen Verstehenshintergrund verfügen. Auslegung versucht, im Umgang mit dem anderen wieder Verständigung zu ermöglichen und so das Miteinanderhandeln (die Praxis) abzustützen.

Emanzipatorisch ist das Interesse der Sozialwissenschaften, da sie darauf ausgerichtet sind/sein sollen zu fragen, ob es sich bei ihren Erkenntnissen um tatsächlich oder nur scheinbar unveränderliche gesellschaftlich-politische Gegebenheiten handelt. Sozialwissenschaftliche Forschung befragt also ihre Ergebnisse mit der Absicht, gesellschaftliche Verhältnisse aufzuspüren, die *selbstbestimmtes Handeln* verhindern.

Indem Menschen über solche Abhängigkeiten durch Wissenschaft aufgeklärt werden, können sie sie durchschauen und außer Wirkung setzen (‚*Kraft der Selbstreflexion*'). Sie können sich von ihnen auf dem Weg der **Ideologiekritik** emanzipieren. Als ideologisch ist bei HABERMAS eine gesellschaftliche Situation gekennzeichnet, bei der im Verweis auf angebliche Sachzwänge die Diskussion darüber unterbunden wird, wie richtig, wie sinnvoll und vernünftig sie sind. Als ein Hauptreservoir, aus dem man solche Sachzwänge belegen zu können glaubt, wird heute Wissenschaft angesehen und in Anspruch genommen. HABERMAS spricht daher auch von Wissenschaft als Ideologie, meint aber damit eher die traditionelle, nicht natürlich die Kritische Wissenschaft.

7.3.2 Das Modell des Diskurses

Menschliche Interaktion läuft im Medium von Sinn und Sprache ab, Interaktion ist also immer kommunikativ: Man tritt im ‚Sprechen' miteinander in Kontakt, wobei Schweigen ebenso gut eine Form dieser Bestimmung von Sprechen ist wie Blicke austauschen.

Damit Kommunikation stattfinden kann, müssen bestimmte Regeln eingehalten und Handlungsnormen anerkannt sein. Die meisten dieser Regeln sind den Beteiligten nicht immer explizit bewußt. Man macht sich nicht in jedem Gespräch deutlich, welche Regeln man jetzt befolgt und welche Normen man anerkennt.

Regeln und Normen können aber nicht bloß unter dem funktionalen Vorzeichen gesehen werden, daß sie rein technisch die Kommunikation ermöglichen. In ihnen kommt auch eine bestimmte *Herrschaftsstruktur* zum Ausdruck: Der eine darf eher und mehr sprechen als der andere, der eine hat eine Vorzugsstellung bei der Kommunikation, der andere eine eher nachgeordnete, der eine verfügt über ausgefeiltere Informations- und Argumentationsmöglichkeiten als der andere.

Unser Unterrichtsbeispiel über Karl den Großen (s. S. 172) verdeutlicht das eben Gesagte im Hinblick auf die Kommunikationsstruktur in einer Schulklasse.

Man kann diese Kommunikationsstruktur als komplementär und als irreversibel kennzeichnen.

Komplementär heißt, daß einer der beiden Sprecher nur die Möglichkeit hat, sich in vorgegebenen und vom anderen abhängenden Formen zu artikulieren. Typischer Fall: stupide Lehrerfrage – Schülerantwort. In der Frage kommt die einengende, festlegende Position des Lehrers zum Ausdruck, auf die die Schüler nur reagieren können. In unserem Beispiel füllen sie die ‚Wortlücken' aus, die der Lehrer ihnen vorgibt, sie ergänzen (komplementieren) sein gedankliches Konzept.

Irreversibel ist die Kommunikationsstruktur, da Schüler nicht über die gleichen Artikulationschancen verfügen wie der Lehrer: Sie können nicht ungestraft zu ihrem Lehrer sagen, er erzähle nur Mist, sie können nicht – wie der Lehrer – festsetzen, was heute wie intensiv mit welchem Arbeitsaufwand behandelt wird. Irreversibel ist die Kommunikationsstruktur in unserem Beispiel auch durch das rigide Lehrverhalten. Anstatt die Teilwahrheiten und das Halbwissen der Schüler zum Ausgangspunkt für die weitere Unterrichtsarbeit zu nehmen und in der Arbeit am Gegenstand die Meinungen der Schüler über Karl den Großen aufzugreifen, sie auf ihre Berechtigung zu prüfen, sie evtl. zu korrigieren oder zu differenzieren, anstatt also in dieser Art auf die Schüler einzugehen, setzt der Lehrer unvermittelt seine Sichtweise als die allein richtige.

Nun sind, wie die Kritische Theorie betont, solche Regeln und Normen keine Naturkonstanten wie etwa die Tatsache, daß nach der Nacht der Tag kommt, ob man will oder nicht, sondern es sind geschichtlich entstandene, von Menschen hervorgebrachte Regelungen, die daher auch verändert bzw. miteinander ausgehandelt werden können.

Nur kann das Aushandeln nicht wieder so aussehen, daß einer der Partner den andern zu vereinnahmen sucht, diesmal vielleicht mit umgekehrtem Vorzeichen. Es muß sich vielmehr daran orientieren, daß Regeln für *menschliche* Kommunikation gefunden werden sollen, daß sie dem Anspruch genügen müssen, unter dem menschliches Handeln steht: dem Anspruch auf Selbstbestimmung aller Beteiligten.

Diese Situation, in der Regeln und Normen des Handelns bzw. des Sprechens bei Wahrung des Prinzips der Selbstbestimmung des Menschen befragt oder ausgehandelt werden, nennt HABERMAS den **herrschaftsfreien Diskurs**.

Dieses Modell ist ein kontrafaktisches Ideal; wir können auch sagen, es sei ein *regulatives Prinzip:* eine Vorstellung davon, wie die Situation sein sollte (Ideal), die aber als Ideal immer der Wirklichkeit entgegengesetzt bleiben wird (daher kontrafaktisch: entgegen dem Gegebenen).

Man sieht wahrscheinlich leicht ein, daß sich dieses Modell zum Übertrag auf pädagogisches Handeln regelrecht anbietet, und zwar in doppelter Hinsicht:
– Wenn pädagogisches Handeln letztlich an der Selbstbestimmungsfähigkeit des Individuums orientiert ist, dann müssen in der Erziehung auch Situationen angestrebt werden, die Selbstbestimmung einüben lassen, statt sie zu verhindern.

   Das Diskurs-Modell wäre eine *Idealsituation,* an der gemessen man konkrete pädagogische Situationen bewerten kann.
– Wenn zu einer auf Selbstbestimmung ausgerichteten Gesellschaft die freie Vereinbarung von Regeln und Normen im Diskurs gehört, dann muß Erziehung bei der nachwachsenden Generation auch solche Fähigkeiten anstreben, die zur Teilnahme am Diskurs befähigen.

   Das Diskurs-Modell wäre dann eine Umschreibung des *allgemeinen Ziels,* wie es in Kap. 2.4 mit dem Bildungsbegriff vorgestellt wurde.

Zur Bewertung der Position der Kritischen Theorie:

Die Darstellung der Kritischen Theorie in diesem Kapitel bezieht sich nur auf Teilstücke dieses Ansatzes, die für die Pädagogik von Bedeutung sind. Damit ist natürlich nicht die Kritische Theorie in ihrer Gesamtheit thematisiert, sondern im Rahmen des Studienbuches ist die Grundintention des Ansatzes verdeutlicht und so eine Basis für die kritische Wertung gewonnen worden.

– Als positiv festzuhalten ist der *Einbezug der Wissenschaft in gesellschaftliche Überlegungen.* Damit wird der Blick frei für die Tatsache, daß Wissenschaft auch von politischen Zeitströmungen beeinflußt wird, daß sie von institutionellen Gegebenheiten abhängig ist wie dem Ansehen einer Institution, der Forschungsförderung und Veröffentlichungspolitik.

   Andererseits aber ist dieser sachliche Zusammenhang von Wissenschaft und Gesellschaft bei vielen Anhängern der Kritischen Theorie zu einer aufgeplu-

sterten Standardfloskel geworden, die nichts mehr erklärt. Alles ist gesellschaftlich bedingt, natürlich auch, daß Hänschen nicht lernen will. Man kann
diese Einseitigkeit der Epigonen sicherlich nicht der Kritischen Theorie an-
lasten. Wohl aber verleitet sie vielleicht zum ausschließlichen Denken von
dieser Prämisse her, so daß sie eine *Perspektivverengung* im wissenschaftlichen
Zugriff riskiert. Durch den Zwang zur gesellschaftsbedingten Erklärung eines
Phänomens kommt eine mehrdimensionale Betrachtung zu kurz, bei der
gleichberechtigt und nicht gesellschaftlich-dialektisch vereinnahmt neben gesellschaftlichen auch andere Faktoren berücksichtigt werden, z. B. psycholo-
gische, biographische, ideengeschichtliche.

– Sinnvoll ist auch der Hinweis, daß Wissenschaft unter einem bestimmten
Anspruch steht, daß sie nicht nur selbstgenügsame Veranstaltung einiger weniger dazu Berufener ist. Man kann sagen, die Ausrichtung der Theorie auf
die Lebenspraxis der Menschen wird bei dieser Position entschieden vertreten
und ist gegenüber einem rein technologischen Wissenschaftsverständnis sicherlich ein Fortschritt. Allerdings wird das engagierte Eintreten der Theorie
für die Praxis von Vertretern dieses Ansatzes häufig *einseitig politisch* im Sinne
des demokratischen Sozialismus ausgelegt. Durch die Kategorien MARXscher
Herkunft ist natürlich die Affinität zu dieser politischen Position naheliegend;
aber der Ansatz läuft damit Gefahr, Wissenschaft leichthin mit politischer
Aktivität gleichzusetzen bzw. vorschnell einen politischen Standpunkt ein-
zunehmen.

Dies wird recht deutlich, wenn beispielsweise ein Fachdidaktiker der politischen
Bildung (H. GIESECKE) als Wissenschaftler im Namen der Kritischen Theorie Parteinahme für die Abhängigen und Unterdrückten, für die Lohnabhängigen, fordert.
Genau besehen ist das jedoch ein politisches Programm und als solches durchaus
diskussionswürdig. Nur steht man bei der Diskussion im politischen Kontext und
kann lediglich von unterschiedlichen politischen Standorten aus miteinander diskutieren.

– Durch die Kritische Theorie hat eine Reihe von neuen Perspektiven und
Verfahren Eingang in die Sozialwissenschaften gefunden, vor allem die der
Sprach- und Ideologiekritik. Aber auch hier schlägt wieder die schon angesprochene Gefahr der Einseitigkeit durch, indem wiederum vor allem bei den
Epigonen vorschnell von einem *Ideologieverdacht* ausgegangen wird. So wie
alles als gesellschaftlich bedingt gesehen wird, so wird es auch als ideologisch
abqualifiziert. Der Begriff der Ideologie wird dabei häufig verwässert und auf
eine einfache Täuschungsabsicht des wissenschaftlich Andersdenkenden oder
des sozial Andershandelnden reduziert. Ihnen wird vorschnell unterstellt, ihren Herrschaftsanspruch verdecken und zugleich besser behaupten zu wollen.

– Neben diesen allgemein auf die Position der Kritischen Theorie bezogenen Wertungen ist hier auch noch einmal das Diskursmodell im besonderen hervorzuheben, weil seine pädagogische Relevanz von den Erziehungswissenschaftlern der Kritischen Theorie hoch veranschlagt wird. Ihre Argumentation: Erziehung ist ein *Herrschaftsverhältnis* zwischen den beiden Interagierenden. Der eine ist in der überlegeneren Position des Mehrwissenden, in der Stellung dessen, der Sanktionen zur Verfügung hat, dem überhaupt ein Interaktionsprivileg zukommt. Der andere dagegen steht in einem starren Abhängigkeitsverhältnis, muß sich fügen und anpassen, um Schule ‚überleben‘ zu können.

Das Diskursmodell jedoch verweise gleichsam auf die ideale pädagogische Situation, bei der Lehrer und Schüler gemeinsam im herrschaftsfreien Miteinander-Reden die Bedingungen der Kommunikation regeln und bei Kommunikationsstörungen, vom Willen um Konsens getragen, nach Möglichkeiten ihrer Behebung suchen.

Aber: Es ist hier kritisch zu fragen, ob die Rede vom ‚Herrschaftsverhältnis‘ das pädagogische Handeln angemessen charakterisiert oder ob sie nicht vielmehr allenfalls auf *Grenzformen* der Lehrer-Schüler-Beziehung zutrifft. Sicherlich bringt ein Lehrer im Unterricht und bei der Interaktion mit Schülern Emotionen und Frustrationen, Ängste und Abwehrhaltungen ein; sicherlich wird unter Umständen ein Lehrer auch Druck, den er von oben erhält, nach unten weitergeben. So besehen kann pädagogisches Handeln Züge eines Herrschaftsverhältnisses an sich haben, ohne aber hiermit angemessen begrifflich erfaßt zu sein. Zunächst einmal ist die Erziehungssituation aufgrund struktureller Gegebenheiten ungleich angelegt. Wissens- und Erfahrungsvorsprung des ‚Erziehenden‘ spiegeln sich notwendig in der Kommunikationsstruktur wider, die ihrem Grundmuster nach nicht gleich aufgebaut ist. Problematisch wird diese Situation in dem Augenblick, in dem die Ungleichheit *perpetuiert* wird beispielsweise wenn Kinder oder Jugendliche in ihren Bemühungen um Verringerung dieser Differenz nicht angenommen werden. Man kann – unter Einbezug unserer Überlegungen in Kap. 1.2 zu den Strukturmerkmalen erzieherischen Handelns – sagen, daß pädagogische Situationen sowohl vom Anspruch als auch meistenteils vom konkreten Handeln der Beteiligten her weniger auf die herrschaftliche Vereinnahmung des Schülers ausgerichtet, als vielmehr daran orientiert sind, ihm zu eigenständigem Urteil und eigenverantwortlichem Handeln zu verhelfen. Hierzu müssen jedoch die entsprechenden *Rahmenbedingungen* geschaffen sein. Dies zu bewerkstelligen, ist weniger eine Frage des herrschaftsfreien Diskurses als vielmehr die der *bildungspolitischen Aktivität*. Bildungspolitik hat dafür zu sorgen, daß Unterricht unter Bedingungen stattfindet, die seinen pädagogischen Charakter auch tatsächlich zutage treten lassen. Bereits der Hinweis auf Klassengröße, auf die groteske Bürokratisierung und Verrechtlichung von Schule dürften die Richtung deutlich machen, in die hier die Kritik zielt, eine Kritik, die immer wieder vorzubringen sicherlich zu den wesentlichen Aufgabe der pädagogischen Theorie gehört.

Kommen wir zurück auf das Diskursmodell und seine Kennzeichnung als herrschaftsfreiem Miteinanderhandeln, so sollten noch zwei Einwände kritisch festgehalten werden.

– Zunächst zur Forderung nach herrschaftsfreiem Miteinanderaushandeln: Eine solche Situation ist auch unter günstigsten äußerlichen Bedingungen schwer vorstellbar. Selbst wenn z. B. so gravierende Hindernisse wie institutionelle Barrieren und Rollenfixierungen der Beteiligten aus dem Weg geräumt sind, bleibt doch die Tatsache der *unterschiedlichen Persönlichkeitsstruktur* der am Diskurs Beteiligten bestehen: Der eine ist argumentativ stärker als der andere, er weiß mehr, er bringt Argumente rhetorisch geschliffener vor, er wirkt mit seinem ganzen Habitus ernsthafter und überzeugender; dies sind Gegebenheiten, die man nicht ausschalten kann, es sei denn um den Preis, daß man aufhört, als je eigene Person mit dem anderen zu reden.

Auch HABERMAS machte in ‚Diskursen‘ häufig die entschieden bessere Figur! Eine schon fast widersprüchliche Annahme stellt die der *Diskursbereitschaft der Betreffenden* bei Kommunikationsschwierigkeiten dar. Probleme zwischen den Beteiligten treten letztlich auf, weil kein Konsens über anstehende Fragen mehr zu erzielen ist. Und gerade die Bereitschaft zu Konsens ist erforderlich, um überhaupt in den Diskurs eintreten zu können. Man muß also einerseits Konsensbereitschaft als schon gegeben voraussetzen, sonst kommt der Diskurs nicht zustande, andererseits soll aber der Konsens erst im Diskurs wieder gewonnen werden.

– Das Diskursmodell setzt neben den oben gemachten prinzipiellen Einwänden ein so hohes Maß an Einsicht, Selbstbeschränkung, Gutwilligkeit, Offenheit voraus, daß sich die Frage aufdrängt, ob die Beteiligten nicht von einem solchen Anspruch überfordert wären. Und selbst wenn man ein derartig optimistisches Menschenbild annimmt, ein Menschenbild, bei dem fast schon heilsgeschichtliche Züge durchschimmern, so bleibt immer noch die unaufhebbare Tatsache der je individuellen und damit – auf den anderen bezogen – der ungleichen Persönlichkeitsstruktur bestehen, die sich im Diskurs als unterschiedlich erfolgreiche Fähigkeit der Argumentation, Artikulation und Durchsetzung von Absichten auswirkt.

7.3.3 Lerntafel

Die Kritische Theorie sieht eine grundlegende Differenz zwischen traditioneller und kritischer Theorie.

Traditionelle Theorie ist Wissenschaft, die unter dem Anspruch reiner Theorie, Erkenntnis um der Erkenntnis willen betrieben wird.

Kritische Theorie ist demgegenüber praxisbezogen in der Absicht, *Entfremdung* zugunsten zunehmender Selbstbestimmung der Subjekte (der Menschen) *aufzuheben*.

Wissenschaft steht unter dem Anspruch, die Emanzipation der Menschen zu ermöglichen.

Das Verfahren der Kritischen Theorie ist **dialektisch**:
Einzelphänomen und gesamtgesellschaftlicher Zusammenhang bedingen einander:
– Das Einzelne ist nur im Rückbezug auf gesamtgesellschaftliche Strukturen verstehbar,
– die gesamtgesellschaftlichen Zusammenhänge sind im Einzelnen verkörpert.

Das wissenschaftliche Vorgehen in den einzelnen Wissenschaftsgruppen ist an **erkenntnisleitenden Interessen** orientiert:
Technisches Erkenntnisinteresse in den Naturwissenschaften: Interesse an erfolgskontrolliertem Handeln.
Praktisches Erkenntnisinteresse in den Geisteswissenschaften: Interesse am Wiederherstellen gestörter Verständigung.
Emanzipatorisches Erkenntnisinteresse in den Sozialwissenschaften: Interesse am Verändern scheinbar unveränderlicher gesellschaftlicher Zusammenhänge.

Das **Diskursmodell** beschreibt eine *ideale Sprechsituation,* bei der im herrschaftsfreien Diskurs Regeln und Normen menschlicher Interaktion und Kommunikation von den Beteiligten gemeinsam festgelegt werden.

Dieses Modell kann für die Pädagogik
– ein *Kriterium* sein, um pädagogische (Sprech-) Situationen zu bewerten,
– eine *Umschreibung des Ziels* pädagogischen Handelns sein: Befähigung zur Teilnahme an Diskursen.

Zur Bewertung der Position:
– Der Einbezug von Wissenschaft in gesellschaftliche Überlegungen ist positiv

hervorzuheben. Im Gefolge dieser Sicht tritt allerdings häufig eine Perspektivverengung im wissenschaftlichen Zugriff ein.

– Wissenschaft wird nicht als wertfreie, selbstgenügsame Veranstaltung gesehen. Wissenschaft soll standpunktbezogen vorgehen. Bei Vertretern der Kritischen Theorie führt dieses Postulat häufig zur Anlehnung an eine bestimmte politische Position, an die des demokratischen Sozialismus.

– Die Kennzeichnung des pädagogischen Verhältnisses als eines Herrschaftsverhältnisses greift zu kurz. Die durch die pädagogische Situation bedingte Ungleichheit zwischen ‚Erziehendem‘ und ‚Adressaten‘ wird erst dann im negativen Sinn zu einem Herrschaftsverhältnis, wenn sie aufgrund persönlicher oder institutioneller Interessen perpetuiert wird.

7.4 Arbeitsvorschlag

Analysieren Sie bitte die folgende Szene vor dem Hintergrund der drei im Kapitel behandelten wissenschaftstheoretischen Positionen.

„CLAIRE: Früher, wenn ich von der Arbeit nach Hause kam und die Tür aufmachte – meist konnte ich es kaum erwarten, ich mag meine Familie wirklich sehr und bin sehr gern mit ihr zusammen- das erste, was ich sah, waren Mantel und Pullover und Bücher und Baseballhandschuhe und schmutzige Gläser und Kekskrümel. Die Kinder freuten sich, mich zu sehen, aber ich fing sofort an mit: ‚Um Gottes willen, was ist denn hier los? Hebt das auf und räumt das weg!‘, und ich teilte Strafen aus und war böse zu den Kindern, und sie fühlten sich schuldig und schämten sich. Ich begann darüber nachzudenken, und es wurde mir klar, daß sie diese Dinge einfach nicht bemerkten, denn wenn ich auf etwas zeigte, hoben sie es auf, und wenn ich auf etwas, das einen Meter entfernt lag, nicht zeigte, dann sahen sie es nicht. Es war merkwürdig, aber sie sahen es wirklich nicht. Und so berief ich eine Versammlung ein. Wir hatten zwar regelmäßige Versammlungen, aber man kann auch zwischendurch eine einberufen. Ich berief also eine Versammlung ein und erkannte zum erstenmal, daß das mein Problem war. *Ich* habe ein Problem. Ich kann es nicht ertragen, wenn im Haus ein solches Chaos herrscht.

CARL: Für die anderen war es kein Problem. Aber für Sie war es ein großes Problem.

CLAIRE: Richtig. Das Durcheinander im Haus störte sie nicht. Es war nicht ihr Problem. Es war meines. Ich bin ein Mitglied der Familie und habe ein Recht auf ein gewisses Maß an Rücksichtnahme. Das akzeptieren sie. Ich sagte: ‚Ich brauche eure Hilfe bei diesem Problem.‘ Ich glaube, wir saßen eineinhalb Stunden um den Tisch versammelt. Die Kinder fanden schließlich eine Lösung für mein Problem. Wir nannten es die ‚Verschwindschachtel‘. Wir hatten eine große Schachtel, und jedes Ding, das in den gemeinsam benützten Zimmern – in der Küche, im Wohnzimmer, den Bädern, im Flur – herumlag, wurde in diesen wunderbaren alten Karton geworfen und war damit verschwunden. Und sie beschlossen, daß es eine Woche lang drinnenbleiben sollte. Egal, was es sei. Ich brauchte mich nicht darum zu kümmern. Die Kinder besorgten das und dachten nicht daran, ihr eigenes System zu sabotieren. Sie waren begeistert davon, und sie paßten aufeinander auf. Es war einfach köstlich. Der Zwölfjährige wußte genau, wann der Vierzehnjährige etwas in die Schachtel hatte tun müssen, und wenn er es auch nur fünfundzwanzig Minuten früher herausnehmen wollte ... es wurde einfach nicht zugelassen."

aus: ROGERS 1977, S. 52/53

7.5 Literatur

1. Hermeneutische Position

W. DILTHEY, Die geistige Welt, Einleitung in die Philosophie des Lebens, Gesammelte Schriften Band V, Leipzig, Berlin 1924

ders., Der Aufbau der geschichtlichen Welt in den Geisteswissenschaften, Gesammelte Schriften Band VII, Leipzig, Berlin 1927

*H. G. GADAMER, Wahrheit und Methode, Tübingen 1960

R. KAISER, Narrativ-focussiertes Interview in der Bildungsforschung, in: Grundlagen der Weiterbildung (GdWz), 3, 1992, S. 361–365

G. KLEINING, Umriß einer Methodologie qualitativer Sozialforschung, in: Kölner Zeitschrift für Soziologie und Sozialpsychologie, 34, 1982, S. 224–253

M. KOHLI, ‚Offenes‘ und ‚geschlossenes‘ Interview: Neue Argumente zu einer alten Kontroverse, in: Soziale Welt, H. 1, 1978, S. 1–25

A. SCHÜTZ, Der sinnhafte Aufbau der sozialen Welt, Frankfurt/Main 1974

Pädagogische Positionen

O. BOLLNOW, Existenzphilosophie und Pädagogik, Stuttgart 1968

J. DERBOLAV, Systematische Perspektiven der Pädagogik, Heidelberg 1971

W. FLITNER, Das Selbstverständnis der Erziehungswissenschaft in der Gegenwart, Heidelberg 1966

M. J. LANGEFELD, Einführung in die Pädagogik, Stuttgart 1961

H. NOHL, Die pädagogische Bewegung in Deutschland und ihre Theorie, Frankfurt/Main 1963

*E. WENIGER, Die Eigenständigkeit der Erziehung in Theorie und Praxis, Weinheim o. J.

Überblicksliteratur:

H. DANNER, Methoden geisteswissenschaftlicher Pädagogik, München [3]1994

2. Kritischer Rationalismus

H. ALBERT, Aufklärung und Steuerung – Gesellschaft, Wissenschaft und Politik in der Perspektive des Kritischen Rationalismus, in: G. LÜHRS u. a. (Hrsg.), Kritischer Rationalismus und Sozialdemokratie, Band 1, Bonn 1975, S. 103 ff

C. G. HEMPEL, Philosophie der Naturwissenschaften, München 1974

*K. R. POPPER, Logik der Forschung, Tübingen 1966

W. Stegmüller, Probleme und Resultate der Wissenschaftstheorie und analytischen Philosophie, Band 1, Berlin, Heidelberg, New York 1974; Teil 2, 1969

Pädagogische Positionen

*W. Brezinka, Von der Pädagogik zur Erziehungswissenschaft, Weinheim, Berlin, Basel 1971
ders., Grundbegriffe der Erziehungswissenschaft, München, Basel 1974
L. Rössner, Einführung in die analytisch-empirische Erziehungswissenschaft, Freiburg 1979

Überblicksliteratur:

A. F. Chalmers, Wege der Wissenschaft. Einführung in die Wissenschaftstheorie, Berlin ³1994

3. Kritische Theorie

Th. W. Adorno, Soziologie und empirische Forschung, in: E. Topitsch, Logik der Sozialwissenschaften, Köln, Berlin 1970, S. 511 ff
*J. Habermas, Erkenntnis und Interesse, Frankfurt/Main 1970
ders., Technik und Wissenschaft als Ideologie, Frankfurt/Main 1969
J. Habermas/N. Luhmann, Theorie der Gesellschaft oder Sozialtechnologie, Frankfurt/Main 1971
M. Horkheimer, Traditionelle und kritische Theorie, Frankfurt/Main 1970
M. Horkheimer/Th. W. Adorno, Dialektik der Aufklärung, Frankfurt/Main 1980

Pädagogische Positionen

W. Klafki, Die bildungstheoretische Didaktik im Rahmen kritisch-konstruktiver Erziehungswissenschaft, in: Westermanns Pädagogische Beiträge 32, 1980, S. 32 ff
K. Mollenhauer, Pädagogik und Emanzipation, München 1970
*ders., Theorien zum Erziehungsprozeß, München 1972
W. Lempert, Leistungsprinzip und Emanzipation, Frankfurt/Main 1971

Überblicksliteratur:

B. Claussen/H. Scarbath (Hrsg.), Konzepte einer Kritischen Erziehungswissenschaft, München 1979
(Im Arbeitsvorschlag ist
C. R. Rogers, Die Kraft des Guten, München 1977
zitiert.)

Verzeichnis der Prüfungs- und Kontrollfragen bzw. -aufgaben

Wissenschaftsorientierung. S. 97–100
Skizzieren Sie die drei wesentlichen Merkmale der Postmoderne. S. 102–105
Welche Kompetenzen sollen durch die Bearbeitung von Schlüsselproblemen erlangt werden? S. 106–109
Inwiefern setzt die postmoderne Annahme des radikalen Pluralismus traditionelle Konzepte der Allgemeinbildung außer Kraft? S. 109–111

Kapitel 3 Lernpsychologische Dimension der Erziehung

Was versteht man unter Lernen? S. 118 f
Beschreiben Sie den Vorgang der klassischen Konditionierung. S. 120
Entwickeln Sie kurz die Prinzipien des Lernens nach Versuch und Irrtum. S. 124
Skizzieren Sie den Ansatz der operanten Konditionierung. S. 125 f
Worin liegt der Unterschied zwischen operanter und klassischer Konditionierung? S. 126, 147 f
Welche Merkmale kennzeichnen SKINNER's Konzept des programmierten Unterrichts? S. 127
Nennen Sie einige charakteristische Merkmale des Behaviorismus, und nehmen Sie zu dieser Position kritisch Stellung. S. 130 f
Beschreiben Sie die einzelnen Stufen beim Problemlösungslernen. S. 132–136
Welche Teilprozesse kann man beim Lernen am Modell unterscheiden? S. 138 f
Worin liegt die Bedeutung der Verstärkung beim Modellernen? Gehen Sie auch auf die verschiedenen Arten der Vestärkung ein. S. 141–145
Worin liegen Unterschiede zwischen operanter Konditionierung und Modellernen? S. 148
Was versteht man unter primacy- und recency-effect? S. 151 f
Nach welchen Kriterien sind im Langzeitgedächtnis Informationen gruppiert? S. 153–155
Was ist ein Script? Beschreiben Sie seine Struktur. S. 156–161
Beschreiben Sie kurz das Experimentieren von SHERIF bzw. HOFSTÄTTER mit dem autokinetischen Effekt, und entwickeln Sie daraus einige Prinzipien der Meinungsbildung in der Gruppe. S. 163
Welche Rolle spielt die Gruppe bei der Meinungsbildung des einzelnen nach dem Experiment von ASCH? S. 165 f
Wie wirken sich Meinungsaußenseiter auf die Gruppenmeinung aus? S. 166
Entwickeln Sie einige Gesichtspunkte der Meinungsbildung in der Schulklasse als Lerngruppe. S. 167 f

Kapitel 4 Soziologische Dimension der Erziehung

Klären Sie die Beziehung von Sozialisation und Internalisierung. S. 174 f
Entwickeln Sie die funktionalen Gebote von PARSONS (sogenanntes AGIL-Schema) S. 175 f
Gehen Sie auf die Kritik an der funktionalistischen Theorie ein, auf das Integrationstheorem, das Identitätstheorem und das Konformitätstheorem. S. 178–180
Wie wird Sozialisation im Rahmen des symbolischen Interaktionismus verstanden? S. 182
Skizzieren Sie die wesentlichen Strukturmerkmale bei der vis-à-vis-Interaktion. S. 183–187
Welche Rolle spielt die soziale Wahrnehmung bei der Interaktion? S. 186 f

Kapitel 5   Institutionell-gesellschaftliche Dimensionen der Erziehung

Kapitel 6   Didaktische Dimension der Erziehung: Unterricht – Didaktik – Curriculum

Kapitel 7 Wissenschaftstheoretische Dimension der Pädagogik

Wie werden von Vertretern der Kritischen Theorie traditionelle und kritische Theorie voneinander abgegrenzt? S. 344–346

Worin besteht die Aufgabe von Wissenschaft nach Auffassung der Kritischen Theorie? S. 345

Was versteht HABERMAS unter erkenntnisleitenden Interessen? S. 347f

Beschreiben Sie das Modell des herrschaftsfreien Diskurses nach HABERMAS. S. 349f

Welche Bedeutung hat dieses Modell für die Pädagogik? S. 350

Entwickeln Sie einige Punkte zur Bewertung der Position der Kritischen Theorie. S. 350–353

Lösungsvorschläge

Zum Arbeitsvorschlag 2.2.2 auf S. 58

Beim ersten Hinsehen fällt auf, daß Schule eher mit dem *Ernst des Lebens* zu tun hat; Lebensfreude dagegen rangiert nicht unter den Prioritäten schulischer Ziele.

Bemerkenswert ist weiterhin die Umschichtung in der Spitze dieser Zielhitliste: *Vielseitiges Wissen und berufsbezogene Kenntnisse* stehen 1973 ganz oben auf der Skala, wogegen die eher auf ‚Tugenden‘ bezogenen Ziele abgerutscht sind: Ordnung und Disziplin bzw. Achtung vor den Mitmenschen von Platz 1 bzw. 2 auf Rang 6 bzw. 5.

Einen starken Aufwärtsschub verzeichnet das Ziel der eigenen Urteilsfähigkeit, weniger gefragt sind ‚gute Umgangsformen‘ und ‚sicheres Selbstbewußtsein‘.

Wie könnten die Tabellen interpretiert werden?

Sicherlich haben sich in der Zeit von 1958 bis 1973 die in *kultureller, politischer* und *ökonomischer* Hinsicht erfolgten Wandlungstendenzen auch im Bereich der Auffassungen über die allgemeinen Ziele schulischer Erziehung niedergeschlagen.

So ist etwa auf dem ökonomischen Sektor eine Entwicklung eingetreten, die von zunehmender Mobilität der Arbeitskräfte und Substitutionierbarkeit der Qualifikation gekennzeichnet wird. *Arbeitsplatzwechsel* ist nicht mehr die Ausnahme; im Gegenteil, die Wahrscheinlichkeit, den Arbeitsplatz wechseln zu müssen/wollen, hat zugenommen. Der Wechsel droht aber nur dann nicht auch zu einem Abstieg zu werden, wenn der Betreffende in der Lage ist, seine einmal erworbenen Qualifikationen *vielseitig* einzusetzen d. h., wenn er über substituierbare Qualifikationen verfügt.

Das auch für Schule politisch vielleicht markanteste Ereignis ist die Studentenbewegung gewesen und im Gefolge die *anti-autoritäre* bzw. die bewußt den *Selbständigkeits- und Selbstbestimmungsanspruch* betonende Pädagogik. Damit einher ging die Kritik an überkommenen Verhaltensvorstellungen, vor allem von solchen, die auf Disziplin und Ordnung ausgerichtet waren. Im damaligen Jargon: Disziplin und Ordnung sind affirmative Verhaltensweisen, Relikte bürgerlich-obrigkeitsstaatlicher Verbeugungen, nur zum Nutzen der Herrschenden.

Die Entwicklung ist nicht in Richtung dieser ideologisierenden Vereinseitigungen abgelaufen, wohl aber ermöglichte ihre kritische Komponente eine Veränderung dahingehend, daß man Autorität nicht mehr von vornherein hinnahm, sondern gesellschaftliche Verhältnisse zunehmend auf ihre Berechtigung, ihre ‚Vernünftigkeit‘ abklopfte. Insgesamt veränderte sich das gesellschaftliche Wertgefüge sehr stark von häufig unbefragtem Akzeptieren hin zur kritischen Prüfung aufgrund eigener Urteilsfähigkeit, die denn auch 1973 als Ziel schulischer Erziehung mit Platz 3 in der Wertschätzung weit vorgerückt ist.

Aus der *jugendlichen Subkultur,* die sich unterhalb der politischen Ebene ausbreitete, ist vielleicht der gesunkene Stellenwert eines Zieles wie ‚gute Umgangsformen‘ zu erklären, das 1958 immerhin noch einen guten Platz im Mittelfeld behauptete. Hier haben wohl Parka- und Latzhosengenerationen, Schlaffis und eine neue Lässigkeit Vorstellungen sehr stark relativiert, die vordem auch ein sozial differenzierendes Kennzeichen hatten: gute Umgangsformen waren ein Merkmal des Gebildeten, wobei die Vorstellungen über guten Ton und gutes Benehmen vor allem in den eher bürgerlichen Sozialschichten entwickelt waren.

Zum Arbeitsvorschlag 2.4.4 auf S. 73

Bei der Diskussion dieser Frage sind zwei verschiedene Sichtweisen voneinander zu unterscheiden:

a) die des Historikers, der nach den Gründen für das Entstehen eines solchen Kataloges fragt, nach seinem Zweck, nach seinen Auswirkungen; eine Fragestellung, die in diesem Kontext nicht weiter verfolgt werden muß;

b) die des Pädagogen, der einen solchen und ähnliche Kataloge wertend beurteilt, der also fragt, ob sie pädagogisch als gut oder schlecht anzusehen sind.

Um dies klären zu können, benötigt man einen Maßstab, ein Kriterium, wie es mit dem Bildungsbegriff (Kap. 2.4) gegeben ist. Bei einer an ihm ausgerichteten Bewertung des Katalogs der Erziehungsziele können zumindest folgende Punkte als unpädagogisch herausgestellt werden:

– Der Kreis der Inhalte ist begrenzt.

Bei der Entwicklung des Bildungsbegriffs ist hervorgehoben worden, daß Urteil und damit Entscheidungsfähigkeit des Menschen sachbezogen sein müssen. Man muß etwas über den Entscheidungsbereich wissen, um selbstbestimmt und verantwortlich handeln zu können. Von daher ist die Inhaltsdimension in Erziehungsprozessen begründet.

Umgekehrt gilt: Fehlen grundlegende Sachbereiche in einem Bildungsgang, dann sind damit auch wesentliche Handlungs- und Entscheidungsfelder dem eigenständigen Urteil entzogen; die Bildung des Betreffenden ist segmentiert.

– Es werden Haltungen und Fertigkeiten angestrebt, die vor allem auf Übernahme und Akzeptieren von Werten und Einstellungen angelegt sind, ohne die Möglichkeit der Selbstprüfung und -beurteilung einzuräumen.

Politisch gesehen kommt hier das Interesse des Staates an funktionstüchtigen Bürgern zum Ausdruck, also an solchen, die den politischen Geschehensablauf nicht durch Forderungen nach selbständigem Urteil und Mitentscheiden stören.

Will man den Sachverhalt noch etwas abstrakter fassen: Wenn Erziehung erfolgreich eine politische Grundhaltung erreichen kann, die auf Hinnahme und Akzeptieren von andernorts gefällten Entscheidungen fußt, dann ist das Risiko von Legitimationskonflikten weitgehend ausgeschaltet. Entscheidungen des politisch-administrativen Systems werden als solche, d. h. ungeachtet ihres Inhalts akzeptiert.

– Die Bereiche des Handelns sind begrenzt und es ist von vornherein schon angegeben, wie das Handeln motiviert werden soll.

Auch hier kommt wieder eine mit Hilfe von Erziehung angestrebte politisch-gesellschaftliche Intention zum Ausdruck. Der einzelne soll allein im Kreis seines unmittelbaren Lebenszusammenhangs tätig sein, und zwar nach Handlungsmotiven, die auf störungsfreien Ablauf des gesellschaftlich-politischen Lebens ausgerichtet sind: Zufriedenheit, Ruhe, Dienstbarkeit.

Zum Arbeitsvorschlag 3.4.7 auf S. 162

Versuchs- und Irrtumslernen
Eine Vielzahl von Bewegungen wie Verlagerung des Gleichgewichts, Fußstellung, Bremsbewegung, Körperdrehungen werden Ergebnis von Versuch und Irrtum sein. Fällt

man beim ersten plötzlichen Bremsmanöver auf die Nase, wird die entsprechende Bewegung als Irrtum notiert. Man wird es beim nächsten Mal mit einer vorsichtigeren, leicht abgewandelten Technik versuchen und die dann erfolgreiche beibehalten.

Dabei kann das Lernen nach Versuch und Irrtum aufgrund von Regellernen (ein hier nicht behandelter Lerntyp) abgekürzt werden: Andere Roller informieren über bestimmte, regelhafte Zusammenhänge der Bewegungen, die man dann von vornherein umzusetzen versucht.

Operante Konditionierung
Das Versuchs- und Irrtumslernen ist eingelagert in einen Vorgang, bei dem man aus einem diffusen Gesamtverhalten zufällig auftretende, erfolgreiche Verhaltensmuster verstärkt und damit vor anderen auszeichnet.

Als Verstärker fungieren dabei Freude und Erleichterung, daß man auf den Beinen bleibt, Stolz auf die eigene Leistung, anerkennende Zurufe des ‚Publikums‘.

Modellernen
Eine Reihe von Bewegungsabläufen und Tricks hat man vermutlich anderen Disco-Läufern abgeschaut, die Bewegungen im Gedächtnis gespeichert und versucht, sie dann in entsprechende motorische Abläufe umzusetzen.

Dabei kommen sowohl stellvertretende Verstärkung (der andere erntet Anerkennung, weil er auf den Beinen bleibt und sich dazu noch elegant und sicher bewegt) als auch antizipierte Verstärkung zum Tragen (man freut sich schon darauf, selbst einmal so gekonnt zu fahren und dann von anderen Anerkennung zu ernten).

Aber nicht nur die Bewegungsabläufe, sondern auch der Wunsch, überhaupt auf Disco-Rollers laufen zu wollen, kann als Ergebnis von Lernen am Modell angesehen werden. Da mögen Filme über das Roller-Paradies Venice, Berichte in BRAVO oder über die Schickeria von München als Vorlage gedient haben. Getragen ist auch dieser Lernprozeß von massiven sozialen Verstärkern – bezogen sowohl auf das Modell als auch auf den Beobachter – in Form antizipierter Verstärkung („Ich bin ‚in‘, wenn ich mit Disco-Rollers zur Schule komme“).

Zum Arbeitsvorschlag 3.5.3 auf S. 169

(In Anlehnung an Ausführungen von HOFSTÄTTER 1970, S. 52/53, zu diesem Experiment). Dem Abbild können drei unterschiedliche Reaktionsgruppen unter den Studenten entnommen werden:
– eine relativ starke Gruppe von ‚Riechern‘ in den ersten beiden Reihen,
– eine Spitzengruppe in der dritten Reihe,
– eine zu den hinteren Sitzreihen zahlenmäßig immer weiter abnehmende Gruppe von ‚Schwachriechern‘.

Besonders interessant ist das Verhalten der Studenten in der dritten Reihe, die bezüglich ihrer eigenen Urteilsbildung eine *Zwischenstellung* einnahmen, und zwar zwischen
– der Gruppe von Studenten aus den ersten beiden Reihen, die bei einem tatsächlich ausströmenden Geruch auch in der Lage gewesen wären, ihn wahrzunehmen, und
– der Gruppe aus den hinteren Bankreihen, die, erst recht bei schwachem Geruch, diesen wahrscheinlich nicht mehr hätten bemerken können.

Diese Zwischenstellung machte die Riecher in der dritten Reihe daher abhängig vom Urteil der Gruppenmitglieder aus den ersten beiden Bankreihen: Da ihnen zunächst eine ‚sachbezogene' Grundlage zum Wahrnehmungsurteil fehlte, bildeten sie ihre Meinung in enger Anlehnung an die vorangegangenen Äußerungen ihrer Kommilitonen. *Sie akzeptierten die Meinungskraft dieser Gruppe.*

Beim Zustandekommen des Urteils der ersten beiden Reihen spielt der *Gruppenführer* eine konstitutive Rolle: Die ihm von der Studentengruppe zuerkannte (Sach-) Autorität und Integrität war der vielleicht wesentlichste Faktor zur Urteilsbildung. Man folgte dem Versuchsleiter bzw. bestätigte mit seinen Äußerungen die in der Aufforderung implizit enthaltene Behauptung, daß dem Fläschchen ein Geruch entströme.

Die Studenten in den hinteren Reihen konnten sich zumindest teilweise diesen gruppendynamischen Prozessen bei der Urteilsbildung entziehen, nicht zuletzt auch durch die Tatsache, daß sie genügend Zeit zu einer kritischen Überprüfung hatten. Dies versetzte sie in die Lage, sich nicht bloß der Meinung der anderen anschließen zu müssen, sondern auch die Sachgegebenheiten zu berücksichtigen, etwa die Entfernung ihrer Reihe vom Vorlesungspult. Dabei ist das Wissen um die entsprechenden Sachgesetzlichkeiten (z. B. um Diffusionszeit von Gasen) intervenierend zur gruppenbezogenen Meinungsbildung hinzugetreten.

Zum Arbeitsvorschlag 4.1.2 auf S. 177

(nach Parsons 1973)

Das Gebot der *Zielverwirklichung* richtet sich auf die Zweckbestimmung von Unterricht: im Rahmen seiner Sozialisationsfunktion für die Vermittlung von Motiven und Techniken zur Bewältigung von Erwachsenenrollen zu sorgen und auch über Selektionsprozesse die Verteilung von Arbeitskraft zu bewerkstelligen.

Das funktionale Gebot der *Adaption* verweist auf die Notwendigkeit der Mittelbeschaffung um die entsprechenden Systemziele erreichen zu können. Sie bestehen in diesem Fall in externen Mitteln (Gebäude, Personal, Material) und in immateriellen Mitteln, in den Inhalten, den Aufgabentypen, durch deren Bewältigung Motive und Techniken eingeübt und vermittelt werden sollen.

Der *Integrationsaspekt* ergibt sich aus dem Vorgang der unterschiedlichen Zuteilung von Belohnung im gleichen Sozialsystem (Schulklasse) bei gleichen Leistungsanforderungen und Aufgabentypen. Durch die unterschiedliche Bewertung der Leistung entstehen unter den Mitgliedern des Systems (den Schülern) Spannungen, die in integrativer Intention aufzufangen sind. Dies geschieht durch die Bindung aller Beteiligten an gemeinsam akzeptierte Werte, vor allem an den der Leistungs- und nicht etwa der Statusbewertung. Wie allerdings einzelne Untersuchungen zum Zusammenhang von Sozialschicht und Schulerfolg zeigten, interveniert – meist uneingestanden – doch immer auch eine statusbezogene Komponente beim Lehrerurteil.

Die Notwendigkeit zur *Strukturbewahrung* entsteht durch die Diskrepanz der Erwartungen bzw. der Motive bei den Akteuren. Auf der einen Seite stehen die Erwartungen, Interessen, Wünsche und Bedürfnisse der Schüler, die selten die gleichen sind, wie die im Stundenplan angebotenen Lerninhalte sie nahelegen.

Auf der anderen Seite stehen kodifizierte Inhalte, von denen angenommen wird, daß sie relevant sind oder es einmal sein könnten, und stehen Verhaltensregeln und Handlungsmuster, die relativ wenig Spielraum zur individuellen Modifikation lassen (Zeiteinteilung, Stundenplan, Lehrerwechsel, Formen des Prüfens etc.).

Diese kurzen Hinweise lassen noch einmal die Grundintention funktionalistischer Handlungsorientierung deutlich werden: Spannungen zu vermeiden, divergierende Kräfte ohne Reibungsverlust zu integrieren, um damit das Funktionieren des Systems zu garantieren.

Zum Arbeitsvorschlag 4.1.5 auf S. 181

Im ersten Bild ist die individuelle Ausprägung der Jugendlichen sehr stark; dies ist festzumachen am exotischen Wildwuchs der Frisuren, an der persönlichen Ausprägung von Vorlieben, Aktivitäten, an den Bewegungen.

Ihr Handeln scheint geprägt von Spontaneität und je eigenen Wertmustern. Auf der Ebene sozialer Interaktion bedeutet dies ein Risiko bezogen auf eingespielte, ‚funktionierende' soziale Handlungsfelder: Man weiß bei diesen Jugendlichen nie genau, was sie im nächsten Augenblick an Überraschungen auf Lager haben. *Es gibt nur wenig Sicherheit im Hinblick auf die Antizipation von Erwartungen und die Zuschreibung entsprechender Motive.*

Daher wird für den Funktionalisten die Frage drängend: Wie ist dieses Risiko zu mindern? – Durch *Anpassung* und durch *Konformität* mit allgemein durchgesetzten Normen. Konsequenterweise macht sich der Lehrer in Bild 2 daran, den Kindern mit dem Individualitätsmäher einen Konformitätsschnitt zu verpassen. Der Normeneinheitsschnitt wird dabei noch mit einem Unkrautvertilgungsmittel im Sinne des *funktionalen Gebots der Spannungskontrolle* abgesichert.

Das neue Aussehen kann als äußerer Hinweis auf das nun gleiche und mit Sicherheit erwartbare Verhalten der Betroffenen interpretiert werden.

Zugleich wird in der Karikatur auch noch einmal grundsätzliche Kritik am Funktionalismus faßbar: Die Konformität des Verhaltens und die Sicherheit seiner Erwartbarkeit sagen nichts aus über das tatsächliche Maß der Bedürfnisbefriedigung, über den Grad der Verinnerlichung von Normen und über die Kongruenz von Norm und Verhalten.

Zum Arbeitsvorschlag 4.3.6 auf S. 212

Der junge Lehrer steht nach seinem Referendariat vor einer für ihn eigenartigen Situation: Er nimmt Unterricht bzw. Teile von ihm, in diesem Fall die Leistungskontrolle, nur auf der offiziellen Ebene wahr. Er hält Leistungskontrolle, wofür sie in Rahmenrichtlinien und Schulverordnungen ausgewiesen ist, nämlich für eine Überprüfung des individuellen Leistungsstandes sowie der Frage, ob und wie der Stoff von den Schülern insgesamt angenommen wurde.

Bei dem ersten Leistungstest, den er beaufsichtigt, wird er aber massiv mit einer *anderen Ebene von Unterricht* konfrontiert, mit der *inoffiziellen.* Hier haben die Schüler im Sinne eines heimlichen Lernens Techniken zum Überleben in der Institution Schule entwickelt, Techniken, mit denen eine der folgenreichsten Wirkungen von Schule, ihre Selektionsfunktion, unterlaufen werden soll.

Im Bewußtsein der Schüler handelt es sich hier nicht um anrüchige Verhaltensweisen; sie betrachten sie vielmehr von der inoffiziellen Ebene her als *funktional stimmig, um Ziele des Sozialsystems Schule zu erreichen*. Dabei haben sie das Gesamtspektrum möglicher Ziele dieses sozialen Teilsystems (Ziel der Personalisation, der Integration, der Sozialisation, der Allokation, der Selektion) auf dasjenige reduziert, das in ihrer konkreten Situation für ihre Lebenswelt auch am folgenreichsten ist: auf *die Selektionsfunktion der Schule* qua Zeugnis und Note.

Interessant an der Szene ist auch die ‚Verfremdung‘ üblicherweise bei Unterricht vorausgesetzter Interaktionsstrukturen. In Umkehrung gängiger Vorstellungen haben die Schüler gegenüber dem Lehrer einen Lernvorsprung und ein höheres Maß an Realitätsbewußtsein. Er muß erst noch die Lektionen des ‚heimlichen Lehrplans‘ durchnehmen; solange dies nicht der Fall ist, läuft er mit seinen Verhaltensweisen (‚nicht kontrollieren, da dies ehrenrührig sei‘) ins Leere.

Zum Arbeitsvorschlag 5.2.4 auf S. 234

Im Text erfolgt eine Ausweitung des Begriffs ‚Chancengleichheit‘ hin auf die Vorstellung von ‚Chancengerechtigkeit‘. Chancengleichheit ist nicht nur verstanden als Ausgleich von Defiziten bezogen auf ein Gleichheitsideal, sondern auch als Angebot an den fähigen und begabten Schüler, diese seine Leistungsmöglichkeiten gezielt entwickeln zu können. Chancengleichheit heißt also auch, ein Recht auf ‚Ungleichheit‘ zu haben.

Formaler Bezugspunkt für die Argumentation sind besonders die Artikel 2 (1) GG („Jeder hat das Recht auf die freie Entfaltung seiner Persönlichkeit, soweit er nicht die Rechte anderer verletzt und nicht gegen die verfassungsmäßige Ordnung oder das Sittengesetz verstößt.“) und 12 (1) GG („Alle Deutschen haben das Recht, Beruf, Arbeitsplatz und Ausbildungsstätte frei zu wählen...“) – Artikel, auf die sich selbstverständlich auch die Vertreter des Ausgleichsgedankens berufen.

Der Legitimationskonflikt entsteht durch die miteinander unvereinbaren ‚Hintergrundauffassungen‘, die die konkrete Auslegung der Grundgesetzartikel beeinflussen: Einmal interpretiert man im Sinne der Forderung nach *Gleichheit*, zum anderen im Sinne des Rechts auch auf *(natürlich gegebene) Ungleichheit*.

Diese Auslegungen werden über den *formalen verfassungsrechtlichen* Rahmen hinaus von *anthropologischen und bildungstheoretischen* Überlegungen beim Philologenverband abgestützt: Anthropologisch gesehen ist der Mensch ein Wesen, das sich sein ‚personales Selbstsein‘ (Philologenverband) erwerben muß und das als Person immer eine je besondere und unverwechselbare, also eine nicht mit anderen gleiche ist. Auf diese Sicht vom Menschen werden die schulorganisatorischen Belange hin ausgelegt, so daß ein vielfältiges bzw. gegliedertes Schulsystem auch dasjenige ist, das diesen anthropologisch begründeten Anspruch am ehesten einlösen kann.

Bezieht man die Ausführungen noch stärker auf den politisch-ideologischen Kontext, so lassen sich hier beim Philologenverband *liberale Züge* feststellen in der Anerkennung von Leistung, im Betonen der Tatsache, daß Menschen nun einmal nicht gleich sind, in dem Hinweis auf ein vielfältiges, vom einzelnen frei wählbares Bildungssystem. Der

Legitimationskonflikt ist daher auch vor dem Hintergrund dieser politisch-ideologischen Position zu sehen, die eine bestimmte Auslegung der Grundgesetzartikel nach sich zieht und auf solche Auffassungen stößt, die die gleichen verfassungsrechtlichen Grundlagen für sich reklamieren, sie aber von einer abweichenden politischen Ideologie her auch anders auslegen.

So sehen Vertreter des demokratischen Sozialismus Art. 1 GG primär unter der Perspektive, daß konkrete soziale und ökonomische Faktoren den in diesem Artikel enthaltenen Anspruch des Individuums begrenzen. Politik bzw. Bildungspolitik müsse daher mit *ausgleichenden* und nicht – wie vom Philologen-Verband vertreten – mit *anbietenden* Programmen arbeiten.

Man könnte den Legitimationskonflikt fassen als Konfrontation liberalen Anbietungsdenkens mit sozialstaatlich orientiertem Ausgleichsdenken.

Zum Arbeitsvorschlag 6.1.4 auf S. 279

Zunächst zur Notierung:

L: Wir wollen... – STKR$_L$, sachinh.

　Wie nennen wir... – AUFF$_L$, sachinh.

S: Umfeld – REAG$_S$, sachinh.

L: Hm – FORT$_L$, sachinh.

S: Umwelt – REAG$_S$, sachinh.

L: Hm – FORT$_L$, sachinh.

S: Gesellschaft – REAG$_S$, sachinh.

L: Halten wir... auf der richtigen Linie zu liegen – FORT$_L$, sachlog.

　Wo ist... – AUFF$_L$, sachinh.

Als Teilspielzüge aus dieser zusammenhängenden Unterrichtssequenz kann man ansehen:

I: Sprachäußerungen 1–2

II: Sprachäußerungen 3–7

III: Sprachäußerungen 8–9

Zur Interpretation und Bewertung der Spielzüge:

Der Spielzug I wird in Form einer strukturierenden Äußerung als *Lehrerimpuls* eröffnet und ist mit der Aufforderung, die richtige Benennung herauszufinden, recht eng angelegt. Entsprechend reaktiv – nämlich den richtigen Begriff durch Raten zu finden – gehen auch die Schüler im Spielzug II vor, wobei die Lautkundgebungen des Lehrers (hm) bewertende Funktion haben: Sie kommentieren die Antwort der Schüler als noch nicht ganz richtig und fordern zu weiterem Suchen auf. Zugleich dokumentieren sie die *Führungs- und Bewertungsfunktion* des Lehrers. Er ist derjenige in der Lerngruppe, der in diesem Fall über die Sachangemessenheit der Äußerungen entscheidet. Er verzichtet dabei auf eine inhaltlich strukturierende Impulssetzung.

Daneben wird auch ein Moment des *heimlichen Lehrplans* manifest: Die Schüler setzen sich weniger mit dem Inhalt auseinander, etwa indem sie ihre Antworten begründen, sondern sie lernen das Sprachspiel pragmatisch daraufhin einzuschätzen, ob sie Anzeichen dafür finden, daß sie auf dem Weg dorthin sind, wo der Lehrer schon ist.

Die sachbezogene Führungsfunktion des Lehrers in der Lerngruppe wird im Spielzug III noch einmal durch seine sachlogisch ausgerichtete Strukturierung in Verbindung mit der sich daran anschließenden Aufforderung hervorgehoben.

Insgesamt kann man sagen, daß unter didaktischem Vorzeichen der Lerngegenstand einlinig entwickelt wird, wobei sich die interaktionelle Dimension von Unterricht zum Teil zuungunsten einer sachorientierten Beschäftigung mit dem Inhalt in den Vordergrund drängt.

Zum Arbeitsvorschlag 6.2.5 auf S. 301

Arbeitsweise mit den didaktischen Prinzipien, demonstriert am Inhalt ‚Familie in der modernen Gesellschaft'.

1. *Situationsbezogenheit*

Läßt man zunächst einmal Besonderheiten der individuellen sozialen Biographie beiseite, so kann man bei diesem Thema einen weitgehend homogenen Erfahrungshintergrund bei den Schülern annehmen. Geprägt ist er vor allem durch umgangsnah-unmittelbare Situationsmerkmale des familialen Lebens, die die Stellung und Aufgaben der einzelnen Familienmitglieder betreffen. Für die Schüler werden es Erfahrungen sein, die das Erziehungshandeln der Eltern ihnen gegenüber betreffen, die aus der elterlichen Rollenaufteilung innerhalb der Familie resultieren oder sich auf die Freizeitgestaltung beziehen. Abstrakt ausgedrückt: Es werden Erfahrungen sein, die die Sozialisations- und Reproduktionsfunktion einschließlich der entsprechenden Handlungsmuster der Familienmitglieder umfassen.

2. *Strukturwissen*

Bei dem Thema soll die soziale Genese des gesellschaftlichen Phänomens ‚Familie' einsichtig werden. Hierzu ist die Kenntnis des Zusammenhangs von allgemeiner gesellschaftlicher Entwicklung und Wandlung der familialen Struktur erforderlich. Im Detail heißt dies: Den Zusammenhang von politischen, ökonomischen und gesellschaftlichen Wandlungsfaktoren in bezug auf die Organisationsform des oikos festhalten und hierauf die Erscheinungsform des modernen Familientyps zu beziehen. Damit ist die Auflösung der alten Produktions-, Konsumtions- und Lebensgemeinschaft angesprochen und, hieran gemessen, auf den ‚Funktionsverlust' der modernen Kleinfamilie abgezielt.

Dies macht über den engen Rahmen des Themas auch Ausgriffe auf sozialhistorische, ideengeschichtliche und politisch-rechtliche Verbindungslinien nötig.

3. *Exemplarizität*

Die Exemplarizität des Themas ist durch verschieden weit gezogene Kreise bestimmbar. Im weitesten Rahmen gesehen, kann das Thema als exemplarisch für die ‚Entwicklungstatsache' angesehen werden: Gesellschaftliche Institutionen (z. B. Recht, Erziehung, Familie) sind keine ‚natürlichen' Formen der Vergesellschaftung, sondern je spezifische Antworten einer Gesellschaft auf Anforderungen ihrer (natürlichen und/oder sozialen) Umwelt.

Das Thema kann – in einem schon enger gezogenen Kreis – als exemplarisch für den Schritt in die Moderne angesehen werden, bei dem vor allem durch Industrialisierung und Demokratisierung starre Vergesellschaftungsformen des Mittelalters aufgelöst wurden (ähnlich: handwerkliche, religiöse, rechtliche Formen).

Denkbar ist schließlich auch die Exemplarität des Themas in Hinblick auf spezifische Sachverhalte des Zusammenhangs von institutioneller Funktion und Rolle. Ähnlich wie in der Familie bestimmte Funktionen (Erziehungsfunktion, Versorgungsfunktion) unterschiedliches Rollenhandeln (meist bestimmter Rollenträger) nach sich ziehen, gilt dies auch in anderen Institutionen. Das Thema Familie steht unter diesem Aspekt exemplarisch für den Zusammenhang von Position und Rolle bei gesellschaftlichen Institutionen (vgl. Schule, Betrieb, Verein).

4. Wissenschaftsorientiertheit

Bei der Behandlung des Themas muß vor allem auf Informationen aus historischen Disziplinen (besonders der Sozial- und Wirtschafts- sowie der Ideengeschichte) zurückgegriffen werden. Darüber hinaus sind Erkenntnisse der Rollentheorie, der Psychoanalyse (Autorität und Identität) und der Pädagogik (Erziehungsstile, Erziehungsziele, Sprache und Erziehung) heranzuziehen.

Wichtig wäre auch die Berücksichtigung wissenschaftsmethodologischer Aspekte. So bietet sich im Sinne wissenschaftsorientierten Unterrichts bei diesem Thema besonders die Unterscheidung von deskriptiven und wertenden Sätzen an, sind Verfahren der Prüfung und Kontrolle von Aussagen und Möglichkeiten der argumentativen Abstützung eigener Aussagen einsetzbar. Es wäre beispielsweise (je nach Intention und Adressatengruppe) denkbar, Aussagen von Wissenschaftlern (Politikern, Kirchenmännern) zur Funktion der Familie heranzuziehen, die zwar die Form konstatierender (deskriptiver) Sätze haben, aber dennoch Werturteile enthalten. Dies zu prüfen und zu kontrollieren könnte mit Hilfe kontrastierender Texte oder gar mit Verfahren der Sprachanalyse erfolgen (Kooperation mit dem Deutschunterricht). Zugleich könnte auch als ein Schwerpunkt wissenschaftsorientierten Arbeitens die Absicherung eigener Aussagen durch Verarbeiten entsprechender wissenschaftlicher Ergebnisse eingeübt werden. Hierzu wäre erforderlich, daß die Schüler wenigstens in Umrissen eine Statistik benutzen können, das Zusammenspiel von eigenen Argumenten und Verweis auf Belegtexte geübt haben und Möglichkeiten der Relativierung von Gegenargumenten kennen.

5. Handlungsorientierung

Hier können unterschiedliche Techniken der Informationsbeschaffung durch die Schüler zum Tragen kommen: Sie reichen von Interviews (z. B. Großeltern über bestimmte Gegebenheiten befragen) bis hin zur Quellenbeschaffung und -analyse (Tagebücher, Schilderungen, Bildanalysen etc.).

Durch kontrastive Anordnung des Arbeitsmaterials, evtl. durch verfremdete Art der Darstellung (z. B. einen ‚anachronistischen‘ Familiendialog entwerfen lassen) kann die Wahrnehmung bezüglich eines häufig wohl nur unmittelbar-naiv erfahrenen gesellschaftlichen Phänomens geschärft werden.

Schließlich können durch Rollenspiel, vertauschte Argumentation, offene Szene konkrete Handlungsformen des Situationsfeldes sprachlich oder darstellend repräsentiert werden.

Zum Arbeitsvorschlag 6.3.4 auf S. 320

Die vom Lehrer vertretene Devise ‚Nicht für die Schule, sondern für das Leben lernen wir‘ kann als Umschreibung für einen *situationsanalytischen Ansatz der Curriculumplanung* angesehen werden. Bezugspunkt der Überlegungen des Lehrers sind spätere Verwendungssituationen, hier beruflicher Art. Auf diese Situationen hin ist der Unterricht sehr konkret angelegt: In der Schule werden die entsprechenden Qualifikationen für Putzfrauen, Maurer, Feuerwehrmänner und ‚Königinnen' vermittelt.

In dieser strengen Zuordnung zu außerschulischen Verwendungssituationen werden aber auch die bedenklichen Tendenzen dieses Curriculumansatzes deutlich.

Wenn Unterricht sich eng an Verwendungssituationen anlehnt und die hierfür erforderlichen Qualifikationen vermittelt, wird Lernen *spezialisiert* und *segmentiert,* Gegenstand von Unterricht sind die je spezifisch erforderten Qualifikationen, so daß der Anspruch von Allgemeinbildung im zweifachen Sinn aufgegeben wird:
– Die Inhalte von Lernen sind keine allgemeinen, sondern spezielle.
– Die Inhalte werden nicht mehr von allen gemeinsam gelernt, sondern frühzeitig je nach späterer Verwendungssituation in miteinander nicht mehr vergleichbare Qualifikationsprofile zersplittert.

Der Bezug auf entsprechende Verwendungssituationen wird durch Unterricht im voraus schon festgelegt. Schule bzw. Unterricht legt damit auch die spätere soziale Lage der heute noch Lernenden fest. Nimmt man noch den Gedanken auf, daß speziell die Wahl eines Berufes sehr stark von schichtspezifischen Gegebenheiten des Elternhauses abhängt, dann kann man auch behaupten: In der durch die Karikatur nahegelegten engen Ausrichtung an berufliche Verwendungssituationen *perpetuiert* Schule die bestehende soziale Schichtung.

Zum Arbeitsvorschlag 7.4 auf S. 355

Hermeneutische Position

Die gesamte Situation kann als globale Aufforderung an die Kinder aufgefaßt werden, die Situation des anderen zu verstehen. Ihre hermeneutische Leistung liegt in der Vorstellung davon, daß der andere unter ihrem Verhalten leidet, daß es für ihn zum Problem wird.

Auf der Seite der Mutter setzt dies die Fähigkeit voraus, sich im Gespräch mit ihren Kindern verständlich zu machen, indem sie an ihren Vorstellungshorizont anknüpft, und zwar in einer doppelten Weise:
– Sie muß den Kindern aus deren Horizont heraus das Problem veranschaulichen, und
– die Lösung des Problems muß im Umkreis der Verstehensmöglichkeiten der Kinder liegen.

Der Verstehensvorgang spielt sich für die Kinder im Wechselspiel von konkretem Verhalten nach der neuen Regelung und Einsicht in die Notwendigkeit von Ordnung ab; Teil und Ganzes, Stellenwert der ‚Verschwindschachtel' und Einsicht in die Notwendigkeit zur Ordnung im menschlichen Miteinander klären sich verstehend wechselseitig auf.

Kritischer Rationalismus

Beim Kritischen Rationalismus wandelt sich die Fragestellung. Man versucht nun nicht, das Miteinander-Handeln von Mutter und Kindern zu verstehen, sondern zu erklären, wieso die Kinder entgegen ihrem bisher chaotischen Verhalten bereit sind, das Spiel mit der Verschwindschachtel mitzumachen und sich an die vereinbarte Regelung zu halten. Der Kritische Rationalist wird dieses ‚Ereignis‘ mittels Antecedens-Bedingungen, vor allem mittels entsprechender Gesetze zu erklären versuchen. Ein solches Gesetz könnte beispielsweise lauten: Wenn im Rahmen sozialer Interaktion die Interaktionspartner gleichberechtigt an der Erstellung von Verhaltensregeln beteiligt sind, dann steigt die Chance, daß diese Regeln von ihnen auch eingehalten werden.

Aus diesem Erklärungszusammenhang entsteht in der Anwendung auf konkrete Fälle – wie hier auf den der Mutter und ihrer Kinder – ein technologischer Verwendungszusammenhang nach dem Muster: Wenn das allgemeine Gesetz gilt und die damit korrespondierenden Randbedingungen hergestellt sind, dann wird das entsprechende Ereignis eintreten.

Auf den Fall bezogen: Wenn Ordnung durch eine entsprechende Verhaltensregelung hergestellt werden soll und die Chance auf Befolgen durch Beteiligung der Adressaten (Kinder) steigt, dann sollten entsprechende Randbedingungen (hier die gleichberechtigte Gesprächssituation) hergestellt werden. Das Ereignis wird daraufhin eintreten.

Kritische Theorie
Aus der Perspektive dieser wissenschaftstheoretischen Position könnte man die Szene als Beispiel für einen herrschaftsfreien Diskurs ansehen. Die Mutter setzt die ihr durch das Generationenverhältnis und die Institution der Elternschaft zukommende Überlegenheit (superiore Position) vorübergehend außer Kraft. Sie trifft sich auf der Ebene gleicher Artikulationsrechte und Beschlußmöglichkeiten mit den Kindern. Anordnende Sprachmuster sind nicht zugelassen, statt dessen hat jeder die gleiche Kommunikationschance: Komplementäre Kommunikation ist zugunsten symmetrischer aufgegeben.

Die Beteiligten – Mutter und Kinder – stehen reflexiv zu ihrer Praxis: Der unmittelbare Interaktionsstrom ist unterbrochen worden, damit die Regeln der Interaktion von den Beteiligten neu definiert werden können.

Studien- und Praxisbücher

Jamie Walker
Gewaltfreier Umgang mit Konflikten in der Sekundarstufe I
Spiele und Übungen
1995. 168 Seiten mit Abb.,
Paperback
ISBN 3-589-21059-1

„Endlich ein Buch, das ganz auf die Praxis bezogen ist! (...) Kaum ein Schlichter-programm, keine Spielesammlung und kein Patentrezept schafft es, einen so umfassenden Einblick zu geben wie dieses Buch."
Grundschule

Petra Hölscher (Hrsg.)
Interkulturelles Lernen
Projekte und Materialien für die Sekundarstufe I
1994. 192 Seiten mit Abb. und Kopiervorlagen, Paperback
ISBN 3-589-21050-8

Neben ausführlichen Projektbeschrei-bungen („ein Plakat zum Weitertexten", „Checkliste zum internationalen Schüleraustausch") finden sich hier viele konkrete Anregungen für den Unterrichtsalltag.

Peter Sehrbrock
Freiarbeit in der Sekundarstufe I
2., aktualisierte Auflage 1995.
144 Seiten mit Abb., Paperback
ISBN 3-589-21045-1

Dietmar Bolscho / Hansjörg Seybold
Umweltbildung und ökologisches Lernen
Ein Studien- und Praxisbuch
1996. 224 Seiten mit Abb.
Paperback
ISBN 3-589-21072-9

Umweltbildung unter dem Aspekt des fächerübergreifenden Lernens - das ist Ziel dieses neuen Lehrwerks. Die Autoren führen eine Vielzahl handlungs- und erfahrungsorientierter ökologischer Lernprozesse vor. Sie regen u. a. an zum Lernen in Projekten sowie Umwelt-zentren und stellen Simulationen und Zukunftswerkstätten für praktisches Arbeiten in der Schule vor.

Volker Bugdahl
Kreatives Problemlösen im Unterricht
1995. 192 Seiten mit Abb., Paperback
ISBN 3-589-21049-4

„Volker Bugdahl zeigt auf erfrischend unkonventionelle Weise, dass sich Kreativität lernen und lehren lässt. Dafür hält das Buch einen prall gefüllten Werkzeugkasten mit erfolg-reichen Methoden zur Ideenfindung und Problemlösung bereit."
bildung konkret

**Cornelsen Verlag
Scriptor**

Fragen Sie bitte
in Ihrer Buchhandlung!